芒格书院

文明、现代化、价值投资与中国

增订版

李录——著

中信出版集团|北京

图书在版编目（CIP）数据

文明、现代化、价值投资与中国 / 李录著. -- 北京:
中信出版社, 2020.4（2025.6重印）
ISBN 978-7-5217-1259-9

Ⅰ.①文… Ⅱ.①李… Ⅲ.①投资经济学–文集
Ⅳ.①F830.59-53

中国版本图书馆CIP数据核字（2019）第273059号

文明、现代化、价值投资与中国

著　　者：李录
出版发行：中信出版集团股份有限公司
　　　　　（北京市朝阳区东三环北路27号嘉铭中心　邮编　100020）
承　印　者：北京启航东方印刷有限公司

开　　本：787mm×1092mm　1/16　　印　张：32.5　　字　数：334千字
版　　次：2020年4月第1版　　　　　印　次：2025年6月第26次印刷
书　　号：ISBN 978-7-5217-1259-9
定　　价：148.00元

版权所有·侵权必究
如有印刷、装订问题，本公司负责调换。
服务热线：400-600-8099
投稿邮箱：author@citicpub.com

目录

代序　芒格评李录　查理·芒格　001

增订版序　004

自序　真知即是意义　007

上篇　文明、现代化与中国

老问题和新史学　019

文明的轨迹　024

人类文明的第一次飞跃　031

农业文明的诞生　039

农业文明的天花板及三次冲顶　045

农业文明中的思想革命与制度创新　052

美洲大陆的发现及其划时代影响　058

现代化的诞生　063

现代化有没有可能在中国诞生　068

现代化的传播与现代化的道路之争　075

现代化的本质和铁律　080

对中国未来几十年的预测
　　——经济可能的演进　085

对中国未来几十年的预测
　　——文化可能的演进　090

对中国未来几十年的预测
　　——社会政治可能的演进　099

从文明史角度看当今中美关系及科技文明时代的东西方关系　110

人类未来的共同命运　137

下篇　价值投资与理性思考

价值投资与中国

价值投资在中国的展望
　　——2015年10月在北京大学光华管理学院的演讲　146

目录   3

价值投资的知行合一
　　——2019 年 11 月在北京大学光华管理学院的演讲   197

全球价值投资与时代
　　——2024 年 12 月在北京大学光华管理学院
　　"价值投资"课程十周年沙龙上的演讲   248

价值投资的常识与方法
　　——2006 年在哥伦比亚大学商学院的讲座   294

投资是一个发现自己的过程
　　——2013 年 3 月哥伦比亚大学商学院
　　Graham&Doddsville 杂志采访精编   328

投资、投机与股市
　　——2018 年 3 月在哈佛商学院投资会议上的主旨演讲   347

从外国投资人角度看中国经济的未来
　　——2019 年 1 月在国际投资人会议上的主旨演讲   358

"他让价值投资在全球实践成为可能"
　　——2024 年 11 月 28 日芒格去世一周年之际接受专访   399

阅读、思考与感悟

书中自有黄金屋
　　——《穷查理宝典：查理·芒格智慧箴言录》中文版序   424

获取智慧是人类的道德责任
　　——2017 年年度书评及感悟　445

中国经济未来可期
　　——2019 年年度书评及感悟　457

见证 TED 17 年
　　——写在 TED 30 岁之际　472

人性与金融危机
　　——2016 年新年感言　482

思索我们的时代　486

五十述怀　493

论常识　498

后记　501

附录　推荐阅读书单　504

代序

芒格评李录[*]

——查理·芒格

李录在哥伦比亚大学商学院学到了很多东西，但是他在听了沃伦·巴菲特在哥大进行的一次演讲后，才觉得茅塞顿开。

我们的方法很朴素，我们总是在思考什么行得通，什么行不通，原因是什么。我们的方法非常难，在大量信息中理清头绪非常难，把事情看透彻需要付出大量时间，所以商学院不教这些东西。我们的东西虽然难，但非常好用。商学院为了教书而教书，完全不考虑能否解决实际问题，它们的这种做法无益于文明的发展。（2010年）

李录有什么过人之处？李录是最成功的投资者之一。李录是一个在困难面前不低头的人。他特别聪明，聪明是天生的，这个是学不来的。他不但聪明，还非常勤奋。既聪明，又勤奋，这非常难得。李录有一种适合做投资的品性。没机会的时候，他能够极

---

[*] 节选自查理·芒格在历年西科金融公司（Wesco Financial）和每日期刊公司（Daily Journal）年度股东大会上的讲话，译文依据《芒格之道》（中信出版集团，2023）。

度耐心地等待，一旦机会降临，他又一下子变得非常果决，可以毫不犹豫地下重注。李录是一个非常客观的人，遭遇逆境，他也不会有太大的情绪波动。一位成功的投资者需要具备的特质，说起来并不难，但是像李录这样真正具有这些特质的人很少。在我这一生中，我只把钱交给过一位基金经理管理，这个人就是李录。李录这么优秀的基金经理，打着灯笼都找不着。不是说再没有像李录这么优秀的基金经理了，而是说这样的基金经理是凤毛麟角，你很难找到。这就和选股票差不多，好股票肯定有，但你自己看不懂，股票再好，也和你没什么关系。（2018年）

为什么李录做得风生水起？一方面，他算得上是中国版的沃伦·巴菲特；另一方面，他是在中国钓鱼。美国市场已经不知道被翻了多少遍，人挤人，竞争白热化。中国市场则不同，在那里，仍然可以利用别人的愚蠢和懒惰，挖掘到非常值得投资的好机会。钓鱼的第一条规则是，在有鱼的地方钓鱼。钓鱼的第二条规则是，记住第一条规则。李录去了鱼多的地方钓鱼，我们其他人却去了鳕鱼已经被钓光了的地方，还想钓上鳕鱼来。在竞争极其激烈的环境中，你再怎么努力都没用。

我选人是非常挑剔的。我选择李录的方法，是做选择的一种好方法：选一个最好的，选一个能把其他的都比下去的。懂了这个道理，生活会简单很多。能比得上李录的人没几个。选中李录后，我只需要耐心等待。明智的人善于耐心等待，在时间流逝中，体会其中的妙处。大多数人没这个智慧，他们总是东跑西颠地瞎忙活。（2019年）

李录是这里最成功的投资者,他投了哪?中国。这个年轻人真是很明智,他真是会投资。能找到打猎的好地方是一个本事。无论是谁,到了打猎的好地方,都能打到更多猎物。(2020年)

增订版序

这本书的核心主题是现代化与价值投资。在此基础上,重点讨论了中国的现代化进程,以及价值投资在中国的实践与展望。这两个主题看似相距甚远,实则紧密相连,甚至在某种程度上互为因果。

对应核心主题,本书主要分为两部分。第一部分是关于现代化,从人类文明演进的角度探讨现代化的出现、成因、本质及其对世界的影响,提出了我个人对现代化的定义,现代化的铁律,以及对世界未来的预测。基于此,我认为中国的现代化进程实际上是人类文明范式转变过程中的一部分。书中重点讨论了中国现代化的历史发展、曲折探索、经历的弯路和辉煌,并对未来几十年的走向进行了预测。

第二部分是关于价值投资的理论与实践,包括了这些年我在美国、中国几所大学所做的主题演讲。特别是我在北京大学"价值投资"课程上的三次演讲,比较系统地阐述了全球价值投资的历史沿革,其中针对中国市场的探讨,中国读者可能更能感同身受。对价值投资者来说，付出的是价格，得到的是公司的价值。所投公司内在价值最重要的来源是其盈利能力的持续增长。长期来看，盈利的持续增长只有在长期增长的经济体中才能实现。而持续累进的经济增长正是世界进入现代以后独有的现象，只有在经济已经实现了现代化或正在向现代化转型的经济体中才有可能发生。同时，价值投资也是资本市场有效性最重要的保障，因为价值投资人坚信价格应该反映内在的价值。内在价值由公司资产、市场竞争地位、持续盈利能力、增长预期以及整体利率水平等因素决定。价值投资人对确保资本市场理性定价起到了锚定的作用，他们是资本市场长期繁荣和经济持续发展的推动者与受益者。因此，现代化与价值投资确实是高度相关，在某种程度上互为因果。

书中关于现代化的思考和文字主要形成于2010年前后，关于价值投资则是我职业生涯里未曾停止的探索。从最早的思考提出到2020年初付梓问世，中国和世界都发生了很大变化。我在十几年前对中国未来几十年大方向的粗浅预测随岁月推移逐渐清晰。当然，历史的曲折路径无人能真正完全预料，我们唯有在惊叹、欣喜、兴奋以及有时不可避免的悲观、失望中，静观历史画卷的渐次铺陈。在大部分时间里，价值投资人最重要的作为就是耐心等待。然而，这种等待并不寂寞，有时充满了惊叹。

由于地理与历史的偶然性，西方在现代化进程中比中国早了几百年，在科学技术、发明创造、经济、文化、学术、政治治理、国际关系等几乎所有与现代化文明相关的领域，都做出了开拓性的甚至塑造性的贡献。然而今天，这种情况正在发生变化。中国在制造业的几乎所有领域都已接近或达到世界最先进或次先进水平。从全球制造业附加值来看，中国已经超过了第二大制造国美国及其他制造大国如日本和德国的总和。在当前最受瞩目的人工智能领域，无论是尖端芯片、GPU 的设计与制造、后端云端上软硬件的结合，还是最前端的大模型软件设计与研发，华人工程师和科学家都无处不在，华人主导的贡献举足轻重。在文明发展的各个方面，华人正在展示出与其人口相当的贡献，对人类未来共同面对的挑战，也将会显示自己的担当和责任。

现代化是人类文明演化的结果，假以时日，所有具有不同文化传统的种族、国家都会进入到现代化的时代。今天，现代化正在全球几乎所有国家以不同方式、在不同阶段中徐徐地推进。价值投资从出现到发展成为成熟的实践至今也已经一百多年了，它会随着现代化在全球的逐渐展开更加发扬光大。通过本书，我也希望以喜马拉雅基金在过去近三十年的投资实践向大家分享，价值投资不仅适用于它发源的西方国家，也适用于包括中国在内的所有向现代化演进的国家，适用于全球所有有志于此的人。我们应当为之努力，为之实践。我们今天的生活延续着前人对人类文明的所有贡献，也寄托着我们对后世的承诺。

2025 年 2 月 8 日

自序

真知即是意义

不知道为什么,我从小就喜欢思考问题。很不巧,我整个童年都处在"文革"时代。那时候,言论管制比较厉害,能接触到的书不多,主要是领袖语录和宣传资料。所以到了初中,接触到物理学和几何学,对我而言就好像是发现了新大陆。物理学和数学(几何学)可以用简明的公式和数学语言将纷繁复杂的自然物质世界解释得清晰了然,还能被反复证实、证否,而且有极强的预测能力。这给我带来的震撼与欣喜,至今仍然记忆犹新。后来高考报考志愿时,我除了物理系其他一概不作考虑。

可是当我接触到热力学第二定律,也即熵增定律的时候,又一下子感受到对物质世界、对宇宙的绝望和孤寂。虽然世界复杂庞大,看似无边无界,但是大总能压倒小,能量一律从高到低流动,最终一切都会归于无序和死寂。宇宙的存在有意义吗?作为宇宙中的沧海一粟,我们的人生又有意义吗?

这时候,我接触到卡尔·波普尔(Karl Popper)的科学哲学,对我产生了很大影响。科学本身不能解释意义,受科学方法影响的科学哲学却有可能。用科学方法理解世界、理解人与社会为我的思考打开了另一扇门。这时恰逢中国开始改革开放，80年代自由、开放、包容的风气让各种新思想纷纷涌入，中国社会发生了巨大的变化。我的兴趣开始转向人文、历史、宗教、文学、社会科学、经济学等领域。但是我仍然一直认为基本的科学方法是获取知识的唯一可靠的路径。以科学方法来看，无论是古代圣贤，还是当今的政治、宗教权威，其理论学说如果不能在实践中被不断检验、批判、修正，便会成为无源之水、无本之木。科学方法的这些特点和中国80年代的社会气息非常契合。透过打开的国门，我们看到了一个真实的外部世界，愈发感受到了中国和世界的差距。那时我们最关心的问题也是困扰了近代中国知识分子100多年的问题：西方为什么这么先进？中国又为什么这么落后？中国有可能追赶上西方吗？怎样才能赶上？

  80年代末90年代初，我离开中国，在美国哥伦比亚大学又从本科开始念书。机缘巧合，哥大要求所有本科生完成核心课程（Core Curriculum），核心课程的要求之一是所有学生无论什么专业，都要把奠基西方几千年文明的100多本经典著作通读一遍，包括从荷马史诗、希腊哲学戏剧、中古哲学，到文艺复兴、启蒙运动、现代科学革命的所有经典著作。这是一段让当时的我无比激动、也无比渴求的知识旅程。这就好像让我将整个西方文明的历程在头脑想象中亲历了一遍，对其中最基本的概念、理论，和其中可靠、可传承的知识有了一次完整的认识。哥大当时还有一门延伸核心课程，用同样的方法学习儒教文明和伊斯兰文明。这又让我有机会把中国文化历史中重要著作的选编通读了一遍（虽然是英语翻译版）。这段在哥大的学习经历对我的思想影响至关重大。

对知识的探求一直是我的个人兴趣所在，但是我当时对如何判断哪些知识才是能够改变个人命运和社会的真知还没有特别直观的经验。此时发生了另一件事，对我日后的人生产生了深远影响。我在哥大的第二年，无意间听了巴菲特的一次演讲。这次演讲让我看到个人可以通过对公司长期的研究，得出一些洞见和预测，从而获得财富。我第一次意识到，我一直以来对探求知识的个人兴趣在投资这个领域可能是有用的。在研究了一段时间以后，我买入了人生第一只股票，从此开启了我的投资生涯，至今已经26年。这段经历让我明白书中确有黄金屋，知识确实有无穷的现实力量。

在投资生涯早期，我不是特别满足于间接的投资证券，而是希望能亲手创建一些公司。所以我也做了一些早期创投，帮助十几家企业从无到有，发展壮大。这对我来说又是一段有趣的经历。我从事创投的时期，适逢互联网革命伊始。我当时投资的那些初创公司也正试图用互联网技术来改变世界。1997年，我受邀去TED会议做演讲，但很快就被其他人的演讲所吸引。那时候的TED汇聚了当时互联网革命中的几乎所有重要人物。从1997年开始，我几乎每年都参加TED年会，可以说是在第一排的座位亲眼看见、并亲身参与了这一场伟大的互联网技术革命。我一路看着这场革命从最早的电子邮件和Netscape浏览器发展到互联网，再到移动互联网，最后成为每个人生活中不可或缺的一部分，彻底改变了世界。与此同时，在太平洋的另一端，中国也发生着天翻地覆的变化。我虽然身在美国，但对中国的一切仍时时牵挂，也算是亲眼目睹了中国 40 年改革开放的完整过程。

所有这些经历都让我真切地感受到知识对改变个人命运和社会的力量。比如说，仅仅短短的二十几年内，计算机互联网技术就彻底地改变了人类社会的各个方面。中国社会通过对一种新的社会组织方式的实践，也即市场经济和科学技术的结合，让这个拥有 14 亿人口的大国在 40 年中发生了惊天动地的变化，创造了史无前例的奇迹。就我的个人经历而言，我接触到价值投资后，通过持续学习积累起一些洞见，在 26 年间从一文不名漂泊他乡，到后来创建自己的投资公司。基金规模从最初的几百万美元发展到今天的 100 多亿美元，业绩达到了同期市场年均回报的 3 倍左右。在这个过程中，运气当然起了巨大的作用，但是也从另一方面再次佐证了知识改变个人命运的力量。命运让我何其幸运，本来就个人兴趣而言，只要有机会学习知识，已经让我心满意足，可是我却误打误撞闯进了投资行业。而遵守价值投资的理念和方法，通过长期努力，形成一些商业洞见，又恰好能够带来巨大的商业回报，通过这些商业活动又令我得以亲身经历过去几十年这场发生在全球范围内史诗级的知识大爆炸，并亲眼目睹了这场大爆炸对全世界起到的塑造性作用。这些都让我对思考和知识的兴趣愈发强烈。

在我的思考兴趣中，中国和世界，尤其是中国，一直处在核心的位置上。其中一个最重要的问题就是现代化——为什么中国在历史上非常成功,在近代却惨遭失败?又是什么原因让中国在过去几十年有了如此长足的进步?中国的未来是怎样的?这些问题一直萦绕我的脑海。这些年来我依然认为,唯一可靠的知识就是用科学方法获取的知识。那么能否用科学的方法来解释这些问题,获得一些有着清晰的说服力和预测能力的新的洞见呢?

在过去 10 年里,我对这些问题产生了一些初步的框架性的想法,开始慢慢形成了自己对这一系列问题的思想脉络。这一过程中有几位学者的著作对我影响很大。比如贾雷德·戴蒙德(Jared M. Diamond)1997 年出版的《枪炮、病菌与钢铁》(*Guns, Germs, and Steel*),这本书解释了近代史上一个非常重要的现象——为什么欧洲人在很短时间内就统治了整个美洲?这件事对整个人类的历史发展具有不可估量的重大影响。这本书第一次使用现代科学方法来解读漫长的历史轨迹,堪称这方面的经典。再比如 2010 年伊恩·莫里斯(Ian Morris)出版了《西方将主宰多久》(*Why the West Rules—for Now*),这本书追溯并比较了中国和西方在上万年历史中的文明进程,并试图描述未来可能发生的轨迹。还有 2011 年物理学家及哲学家戴维·多伊奇(David Duetsch)在《无穷的开始》(*The Beginning of Infinity*)中提出了科学知识、科学革命对于整个人类社会及宇宙的深远影响。2012 年生物学家及人类学家爱德华·威尔逊(E. O. Wilson)出版了《社会性征服地球》(*The Social Conquest of Earth*),试图从生物和文化进化的角度来理解整个人类的文明进化。这些学者的著作虽然都以普适的宇宙观视角来研究他们所关心的命题,但是必须承认他们所关心的现实问题仍以西方为中心，中国还不是主角。但是他们都多多少少触发了我的一些灵感，让我开始慢慢构建起自己关于中国的思想框架。

当然，不能不提的还有我和芒格先生之间频繁的交流探讨。大概从2004年开始，我几乎每个星期都会和芒格先生至少共进一次晚餐，至今持续了15年。我和芒格先生都对跨学科知识，尤其是科学领域有广泛的兴趣。这期间，无数次思考碰撞的火花令我受益匪浅，很多讨论都对我产生了潜移默化的影响。另外，我因为长期从事商业投资事业，积累了很多对经济活动、技术进步等方面的理解。

大约2010年前后，本书中一些最重要的思想体系在我脑中初具雏形。以个人的性格而言，我更喜欢对复杂问题长期反复地思考，清晰准确地表达，但是对于把这些想法在更大的范围里传播既缺乏兴趣，也没有这方面的才华能力。在好友常劲、六六、施宏俊等一再鼓励推动下，我通过小型沙龙讨论，将这些想法在小范围内分享，又通过反复修改，整理成系统化的文章。2014年，我开始把关于现代化思考的系列文章发表在虎嗅网，并为此开了个人微博。之后得到更多朋友，尤其是年轻朋友的热烈反响，让我非常欣慰，倍受鼓舞。最后在施宏俊的鼓励下，集结成本书的第一部分。在这一系列文章中，我从人类文明进化史的角度，把现代化理解成人类文明史上的第三次伟大跃升，从而把中国的现代化历程理解成全人类从农业文明向科技文明进化过程中的一部分，从这个背景出发去理解中国过去200年的历史和近40年的历史。

这一系列的文章不是学术论文，但是希望对学者和实践者都有所帮助和启发。同时就我的职业而言,这些对人类文明和历史的思考对投资也很重要。投资的核心是对未来的预测,投资某个国家的企业确实需要对这个国家本身有一个基本认知,包括对这个国家历史和未来趋势的洞察。这一点在经济危机到来时尤其会受到考验。比如2008、2009年的时候,如果对美国的未来没有一些基本的判断,那么你很难在经济危机最黑暗的时刻在美国股市下重注,即使你投资的只是其中的一些企业。在中国投资也是一样。当中国面临各种危机时,如果对中国未来几十年的发展没有一个基本的判断,你也很难做出投资的决定。所以本书第二部分是在第一部分的理论框架之下,探讨一些具体的现实问题,包括如何理解中国过去40年的改革开放,如何预测中国未来几十年的发展潜力,价值投资在中国到底是否适用、如何应用,东西方之间不同的历史轨迹、文化差异又如何影响彼此的关系等等。在过去二十几年里,作为国际投资人,我的投资范围主要是在北美和亚洲,美国与中国一直是我关注的中心,这本文集中自然也包括一些我这些年里对价值投资的理解和实践。

无论是我个人的理念还是职业的要求,在思考方法上我希望能够做到谨从科学方法,客观理性,以事实、逻辑立论。无论是讨论过去、现在,还是预测未来,无论是讨论中国、美国还是世界,无论讨论内容涉及人文、科学、历史、经济、政治,我只求做到准确、全面、中立、实事求是,尽量避免情感因素、意识形态、宗教或文化信仰等对思考客观性的影响。当然,人作为感情动物,完全避免偏见也是不现实的。我只是希望用科学方法和理性客观的态度，逐渐构建起一些有用的想法，在实践中可以被不断地检验、证否、充实和提高。让这些想法成为时间的朋友就是我全部的希望。

我个人的亲身经历和求知思考的旅程都让我变得越来越乐观。我对乐观的定义和物理学家及哲学家戴维·多伊奇很相像。他曾经说过，所有邪恶都是因为缺乏知识（All evils are due to a lack of knowledge）。换句话说，如果有了足够的知识，人类社会就会战胜邪恶，不断向前进步。人类是进化史上最后出现的一个具有创造性的物种。我们通过生物（DNA）和文化两种方式进化，因此人类进化的速度相对于其他生物大大加快。文化进化是因为我们具有非凡的创造力，而创造性来源于人类之间的相互模仿。与其他灵长类动物（如大猩猩）不同，在相互模仿时，我们不是简单地机械复制行为，而是复制行为的意义，从而给解读、发挥、再创造留下空间。而人的大脑构造恰好让我们可以理解复杂、抽象的物理学定律，并通过科学方法让真知得以不断积累发展。这让我们能洞察大到星际，小到微生物、原子，复杂如人类社会的各种问题，获得有解释力的理论和有很强预测能力的真知。通过对真知的应用，人类开启了一场以小博大、利用自然又超越自然的创造之旅。物质的世界、人的世界都因真知而改变了发展轨迹。地球的历史尤其如此。自从生物开始出现，地球开始被生物改变。而人类出现后的几十万年间，尤其是过去一万年间，人类对地球的改变如同再造。将来人类改变整个星际也是完全可以想象的。

自年轻时开始，我一直在求索两件事：真知与意义。后来我明白这两者其实是统一的。真知即是意义！人生的意义就是获得真知，并以此让个人、社会、世界变得更加富足、公平、进步、美好。所谓真知，并不是百分之百的真理。世界上也不存在百分之百的真理。但是真知一定要有足够的正确性使其能够有用（enough truth to be useful），而且可以不断被证实、证否，不断被修正，不断进步、完善。一个成功的社会必然会有一种宽容、批判、容错的文化，让真知得以存在、发展和进步。我们看到，在人类的文明史上，当这种有解释力的知识转化成技术，并和一种特殊的社会组织方式——贤能制（无论是政治贤能制还是经济贤能制）结合时，产生的力量会把人类的个人创造力和集体创造力充分发挥出来。这就是我看到的意义。

人类的文明让熵减成为可能，由此宇宙不再只是熵增的，走向无序和沉寂的单向道路，人类也不再只是蜗居于茫茫宇宙偏僻一隅的化学浮渣（霍金语）。我们创造了超越自然的文明，通过真知的无限积累让文明的无限进步成为可能。文明的力量比反文明的力量积累真知的速度更快，因而有可能永远取得先机。如果文明的火炬得以传递延续，终有一天，我们既可以探索茫茫星际宇宙，又能够窥视微观原子世界，在空旷死寂的宇宙中创造出不灭的光芒。对此我深感幸运和快乐。通过这本文集，我希望能把这种快乐与同道分享！

2019 年 10 月

上篇

文明、现代化与中国

老问题和新史学

1840年的鸦片战争，让绝大多数中国人开始在落后挨打的痛苦中思考三个问题：为什么中国与西方差距如此悬殊？中国如何能够赶上西方？赶上以后的中国会是什么样的？是否还能重现往日的辉煌？直至今日，这三个问题还萦绕在国人心头，不断引发各界精英的探讨。同样地，从大概250年前开始，作为历史同期领先者的西方精英们，也开始深思当时新世界格局背后的原因。和世界其他地区相比，西方已经遥遥领先，这种领先优势在此后的200多年迅速形成西方对全球的统治。为什么西方能够统治世界？这种统治能否持续下去？

东西两方的问题虽然看上去"几家欢喜几家愁"，但实际上是同一个问题的两面。在过去200多年里，无论是在中国还是西方，东方的衰落和西方的领先一直都是各界精英关注的核心，围绕此话题涌现出各类理论、学说，但是至今尚未形成共识。已有的学说似乎在解释历史和预测未来上都有局限，它们最大的共同点就是所选取的历史区间相对较短，有些可以追溯到过去上百年，最多至千年的历史，历史视野仍嫌不足。李鸿章所言中国在1840年面临的是一场"三千年未有之变局"实属深刻洞见。然而直到近代，人类对历史的考据主要靠文字记载，而文字在西方有5500年历史，在中国有3300多年历史，相对于整个人类进化史来说，文字记载的历史只占不到百分之一。用百分之一的历史显然不足以追溯、阐释整个人类进化的历程，加之传统史学本身也有偏见和局限，仅凭文字史的视野并不能完全回答上述问题。

所幸的是，传统历史学在过去几十年里发生了根本性的变化，一系列科学学科取得突破性进展，为人们理解更长期的历史提供了全新的工具。

1949年考古学碳定年法技术（Radiocarbon Dating）被发明，这种技术可以使用放射性同位素碳-14的半衰期来比较准确地测定一种物质的历史年代。新的检测技术再加上基因技术，使考古学家对文字出现之前的历史考据有了飞跃性的进展，从此在全球各地不断发掘出来的文物就成为了比文字更为重要的考古依据。

上世纪50年代之后，DNA结构的发现让生物学进入了一个快速发展的时期，催生了分子生物学、遗传生物学、进化生物学等学科的发展。这些学科和其他学科结合，让科学家对人类本身的进化历史第一次有了比较完整的了解。生物学家爱德华·威尔逊在2012年正式提出了人类起源的完整理论，发表著作《社会性征服地球》，这是继达尔文之后人类进化历史的又一次巨大发展。

1919年，塞尔维亚的地球物理学家米卢廷·米兰科维奇

（Milutin Milanković）提出了米兰科维奇循环理论，这一理论在 70 年代被最后证实，科学家们从数学上证明了地球的离心力、转轴角度和轨道的进动影响了地球和太阳之间的距离，从而造成了地球气候的长期大循环，循环周期大约是 10 万年。米兰科维奇循环理论帮助人们第一次理解了冰川纪的形成、持续时间以及预测大循环中的未来冰川纪。2004 年，科学家在南极打出了纵深两英里的洞，在多年积雪堆积形成的冰层中提取出过去 74 万年的历史气候数据，以及这期间人类活动对大气造成的影响，这些记录也还原了人类活动在过去几万年里在大气层中留下来的部分轨迹。

1987 年，在美国基因学者瑞贝卡·卡恩（Rebecca Cann）的带领下，科学界得出了一个在当时惊人的结论：所有的人类女性都可以追溯到一个共同的祖先，她居住在非洲，被称为非洲夏娃，诞生于大约 20 万年以前。这一结论此后被各种研究不断证实，不过把夏娃出现的时间推迟到了 15 万年前左右。此后不久，科学家也找到了所有男性的祖先：非洲亚当。这些重大发现证实了今天的人类都起源于同一祖先。人的特性，比如聪明、勤奋、创造性、利他主义倾向，在一个大的群体里，表现出的分布也很接近。这一结论对传统观点提出了巨大的挑战，粉碎了任何以种族、文化的不同为基础来解释东西方领先的理论。

正是各学科的大发展奠定了新史学出现的基础。所谓新史学，就是利用科学各个领域的前沿发展，跨学科重新构造解读人类长期历史的方法论，其最主要的突破就是不再局限于文字史，可以研究更久远的历史。

生物学家、地理学家贾雷德·戴蒙德堪称应用新史学的第一人，在1997年出版的《枪炮、病菌与钢铁》中，他第一次通过对人类农业起源的追溯，指出地理位置对人类历史发展的决定性影响。他的研究不仅回顾了人类过去一万年的历史，而且首次翔实有力地解释了为什么欧洲在16世纪彻底征服了美洲。就如新大陆的发现和美洲的征服对人类历史发展的跨时代意义，戴蒙德的发现和这本著作也是史学界的一次大突破。

另一位新史学的践行者，考古学家、古典学家、历史学家、斯坦福大学教授伊恩·莫里斯使用所有已经发现的科学工具勾画出人类文明在过去几万年中进化的基本轨迹，发现了人类发展的规律，据此解释东西方在近代的差距，并预测了人类社会的未来。他于2010年出版的《西方将主宰多久》，以及2013年出版的姊妹篇《文明的度量》（*The Measure of Civilization*）为这些问题提供了最好的答案。使用莫里斯的定量计量文明基本轨迹的方法，再加入经济学、生物学等自然科学及对中国历史传统的研究，我们今天就有可能将中国的现代化问题置于整个人类文明几万年的进化历史之中，由此对开篇所提的中国人近代关心的三大问题，做出比以前任何时候都更深刻的理解和回答，并在此基础上对中国未来提出比较可靠的预测。

笔者出生在1960年代的中国，在中美两国都有20余年的生活经历，对于中国现代化问题的兴趣自年少起持续了30多年。过去20多年的投资工作又对预测中国未来多了一份职业上的需求，并在这些年间积累起一些思考心得。这个"谈现代化系列"，正是我过去30多年的思考笔记，希望能够起到抛砖引玉的作用。这一系列首先将主要应用贾雷德·戴蒙德和伊恩·莫里斯的研究成果，结合部分个人表述和解读，从中国人的角度，分析人类16000年进化史的计量图表，阐述人类历史发展的重要阶段，揭示其中的规律，重点将集中在现代化的诞生历史上。之后我将着重讨论现代化的本质，中国现代化的道路，以及预测中国的未来，这部分内容更多是我个人的愚见。最终，我将落脚于中国现代化对西方的影响，以及对人类未来共同命运的探讨。

文明的轨迹

伊恩·莫里斯教授提供了定量记录人类长期文明历史轨迹的计量方式，他把这种计量方式叫做社会发展指数，即一个社会能够办成事的能力。社会由人组成，同为动物的人需要消耗能量。根据能量守恒原理，一个社会要能办成事，需要摄取和使用能量。所以要想衡量社会发展的程度，最重要的指数就是摄取能量和使用能量的能力。下面从计量内容、计量方法、计量对象三个方面解释这种计量方式。

莫里斯把一个社会摄取能量和使用能量的能力分成四个方面：摄取能量的能力、社会组织的能力、信息技术的能力以及战争动员的能力。摄取能量的能力主要指社会中的每个成员每天能够摄取的食物、燃料和原材料的能力。社会组织能力定义为在一个社会里最大的永久性居住单位的人口数，在相当长一段时间里也就是最大城市的人口数。人口越多，对社会组织的能力需求就越高。社会组织的成员每天都需要交流、储存、记忆各种各样的信息，因此信息技术也是人类使用能量的重要方式。战争作为人类消耗能量的重要来源更不必赘述。这四个方面并非人类活动的全部，却是最具有代表性的人类摄取和使用能量的方式。更关键的是这四个标准能够在一切社会中横向比较，也可以在很长的时间范围里纵向比较。因为人类的整个进化史，实际上就是摄取能量和使用能量的历史，而组织社会、形成人口中心、交流信息、进行战争也是所有人类社会都会进行的最重要的活动。

在考虑计量方法时，莫里斯选择了指数的方法，把测量时间的起点定在公元前14000年，终点定在公元2000年；把要测量的四个方面分值加总，定公元2000年的数值为1000分，平均分给四个方面，将公元2000年代表东西方最高水平的每项社会发展指数定为满分250分。比如西方最发达的地区美国，在公元2000年平均每人每日能量摄取大约是228000卡。日本作为公元2000年东方最发达地区，平均每日每人能量摄取大约是104000卡。按此比例，如果美国是250分，日本就是114分，以此类推。要获取这些数据，时间越早就越困难，但是在人类历史的早期，四个指数增长速度都很慢；而且，相对于公元2000年的人类社会组织、信息技术及战争动员能力，人类早期在相当长的时间里，这方面的分数一直接近为零。所以社会发展指数在早期其实也就是人类摄取能量的能力。这里计量的时间间隔在早期可以拓宽。比如公元前14000年到公元前4000年，每1000年取一次数据，这段时间分值变化的幅度很小。从公元前4000年到公元前2500年，可以采集的数据增加，这期间每500年取一次数据。从公元前2500年到公元前1500年，每250年取一次数据。从公元前1500年到公元 2000 年，每 100 年取一次数据。进入现代以后，以科学家提取数据的能力完全可以做到每年甚至每月精确地提取一次。但是要对 16000 年的数据都进行比较精确的估算，就需要考古学、气象学、物理学、生物学在过去几十年取得的成果辅助。

莫里斯把测量对象定为公元前 9600 年以后欧亚大陆上农业文明形成时出现的两大文明中心，以及此后传承这两大中心的各个文明中心。在不同的历史阶段，东西方文明的主要中心也有所变化，因此他选取的是当时在东西方两大文明中最为先进的地区。比如西方，最初是在两河流域和约旦河附近的侧翼丘陵区（Hilly Flanks），之后转移到美索不达米亚、叙利亚、埃及、地中海、罗马，再转移到巴尔干半岛，然后是地中海、南欧、西欧，最后到了美国。东方文明的中心则是从黄河流域开始，进入到黄河与长江冲积平原中间，之后转移到长江流域，到了 20 世纪之后，转移到中国东南沿海和日本，公元 2000 年左右则是以日本为代表。由于四个社会发展的计量指标对东西方两地都非常适用，同样的数据可以用来计量长时间的人类历史。

值得一提的是，史前的记录有很多数据需要估算，因此考古发现是重要的信息来源。考古学是一门很年轻的学问，现在通用的方法叫地层学（Stratigraphy）研究，直到 1870 年以后才开始使用。1950 年以后科学家开始使用碳定年法，给考古学带来实质性的飞跃。20 世纪 70 年代以后，人们对于史前的记录逐渐有了一套系统的知识体系。

莫里斯和他的团队通过大量的工作，将人类社会发展的指数

图 1 东西方社会发展指数（公元前 14000 年—公元 2000 年）

来源：Ian Morris, *Social Development*, 2010.

绘制成一系列图表，这些图表有助于我们直观了解东西方社会发展的历史轨迹。

从图1首先可以看到，一直到公元前3000年左右，东西方的发展几乎看不出任何差别，在这之后虽然两方的发展曲线都发生了一些变化，但仍然非常缓慢。而公元1800年以后，社会发展的轨迹像坐了火箭一样，呈现出飞跃式发展。接下来，在不失真的情况下，将之前的图表数据做一个对数处理，即图2。这样可以把东西方的比较看得更清楚一些。

再看公元前1600年到公元1900年的这张图表（图3）。图3呈现的历史是文字记载相对清晰、人们比较熟悉的一部分历史。结合图2、图3，可以看到从公元前14000年左右，到公元500年右，西方一直领先东方。大约从公元541年左右，东方开始赶上西方，从此在1200多年里一直领先西方，直到1773年左右。但是从公元1800年以后，西方不仅追上了东方，而且率先进入了一个飞速发展期，把东西方之间的差异扩大成对全球的统治。东方的社会发展指数也从20世纪开始起飞，今天虽然仍然大大落后于西方，但是已经显示出能够追上西方的迹象。这就是近16000年的人类文明在东西方两地的轨迹。之后几篇将重点解释人类文明轨迹的成因，东西方在文明发展过程中的异同，公元1800年以后社会呈现火箭式飞速发展的原因，及东西方的比较，进一步解释西方为什么能够在近代统治世界，解释中国在近代的落后。只有在理解历史轨迹和成因的基础上，才能回答今天中国如何能够赶上西方的问题，总结中国现代化的特性，展望东西方的未来。

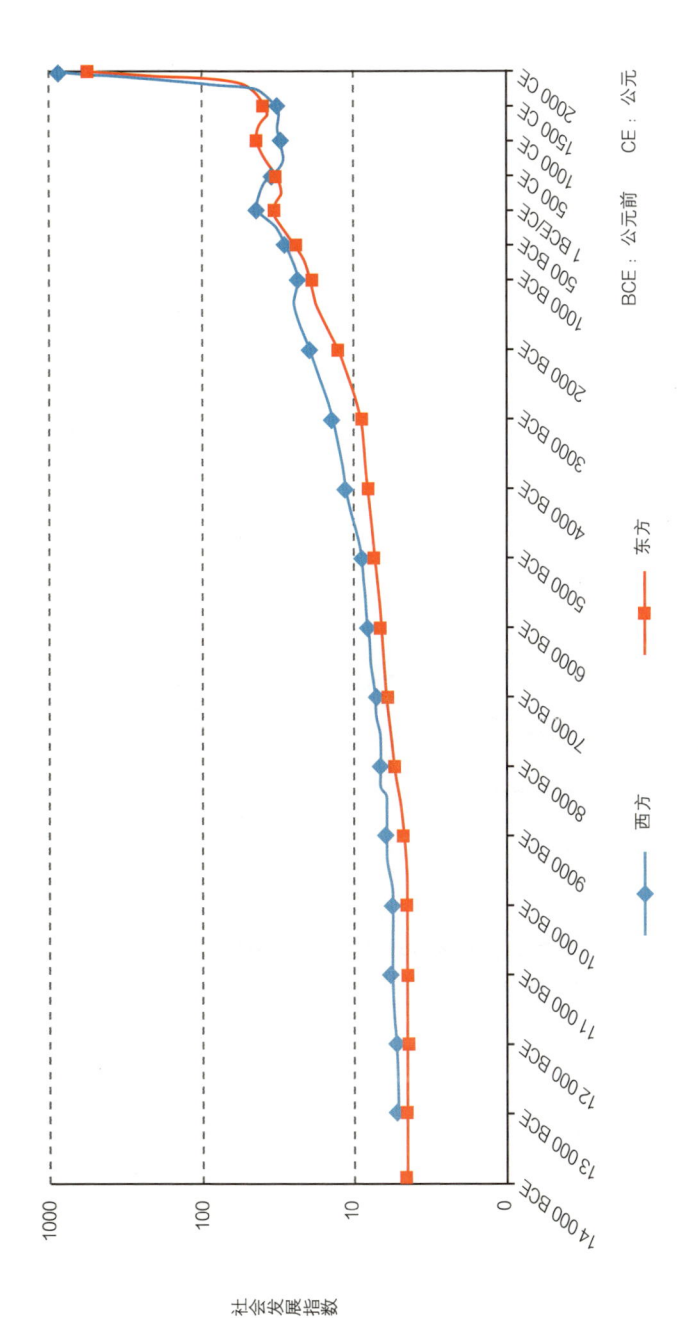

图 2　东西方社会发展指数线性对数模型（公元前 14000 年—公元 2000 年）

来源：Ian Morris, *Social Development*, 2010.

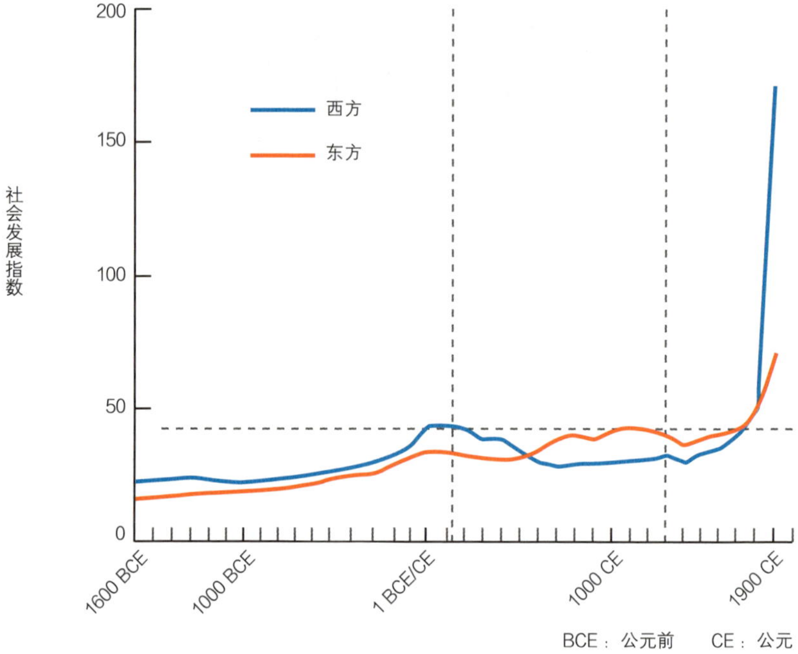

图 3　东西方社会发展指数（公元前 1600 年—公元 1900 年）

来源：Ian Morris, *Why the West Rules—for Now*, 2011.

人类文明的第一次飞跃

伊恩·莫里斯的社会发展指数图表清楚地呈现出人类文明进化轨迹的不断上升趋势,曲线的幅度也显示出不同时代有不同的上升速度。社会的发展总在起伏中曲线上升,而每一个历史阶段的起伏又有不同的规律。人类社会发展历史始终保持了上升趋势,但在不同阶段速度不同,各有特点。所以我认为要理解人类文明的演进过程,需要划分不同的阶段分别加以分析。

我把文明定义为人类利用自身与环境中的资源在生存发展中所创造出来的全部成果,意在计量人类和其最接近的动物祖先之间拉开的距离。容易和文明混淆的另一个概念是文化,文化是指生活在不同地区的人们,在漫长的时间里形成的独特的生活方式、生活习惯及信仰。文化用来区分不同地区、不同人群之间的区别,而文明则是用于描述人类发展的共性,并区别人类与动物祖先。在人类历史的长河里,工业文明开启了一个新的历史阶段,农业文明的到来也带来一个新的历史阶段。在农业文明出现之前,人类的生产方式主要是采集和狩猎。根据人类生产方式的不同,我大体上把人类文明的发展阶段分成三部分：采集狩猎文明或1.0文明，农业畜牧业文明或2.0文明，以及以工业革命为先导的科技文明或3.0文明。

在1.0文明时代，人类采集、使用能量的方式似乎一直没有什么变化，而且似乎与其他以捕猎为生的动物没有太大不同。但这是一个误解。人类的1.0文明，其实发生在7万年前，是因气候变化引发出的一次巨大的飞跃。

要理解人类的特性，必须要理解人类生活的环境。地球有45亿年历史，生物大概只有15亿年历史，而人类只有15万年历史。自然环境对所有生物的影响都是至关重要的，其中气候是最大的影响因素。

地球的气候在大约5000多万年以前开始发生了一次大的变化，当时大陆架的移动使得绝大部分陆地移动到了北半球，而使南半球基本上以海洋为主。另外一次变化是在1400万年以前，这时形成大陆架的火山行动基本上停止，地球的温度也随之下降，于是南极形成终年的积雪，而北极由于没有大陆架，雪比较容易融化，所以直到275万年前才形成终年的积雪。在这样的大背景下，米兰科维奇循环开始对今天的地球气候产生了周期性的影响。地球围绕太阳公转的轨道并不是正圆形，因为受到其他星球的引力，常常是椭圆形。另外地球的自转过程里通常会有倾斜，自转轴也有进动。受这三个因素影响，地球气候就形成一个以每26000年、41000年、96000年为周期的三大循环。这三大循环造成了地球接受太阳光热的数量不同，形成了气候的冰期和间冰期。

冰川纪在历史上出现过40次到50次，最严重的两次发生在

19万年前和9万年前,这个时段在人类的起源和早期发展中起到了关键性的决定作用。在冰川纪最严重的时候,仅北冰洋的冰川就覆盖了北部欧洲、亚洲、美洲。地球表面的水大多被吸收到冰川里,地球变得很干燥,海平线比现在低300英尺。加之冰川把阳光反射回大气,导致气温更低,植物和动物减少,空气中产生温室效应的二氧化碳减少,气温又进一步降低。现代人的祖先智人(Homo sapiens)在15万年前左右出现,这时期恶劣的气候条件让他们只能生活在非洲靠近赤道的很有限的区域之内。绝大多数基因学家和考古学家认为,当时人类的总数一度下降到2万人左右,人类也没有显示出任何将来会征服地球的迹象。这是人类历史上最黑暗的时代。但是到了7万年前左右,人类的运气开始好转,这时米兰科维奇循环朝相反方向变化,非洲的东部和南部开始变得更加温暖湿润,给人类提供了更好的自然条件来狩猎、采集,人口也开始随着食物的增加迅速增长。也是在这时,人作为一种独特的动物,开始显示出自己真正的优势。

人类在刚刚出现的时候,就显出和其他动物,哪怕是"近亲"类人猿很大的不同。这个区别在气候变暖之前并没有充分显示出来,但一旦气候创造了有利的条件,人类就开始显示出巨大的优势。人类和其他动物相比,最大的特点就是脑容量巨大,计算能力超强。虽然大脑只有人体重的2%,却要消耗人20%的能量。人类如果要等大脑完全成熟以后出生,母亲将根本无法生产。为了解决这个问题,人类只能在胎儿大脑没有完全发育成熟之前就把他们提前生产出来。这和其他哺乳动物都不一样。无论是牛、马、羊、狮子、老虎，这些动物出生后很快就可以独立站立、生长、生活，甚至捕食。可是人出生的时候离成熟和独立生活还很远，还需要几年时间才能够站立、行走、说话，大脑才能完全发育成熟。所以人类新生儿的死亡率很高，但是成熟后的优势也很明显。当气候变得有利于生物，人类的优势就表现得格外突出。这个优势充分体现在了人类文明的第一次飞跃，也就是走出非洲的飞跃。

一方面由于气候的变化，一方面受原来生存环境的影响，人类的祖先开始出走非洲，离开原来的生活地，去往全新的生活环境。这次文明的飞跃从一开始就显示出人这种动物独特的进取心和智力。从公元前6万年开始，人类从非洲索马里进入到阿拉伯半岛，到欧亚大陆，然后从北非进入到欧洲，从欧亚大陆进入到东方亚洲，从亚洲南部进入到澳洲，从欧亚大陆穿过阿拉斯加进入北美，从北美再进入到南美。

图4大体显示了当时人类迁移的路径。在大概四五万年的时间里，人类的足迹基本上遍及全球。随着气候不断变暖，越来越多的地方出现了更多的植物、动物，使得靠狩猎和采集的人类在世界上各个地方都有可以生存的机会。虽然大自然给各种生物创造的条件是一样的，但是并非所有的物种都有像人类这样强烈的进取心，克服重重困难走遍全球。这一次行走即便在今天看来都是惊人的、难以想象的旅程。试想当时的人类祖先要跨过大冰川，越过海洋，在对未来和目的地一无所知的情况下，一代一代以顽强的决心占领了全球。从公元前6万年，一直到公元前12000年前，人类用了几万年的时间，从非洲出发，一路占据到南美最南端，

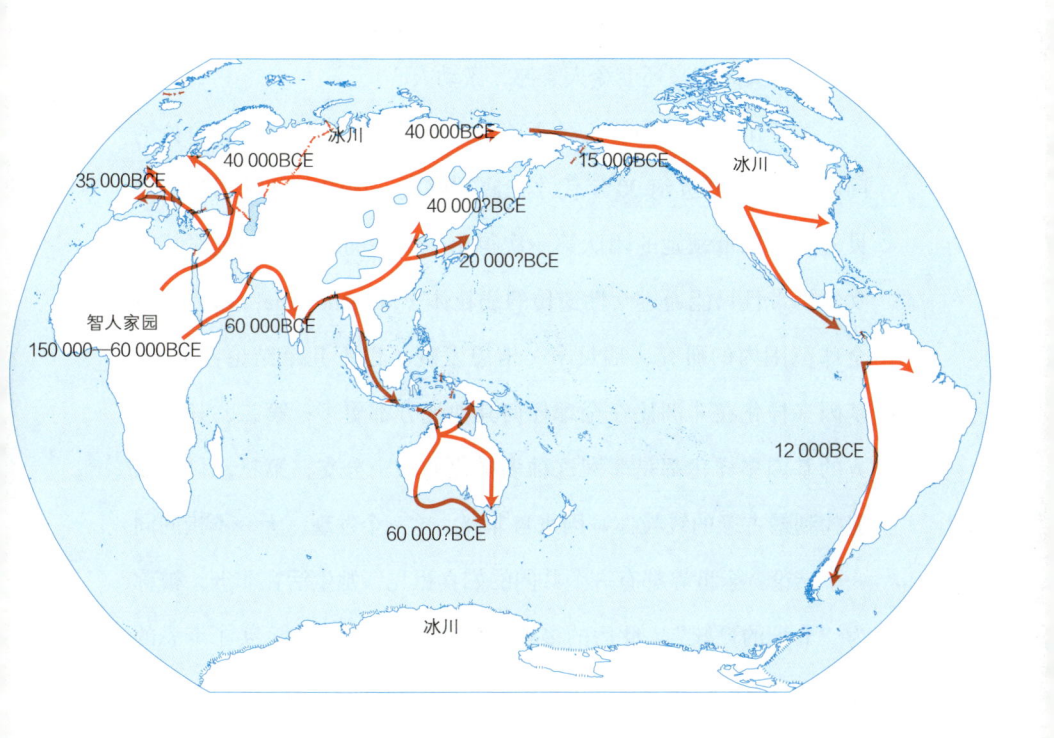

图 4 人类走出非洲的路线，及足迹遍及世界各地的时间点
来源：Ian Morris, *Why the West Rules—for Now*, 2011.

以平均每年一英里的速度遍布了整个地球。这个时候人的主要工具就是石器，交通工具就是双腿。这时还没有农业，没有畜牧业，没有其他的动物作为依靠，也没有任何其他工具，就靠着一路打猎和采集，并以很小的团队为组织一路前进。这一场人类祖先的远征，今天想起来还会令人震撼，激动人心。

关于出走非洲的智人是否就是人类祖先一直是学术界争论的问题，直到 20 世纪 90 年代才彻底被解决。1987 年，基因学家瑞贝卡·卡恩带领她的团队第一次得出突破性的结论。通过对只有女性携带且只能通过女性遗传的线粒体（Mitochondrial）基因进行全球范围内的研究，瑞贝卡·卡恩发现了以下几个结论：第一，基因多样化在非洲比在全球任何其他地方都更多；第二，其他地方的基因多样化都是非洲这种多样化的一个分支；第三，科学家能找到最古老的线粒体基因来自非洲。这三个发现，无一不指向同一个结论：全世界都有一个共同的妇女祖先，她生活在非洲，被称为"非洲的夏娃"。此后的多项研究都在不同程度上证实了卡恩的发现，只不过把非洲夏娃出现的时间推迟到了公元前 15 万年左右。到了 90 年代，其他基因学者通过检测 DNA 中只能在男性间遗传的 Y 染色体，得出了几乎同样的结论，即人类所有男性的祖先也来自非洲，被称为"非洲的亚当"。所以截至 20 世纪 90 年代，关于智人是否是人类祖先的争论有了答案。我们今天所有人的共同祖先，都是从非洲走出的智人在全球各地留下的后代。而其他所有的猿人和类人猿在人类离开非洲后的几万年内，几乎都绝迹了。

人类出走非洲后，在一路上都留下了文明的痕迹，其中最

图 5　阿尔塔米拉洞里的壁画
来源：维基百科。

著名的遗迹之一是已有18500年历史的阿尔塔米拉洞（Cueva de Altramira）壁画。这幅壁画达到的艺术造诣高度惊人，极其富有创造性，以至于毕加索在参观了这幅壁画之后曾经慨叹道："我们现在所有的人都无法画出这种水平来。"他认为和这幅壁画相比，人类之后所有的作品都是退步。

后来的考古发现，在人类走遍全球的这一路上留下的绘画、石器、妇女的装饰等，都体现出人的创造性和智慧。虽然人类诞生之初也只是采集和狩猎，看起来和动物祖先并没有太多区别，但是他们表现出了强烈的进取心和创造力。即便是其他的类人猿，也没有像人类一样，在短短几万年里步行穿过了冰川、海洋，足迹遍布全球；也没有像人类一样，在所有地方都留下了自己的想象力和创造力。这种决心、驱动力、对于意义的追求、艺术的表达，其他的类人猿都不具备。人强烈的进取心和高超的智力，使他/她从这时起就显示出来和任何其他动物的不同。

人类这一次走出非洲对全球的覆盖，虽然没有在生活方式上发生巨大的变化，但是人口从最初的2万人左右迅速增长，更重要的是人类已经遍及全球所有的地方。当全球气候开始变化，给生物提供新的发展机会时，人类已经为利用这些机会做好了准备。所以这一次出走非洲，让人类开始有了第一次文明的大飞跃，濒于灭种的可能性大大降低，基因的多样性和适应性大大增加，并开始在全球寻找最适合人类发展的生存条件。当这种生存条件在地球的某些地区首先出现的时候，人类利用机会的能力已经彻底形成，新的飞跃的基础也已经奠定坚实。

农业文明的诞生

地球最后一季冰川纪结束于公元前 2 万年左右。冰川融化后进入海洋，海平面开始上升；公元前 14000 年，冰川停止融化。到了公元前 12700 年左右，地球的气温回升到了和现在仅有几摄氏度之差。这个温度特别适合动植物生存。地球上的动植物种类和数量迅速增加，对依靠采集和狩猎为生的人类先祖来说，食物的来源自然也大大增加。从公元前 18000 年到公元前 10000 年，地球上的人口总数从不到 50 万翻了十几倍。从这时起，人类开始继承了地球，也开始接受地球赠与人类的礼物。

气候变暖是地球给人类的一份馈赠，但是生活在不同地理位置的人却并没能享受到同样的幸运。最幸运的人生活在"幸运纬度带"上，也就是欧亚大陆北纬 20 度到北纬 35 度，美洲大陆北纬 15 度到南纬 20 度之间的地区。从公元前 12700 年以后，欧亚大陆的东西两边开始出现了各种野生谷物。这些谷物碎粒很大，因此采集时花费 1 卡的能量，可以在食用时得到 50 倍的回报。得益于食物的丰富，这时人类群落的规模也开始扩大，逐渐形成文明中心。不久，在幸运纬度上最发达的地区侧翼丘陵区，也就是位于两河流域和约旦河流域的一个拱形丘陵地带，率先出现了人类文明第二次的大跃升。

今天我们可以猜想，这一次文明的跃升也许缘于当时妇女的采集经验。当她们采集果实时想到，如果把野生果实种植在肥沃的土地上，收成会不会更容易预测？考古学家们已经找到越来越多的证据，证明人类在这个时期开始种植植物，又进一步掌握了选择优良品种杂交、施加肥料、除草等等一系列的农业行为。这样生产出来的果实就不再是原始的野生状态，而转变为一种和人互相依存的关系，意味着现代农业的出现。畜牧业的出现也是类似的过程，动物也逐渐被人类驯化。人们对一些野兽首先圈养，然后配种，选择优良品种交配，再对新出生的动物人工喂养，以至于被人类驯养的动物已经不能够独立在野生环境下生存，而必须要和人类相互依存。

农业和畜牧业的出现在全球的分布非常不均衡，最主要的原因是地理环境和自然资源完全不同。生物学家贾雷德·戴蒙德强调地理环境在农业文明里的决定性作用。他指出全世界大约有20万种不同的开花植物，只有差不多几千种可以食用，而其中大概几百种可以被人工养殖。人类今天摄入能量的一半来源于谷物，最主要的是小麦、玉米、大米、大麦和高粱，而这些谷物的野生原种在全球分布既不广泛更不均衡。自然界中一共有56种颗粒大、营养丰富、可以食用的野生植物。在西南亚，侧翼丘陵区拥有32种，在东亚的中国附近有6种，中美洲有5种，非洲撒哈拉沙漠以南有4种，北美4种，澳大利亚和南美各有2种，整个西欧只有1种。如此看来，在侧翼丘陵区最早出现农业的机率要远远超过其他地方。再看畜牧业的条件：世界上超过100磅的哺乳动物有148种，到1900年只有14种被人类驯养，其中有7种原生野生动物在西南亚，东亚有5种，南美只有1种，北美、澳大利亚、撒哈拉沙漠以南1种都没有。今天世界上最重要的5种畜养动物：绵羊、山羊、牛、猪和马，除了马之外，原种都在西南亚。虽然非洲的动物很多，可是绝大多数无法驯养，比如狮子、长颈鹿等等。因此从农业资源的分布来看，侧翼丘陵区是最幸运的地方，其次是中国的黄河长江流域。它虽然不如前者，但依然是世界上自然资源第二好的地方。世界上的其他地区则远远不如这两个地区。

事实上整个农业文明的出现和传播都和自然资源关系巨大。大约在公元前9600年，农业就开始在侧翼丘陵区出现了，在中国则出现于公元前7500年。澳大利亚基本上没有农业出现，美洲的农业发展也很滞后。美洲原生的植物叫大刍草（Teosinte），这是玉米的原种，要把大刍草培育成玉米，需要几十代的基因变种才有可能。美洲也没有原生的可以被驯养的动物，所以农业文明在美洲开始的自然条件极其匮乏。另外一个导致美洲农业文明落后的原因是地理隔绝。人类祖先最早在公元前15000年通过大陆桥从欧亚大陆走到美洲大陆，而到了公元前12000年以后，美洲和欧亚大陆就被海洋分隔开来，这以后在欧亚大陆出现的农业文明就没有办法传播到美洲。所以整个美洲发展农业文明的自然条件很差，也无法和其他实现农业文明的地区交流。而同样自然条件很差的西欧，由于到中东的交通相对通畅，所以到了公元前4000年左右，农业已经得以覆盖。在亚洲，农业从公元前7500年开始，从中国起源，向各个方向传播开，进入今天的东南亚，再到公元前1500年的朝鲜、日本，基本上涵盖整个亚洲。

当农业人口进入到依然以采集、打猎为生产方式的地区，就会形成竞争。农业本身是人类文明的进步，发展到这个阶段的社会所能摄取和使用的能量以及组织能力都远远超过1.0文明。两种力量悬殊的文明一经相遇，先进的文明势必要征服落后的文明。文明的传播形式有两种，一种是先进文明的殖民，另一种是生活在落后文明地区的当地人模仿学习新的生产方式。无论是哪种方式，最终新的文明都会传播到世界各地，人类的生活方式在不同人种中也会逐渐同化。今天欧洲人中差不多每四五个人中就有一个人的祖先来源于农业文明出现最早的西南亚、中东。虽然在亚洲没有类似的研究，但无论是对亚洲人种的调查，还是直观的观察，我相信情况也差不多。

人类的特征虽然在大数里都是一样的，但是在第二次文明跃进的时候，由于自然条件不一样，能否和新的文明交流的机会也不一样，所以发展的速度和状态也有所区别。地理位置一方面决定了一个地区的自然禀赋，另一方面也决定了它和最先进的文明交流的机会，由此造成了各个地区发展的差异。

今天世界上最发达的文明，都从最幸运的两个中心发展而来，一个是西南亚和中东地区，一个是中国的黄河长江流域。东西方的概念也是在那时产生。地理位置从农业文明起变得十分重要。

凡是能和其他地区交流的地方，例如侧翼丘陵区、中国和欧洲，它们发展的方式、速度、轨迹都非常相像，文明传播的速度也很接近。比如说最早从种植，到育种，到出现大的村落，对动物的畜养，对生活方式、家庭组织的重新构建，对祖先的崇拜，出现陶器，形成宗教仪式等等，这些现象出现的先后顺序在不同的人群里都很相似。不同的地区虽然出现了不同的生活习惯和不同的文化，但是从文明本身的发展来看，只要有足够的时间，先进的文明最终都会以殖民、被模仿、同化的方式传播到所有可及之处。所以到了公元前1500年左右，基本上整个亚洲、中东、非洲北部、地中海、欧洲，都已经进入2.0文明阶段。而美洲和澳大利亚因为天生自然资源不足和地理上的隔绝没有能够发展起来，基本上还处在1.0文明阶段。在非洲撒哈拉沙漠以南，虽然出现了有限的畜牧业，但受地理条件的限制无法开展种植业。

整个农业文明的起源、诞生、发展、传播都和地理位置密切相关，无论是开始的自然条件，还是和其他文明中心交流的难易程度，都决定了当地农业文明发生的时间和发展的程度。非洲位于赤道附近的地理条件促使人类诞生于此，而全球变暖让世界上几乎所有地方都可以发展1.0文明。但是当2.0文明到来的时候，原来有利于1.0文明的地理条件并不必然都是优势，在很多地方甚至变成了劣势。非洲、美洲具有的1.0文明优势，反而成为2.0文明最大的障碍。发展农业条件比较好的地方2.0文明的发展自然比较快，比如中东、西南亚，2000年的领先给了他们巨大的优势，但这并不是一个永久的优势。无论是中国还是欧洲，都在后来慢慢赶上了领先的中东,可见人在大数里表现出来的情况是一样的,而地理位置决定了发展的条件不同,先后有别。

在塑造整个历史的过程里,人的动物本性起了非常重要的作用,莫里斯把它叫做莫里斯定律(Morris Theorem):"历史,就是懒惰、贪婪、又充满恐惧的人类,在寻求让生活更容易、安全、有效的方式时创造的,而人类对此毫无意识。"但同时人也显示出了强大的学习能力,一旦自然条件开始提供机会,他们很快就把自然资源条件转化成自己生存发展的巨大前进动力。

农业文明的天花板及三次冲顶

农业文明的发展促使人口出现大幅增长。从公元前10000年左右，人口开始长期上升，人类对土地的开垦利用不断扩张，土地的单位产出也因为农业技术的不断改进而提高。公元前5000年左右，集中的水利灌溉技术最先出现于中东的美索不达米亚平原，此后一系列深耕技术在东西方都开始被使用，比如轮种、选种、育种、休耕、农具的改革、牲畜的使用等，同时也出现了铁制农具、水车、风车等农业工具。为了更好地利用这些新的技术，人类开始提高自身组织能力，建立了城市、国家或更庞大的帝国，城邦、国家间出现了人口流动、掠夺和战争。人畜接触和人口流动导致细菌、瘟疫的传播，引发新的战争。与此同时，人口流动和新的地理发现也促进了贸易和社会分工，大的帝国得以建立稳定统一的市场，先进的技术得以在大范围内更快传播。无论是组织能力、机构设置、还是技术创新，率先发起的地区会得到更多的优势，挑战已有的文明中心，变其地理优势为劣势，进而取代旧的文明中心，成为新的文明中心。整个2.0农业文明一直在前进

图 6 东西方社会发展指数（公元前 2000 年—公元 1800 年）

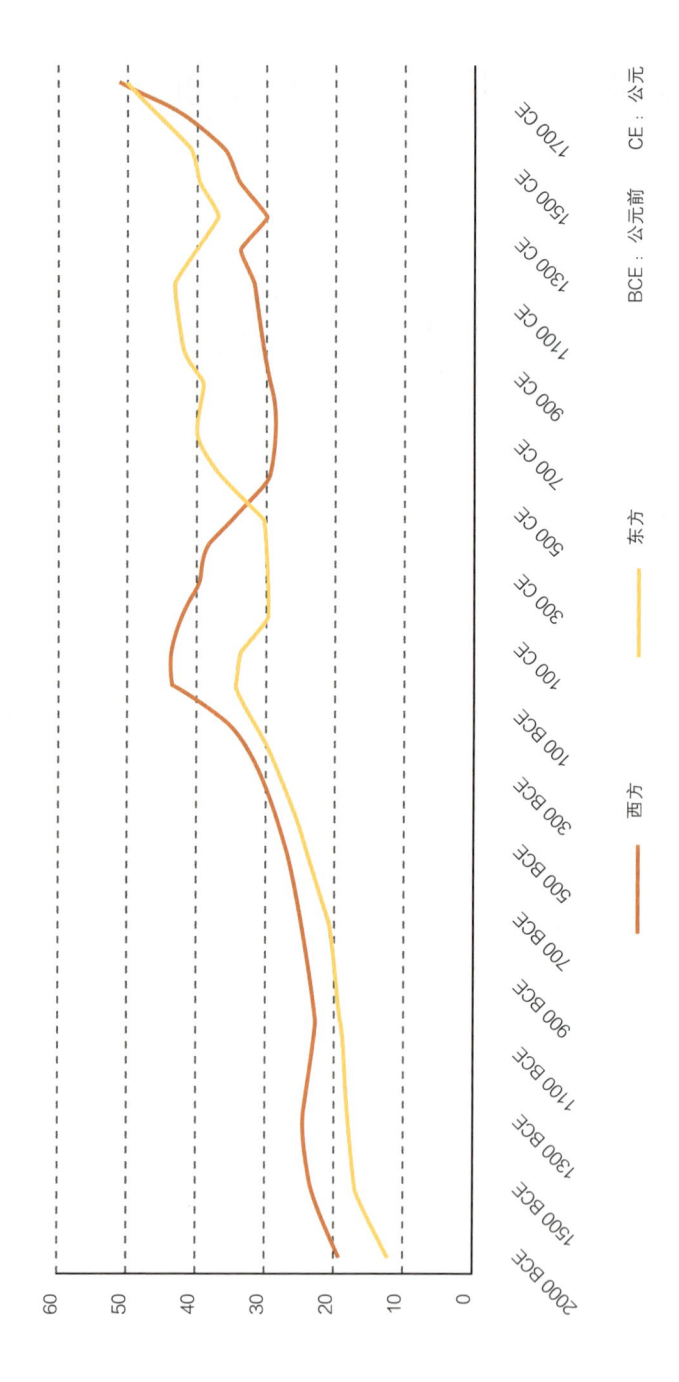

西方　东方

BCE：公元前　　CE：公元

来源：Ian Morris, *Social Development*, 2010.

两步，后退一步的态势下前进、发展。

直到工业革命到来之前，农业文明社会的发展轨迹始终遵循着"上升、冲顶、衰落"的循环规律，社会每经过一段时间的发展就会达到一个峰值，同时触及难以逾越的天花板，之后不可避免地衰落，后退，再上升，触顶，衰落，如此循环往复。

究其根本，农业文明的社会发展存在天花板，因为农业文明有一个天生不足的瓶颈。农作物产生于光合作用，牲畜也要消耗植物，动物产出的热量和消耗的植物能量比例是 1∶10，所以最终光合作用能够产生的能量上限受制于土地面积和土地的单位产出，在这两者都有上限的情况下，自然资源也就有了上限。而人类在这个时期还不能够控制人口，人使用新能量一个重要的方式就是生育更多的子嗣，所以有限的资源和近乎无限的人口增长决定了人口增长最终只能通过非自然灾难来消化和制约。自公元前约 10000 年起，这个基本的瓶颈是整个农业社会一直无法解决的问题。纵观整个 2.0 文明的历史，尤其是最近几千年，做饼与分饼的矛盾不仅一直存在，而且有愈演愈烈之势。

总体来说，人类在农业文明时代面临的灾难主要由这五个原因导致：饥荒、人口流动引起的战争、瘟疫、气候变化、政权失败。土地收成受制于天气，气候变化无论大小都会直接影响农作物的产出。小的变化导致收成减产，造成局部性的饥荒；长期大的变动则会让一些地区的土地收成系统性减缓，必然会引起大规模的人口迁徙，进而引起政权争夺和战争。游牧民族因为蓄养的动物需要消耗大量植物，更受制于天气的变化，加之本身的流动性也强,所以更倾向于掠夺和战争。在几千年的时间里,游牧民族和农业人口对土地的争夺一直是战争的主要原因,而农业人口之间的流动也是人口流动的一个主要源泉。游牧民族的迁移给农业人口带来的另外一个直接结果就是细菌和病毒的传播,和以此引起的严重瘟疫,这是历史上人口消减的最重要的原因。

为了应对这些挑战,在东西方两个文明中心的人类,都开始加强组织能力,于是出现了城市、国家、帝国。这些社会组织的创新一方面在于创造了和平的环境,促进国土范围之内技术的传播和贸易的扩展,形成共同市场,促进了社会的发展。另一方面,先进政权和落后地区的差异也成为战争、资源掠夺和征服的一个主要原因。气候的变化常常使一些地区的优势显示出来,使得文明的中心发生转移,但是同时新的文明中心的发展又带来了新一轮的挑战,新一轮挑战使文明中心再次迁移。地理的优势和劣势不断转移,整个社会以前进两步、后退一步的态势往前推进。

从历史的轨迹上看,公元前1300年左右,西方的社会发展一度达到了一个区间顶峰,社会发展指数比农业文明开始时增长了6倍左右,东方也增长了4倍左右。但是这时在西方的文明中心出现了第一次全区域性的毁灭——当五大灾难中的数项同时出现的时候,毁灭几乎是必然。

这一次的失败让西方的发展程度在此后的200年里退回到600年以前的水平,而东方在这一段时间里还在持续发展,这是东方和西方两大文明中心第一次开始拉近了距离,并在此后的发展中表现出惊人的一致。

这一时期欧亚大陆的两大文明中心都开始受到来自北方游牧民族的侵略。此时的北方游牧民族活跃在大草原高速公路——东起中国的东北、蒙古，西至匈牙利的一条长长的欧亚大陆线上，在长达几千年的时间里，他们一直是东西方农业文明最主要的共同敌人。农业文明国家和游牧民族的争夺战争从来没有停止过，但欧亚大陆也因为活跃在大草原高速公路上的游牧民族而被连接在一起。

虽然农业文明面临挑战，但在几千年里至少有三次冲顶，在应对挑战中不断创新。农业文明阶段在制度上的创新首先包括从低级管理国家向高级管理国家进化的过程，主要在公元前1000年到公元前200年左右完成。西方从低端国家过渡到以大流士的叙利亚到色雷斯的波斯帝国为代表的高端政权，再经过希腊的城邦，开始在罗马帝国真正成为集大成者，建立了代表西方最高水平的政权。罗马帝国也因为地处地中海内陆，拥有一个非常方便的内海交通通道，因此在帝国范围之内，形成了一个跨欧亚大陆的巨大的贸易帝国，资源得以最优分配，社会发展第一次达到了农业文明的顶峰。从公元前200年左右到公元纪年，罗马帝国开始进入到顶峰时期。这时距离农业文明的开始，社会发展指数增加了10倍左右。与此同时，东方经过夏、商、周这些低端国家，以及春秋战国对高端政府的过渡尝试，以秦、汉为开启出现了中央集权这一高端管理政权，也建立起一个跨区域的大的帝国。虽然社会发展指数此时略低于罗马，但是当时在东方也处于领先地位。

在农业文明第一次冲顶之后，五大挑战几乎同时出现在东西方，尤其是游牧民族的入侵，加上自身政权的失败，瘟疫流行，使得东西方两大帝国在第一次冲顶之后先后失败，从而引发了整个文明区域的毁灭性倒退。这次倒退在西方持续了上千年，在东方持续了差不多400年。400年之后，东方出现了以唐、宋为代表的黄金时代，宋朝的东方帝国第二次冲到了农业文明的顶峰，达到甚至超过了罗马帝国所取得的成就。但是这一次冲顶之后，农业文明再次被游牧民族（蒙古铁骑）击败，游牧民族政权加上瘟疫流行让宋朝的冲顶又遭失败。蒙古大军横扫整个欧亚大陆，征服了从中国一直到匈牙利、俄国、中东等几乎所有文明中心的国家，也把瘟疫带到了世界的每一个角落。这一次的征服虽然摧垮了宋朝的成就，但是它也把宋朝所代表的高度发展的东方文明传播到了当时相对落后的西欧。当时的宋朝一度达到了文明的顶峰，那时铸铁产量每年大概十几万吨。而直到1700年，整个欧洲的总产量也才达到这个数字。中国当时最重要的技术发明，比如铸铁、火药、指南针、纺车、风车、水车、农业技术等都传到了欧洲。

蒙古大征服的另外一个后果则得益于它所没有做到的事情。蒙古的铁骑到了匈牙利以后就戛然而止，完全没有到达西欧，所以其破坏没有波及西欧，但是技术却传到了西欧，这为西欧成为下一次文明的爆发点提供了一个绝好的条件。当时处在封建征战里的欧洲，在罗马帝国以后，几次试图统一的努力都失败了。欧洲的政权在几百个大大小小的封建王国之间，在基督教皇和王国之间进行了上千年无穷无尽的战争，所以中国的火器到来以后，迅速被发展成火枪和火炮。火枪、火炮反过头来又传回到了东方。

几百年以后，在火枪和火炮的帮助下，东西两方在俄国和清朝共同努力之下，将肆虐在农业人口领地上几千年的游牧人口彻底制服。到了17世纪左右，大草原高速公路以1689年中俄之间的《尼布楚条约》为界，彻底被封锁。

与此同时在西方，从15世纪以后，被蒙古遗漏的西欧开始呈现出朝气蓬勃的新活力，在威尼斯、佛罗伦萨出现了文艺复兴。整个西欧因为中国技术的引进，开始出现了新一轮的社会发展。新的中国技术的引入，再加上马可·波罗对中国的盛赞，引起了西方第一次真正的中国热，导致西方开始寻求东方的财富，为下一次的大航海运动提供了根本性的动力。所以西欧从1500年开始，社会逐渐向上发展，到了17—18世纪，无论东方、西方都再次冲向农业文明所能达到的极限。但是这次，东西两方在冲顶过程中所遇到的挑战和获得的机遇截然不同，从而，东西两方在接下来几百年的命运也截然不同，这也给人类命运指出一条完全崭新的道路。

农业文明中的思想革命与制度创新

1798年,马尔萨斯出版了《人口学原理》,指出人口增长永远会超过人类食物生产的能力。随后到来的工业革命让马尔萨斯成了历史上最失败的预言家。但是"马尔萨斯陷阱"却在无意间成为了对农业文明时代最好的历史总结。

农业文明的铁律就是它的瓶颈。每一次文明冲顶后的衰落和毁灭期,都是对当世人的磨砺,让他们经受苦难,感受痛苦。然而痛苦常常也能成为思想革命的源泉。

二战之后,德国哲学家卡尔·西奥多·雅斯贝尔斯(Karl Theodor Jaspers)在思考二战给德国和世界带来的灾难的时候,感同身受地指出,人类的每一次灾难都带来了一次思想革命。他指出在公元前5世纪左右,出现了一次轴心思想革命,并命名为轴心时代(Axial Age)。在东方的中国,孔子开始讲述他的学说,与此同时诸子百家争鸣;在西方文明起源的中东,先知们开始把对世界、上帝的思考记录成《圣经》的《旧约》;在印度,释迦牟尼放弃了皇子的优裕生活,开始和乞讨的人一起生活,和他们共同经历苦难，宣讲他解脱苦难的方法；在希腊，从苏格拉底到柏拉图、亚里士多德，伟大的思想家都在全面地检测个人、社会、国家的意义。

这一次思想革命为人类之后几千年的发展奠定了不朽的思想基础，一直到今天还在影响后人。而这些思想家几乎出现在同一个时期，来自世界上欧亚大陆所有的文明中心，而且思想的指向惊人地一致。他们共同的特点是都处在自己时代文明的边缘，思考的问题都是文明毁灭之后普通人的痛苦、边缘人的挣扎、底层人的呻吟。无论是鲁国的孔子、迦毗罗卫国（Kapilavastu）的释迦牟尼，还是雅典的苏格拉底、流离失所的以色列先知，共同的出发点、核心关怀的对象都是弱势群体、普罗大众。他们共同反对的是腐败、野蛮、欺瞒百姓的统治者和坏政府。因此他们的思想带有很强的革命性，但是他们本身都不是革命者。他们的使命主要是探讨人、社会、国家的终极问题：什么是人的意义？什么是政府存在的原因？什么是好的政权，好的社会？他们也追求人生的意义，追求人在自身生活和利益之外的升华。孔子讲到的仁，释迦牟尼讲到的涅槃，《旧约》讲到的上帝，苏格拉底、希腊哲学家讲的冥想，追求的都是人在这个世界上的升华和意义。这些思想者同时都指出了人和人关系的黄金定律，比如孔子的"己所不欲，勿施于人"，《圣经》讲"己所欲，施于人"，释迦牟尼讲对于世间万物彼此抱有同情。基于这一核心观点，他们所描述的良性社会都建立在这样的人际关系之上。治理有方的政权也必须以人为本，正如孟子所说"民为贵，社稷次之，君为轻"。这些思想家在他们生活的时代都未获成功，也没有被广泛接受。苏格拉底在民主的雅典被判了死刑，孔子流离失所、终其一生主张都不被接受，犹太人失去自己的家园、在世界各地流离失所数千年，释迦牟尼在世时也没有形成真正的影响力。但是他们思想里的丰富内涵和坚韧力量，却超越了他们的生命本身，直到今天依然滋养着人们的心灵。

第一次轴心时代的思想在人类农业文明第一次冲顶的尝试中都有所体现。东西方几乎同时遭遇冲顶失败，紧接着就进入几百年、上千年的黑暗时代，这个时代感受的痛苦，就造成了轴心时代思想的第二波。在中国，佛教被转化之后广泛传播，几乎成为国教；在西方，基督教成为罗马帝国的国教，迅速地在整个西方传播开来；在阿拉伯半岛的沙漠游牧民族中，伊斯兰教出现。

伊斯兰教是一个非常独特的现象，这是唯一一个游牧民族自己创造的宗教，是整个游牧民族自己创造的文化跃升。伊斯兰教的创始人穆罕默德早年经商，但是到了40岁的时候，他宣称奉安拉的启示，被差为使者和"最后的先知"。他传讲的话极富诗意和说服力，迅速吸引了一个巨大的信徒群。在此后仅仅二三十年的余生中，他把一个在沙漠边缘求生的、规模很小的游牧民族组织起来，征服了整个中东、埃及、地中海。他和他的后代创造了世界第三大宗教，建立了穆斯林帝国。因为游牧民族文化开始发展较晚，所以在穆罕默德及其后继者统治下，伊斯兰对所有拥有成熟文化的民族都表示出了足够的尊重、容忍和谦虚的学习态度。西方的文化、希腊的文明、罗马的文明得以在穆斯林时代得到保留，而且通过大草原高速公路传到东方。印度的香料、中国的瓷器、丝绸，也通过穆斯林控制的草原高速公路形成的所谓丝绸之路成为东西方之间的贸易品。

第二波轴心时代重点是对灵魂的安慰，呈现方式几乎都是宗教。无论是佛教、基督教还是伊斯兰教，强调的都是来世的解脱，对于现世痛苦的安慰，对灵魂的慰藉。两波轴心时代出现在人类从低端政权进入高端政权的过程中，为后来建立高端政权奠定了思想基础。高端政权在西方以罗马帝国为最初的代表，在中国以汉朝为开端。

轴心时代思想最重要的遗产是高端政府政治制度的建设。中国的轴心时代思想直接导致了中国历史上最伟大的政治制度创新——科举制的诞生。科举制是整个2.0农业文明时代最伟大的制度创新，在整个人类历史上我认为称得上第二伟大的制度创新。

任何帝国要应对农业文明面临的挑战，都需要和平和发展，需要贸易，只有贸易分工才能让农业和手工业在不同的地区最优地分配资源。特别是在农业文明的天然瓶颈和有限资源的制约下，最佳的资源分配显得更为重要。因此国家越大，人口越多，地域越多样化，应对挑战的能力就越强，人类政权从低端政权向高端政权转移也是必然。但是所有高端政权在建立起来后都需要解决如何有效管理政权的问题。传统上的政权方式是以血缘为基础，谁打下了江山，谁的血缘关系就变成了权力分配的最根本依据。但是血缘并不确保能力，尤其不能够保证几代以后掌握政权者的能力，所以这样的政权都不能够持续。管理好政权需要精英政权、任用贤能，可是任用贤能的问题在于没有办法保障忠诚和政权稳定。特别是能力强的军人如果又掌握着权力，自然会威胁到政权本身的和平。人类要应对农业文明五大挑战又必须要建立一个伟大的帝国，而有效管理庞大帝国的办法一直是一个难题，直到中国在轴心时代思想基础上发明出一种创新制度——科举制。

科举制以人的学习能力、知识水平、行政能力作为考核的根本，用公平、透明、公开的方式提供给所有人机会，而不受出身背景或血缘关系的限制，从社会各阶层的人才中选拔出优秀能干的人，并凭考核结果分享政治权力，另外通过政府考试的方式统一官方意识形态，以保障所录取的人才对政权的忠诚。这样的选拔和考核制度，可以保证选出的人才既有全面能力，能服务百姓，又能效忠政权。由文官管理武官，保障政权不受挑战。从思想意识形态上，士大夫既效忠皇权政统，又追随儒家道统。既为百姓，又为皇权，兼为个人实现理想抱负，养家荫子。这几乎是一个完美的制度尝试。科举制起源于两汉时的荐贤尝试，经过几百年的实践后，到隋朝正式确立成为制度，为此后一千多年里管理中国这个庞大的帝国提供了最坚实的保障。这也为中国从汉朝后的400年战乱中重新崛起提供了基础，也让东西方在汉朝和罗马帝国衰落后的命运截然不同。从公元500年到公元1770年左右，中国领先西方大概1200年，科举制这一创新正是助跑中国领先的重要原因之一。这一制度的确立使得中国在大体上解决了作为庞大帝国的行政问题，保障了长期的和平环境，形成了大规模的贸易市场，促进了技术交换和广泛应用，发展了文化，也拥有了应对饥饿、瘟疫、外族侵略的能力，让中国在之后1000多年里领先于世界上几乎任何其他国家。甚至到工业文明时代，大英帝国开始建立的时候，也借鉴了中国的文官制度，建立了自己的文官系统。今天无论是美国的军队，还是其他采用文官系统的政府或是非政府组织都多少受到了中国科举制度的影响。

科举制度虽然在极大程度上解决了帝国的政权问题，但它的核心缺点是皇帝这个最高领袖的选择。文官系统的发明，根本目的是为了延续帝国统治。但是皇帝必须以血缘传承。如果皇帝能力优秀，整个帝国的力量就可以充分发挥出来，这一点无论是在文景两帝，还是汉武帝、唐太宗、宋太祖这些时代，都被一再证明。但是血缘无法保障能力，无法避免皇位传给无能子嗣，因此就无法避免弱君、昏君的出现。在他们掌权时，政权也不可避免地走向内斗、腐败。不稳定的皇权传承影响着朝代的兴衰。但是无论一个朝代如何在管理细节上创新，都保持了科举制这一基本的政治制度。这一制度从汉、唐起影响中国政治，直到今天。

轴心革命时代的另外一个重大的遗产是思想的多样性，在中国有百家争鸣的不同理念，希腊亚里士多德所关心的问题从科学、玄学、法律、政权到逻辑，内容广泛多样。思想多样性的出现，尤其是其中理性一支的出现发展出思想的另外一条重要轨迹。思想不仅仅是建立公平社会和政权、安慰灵魂的手段，从希腊的"为知识而知识"开始，思想本身成为人追求的目的。人类在思想上的进步逐渐发展出近代的科学，从此开始真正主宰世界。这一支理性的思想为人类发展指出了另一个伟大的方向。

美洲大陆的发现及其划时代影响

农业文明时代，地理位置一直是西欧的软肋。当时西方的中心虽然已经从中东转移到地中海、南欧，但是西北欧依然很落后。不仅如此，它离富足的中国和印度也非常遥远。15世纪的欧洲人对马可·波罗笔下天堂一般的中国充满向往，希望能打开与印度和中国贸易的通道。当时西方和东方的贸易通道主要是在陆地上经由中东，而此时中东已经被穆斯林占领，又因为基督教与伊斯兰教的战争很难通过。唯一能通商的是一些零散的欧洲商人，比如威尼斯商人，通商的货物主要是印度的香料。为了找到前往印度、中国的海路，西方开始了大航海时代。葡萄牙的达迦马最初绕过非洲好望角建立了一条通道，接着是哥伦布出海，他抱着绕过大西洋直接寻找亚洲的希望，意外发现了一块全新的大陆。他误以为自己到达了印度，称当地人为印第安人。这次发现不仅改变了欧洲的历史，而且彻底改变了整个人类的历史轨迹。

人类第一次进入美洲是公元前15000年，当时出走非洲的人类祖先通过西伯利亚的大陆架直接步行进入到美洲，但是在公元前 12000 年以后，由于冰川纪的结束，全球变暖，海平面升起，这座大陆桥不复存在。所以在此之后的一万多年里，整个美洲由于被太平洋和大西洋所孤立，完全和其他的文明脱离了关系。虽然它自身的气候条件很好，但几乎没有适合农业、畜牧业的野生植物和动物，农业和畜牧业的资源非常贫乏。适合农业的植物只有 4 种，适合畜牧业的动物一种都没有，本地产量最高的玉米又不易育种，须经过十几代才可以改良。所以它发展农业文明的先天条件极其恶劣，起步比别的地方落后，种植业发展速度也极其缓慢，畜牧业根本就没有发展起来，因此社会组织的发展程度也很低。

当欧洲人到来的时候，美洲大陆只有墨西哥和南美有两个较大的政权，且都是比较初级的政权，欧洲移民的相对优势显而易见。这时的欧洲因为连年的战争已经具备了丰富的战斗经验和强大的战争组织能力，在技术上有铸铁和火枪火炮，所以当地土著人的抵抗必然以失败告终。但是欧洲人带入美洲大陆最厉害的武器还不是铸铁和枪炮，也不是战斗能力，而是他们身上携带的病菌，和他们带来的牲畜身上的病菌。人类在过去几千年和病菌的战斗中逐渐开始占据上风，但是代价惨烈，黑死病一次性让欧洲损失了三分之一的人口。其他的疾病，比如天花，在中世纪时也造成将近 10% 的欧洲人口死亡。虽然活下来的人身上已经有了抗体，但是这些病毒和细菌并没有消失，一直和人畜并存着。这些病菌对于身经考验并携带抗体的欧洲人已经没有什么威力了，但从来没有经历过它们的北美人对这些病菌则完全没有抵抗力。哥伦布到达美洲之后,只用了几代人的时间,就让 75% 的美洲当地人丧生于细菌。

原本就人口稀少、政权形式低端的美洲大陆,在欧洲人到来后政权被彻底摧毁,原住民几乎被细菌全部消灭。欧洲人在 16 世纪初期发现自己继承了一个崭新的大陆,而且令他们惊喜的是,这个新大陆的自然条件非常好,适合种植农作物,发展畜牧业。且新大陆的面积是西欧的将近 9 倍,拥有丰富的自然资源,比如大量的白银及其他矿产资源。这个新大陆彻底改变了欧洲的经济状况,从 16 世纪到 18 世纪,仅西班牙就从南美运回了数万吨白银。美洲的发现还一举解决了西欧的土地瓶颈,为人口流动提供了新的可能,尤其对那些在本国受到迫害,家里没有继承权的边缘失意人来说,美洲很快变成了他们更好的出路。加之美洲土地肥沃,适宜种植任何农作物,欧洲人就用少数奢侈品到非洲去换来奴隶,让奴隶在美洲种植蔗糖、棉花、树木,再把农产品运回到欧洲,把新的工业品运回到美洲。这个过程形成了一个巨大的、环大西洋的贸易圈,迅速让欧洲经济在 16 世纪后活跃起来,为欧洲经济突破农业经济瓶颈创造了条件。

不同的欧洲殖民国家对美洲移民的态度也有所不同。早期的殖民国家西班牙、葡萄牙并不重商,集权的王权只是把本国的商人当成提款机,所以新大陆也就成为王室掠夺和获取白银的渠道。西班牙王室规定,如果有人征服了美洲任何一个地方,只需把所获的 20% 上缴给王室即可。皇室收来的白银则主要用于供给持续了几百年的欧洲内部战争。但是与此同时,西北欧的一些国家却开始以一种不同的方式对待新的大西洋经济，其中最典型的就是荷兰和英国。

英国从1215年《大宪章》开始一直在削弱君权，此后的议会不断从王权中分权，15世纪以后，任何有一定数量财产的公民都可以通过选举成为国会的下议院成员，所以下议院逐渐成为成功商人的代言。到了17世纪，经过一系列下议院和国王的内战，今天的议会制得以初步建立。1688—1689年，经过一场不流血的政变，一位荷兰王子坐上了名义上的王位，并签署了《权利法案》，标志着人类历史上第一个君主立宪有限政府的成立，第一个重商的宪政国家的出现。这个政府的权力主要是在下议院，代表商人利益，有产阶级可以选取自己的人员加入，这使得英国在17世纪成为一个重商的社会。这时的英国在北美的经营就表现出和西班牙、葡萄牙在南美的经营完全不同的模式，英国建立起来的移民国家以代表商人利益、保护私人财产为根本目标，新大陆的移民也主要以追求财富和宗教自由为终极目标。在英国和其新建立的移民国家的参与影响下，环绕大西洋的经济成为一种特殊的、史无前例的经济形态。这时，在有限政府的支持、保护下形成了一个跨大西洋的、全球性的自由市场经济，它完全由自由的商人和资本家来掌控。

美洲大陆及大西洋经济的形成给整个欧洲大陆的知识分子提出了一系列新的问题。因为航海时代的到来和新大陆的发现，这个时代的人们开始面临一些最根本的技术问题，无论是对地理学、地质学、生物学、航海技术、天文学，还是对政府的本源、经济的本质等等，都提出了一系列新的问题。此时欧洲的知识分子们试图去找到这些问题的本源，希望以一种机械式的观点来理解这个世界。如果说一两百年以前的文艺复兴还是人们希望在过去的圣人典籍中得到答案的话，此时的启蒙运动中，人们已经不满足于现有的知识，强烈需要提出一种新的知识体系和世界观，解释新大陆所带来的新问题，需要以观察、实验为基础，能够反复被验证，也能用来预测的更牢靠的知识。就是在这样强烈的社会需求下，1687年牛顿出版的《自然哲学的数学原理》开始了一场现代科学革命，带给欧洲人一种全新的世界观，并开启了一个全新的时代。它把世界理解成一个像钟表一样机械的、可预测的、由原理、定律来控制的世界。在这种世界观之下，人们开始对经济、政治、人文、宗教、文化、社会等几乎所有人类文明领域使用同样的理性、科学的方法来进行批判性的思考，试图寻找它们隐含的定律。由此开启了一场持续100多年的启蒙运动。

环大西洋的新型的自由市场经济和科学革命一起，为现代化的诞生提供了根本的条件。

现代化的诞生

历史的长河里常常有一年格外特殊，一系列重要的历史事件集中发生，让这一年成为时代的分水岭。1776年恰恰就是这么一年。这一年，看起来毫不相干的三件事发生了，亚当·斯密（Adam Smith）在英国出版了《国富论》，美国的国父们发表了《独立宣言》，瓦特在伯明翰宣布制造了世界上第一台蒸汽机。这三件事合在一起，使这一年成为人类文明的分水岭，从此之后整个人类文明再次跃升到了一个新的阶段。

亚当·斯密的《国富论》讨论的核心问题是大西洋经济的本质。在大西洋经济存在100多年后，亚当·斯密希望知道，这样一个完全不受政府管制的经济能不能够持续成功。这种经济形态史无前例，如果没有美洲大陆原来完全无政府的状态，如果没有英国独特的历史，如果英国商人没有因为大西洋经济而迅速地成为有力量的社会成员，英国的国会也不会在17世纪有如此强大的力量去主导政治。这个新经济实质就是在英国、荷兰和大西洋另一端的北美洲，形成了一个环大西洋的，以有限政府、完全资本主导的自由贸易的经济。亚当·斯密本身是一位道德哲学家，思考问题总是从道德、特别是社会的公益出发。所以他从社会福祉角度思考了自由市场这只"看不见的手"。他试图证明，个人完全出自个人私利的动机，不需要高尚的动机，通过自由竞争，就可以让产品更加丰富，成本更低，社会资源分配更加有效率，从而使整个社会的财富增加。这个过程就好像有一只看不见的手在引导整个社会走向更加合理的方向。这只看不见的手，对应的是政府这只看得见的手。事实证明政府不需要在自由经济的活动中干预，就可以让社会的经济达到最佳的效果。所以他的结论就是政府在经济活动中合适的角色就是不干预、不作为，政府的主要功能是保护私人财产，保证自由竞争存在，反对垄断，保证自由市场的秩序，在国际间推动自由贸易。

亚当·斯密的后继者李嘉图（David Ricardo）基于对社会分工的分析进一步阐述了自由贸易的优势。在自由贸易和社会分工中，即使交换双方有一方在各方面都更具优势，分工和交换还是对双方都会有好处。这是一个很深刻的洞见，解释了为什么贸易会带来繁荣和财富，并且市场越大，贸易带来的财富增量也越大。

亚当·斯密的理论发表时，大西洋经济已经存在了100多年，但是各国就政府应该如何对待这样一种经济，尤其是这种经济体制未来的方向，尚未达成共识。在欧洲大陆，最有影响力的学派还是重商主义，基于贸易零和分析，主张高关税贸易壁垒。但是亚当·斯密的理论对英美形成了长期持续性的影响。英美两国的政府功能，尤其是对殖民地的态度，和其他殖民地的强权表现出了很大的不同。英美两国开始在全球推动自由贸易、自由市场，这一政策为 3.0 文明在世界的传播和发展，甚至今天全球性市场的形成都产生了深远的影响。

同时代的其他一些政治经济学家从劳动力来解释价值的创造，其中最有影响的是马克思。他认为人的劳动最终创造了一切价值，但是劳动的果实不公平地被资本家剥削，预测这种剥削最终会导致资本主义的经济危机，让世界进入到一种新的形态，即共产主义。然而就在马克思写完《资本论》，笔墨未干的时候，身处英国、欧洲其他国家、美国等——几乎全球资本主义——环大西洋经济的劳动者的工资出现了一两百年的长期的上涨。资本主义就像亚当·斯密预测的那样，最终造福了几乎所有的人：资本家、劳工、生产资源所有者、消费者。

1776 年美国的独立让人类拥有一次机会，可以在启蒙时代对于社会、自然、人、经济本源的科学理解基础之上，建立一个全新的政权。美国国父都深受启蒙运动影响，所以这个新政权的经济准则深受亚当·斯密的影响，政治上的准则受约翰·洛克（John Locke）的影响。1776 年，美国建立起的是一个实行宪政的有限政府，政府的根本目的在保护财产，政府的合法性来源于民众的授权，主权在民，而政府非常小，目标、手段、授权都非常有限，完全为了维护自由市场的秩序和扩大自由市场、保护商人的利益、保护私人财产及公民个人自由而存在。比如华盛顿领导的第一届美国联邦政府开始只有几十人，下属四个部。每个部长其实就是总统在这一部门的大秘书。所以美式英语中，"部长"与"秘书"

是同一个词。一个拥有这样原则的政府，在如此大的国土面积上进行实践，这就保证了新的大西洋经济有可能成为未来人类文明发展的基础。

《国富论》和美国独立都在一定程度上改变了人类历史，但第三个事件给人类历史带来的变化更为巨大，那就是蒸汽机的发明。这一发明第一次让热能和动能可以在几乎无损耗的条件下完全地转化。牛顿已经证明能量可以在所有形态中，在理想状况下，以守恒的方式来转换。但是在瓦特蒸汽机被发明之前，能量的转换效率从来没有超过1%，瓦特的蒸汽机一下子把这一功率大幅度提高。当时石化燃料已被发现，这个地球为人类储存了几亿年的礼物比自然界可食用的农作物和可驯养的动物更加威力强悍，所蕴含的能量几乎无穷无尽。蒸汽机把这些能量丰富的石化资源以最高的效率，在几乎无耗损的情况下直接变成动能。人可以掌控的动能，从原来肌肉的几倍，迅速变为几百倍、几千倍、甚至无穷。石化能源到动力能源的转换让人对机械的掌握达到了一个空前的状态，工业革命从这一次的动力革命正式开始，科学和技术形成了良性循环，互相影响，互相推动，让人对自然的掌握在短时间内达到了一个空前水平。科学技术和现代的大西洋自由市场经济结合，又释放出更加惊人的力量，迅速变成财富，迅速转化成新的生产力，迅速转化为产品，迅速把以前只有皇室享有的产品用最便宜的手段生产出来，供给每个人，在很短的时间里形成了消费者社会。

现代科技和现代自由市场经济的结合就形成了人类历史上最

伟大的制度创新，这一次制度创新让所有的人都有可能实现自己的才华，得到自己应得的物质财富。科举制虽然实现了靠智力和管理水平分配政治权力，但是通常人对于经济财富的追求更甚于政治权力，因此政治精英又会把政治权力转化为经济结果。虽然科举制下的政治治理权力是相对公平的，但是当政治权力被转化成经济财富分配的时候，一般人就会认为它不公平，是腐败。而自由市场经济给每个人提供了真正的平等机会，人人能够获得自己应得的经济果实，彻底解决了人类最大的需求。人类就本性而言情感上追求结果平等，理性上追求机会平等。人对于结果的平等，永远抱有既不能实现，也不能放弃的梦想，但是人真正能够接受的却是机会的平等。所以凡是能够创造机会平等的制度，都是最伟大的制度创新。

人类就本性而言情感上追求结果平等，理性上追求机会平等。对结果平等的追求使得人类文明的任何进步都会最终传播到地球的每一个角落；建立了提供机会平等制度的社会都会繁荣进步、长治久安。

到目前为止，人类第二伟大的制度创新，是以学问、学识、能力为基础来分配政治权力的科举考试制。而最伟大的制度创新，就是在现代科技基础之上的自由市场经济。这一制度创新让人类最终迈入了一个全新的文明阶段。

现代化有没有可能在中国诞生

回顾中国几百年的历史，人们常常会扼腕痛惜：为什么现代化没有在中国诞生？！这不仅让中国人惋惜，也让了解中国历史的许多外国人困惑不解。英国剑桥中国科技史专家李约瑟（Joseph Terence Montgomery Needham）终其一生研究中国的科技文明史，熟知中国历史上的科技进步，也因此提出了著名的李约瑟之问：为什么现代科学技术没有最先在中国诞生？

西方近代的发展史从文艺复兴开始，多才多艺的人被称为文艺复兴人（Renaissance Man），中国历史上也有这么一个文艺复兴人。他在物理学、数学、地理、地质、天文、医学、化学、农学、气象学等诸多领域的成就在当时都是领先世界的。他最重要的科学成就是发现地球偏磁角，发明了历史上最先进的指南针，为后来的大航海时代提供了最精确的指南。他不仅是那个时代最伟大的科学家之一，同时也是一位工程师、发明家、实践家。他的发明如水渠的枢纽，现在还在被使用。他把100多平方公里的沼泽地变成肥沃的粮田。他绘制了全国的地图，最早使用"流水侵蚀"

的概念，正确解释了雁荡山峰的成因。他还发现了石油，并预言石油在未来经济中的重要作用。同时他担任过国家天文台台长，重新修订过历算，参与过全国性的经济改革并担任过财政部长，还是一个优秀的外交家。此人即使和文艺复兴人达·芬奇，或者美国的富兰克林相比也毫不逊色。他生活在意大利文艺复兴之前500年的中国，他就是宋朝的沈括。他所生活的时代恰恰是中国的文艺复兴时代。

在沈括生活的宋朝，士大夫开始摈弃佛教带来的消极遁世情结，认为人生的意义在于今世的作为，而真正的士大夫应该先天下之忧而忧，后天下之乐而乐。这个时期出现了一系列了不起的文学家、科学家、社会活动家、改革家。科学技术在这个时代得到了突飞猛进的发展，中国四大发明中有三项出现在宋代：印刷术、火药、指南针。这时候铸铁的产量之高，一直到700年之后的1700年，才被整个欧洲的铸铁总量赶上。这时风能和水能被应用于纺织机，人们也已了解机械活塞运动，以至于李约瑟一直很奇怪，为什么在此基础上中国没有出现蒸汽机。可以想象，在当时现代科学已经有可能，也最可能在中国发生。然而正当西方的文艺复兴后大航海轰轰烈烈展开之时，宋朝初期的新儒学却在一两百年之后转向新儒学的另一支——宋明理学，让中国转而进入一个保守的思想禁锢的时代。妇女开始裹脚，科举考试的内容不再像王安石时代包括天文历史地理经济，而是仅仅集中于考察古典，凡读中国史者至此无不扼腕。

在思想开始受到禁锢的同时，宋朝的社会发展还一直在持续进行。人口第一次达到了亿级，首都达到 100 万人口，已经超过了当年罗马的辉煌。这一盛况在明朝得以延续，朱棣为了对付自己最主要的政敌，组建了一支全世界最大的海军。郑和七下西洋，率领 240 多艘海船、27400 名船员出海，哥伦布四次出航总共只有 30 艘船，1940 人，而且郑和要比哥伦布早 70 年。如果说在沈括时代，技术还不足以让船队跨越数千英里的大西洋，那么到了郑和时代，技术已经足够让船队航行到世界上任何一个地方。那么为什么郑和没有发现美洲？或者至少他可以在南洋、太平洋、印度洋西岸形成一个像大西洋经济圈一样的环太平洋经济圈。然而历史的事实却是，在 1492 年哥伦布发现了新大陆的同时，明朝宣布了禁海锁国，郑和的航海记录被毁。

明朝的中国再次失去了进入现代化的机会，那么清朝是否可以把握希望？传教士已经在明朝末期开始慢慢把西方科技传播到中国，康熙本人也花了很多年向传教士学习最先进的数学，甚至建立起了效仿法国皇家科学院的蒙学馆。可惜康熙最终得出的结论是：虽然西方的数学在某些方面比我们还强，但是数学的原理毕竟源于道德经，所以他们掌握的知识也只是我们所掌握的一部分。康熙年间开始编撰的《古今图书集成》收录了约 1.6 亿字的内容，涵盖了天文、地理、历史、文学、艺术、医学等各个领域，是当时世界上内容最丰富、体量最大的百科全书。康熙对中国学问的信可见一斑。到了乾隆年间，新大陆已经被发现，大西洋经济已经形成，中国有没有可能参与到当时的大西洋经济，学习最先进的科学技术呢？历史确实给中国提供过一次这样的机会。1793 年，抱着对东方这个古老帝国马可·波罗式的幻想，英国乔治三世的表兄马嘎尔尼勋爵带领一个代表团，从广州进入中国，通过一年的旅行到达北京，觐见乾隆。他带了19种不同类型的590件礼物，其中也包括世界上最先进的天文地理仪器、枪炮、车船模型和玻璃火镜。这一次的见面本可以让中国有可能参与到波澜壮阔、生机勃勃的现代贸易体系中，然而乾隆却用回信再次将这一机会拒之门外："天朝抚有四方，惟励精图治，办理政务，珍奇异宝，并不贵重。尔国王此次赍进各物，念其诚心远献，特谕该管衙门收纳。其实天朝德威远被，万国来王，种种贵重之物，梯航必集，无所不有。尔之正使等所亲见。然从不贵奇巧，并更无需尔国置办物件。是尔国王所请派人留京一事，与天朝体制既属不合，而于尔国亦殊觉无益。特此详晰开示，遣令该使等安程回国。尔国王惟当善体朕意，亦励款诚，永矢恭顺，以保乂尔友邦，共享太平之福。除正副使臣以下各官及通事兵役人等正赏加赏各物件另单赏给外，兹因尔国使臣归国，特颁敕谕，并赐赍尔国王文琦珍物，俱如常仪。加赐彩缎罗绮，文玩器具诸珍，另有清单，王其祗受，悉朕眷怀。特此敕谕。"至于同上的机会，"这与天朝制度不合，断不可行。"马嘎尔尼在此行之后也得出了自己对清朝的结论："这个政府正如目前的存在一样，严格来说是一小撮鞑靼人对亿万汉人的统治，自从北方或者满族征服以来至少100年没有改善、前进，或者更准确地说反而倒退了，当全世界科学领域正在前进时，他们实际上正在成为半野蛮人。"

读中国近现代史，中国人常常不由自主地思考为什么现代化没有在当时的中国最先诞生，试图寻找一个可以说服自己的解释。但在我看来，这些问题都是伪命题。事实就是，现代化的 3.0 科技文明不可能在当时的中国诞生。如前文所述，3.0 科技文明诞生的最根本原因是大西洋经济的形成，其最大的特点就是在有限政府的状态下发展起来的自由市场经济。这种经济体制和以往任何文明、国家所诞生的经济体制都截然不同，因为私人资本在其中所起的核心作用，及有限政府的保障作用：保障私人财富、私人资本以及自由市场经济运行的基本规则。这样的经济体之所以能在 17 世纪以后，在环大西洋周边形成，完全是历史的安排。在大西洋一侧的美洲，土著人被消灭光，新移民为商业而离开故土，被新家园提供的巨大商业空间所吸引，所以必然会迅速地投入到商业活动中。在大西洋另一侧的欧洲，则是英国这个传统君权最弱的政体和由此发展出的一个由商人代表的商人政府，这一点在中国完全无法想象。自从汉代的帝国建立以后，随着隋朝的制度创新，士大夫科举制的形成，中国的皇权政权已经是全世界最发达、最稳固的政权体制，2000 多年没有变化。

相比之下，美洲政权既无内忧，也无外患。大西洋和太平洋基本上阻挡了任何外来敌人，本土的原住民基本上被细菌消灭。这就让政府不需要担当除了保护私人财产之外的任何责任。而中国政权一直要对付外来游牧民族的侵略，每到财政出现问题的时候，商业阶层就成为政府的提款机，商业活动总是为国家政权的存在和目标而服务，而不是与此正相反的大西洋经济模式。

没有发现新大陆，就没有大西洋经济；没有搞清机械世界的动力原理，就不会出现启蒙运动的思潮批判旧的思想，拥抱全新的思想；没有这种思潮，就很难出现对科学的需求；没有发展起市场经济，也很难出现职业的科学家、技术发明家来满足经济发展的需求；没有现代科学的出现，很难想象工业革命的发生；没有工业革命的出现和传播，也很难想象大西洋经济能够迅速地形成统治全球的力量。

自由市场经济和现代科技，是当时的中国都不具备的条件，其中最关键的是不具备自由市场经济条件，政府无法不扮演主导作用。西方能够意外发现美洲，初衷其实是为了找到中国，而中国作为当时最发达的文明中心，没有任何探索西方的动力。加之太平洋的直线距离有大西洋的两倍之多，再加上太平洋的流向使得它的航行距离又是直线距离的近两倍，更增加了航行的困难。中国既没动力，也没有所需的技术在全世界寻找一个比它更富足的地方。所以从地理位置上来看，西欧最有可能率先发现美洲，率先发现美洲，就更有可能形成大西洋经济；有了大西洋经济，才有了对现代科技的需求；有了这样的需求，才有可能出现现代的科学和技术；现代科学技术和大西洋经济的结合，才可能铸造出现代文明。英国、美国能诞生现代文明，是得益于历史原因，它们的政府是有限政府，为商人服务，而中国从汉朝以后，就不可能存在这样的政府了。

所有地理、历史的原因都让西欧最有可能成为 3.0 文明的诞生地，而现代 3.0 文明在中国诞生的可能性非常之小。这就像 2.0 文明的诞生，两河流域的自然界里存在更多的可以适合发展农业的植物和动物,所以 2.0 文明最有可能在两河流域诞生。因此,尽管中国与现代化失之交臂的这个问题在近代中国人情感上无数次掀起波澜,但这实际上是一个伪命题。

现代化的传播与现代化的道路之争

综观 19 世纪的世界历史，始终有一条脉络贯穿着所有国家的命运，这条脉络正是这个世纪的主题——不是主动进入现代化，就是被动卷入现代化。在文明的中心，以英国为主导的现代化过程开始进入一个高速发展期。瓦特发明蒸汽机后不到 100 年的时间里，一台蒸汽机的力量已经能够超过 4000 万人的肌肉力量的总和，而且似乎远未达到上限。蒸汽机和煤炭结合的强大力量促使其他领域接连爆发革命：开始于纺织业，接着进入到钢铁、轮船、铁路，接着转入无线传输、电报、电话。在 19 世纪末、20 世纪初，德国和美国又开始领导第二次工业革命，开始了内燃机和石油的结合，随之而来的是汽车、飞机的问世。自此以后，石化资源成为主要动力。汽车、飞机、轮船、铁路、电话、电报、无线电通信、收音机，让整个世界瞬间缩小。人、货物、信息在全世界范围内流动，市场也随着商品进入到全球，整个世界成为一个大的市场。以英国为领导，在整个 19 世纪，受到亚当·斯密和李嘉图影响，很多国家的政府在对外政策上都采取了鼓励自由贸易的态度，在全世界范围内开拓新市场，打破国家地区的贸易壁垒，在全球范围内整合资源，首次建立了一个以英国为主体的全球市场体系。以黄金为后盾的英镑开始成为了全球的基本货币，其他国家也把货币和黄金和英镑捆绑，以此形成一个全球的金融体系。对于位于科技文明中心的英国、美国、西欧，19世纪实在是一个黄金时代。

对于处在现代化文明边缘地区的国家和人民而言，19世纪则是一个完全不同的故事。就像农业文明的传播一样，科技文明传播的方式也是先进地区对落后地区的殖民，落后地区对先进地区的模仿，或者两者共存。这个过程给居住在落后地区的人带来的不仅是进步，也是灾难。北美、澳大利亚的原住民几乎被欧洲人带来的细菌全部消灭，非洲、印度、南美沦为完全的殖民地，中国变成半殖民地。东方原有的文明中心中，只有日本选择了主动现代化，率先在19世纪后工业化，逃脱了被殖民的命运。对于那些没有被工业化纳入到现代化文明中心的边缘国家而言，被现代化的过程带来的生活改善远不如痛苦巨大，它们最终没有选择地成为全球经济一部分。比如1876年、1896年到1902年，印度季风突然减弱，原本只是坏天气造成的庄稼歉收恶化成灾难性的后果，导致印度、中国、非洲大概有5000万人死于饥饿和瘟疫。

现代化文明的传播有两个显著的特点：第一是原来社会发展水平、文明程度高的农业中心，工业化的速度也快；第二是那些被完全殖民的地区，比没有被殖民或者半殖民的地区发展的速度要慢。比如日本，原来社会发展水平高，且没有被殖民，所以最先实现了工业化。中国原来的发展水平很高，被部分殖民，所以发展速度次之。而印度、撒哈拉沙漠以南的非洲工业化速度非常慢，直到今天才刚刚开始。

地理位置决定了 3.0 文明不能最先在东方诞生，但并不意味着它不能在亚洲传播和被复制。在这些历史关键时期，不同国家的境遇，不同的国家领袖所做的不同选择，在不同的国家导致了迥然不同的结果。日本和中国的鲜明对比正是这方面最好的例子。

日本在明治维新以后开始进入一场全面西化的运动，从文化、经济、技术、科学、政治一系列领域全方位地学习西方，一方面保持着和西方稳定和平的关系，一方面动员全部社会的资本，进行了一场全面工业化的运动。在日本历史上，这是第二次如此全面地学习先进国家的经验，第一次是发生在中国唐朝时期的全面中国化。

中国在鸦片战争后不久被卷入太平天国将近 20 年，死亡人数近 2000 万，几乎耗尽了国库。此后的自强运动、洋务运动不断被内外因素干扰、中断，比如义和团运动，八国联军入侵，中法战争，尤其是中日甲午战争，彻底摧毁了刚刚建起的中国海军。1868 年之后，经过 30 多年的明治维新，日本初步完成了工业化，1889 年完成了宪政改革，1895 年在工业化不到 30 年后击败了清军，又在 1905 年击败了西方强权之一——俄国。日本用不到 40 年的时间完成了整个工业化过程，而与此同时的中国，在 1861 年到 1908 年这段现代化最关键的时期，都处在慈禧比较昏庸的统治之下。1840 年虽然英国的钢铁战舰"强敌号"打开了中国的国门，逼迫中国睁开双眼面对 3.0 文明的到来，但是在中国被现代化的过程中，真正的"强敌"却是日本。工业化以后的日本，认为自己已经有能力统一整个原来的东方文明中心，并以此为基地与西方抗衡，因此发动了全面的侵略战争，一直到 1945 年的二战失败。从 1895 年到 1945 年，中国一直处在日本的威胁之中。1861 年到 1945 年的中国，先后被庸政、外患和日本侵略耽误了将近一个世纪，一直到 1949 年才有了主导自己命运的机会。

如果说 19 世纪是现代化和被现代化的世纪，那么 20 世纪也可以被认为是现代化道路之争的世纪。这一次的争论是从原来现代化中心的失败开始的。20 世纪 20 年代末，因为一场股市大崩溃和其后一系列美国政府财政金融政策的失败，处于中心地位的美国经历了一场延续数年的经济大萧条，失业人口高达 25%。这次大萧条因为全球化的贸易、金融和经济波及到了世界每一个角落。自从亚当·斯密发表《国富论》，大西洋经济全面传播之后，看不见的手好像第一次失灵了。新当选的美国总统罗斯福出台了一系列新政，试图弥补失灵的自由市场。英国的经济学家凯恩斯（John Maynard Keynes）又从理论上全面阐述了看得见的手，即政府政策在自由市场经济中的作用。此时挑战大西洋经济的另一种声音出现在了 3.0 文明中心地带的一些国家。德国、日本都开始认为看得见的手比看不见的手更能直接地解决目前的危机。苏联则实行了计划经济体制。所以无论是苏联的计划经济，还是德国和日本的国家资本主义经济，都试图开辟出市场经济之外的另一条道路。随后爆发了人类历史上最为庞大、最为惨烈的世界大战，无论在

3.0 文明中心还是边缘的国家都被卷入战事，无一幸免。

二战以及其后冷战的胜利，最终让英美经济模式取得了彻底的胜利。苏联解体之后，前苏联、东欧国家加入全球市场，中国也从 70 年代末开始从逐步到全面拥抱市场经济。自大西洋经济出现以来，自由市场经济模式第一次在全球畅通无阻。二战和冷战的另外一个后果是让英美的政治模式——宪政民主也开始在西欧、亚洲、东欧、南美，甚至印度被广泛地接受和模仿。

中国到 20 世纪 70 年代末开始，才进入到市场经济和科技发展并行的时代，并在此后的 40 年时间里，GDP 飞速增长了 100 多倍，以前所未有的速度工业化、现代化。如今虽然与先进国家仍有一段距离，但是已经显示出全面追赶的趋势。

现代化的本质和铁律

英国政治经济学家李嘉图发现，当进行社会分工和交换的时候，最终创造出来的价值反而更高。他用两个人的交换来比较：两个人做两件不同的事，即使第一个人在两件事上都比第二个人更有能力，可是当他集中精力做他更有能力的第一件事，让第二个人做他相对更有能力的第二件事，他们创造出来的价值，互相交换后合起来反而更多。他的定律说明社会分工、社会交换会创造出利益，从根本上解释了为什么贸易从古至今都是财富创造的一个重要源泉。如果进一步推论 1+1>2，那么同一市场中增加的、交换的人数越多，市场越大，创造出来的增量就越多。所以自由市场本身就是个规模经济。

在现代 3.0 文明时代，由分工交换产生的增量又进一步被放大，这是因为人的知识是可以积累的。单纯的商品、服务的积累不太容易，但人的知识积累比较容易。知识思想交换时出现的情况是 1+1>4。不同的思想进行交换的时候，交换双方不仅保留了自己的思想，获得了对方的思想，而且在交流中还碰撞出火花，创造出全新的思想。3.0 文明的最大特点就是科技知识与产品的无缝对接，知识本身的积累性质，使得现代科学技术和自由市场结合时，无论是效率的增加、财富增量，还是规模效应都成倍放大。知识增长的程度几乎无限，且一直处在一个爆发的状态。在过去 100 多年里，人类知识量大约每 10 年就会翻倍。由于知识近乎无限的爆炸性增长，最新科技能够提供的产品几乎是无限的，能够降低的成本几乎也是无限的，这就和人需求的无限完美地结合在一起，形成了一个不断累进增长的现代化经济。

通过自由市场机制，现代科技使产品种类无限增多，成本无限下降，与人的无限需求相结合，这样就产生了现代 3.0 科技文明。经济开始以累进的方式增长，似乎毫无上限，这是在整个人类历史上从来没有过的现象。整个经济进入到了一个可持续的累进增长的状态，这种状态就是 3.0 科技文明的状态，也就是通常人们讲的现代化。社会鼓励现代科技的学习、传播和创新。经济系统可以无障碍地与现代科技结合，以科技为主导的经济因此可以持续地累进增长，这就是现代化的本质，我们把这样的社会、国家叫做现代化的社会与国家。

现代化就是当现代科技与市场经济相结合时所产生的经济无限累进增长的现象。

斯密与李嘉图的理论解释了为什么分工与交换不仅适合国家内部，也适合国家之间的市场交换，从中不难推论出为什么市场本身具有很强的规模效应：当参与的人越多，交换的人越多，它创造出来的价值增量也越来越多，越大的市场资源分配越合理，越有效率，越富有、越成功，也就越能够产生和支持更高端的科技。一个自由竞争的市场就是一个不断自我进化、自我进步、自我完善的机制，现代科技的介入使得这一过程异常迅猛。这样在相互竞争的不同市场之间，最大的市场最终会成为唯一的市场，任何人、企业、社会、国家，离开这个最大的市场之后就会不断落后，并最终被迫加入。一个国家增加实力最好的方法是放弃自己的关税壁垒，加入到这个全球最大的国际自由市场体系里去；反之，闭关锁国就会导致相对落后。这就是 3.0 文明的铁律。

20 世纪所谓的道路之争恰是对 3.0 文明铁律的反证。苏联华约组织市场一度也很大，但不是自由市场机制，效率远不如当时美国和战后欧洲建立起来的共同市场，短短 40 多年后，整个苏联体系相比全球主流市场越来越落后，最后在冷战中失败，被迫加入到一个大的全球市场中去。抑或是假设德国在二战的时候胜利了，建立起另外一个以国家资本主义为主导的欧洲经济体系，它的结果可能也未必更好。因为它的市场虽然也很大，但不是自由市场，这样科技和市场不能完全无缝对接，它不会像美英市场这样不断自我提高。

最早的自由市场一旦在英国、环大西洋、美国之间形成，就表现出很强的不断自我改进、自我进化的态势，效率不断提高，规模也越来越大。一旦它成了最大的自由市场，此后所有其他的国家实际上只能选择加入它。凡是其他单独成立的市场体系，最后都不如这个最大的市场更加有效率，所以最后大家都主动或被动地选择了加入这个最大的市场。这个过程发展到 20 世纪 90 年代初，冷战结束，苏联解体，加入国际自由经济，中国也建立完整的市场经济体系，全世界就形成了一个统一的国际自由经济市场，我们今天叫它全球化。这是一个可以预测的结局，是3.0文明铁律的必然结果。全球化以后，商品、服务、科技、金融市场，在全世界范围内进一步整合、拓展、加深，让离开这个市场的代价越来越大。

一个有趣的问题是，市场交换所引起的规模效应在2.0农业文明也同样存在，为什么在那个时代没有产生这样极端的全球化结果？主要原因就是在2.0时代，还没有现代科技，产品十分有限，成本下降空间也非常有限，当贸易，尤其是不受政府管制的民间贸易产生的时候，财富也会增加，分工也会增加，但是这种增量不是无限的。当土地、货币等生产资料集中到一定程度，社会分工需要进一步加深的时候，社会就会出现一些动荡和不稳定的状况，政府通常就会以安定社会和民意的名义出面干预。比如古代中国通常以官方专营的各种方式与民与商争利，以均贫富稳定社会，这样既充实国库，又让实际执行的官吏中饱私囊，一举三得，这样的措施在中国历史上屡见不鲜。2.0农业文明由于光合作用的能量转换本身存在发展的天花板，不能够突破五大挑战，应对五大挑战的有效办法仍然是建立起一个高端政府，因此高端政府对于民间经济的管制几乎就成为一种必然。比如在中国，在过去几千年里，由于政府的管制，民间经济常常处在自由、繁荣、管制、重新开放的循环之中。商人的利益和财富也会随着这只看得见的手跌宕起伏，以至于对运气的信任成为中国商人的集体强制记忆，甚至渗透入了中国文化。

那么究竟中国今天处在一个什么样的状况？我们说当不断进步的科技与自由市场结合使整个经济进入了一个可持续的累进增长的状态时，这样的社会就进入到了 3.0 文明现代化时代。中国今天的市场经济已经初具雏形，但是还不完全自由，看得见和看不见的两只手还在调节之中。现代科技已经得到了广泛的学习和传播，但是创新力还不足。科技和经济的无缝对接现在还没有完全实现，经济增长已经持续了 40 年，但是还没有进入到一种自动的可持续增长的状况。中国现在显然还未处在现代化的状态，但是已经具备了现代化的雏形，所以说今天的中国应该是在 2.5 以上的文明状况，正在向 3.0 的文明状态演进。

对中国未来几十年的预测

——经济可能的演进

中国历史源远流长，历史上非常成功。在过去40年里，通过改革开放国策，在执政党谨慎、实用、灵活又强有力的领导下，实现了经济起飞，创造了奇迹。如果这种情况持续下去，在今后的几十年里，在向科技文明演进的过程中，最需要发生的事情，最应该发生的事情，通常就是最可能发生的事情。从这个逻辑出发，我想在接下来几章里谈谈对中国未来这三个方面的预测：经济、文化与社会。必须说明的是，这些预测是对未来几十年，甚至是上百年后的超长期预测。在实践中，在短期内，有时甚至中短期内，现实的发展也可能和超长期的发展轨道不尽相同。

过去40年中，中国在经济上实现了几乎史无前例的、大规模的、长期的、高速的增长。在此期间，经济增长的两个主要动力分别是外贸和投资。改革之初，一方面中国有大量很有纪律的廉价劳动力，另一方面有一个具有超强执行能力、聚集了一批优秀人才的执政党。曾经的劣势在改革开放以后就成为它很大的后发优势。政府利用超强的执行力设置了从外汇、资金到土地、劳工等一系列有利的政策条件，把中国劳工纳入到整个世界经济市场，最终让中国成为世界工厂，因此外贸成为最大的经济动力之一。即便知识产权、设计、市场两头都在其他国家，中国仍然在中间加工这一环节具有独特的优势。这期间中国经济的主要模式是政府主导、市场跟进，或者说是在看得见的手主导下的市场经济。在外贸、投资两大引擎中，这种现象都很明显。比如，中国式的新型城镇化通常是在地方政府领导下进行的。

为什么这样一种混合经济制度能够获得巨大成功呢？一方面，外贸实际上是在国际大的自由市场中的一小部分，整体的国际自由市场是一个以看不见的手为主导力量的自由市场经济。在这个大循环里面中国只参与了其中的一部分，在这一小部分里使用了看得见的手来主导，这是可以做到的，毕竟设计、销售 iPhone 与制造 iPhone 是不同的。另一方面，经济从落后状态追赶时，情况也有所不同。因为前人走过的路已经铺好，方向、目标也都明确，只需照着走原路或是抄近路追赶，这时政府这只看得见的手能推动经济跑得更快。但是这种经济发展模式是有极限的，没有人能确切地知道极限到底在哪。当中国超过美国成为世界第一大出口国之后，显然它的外贸就不可能再以远高于全球贸易的速度持续增长。同样，当投资接近 GDP 的一半，"鬼城"在各地出现时，以投资拉动的 GDP 增长也遇到了瓶颈。从长期看，像中国这样大体量的经济，要实现真正长期可持续的增长只能靠内需。在内需市场里，不再有国际自由市场做依托，政府与市场，看得见的手与看不见的手之间，需要做根本性的调整。

自由市场在现代化的 3.0 科技文明中扮演的主要角色就是以创造性的破坏来最有效地配置资源，而这与政府的基本职能相悖。政府是一个庞大的官僚体系，需要以共识和上下协调的关系来往前推动。政府需要可预测的目标，通过预算、计划，从事有建设性的事情。当政府从后向前追赶的时候，如果面前已有清楚的目标，有已经铺平的道路，并且知道要做些什么，还可以动员强大的社会力量，这时候政府便会发挥很大的作用。比如说，建设基础设施、高速公路、高速铁路、机场、港口，或是协助建设煤炭、石油、化工等等传统工业。现代经济绕不开基础设施及传统制造工业，每一个成功的现代国家都是这样走过来的。当一个落后的国家开始追赶时，政府就有能力去领导这些建设，从而加快追赶速度，这是政府的基本职能。

然而一旦赶上以后，政府就不得不预测未来的状况。此时面临的市场竞争瞬息万变，需要选择赢家、输者，相比政府，市场的优势就明显了。在自由竞争的市场里，在没有外力干预下，无数个体受资本利益驱使，甘愿冒风险试错，最终成功者必然是市场最需要的，也必然是对未来社会资源最有效的分配。但如果由政府来做，就好比"巧妇难为无米之炊"，这跟政府的基本职能和特征是相悖的。比如说，柯达公司（Eastman Kodak）曾经是历史上最伟大的公司之一，发明了摄影和摄像技术，一度是美国价值最高的公司之一，如今却不复存在了。再比如说施乐公司（Xerox）发明了复印技术，在很多方面都有很多专利（其中一些是让苹果电脑取得成功的关键），然而今天风光不再，成为一家勉强维持的小公司。又比如美国电话电报公司（AT&T）是人类历史上最重要的发明之一——电话的发明者，其下属的贝尔实验室曾经是全世界通讯科技的摇篮，也是诺贝尔奖获得者最集中的地方。然而贝尔实验室却最终消失，其仪器部分的业务也不复存在。AT&T 也被其他公司收购，仅仅保留了最初的名字。像这样创造性的摧毁，与政府的根本职能有着根深蒂固的矛盾。很难想象，如果由政府来做抉择，它会把 AT&T 彻底毁掉，而选择一家几乎破产的电脑公司（苹果）成为全世界市值最大的赢家。由政府来选择未来经济走向，最有可能的结果要么是墨守成规，要么选择错误，要么是两者都有。这就是为什么长期背离了自由市场经济的其他经济模式后来都失败了。

中国未来几十年在经济上最核心的变化将是从政府主导的市场经济转变为以政府为辅助的全面自由市场经济。内需、服务将占 GDP 主要部分。经济资源将对全民开放，金融、能源、土地等将不再对外贸、国有企业倾斜，而是通过市场机制向全民放开，以公平价格在全国范围流通。国有企业经营特权将被逐步打破，逐渐形成与民间企业的自由竞争。国企的所有权与经营权也将逐步分离，引入民间资本，管理彻底市场化，国有股份逐步进入社会保险体系。而随着社会保险体系的逐步完善，民间储蓄也将通过逐渐规范化了的股市、银行等金融媒介有效地进入到实体经济，从而形成资本、企业、消费的有机良性循环。城乡二元结构将被打破，所有公民逐渐享受同民同权，城镇化仍会高速继续，政府将从早期的中心角色中逐渐淡出。从中、长期看，政府将从经济一线主力队员任上逐步退役，专注成为游戏规则制定者及公平的裁判员。政府经济管理方式逐步从正面清单过渡到负面清单。

中国在完成从政府主导的市场经济转变为以政府为辅助的全面自由市场经济过程中，仍然有可能以高于全球经济发展速度的水平长期持续增长，直至大体赶上发达国家水平。

对中国未来几十年的预测

——文化可能的演进

一、以理性思维和科学方法重整传统文化

中国文化的未来最可能是对传统文化的复兴及其现代化的演进。

首先,在中国,恢复传统文化的正统地位其实别无选择。任何一种文化都是历史和地理造成的:因为地理位置的不同,不同地区的人有了不同的历史,不同的历史又造成不同的信仰体系、生活方式、生活习惯,并使自己在这种环境中感觉自在。这就是文化。文化是深入骨髓的,是一种信仰。人类在地理大发现之前,在现代交通工具出现之前,一直处在一个分割居住的状态,持续了数万年。在这么长时间里形成的文化,基本的信仰、生活习惯和生活方式,是很难改变的。

中国人对自己文化的抛弃,对西方非主流文化的全面拥抱完全是中国近代历史特殊时代的产物。在今天的和平状态下,中国人对于自己的传统文化,就好像中国胃相对中国菜一样,实际上

是毋庸置疑的选择。所以中国人必然会回归对自己文化的认同，这是文化复兴的第一个要素。中国现代文字的改革，使得国人对传统文化出现了学习断层。伴随着经济水平的提高，人们的精神需求不断提高，很可能会出现中国式的文艺复兴，让国人重新发现中国文化中最精华的部分以及自己渊远的文化遗产，重新理解为什么中国文化在过去两三千年的时间里为中国一代又一代的精英们提供了完备的精神食粮。从个人而言，中国文化的精华也正在于对士大夫"修齐治平"的人格塑造。从社会的角度看，中国的文化复兴就是要还给中国人和中国社会一个共遵共守的道德伦理，以及人们可以安身立命的共同信仰，没有这样的基础，任何社会都很难长期保持繁荣进步、长治久安。

其次，传统文化自身也需要经历一个现代化的演进以适应科技文明的需要。西方的现代化过程也在文化上经历了文艺复兴、宗教改革、启蒙运动，使得其今天的文化最终成为3.0科技文明中的有机成分。中国传统文化中的许多观念，比如勤劳，对教育、家庭的重视，不仅适合2.0农业文明，在科技文明时代也同样可以大放异彩。随着东亚儒教文化圈中各个国家经济上的成功，这些传统价值观念也再次得到人们的重视。但是，3.0科技文明也给传统文化提出了一些新的问题、新的挑战，需要重新检视，并进一步发展。文化复兴与演进是一个长期的、艰难的过程，唯有通过理性思维、科学方法，经过长期、持续的积累才有可能。

理性思维、科学方法，尤其是对人文、社会问题的理性思维是科技文明社会的一大特色。科技创新需要自由思想，而摆脱了思想桎梏必然会导致人们运用理性思维对传统社会的一切既有定论作批判性的思考、检验，以事实、逻辑代替权威、教条。在西方，这一过程是从17世纪、18世纪的启蒙运动开始的。其核心的动力一方面来自牛顿等自然科学家所开启的现代科学革命给人们带来的对理性思考、科学方法的空前信心；另一方面，当时的欧洲确实面临着大西洋经济、殖民运动等一系列划时代的大变动，由轴心时代形成的传统思想资源远远不足以回应这些崭新的挑战。欧洲的启蒙运动就是用理性思维重新检验、重新思考有关人生、社会、政治、宗教、哲学、艺术、人文的一切问题。这场头脑风暴在名义上持续了100年，但是从某种意义上说，它从来就没有停止过。因为从那时起，理性思维、科学方法、思想的自由市场已成为科技文明的常态，而自然科学本身的不断进步让理性思维、科学方法对人文与社会的影响越来越深入。由此，知识得以在共同事实、逻辑下形成积累，社会共识不断加深。西方社会在现代化过程的两三百年里，在文化上的努力始终没有间断，这样才使得其社会有坚实的精神力量作为依托，来消化社会经济巨变对人心造成的撕裂。

中国自元代以后，科举定于理学一说，朱子的《四书章句集注》成为官方的意识形态和科举考试的唯一内容，清代在格式上又固定为八股文，这样极大地限制了思想空间，在某种程度上固化了中国读书人的思维。虽然明、清两代儒学仍在发展，但已经少了唐宋时期的活泼、创新、恢弘的气象，更无先秦时代自由奔放、百花齐放、百家争鸣的繁荣。1840年以后，中国也曾经出现过短暂的启蒙运动，但是在内忧外患、亡国灭种的压力下，"启蒙"很快成为"救亡"的手段，文化启蒙也仅限于对传统的批判，没有时间对文化的重建提出更多的建树。今天的学者在自己的专业领域里还是可以做到客观、专业，但是一到社会、人文等公共领域就没有那么理性了。因为没有共同承认的事实与逻辑，没有共识基础，观点争论就像平行的轨道一样互不交接，种种新奇观点让社会像浮萍一样随风摇摆、人心跌宕。这种情况带来很多问题，其中对社会最大的损害是知识无法有效地积累，而在人文社会领域内没有长期的积累，没有思想市场的自由选择机制，不太可能产生真正让社会人心可以依靠的真知灼见，并在此基础上建立社会共识，使人共遵共守，安身立命。

在现代化过程中，中国社会也同样需要像西方一样经过长期的努力、积累、扎实工作，重建社会的精神基础。中国的启蒙绝不仅仅是对西方著作的翻译与介绍，更不是对中国传统的简单否定。启蒙首先是对中国今天现状的客观、理性认知，从承认没有答案开始，以理性的态度重整国故，经过长期的积累，在中国的传统中发现今天仍然闪光的价值。也只有站在自己传统的坚实基础上，才有可能批判性地接纳外来文化，逐步、缓慢地构建社会共识。理性思维、科学方法仍然是社会、人文领域内逐渐积累可靠共识的唯一有效方法。

二、应对科技文明对文化观念的挑战与要求

从实践上看，文化演进的最大动力还是来源于科技文明中商业社会对文化提出的现实要求。比如说在商业社会中，最常发生的关系是陌生人间的关系，但是如何规范这种关系在传统文化中却不太明确。中国传统文化中的人际关系有五伦，君臣、父子、夫妻、朋友、长幼。五伦的文化中，各有自己的道德准则，父子有亲，君臣有义，夫妇有别，长幼有序，朋友有信。五伦基本讲的是熟人之间的关系，所以中国的文化是人情文化。中国文化对熟人之间的关系有一整套规则，人人都遵守，但在陌生人之间却没有。在传统社会，一个人与陌生人交流的机会不多，因此也不需要制定规则。五伦在农业社会中就足够了，但在3.0科技文明的时代，在自由市场经济的时代，人与人之间的关系很多都是陌生人之间的关系，这样就给现代社会带来了大量的问题。人情社会里，人情高于法律，这就让社会秩序受到极大挑战。同时，过度陷入人际关系也是对社会资源的浪费。更严重的是，缺乏陌生人之间的道德准则，是导致商业诚信缺失的重要原因之一，而诚信恰是自由市场经济的润滑剂。如果对陌生人的欺骗可以毫无罪恶感，那么满足五伦准则的好人也可能成为商业社会的罪人。诚信沦丧不仅对商业秩序，也会对整个科技发展造成破坏。科学技术的发展是一个不断积累、循序渐进的过程，需要广泛、长期的合作。没有诚实作为基础，很难建立起这样一个信用合作体系。今天中国在科技研究、人文科学领域，相对于世界先进水平远远落

后，成为中国现代化进程的一大负担，这也是重要原因之一。诚信缺乏对于今天中国社会、人际关系造成的危害更是有目共睹。

文化复兴的一个重要的层面就是要在传统文化里面重新塑造适合现代文明的基本价值体系。为此，中国文化需要提出第六伦的概念来定义陌生人之间的关系，以第六伦的伦理道德理念重塑诚信社会的基础，并与前五伦的关系有机地结合在一起。

那么一个有义、有信、有爱、有敬的人，他对待陌生人应该是什么样的态度？一个最可能的答案是诚实。诚实不等于要讲全部的真话，但是诚实一定意味着不讲假话，不有意地误导对方，更不会有意地欺骗对方。诚实的对立面是欺骗。陌生人之间以诚实作为基本的道德根基是可以做到的，同时还会带来很多的好处。在诚实的条件下，陌生人之间更易逐渐建立互信，在互信的基础上更容易进行交换，进而产生附加价值。由诚生信，有了信，就接近了朋友的关系，进入到五伦关系，变成了人情的一部分，这样关系网络一下子有了一个跃升，出现了一个加码。如果是商业交换，就出现了两次附加值加码。陌生人之间做到诚实，并不是难事，而且一旦做到，便会产生叠加效应。我们今天看到的以脸书、微信为代表的社交经济就是这个叠加效应的正面案例。反过来，当诚实被社会接受成为陌生人之间的道德准则后，不诚实带来的损失也会因叠加效应放大。比如，如果没有诚实原则，当A和C还是陌生人的时候，两人相互欺骗，后经共同的朋友B介绍之后，A和C也可以成为朋友。当两人谈到之前的欺骗时，还是可以一笑泯恩仇，以当时还是陌生人为理由原谅对方。但是一旦诚实被社会接受成为陌生人之间的道德准则，A和C再见面就会很尴尬，尽管有共同的朋友B做介绍，A和C不仅彼此因失信不能成为朋友，更严重的是彼此都有可能被对方整个人情网络排斥在外，造成叠加损失。在今天的社会里，对假冒产品、不法商人的追剿、声讨就是负面叠加效应的实例。

由于第六伦诚实原则有奖惩倍加效应，在社会、政府强力推动下，六伦理念有可能在未来成为中国文化的核心理念之一，使中国社会更快地进入3.0科技文明时代，并更好地与国际社会共同的商业准则接轨。在西方社会里，基督教规范了陌生人之间的道德原则，但是没有人情网络的倍加效应。可以想见在中国社会中，一旦建立陌生人之间的第六伦诚实原则，与前五伦的人情网络交织，对科技经济应能起到更大的推动作用。

科技文明对文化演进要求的另一个方面是关于个人的地位。传统社会以家庭为单位，个人修养更多强调牺牲、奉献。科举制也让大部分知识分子的兴趣集中在狭小的考试范围内。科技文明时代，创新能力成为成功的第一要素。创新是个性的延伸。所以，未来文化中将更重视个性主义（individualism），更加尊重个人之间的不同，鼓励个性的发展，以此加速创新。

另外，因为3.0科技文明是在全球共同市场的基础上展开，中国文化的现代化还需要在语言上进一步与英语接轨。在3.0文明时代，知识、信息在全球的传播，世界各国之间人们的交流，都需要一个共同的语言。所以，就像自由市场一样，语言也具有规模效应，最先被大家使用的语言也成了人人都用的语言。目前英语就是这样一个共同开放系统，就像微软操作系统或是安卓一样，所有人都在同一系统上写应用（Apps）。今天，几乎所有重要的创新知识、技术、自然科学、社会科学、商业、文化、艺术等领域内的最新思想都最先在英语中出现。英语早已不再是美国、英国的专属，而成为全世界商业和从事创造性职业人士的共用语言。中文及其他所有语言在短期内恐怕都没有了这个机会。所以，文化的现代化还包括对英语的拥抱，让最新的知识与中文即时无缝对接，并逐渐从使用者过渡到创新知识的贡献者。

三、深植于传统中的文化传承和现代化演进

现代科技、市场经济和商业社会在交互作用，高速发展，日新月异，也因此对文化发展提出迫切需求。但是文化演进从来都是一个相对缓慢的过程。比较可靠、可持续的演进通常都需要建立在已经形成的文化传统上。

中国文化源远流长，分支流派众多，所侧重的方面在不同时代也有很大的不同，这就给创新性地发扬传统提供了丰富的土壤。这其中既有和科技文明相合的成分，又有需要改进的方面，还有需要重新发现的部分。比如道家主张的政府无为而治，与民让利生息，正与市场经济的要求暗合。儒家对家庭、教育的重视，勤俭的道德观，对于积极进取人生的鼓励，都是现代商业社会的基石。而儒家的家国情怀又是奠定有为政府、统一大市场的思想源泉。当然它对于个人在集体中地位的观点却可以与时俱进。作为先

秦诸子百家中重要一支的墨家，因其对个人意义的尊崇，对和平、兼爱、正义的坚持，对逻辑思维、朴素科学精神的探索，极有可能在科技文明时代成为和儒家思想同样重要的社会政治思想源泉。

历史上佛教由印度传入，与中原原生文化交互激荡、相互影响，成为中国文化中重要的有机成分。在中国向科技文明的演进过程中，中国文化同样有可能在吸收外来文化和提升本国文化中找到有机平衡，再次发扬光大。

综上所述，中国文化复兴与演进，就是在科技文明的大背景下，通过理性思维、科学方法，对传统文化"整理国故"并演进、发展，经过长期、持续积累，逐步建立社会共识，还给中国人和中国社会一个共遵共守的道德伦理，以及人们可以安身立命的共同信仰。在此基础上，紧跟全球科技文明社会中的创新前沿，并逐步做出作为世界五分之一人口的大国所相当的贡献。

对中国未来几十年的预测

——社会政治可能的演进

一、科技文明时代对现代政治的要求

人类社会从农业文明向科技文明演进时，社会政治也会发生很大变化。

从轴心时代开始，政治、道德及所关心的核心问题从未改变过：什么是美好的人生、美好的社会以及如何实现？但是针对个人的美好人生与针对集体的美好社会，它们之间孰轻孰重、孰前孰后，与人类所处的经济时代高度相关，在历史的不同阶段不尽相同。从农业文明到科技文明的进化让它们发生了根本性的变化。

农业文明是短缺经济，存在马尔萨斯陷阱，社会中有一定比例的人口总会周期性地非自然死亡。个人的命运在很大意义上取决于他从属于哪一团体，那个团体在生存竞争中的成败如何，所以美好社会是美好人生的必要前提，美好人生必须要在美好社会中实现。儒家伦理中以家庭为单位向外延伸的亲疏关系有其经济上的原因。在同一时期，西方社会在传统的国家、民族区别之上，

又进一步分裂出不同的一元教——犹太教、天主教、东正教和新教（近代）。在整个农业文明时期，以团体定义的内／外、我们／他们是生存的需要，各个文化中的政治也以建设自我定义的封闭美好社会为中心诉求。

科技文明的本质是富足文明，经济的复利增长最终能够解决所有人的生存问题。不仅如此，科技文明的基础是以知识交换为基础的 1+1>4。创新需要个人的能动性，个人是科技文明的重要参与元素、动力源及最终目标。因此在科技文明时代，美好人生取代美好社会成为政治目标中最重要的考量。在科技文明时代，从农业文明向科技文明的演化过程中，从集体中心向个体中心转化正是 3.0 文明时代对政治演进的核心要求。在现代社会中，任何可持续的政治体制可能都需要把个人放在和集体同等重要、甚至是更重要的位置上。

二、西方的实践——宪政民主制

在西方，政治现代化过程中诞生的一个伟大制度创新就是宪政民主制。宪政民主制从思想上源于启蒙时代的君权民授论，就是政府的权力源于公民的认同和授权。这是在轴心时代民重君轻思想上的发展与延伸。宪政指的是有限政府，即政府权力受到宪法制约。一国之中没有任何人的权力高于宪法。同时，个人权利与自由得到宪法保障，政府不得随意干预。宪政下的民主则指公民参与选举政府及政治权力分配的制度。从实际政治发展、演化历史上看，宪政民主制反映的是伴随着3.0文明的出现，商业人士在社会中的地位上升，个人对经济的重要性变大。代表新型自由市场经济的力量开始进入政府，使政府的功能逐渐发生变化，在经济活动中从管理、干预过渡到辅助作用，充分保护公民的财产权，提供、保护科技创新所需要的思想、言论自由空间。

宪政民主是一个渐进的过程，历史上成功的宪政民主国家通常是宪政先于民主，财产权、经济自由早于选举权、政治自由。以最早也最成功的宪政民主国家英国为例，1830年，英国已进入3.0文明时代，宪政已经实行了100多年，公民也有了充分自由，但是此时英国公民仍只能投票选举下议院议员，且有投票权的人占总人口不到2%。尽管接受君权民授，授权也是一个渐进的过程。政治权力的分配，最早从皇权到了诸侯，再后来到了有产阶级选举权。选举权在有产阶级中，又从大产开始，逐渐扩大到中产、小产，后来到了男性白人、女性、有色人种，最后演变成任何成年人都可以投票。就英、美实践来看，公民政治参与程度与经济发展水平直接相关，并随着经济的发展而逐步扩大。选举权的平等是从资格平等开始逐步开放的，到了最后，当西方社会发展到了一定高度，几乎人人都成为中产阶级、都受到基本教育后，才变成了成年人一人一票，都有选举权和被选举权。这一结果直到二战结束的40年代末才真正实现。

社会政治权力的分配以选举结果来决定，人人都有可能，公开、透明、机会平等，所以这套制度有其合法性，也比较公平，有持续的生命力。

英美宪政民主制最大的贡献就是帮助英美社会相对平缓地步入 3.0 文明，政府基本上不干预市场活动并在国际间推行自由贸易，公民有充分的自由、财产保障，公民参与政治的民主权利随着经济收入增加，逐步、缓慢开放。英美自由市场经济与宪政民主制共同造就了经济、政治上的机会平等，塑造了 3.0 文明的西方典范，并构造了在当时最有效、最大的自由市场体系。由于 3.0 文明铁律的规模效应，这一市场最终成为今天全球化的国际大市场。

相较于英美，欧洲大陆的政治演进要复杂曲折得多。在几百年的时间里，对内与对外战争几乎没有停止过。欧洲大陆国家和英美更是主导了影响了全球的殖民侵略、两次世界大战及随后的冷战。虽然最终主要的西方国家今天都建立了较为稳定的宪政民主体制，对于西方之外的观察者来说，西方尤其是欧洲大陆国家政治现代化的历史留给后人的教训可能更大于经验。

今天，即使在较为发达的宪政民主制国家，这一制度也不是没有弊端。在充分民主的情况下，民意政治更能代表局部、短期利益，而常常与整个社会的整体、长期利益相矛盾。金钱在选举过程中的腐化作用更是雪上加霜。矛盾不可调和时会让保障社会整体利益的长期政策近于瘫痪（比如今天的美国国会）。丘吉尔的名言"除了我们已经尝试了的其他政治体制外，民主是最坏的了"并非仅仅是幽默。

三、中国传统政治思想、政治实践及其演化

西方政治现代化的成就主要是在小国政治下取得的。即使如美国，在殖民时代立国时也是一个只有几百万人的小国。当然，在 250 年后，美国已经拥有 3 亿多人口，这个制度仍具有旺盛的生命力，这是个了不起的成就。和美国相比，中国的人口是其四倍多，这对政治复杂程度的要求也是几何级数增长的。

历史上中国几乎一直有着世界上最多的人口，它的政治成就，以其人口之多，政治之稳定，和平时间之长，个人之公平，在农业文明时代都可谓登峰造极。但是当世界进入到3.0科技文明时代，中国传统政治如何演进却是一个持续了一两百年，至今仍在探索的难题。

从思想源泉上看，中国传统政治大体是儒、道、法三家混杂，儒家重道德伦理和社会秩序，法家重赏罚执行，道家调整政府与社会、官家与民间的利益均衡。中国有记载的几千年历史就是一个政治实践是非成败的实验室，这些经验教训对于后人、中外都很有意义。

儒、道、法三者混合的程度历来都是政治成败的关键因素。在中华帝国开创之初，秦始皇重法废儒，在战时异常成功，但在帝国和平初创时期赏轻罚重，在改天换地的巨大社会变革中又没有道家的节奏调整，以至于把社会推到极致，一代而亡。在连年战争、重新统一中国后，文景两帝以道家为底色治国，休养生息，使国家百姓恢复元气，终成"文景之治"。至武帝又以严法极尽

扩张，社会再遭重创，需宣帝再次以道家之法恢复。三种政治文化传统的结合、度量的把握正是中国政治的最高境界。

科技文明以个人为主体，个人创新、标新立异成为社会经济进步的主要动力，这与农业文明中对个人的文化期许大相径庭。中国的传统思想文化源远流长，纷繁多样，传统中既有适应现代性的成分，也有需要进一步演进的部分，还有需要进一步挖掘的部分。比如，道家提倡的政府无为而治恰恰暗合市场经济的逻辑。法家的赏罚规则需要在新时代做出调整，因为来自政府的赏已不再是个人成就的最重要甚至是唯一的来源。在商业社会中，政府与商业已成为个人进升的两条并行通道，这与科举时代相比已大相径庭。赏轻，则罚也需要轻。同样，儒家的道德伦理、社会秩序也必须对个人与集体关系重新作出调整。而作为先秦诸子百家中重要一支的墨家，因其对个人价值的尊崇，对和平、兼爱、正义的坚持，对逻辑思维、朴素科学精神的探索，极有可能在科技文明时代成为和儒家思想同样重要的社会政治思想源泉。总的来说，与科技文明相适应的现代政治需要多一些道家底色，与民休养让利，轻罚轻放，并兼顾个人与集体的利益。

魏晋南北朝时期，佛教大规模入汉，在此后几百年中与儒、道交互激荡，互为影响，形成儒、释、道三者的对立统一，又在此后激发出儒学中宋明理学的发展。1840年后，西学东渐，又再次对华夏文明产生更强大的冲击。清末民初的许多知识分子正是抱着同样的热情投入到重整国故的学术研究中，希望通过中国版"文艺复兴"运动为中国的政治现代化提供来自传统的新的源泉与动力。

中国自洋务运动之后便开始政治现代化的各种实验。现代政党体制最初也是由西方引入。现代政党制度从体制上解决了最高皇权依靠单一家庭血缘继承的问题，使最高领导可以在较大的人群中择贤而选。在组织集体力量方面，现代政党对成员的控制力比传统的儒、法结合对士大夫官吏的控制更进一步。在邓小平时代，白猫黑猫的实用主义与摸着石头过河的谨慎开放态度使得这一时期的政治更具道家为政的色彩，为个人、社会提供了更大的空间，这与科技文明的需求相合，促使经济开始了长达40年史无前例的高歌猛进。

在富足经济时代，个人既是政治的起点也是重要的终点，和集体利益同等重要。所以任何可持续的政治都需要充分尊重人性。尊重人性当然也必须尊重人性中所有的自私、懦弱、不完美，市场经济和科技创新恰恰给了所有不完美的个人无穷的空间和意义。对利润的追求、自私甚至贪婪同时也是市场经济蓬勃向上的动力，懦弱和懒惰为科技探索及普及提供了丰富的土壤，攀比、炫耀甚至也是消费增长的一部分。

四、东西方各自独特的道路

就权力的目的、来源和分配方式而言，西方在农业文明时代实行的主要是血统制及部分的军功贤能制。在科技文明的现代社会，西方从人权概念出发，以个人"自然权利"的来源界定"公民权利"的目的和分配。中国历史上实行的是以权力分配机会平等为基础的政治贤能制。

从制度安排角度看，传统科举制本质上是政治权力开放性、普遍性及权力分配的资格制，人人都可以通过公开、透明、公平的考试、考核竞争机制获取分配政治权力的资格。通过对学习能力和治理能力的考核来选拔最优秀的人，政府选贤任能，把最有能力的优秀人才放在最重要的位置上。社会上人人都有平等机会进入政府，从平民中选拔出的大量政治精英又让政府具有对现实问题的洞察力、远见与执行力。这一伟大的制度创新让中国在过去的1000多年中领先西方、领先世界，至今仍有强大的生命力。今天，包括中国在内的世界各国成功的文官系统、职业军队都多少受科举制某些方面的影响。尽管有种种弱点，科举制仍不失为2.0文明时代最伟大的制度创新，中国之所以能够在长久的历史中维系一个人口众多、土地广阔、社会相对稳定的国家，科举制是最根本的原因之一。今天的中国政治仍然受科举制影响，政治权力的资格观念依然深入人心，从这一观念出发有可能逐步演化出现代性的制度安排。

从资格观念出发，与西方相比，未来公民参与政治的方式可能更符合中国文化传统，选举权和被选举权都成为需要赢得的资格。比如，一种可能的方式是职位越高，资格要求也越高，选举人及被选举人越少，层层递进。村子或街道里，成年人可以自行选择，一人一票，自治、自理。国家公务员则需要通过严格的考试，高职位则对学历、政绩、品德、民意有更高要求，资格与职位相当，到了国家领导人，则在极少数拥有最高资历的人中平级选出。这是一种资格选举制，就是通过考试、考核、有限选举的结合方式选贤任能。从历史经验上看，公民政治参与的热情与经济发展程度直接相关。经济处于低等发达时，经济发展是第一要求；中等发达水平时，对环境保护、生命安全要求更高；到了高度发达水平，对政治参与的要求达到最高。

执政党作为现代政党，为了更好地吸收最优秀的人才并为全体公民提供平等机会，也会逐步对全社会开放，通过考试、考核，公平竞争，让人人都有机会凭能力参与政党内部权力的分配。另外，一些发达国家尤其东亚发达国家对公务员实施的"高薪养廉"政策也值得参考。在适当的时机，将政府高级主管的工资水平与社会、商业同等高管工资水平挂钩，建立指数对应关系，以高薪养廉。同时，大力削减政府权力，尤其是削减在经济领域里的权力，管理方式从正面清单逐步过渡到负面清单。在此基础上，实施对腐败的零容忍。以严厉的法律、严格的党内纪律、媒体监督、民意举报等多种方式、多种渠道将腐败控制在最狭小的范围内。

这种以资格为基础的政治开放可以逐步扩大公民的政治参与，达成政治权力的合理分配。这与西方以个人"自然权利"观念为出发点的公民参政方式有所不同，但是最终都达到同一目标，过程则更平缓，更有可能避免社会的激烈动荡。

当然，这种方式仅仅是未来发展的一种可能（但不是唯一）方式，只是它比较切合中国的文化传统。

就公共政治权力的执行、边界、监督而言，西方社会建立起来的司法独立与宪政确实是一个伟大创新。它帮助解决了科技文明时代商业社会最重要的一些问题：复杂商业活动中必然会产生的纠纷，政府与民间商业的利益界定，对公民私有财产的保护，政府公权的限制，对官僚腐败的公平惩处等等。

西方的独立司法和宪政部分来源于早期罗马共和国和罗马帝国的实践及中世纪英国的普通法，可谓源远流长。中国法家在先秦的实践，尤其是商鞅在秦孝公时代的实践也为今天的独立司法留下有益经验。但是这一传统在秦汉大一统政体建立之后就不复存在了，权与法孰大因人因事而异。也因此，法制建设不太会与西方的道路相同。在这方面的探索可能还要经过一个相当长的时期。可期待的是，执政党在法制建设方面已经下了巨大的决心，而社会对此的期待和要求也在增强。

从实践上，日本、韩国尽管深受美国影响，仍表现出强烈的东亚文化痕迹，而李光耀在新加坡卓有成效的实践更有可能为中国政治现代化提供一个可参考的样本。作为自建国以来唯一的执政党，人民行动党在历史上多次自我进化，逐渐发展出一套成熟的政治体制、独立的司法制度，解决了腐败问题，同时给予公民足够的空间发展，并保护其权利及财产。有为政府与道家底色相得益彰，互为支撑。

当然，中国政治面临的问题从来都是大数问题，人口到了一定量级，所有在小国中的成功实践都未必适用，无论是西方还是东方的成功经验对中国而言仅仅只能作为参考。中国的政治现代化只能在自己的实践中学习并逐步前进。

完成这一系列改革后，在中国社会中将出现经济、政治两个对全民开放、机会均等的上升通道，大量社会人才进入市场经济领域，公平竞争、优胜劣汰；同时也有大量有公益精神的人才流入政府，通过资格选举制，选贤任能，在宪法限定下，精英治国。

人类就本性而言情感上追求结果平等，理性上追求机会平等。凡提供机会平等的社会都可以持续发展，长治久安。

自 1840 年鸦片战争之后，中国绝大部分时间处于战争与政治运动之中。20 世纪 70 年代末，由于国际、国内条件的变化，中国第一次有了专注于现代化建设的国内外环境，在随后的 40 年里取得了史无前例的卓越成就。在中国从 2.5 文明向 3.0 文明的迈进过程中，自然会遇到上述各项挑战。但是，1840 年至今的 170 多年来，中国今天面临的优越环境和条件仍然是最好的。作为全世界人口最多的国家之一，中国有希望面对挑战，解决问题，最终向 3.0 文明演进，彻底实现全面的现代化。

从文明史角度看当今中美关系及科技文明时代的东西方关系

一、极简人类文明史

智人作为地球上最后一个大的物种,大约在几十万年前出现在赤道附近的非洲大草原上。智人既是社会动物,又是头脑异常发达的个体动物,这种个体性和社会性都高度发达的特性,在地球所有物种中可谓绝无仅有。人类依靠这种特性,在其短短的历史中,创造了前所未有的文明高峰,与灵长类动物祖先们拉开了鸿沟。我在此把文明界定为人类与动物祖先之间的距离。人类的文明史既是汲取使用能量的经济史,又是组织社会单元的政治史,经济与政治交互作用,造成了人类区别于其他动物的复杂的文明。

在本书中,我把人类的文明史分成三大跃升阶段,即 1.0 狩猎采集文明、2.0 农业文明和 3.0 科技文明。本章将重点讲述人类从农业文明向科技文明跃升过程中社会政治组织方式的演进,并以此来解读中美关系、东西方关系。

在农业文明时代,农业和畜牧业几乎完全受制于自然条件,因此农业文明几乎都萌生于欧亚大陆板块上。欧亚大陆板块被世界屋脊喜马拉雅山脉和漫无边际的冰冻大草原分隔成两块，在农业文明历史中，两边几乎没有发生直接的关系，各自独立发展（除了13世纪蒙古帝国造成了短暂的连接）。因此我们传统上把两边各称为东方文明和西方文明。

公元纪年前后，东西方差不多同时出现了两个强大的帝国：罗马帝国和汉帝国。两个帝国都拥有庞大的人口、巨大的疆域，便利发达的交通可以到达帝国的每一处角落，文明程度都非常高，各自发展出了农业文明时代的一个巅峰。

罗马帝国和汉帝国建国大约400年后，相继陨落，进入了动乱时期。在中华大地上，经过300年动乱之后，帝国统治几乎被完整恢复，经过隋、唐至宋代发展出一个新的巅峰，将中华帝国体制持续了2000年，成为农业时代的一个奇景。另一边，罗马帝国结束之后，西方基本上再也没有出现一个统一的大帝国。尽管后来穆斯林崛起，建立了比较大的疆域，但是无论从文明发展程度，还是人口、技术、社会组织各个方面来看，都再没能取得像罗马帝国这样辉煌的成就。这是东西方文明发展轨迹的第一次大分流。

但是1000多年后的中世纪，在罗马帝国时期北方蛮族所生活的欧洲，却出现了一些非常活跃的民族国家，藉由大航海时代对美洲大陆的发现，迸发出异常的活力。通过地理大发现、文艺复兴、启蒙运动、宗教改革、科学革命、工业革命、殖民战争等等一系列变化，这些国家成为世界舞台上最活跃的中心，并率先进入到人类文明的一个新阶段，我将其定义为3.0科技文明。这是东西方文明发展的第二次大分流。科技文明的出现，也将东西方人口中心第一次拉在了一起，此时东西方不再独立发展，而是被强力结合在一起，共同推进，形成新的世界秩序，在今天深刻地影响着全人类。

二、中国在农业文明时代的制度创新

东西方文明发展轨迹的两次大分流，背后都有着经济现实与社会政治组织方式交互作用的深刻背景。2.0 农业文明时代的基本特点是，人们摄取能量的主要方式是通过光合作用机制，所以非常需要土地。土地的争夺是 2.0 农业文明时代的核心问题。因此，2.0 文明本身也一直存在不可逾越的瓶颈：土地多的时候人口就会增多，而人口多到一定程度，土地就无法再支撑，社会发展掉入马尔萨斯陷阱，最后以各种"天灾人祸"的方式急剧减少人口。2.0 文明时代是经济短缺性的时代，对土地的争夺是最核心的问题。而土地争夺的胜负既受限于地理条件，又取决于由政治组织方式产生的社会动员力。

中华文明的地理环境西面是喜马拉雅山脉，北面是一望无垠的冰冷大草原，东面和南面临海。在这块土地上，两条从西向东的大河——长江和黄河之间形成一块广袤、肥沃、适合农业的冲积平原。这两个大的河道再加上一些支流，导致平原上各个地区之间的交通相对比较便利（水路交通较便宜）。所以在这片土地上，只要某一个地方能聚集起足够大的力量，这个强盛的国家就可以通过便宜的交通方式，将其权力范围扩展到神州大地。而强国崛起则主要依靠内部组织方式的创新。

在中国 5000 年的历史中，前 3000 年对于政治制度创新实践尤为重要，为后 2000 年的稳定奠定了坚实基础。这其中最大的突破就是发生于秦孝公时代的商鞅变法。商鞅变法的核心就是用个人能力取代血缘关系来决定政治权力的分配。人从动物进化而来，最初都是以血缘为核心来向外延伸人和人的关系。虽然战场上需要个人能力，个人可以通过能力获得功绩，但成功以后，分配的方式还是依靠血缘。换句话说，功绩是可以通过血缘传给下一代的，和财富一样。战场上的功臣会得到土地，氏族首领、君王也要把土地分封给和自己有血缘关系的人，这就是封建时代权力、经济分配的基本形式，古今中外皆如此。但是商鞅变法前所未有地、颠覆性地把这个体系打乱，规定在任何时候，政治权力的分配都以个人能力和一代以内的功绩为根据，政治权力除了皇权以外都不能传给下一代。财产可以传代，而政治权力不可以传代。这次对传统封建组织方式翻天覆地式的革命，导致了秦国从一个相对偏远的地区崛起，把社会全体成员的积极性都调动起来，最后击败了所有战国诸侯，并把这套方式推广到了秦帝国的全部疆域。到了汉代，这种组织方式又因为举孝廉制的产生进一步得到巩固。举孝廉制是科举制的雏形，完善的科举制产生于隋代以后。科举制通过对个人能力的筛选（不仅仅是政务，还有对知识的掌握等），让整个社会在政治权力分配上为所有成员提供了一个比较公平的上升通道。商鞅变法基本上奠定了中国后来 2000 年相对稳定的政治制度，尽管朝代更迭，但基本制度不变，让中华帝国登上了农业文明时代的最高峰，历史似乎就此终结。

而在西方，适合农业的冲积平原面积相对较小且位置分散，但交通方面，有一个类似于内湖的地中海。地中海被两边入洋口封紧，所以风平浪静，便于交通，沿着地中海很容易形成一个大的帝国。沿途中规模较大的农业平原一个在埃及，另一个在西班牙、葡萄牙所在的伊比利亚半岛上（主要在埃及），但它们和中国的规模都没法比。此时欧洲本土上的森林还未被砍伐，处于蛮荒时代。早期的罗马共和国从现在的意大利中部地区开始崛起，这个地方的农业平原规模并不大，所以扩张主要依靠对外争战。罗马的政治体制一直是军事上的贤能制和政治上士族（从最早几十家发展到一两百家的参议院）血缘分封制的混合体制。帝国范围内最大的粮仓在埃及，但埃及和中国长江、黄河流域的冲积平原的规模无法相提并论。所以罗马在经济上的分配就更加不平衡，一直实行奴隶制，上流社会相对富足的生活必须要以大量奴隶为基础，政治体制上就很难产生大的突破。这是它的经济现实所造成的必然结果。罗马帝国大约三分之一左右的人口是奴隶，政治上又是采用封建分封和军事贤能制的混合体制，所以一直不能真正让整个社会"同心同德"。与秦汉之后的中国社会相比，罗马帝国有几个先天性的难题：贵族和平民的矛盾，自由民和奴隶的矛盾，同时经济基础不是特别稳定，要依靠奴隶制和不断对外争战来维持。一旦征服的边界到达瓶颈，文明就只能走下坡路。

罗马帝国与汉帝国同受北方蛮族入侵威胁，但是双方北部的地理条件不同。中华帝国北部的蒙古大草原气候完全不适合农业，只能发展畜牧业。而罗马帝国北部的欧洲虽然也处于高纬度地带，但是受到墨西哥湾流的北大西洋暖流的影响，气候较为温暖，适合农业，只因被浓密的森林所覆盖，农业发展才晚了上千年。当北方的欧洲诸蛮族慢慢学会农耕和砍伐森林，农业文明开始逐步上升时，罗马帝国本身与日耳曼诸蛮族的矛盾就开始凸显出来。公元5世纪时，罗马帝国被北方蛮族入侵了。毁灭之后，因为罗马帝国政治体制本身的问题，它的这套制度也就没能在欧洲流行起来，因为它的制度并不是2.0文明时代最完美的政治制度。

罗马帝国毁灭之后，原来帝国境内的小国，加上其北部欧洲新兴的诸侯国，又进行了长达1000多年的争战，却都没能于西方再次形成统一的大帝国。这段中世纪的历史，与中国春秋战国时期的历史很相像，但是和秦汉之后中华帝国2000年的历史放在一起，却是一次东西方文明的大分流。这一次，中国因为在政治组织上的创新，站在了农业文明时代的巅峰。

三、科技文明的出现：东西方文明发展第二次大分流

公元1500年之后，东西方出现了另外一个大分流。这个大分流导致了欧洲后来的历史和中国春秋战国之后的历史发生了截然不同的变化。这个大分流的开始就是地理大发现。航海技术的发展让欧洲人发现了美洲大陆这片新世界，大西洋变成了罗马帝国时代的地中海。通过一种比较便宜的交通方式——航海，欧洲迅

速接管了地球上最大的一块农业平原：北美洲和南美洲。美洲大陆因自然原因，原生农业条件很差，且和欧亚大陆隔绝，导致农业不发达、人口稀少，几乎没有畜牧业，所以也没有欧洲人的免疫基因。美洲大陆上的原住民缺乏对欧洲人带去的细菌的抵抗力，绝大部分原住民都死于瘟疫。所以这块广大的、适合农作物生长的平原，立刻被欧洲人收入囊中。欧洲这些小的诸侯国，因为和巨大的美洲殖民地的结合，其土地不再局限于欧洲，一下子收获了比中国中原腹地还大的殷实粮仓，这让它的经济出现了一次突发的、巨大的、持续性的增长。

在正常情况下，农业文明经济增长到了一定时候，会遇到马尔萨斯陷阱。但是在西方碰到天花板之前，另一件划时代的事情发生了，这就是科学技术革命。地理大发现不仅为欧洲各民族带来了巨大的物质提升，也产生了对科学、技术的强烈需求，从而引发了思想上、精神上的革命。欧洲的思想出现了一次爆炸式的剧变，从文艺复兴、宗教改革到启蒙运动，科学技术革命就是在这样的背景下爆发的。

科学技术革命、跨大西洋的自由贸易、美洲大陆的自治，再加上这个时代欧洲封建割据下的各国竞争，这一系列因素共同促成了一次人类文明的跃升。科学技术革命和自由市场经济同时出现，互相作用，使经济出现了几百年的持续的、累进式的增长。增长的结果是经济突破了农业文明的瓶颈，土地也不再是经济本身的限制因素。这一时期百倍以上的经济规模增长可以支撑任何程度的人口增长，而且目前为止我们还看不到这种增长的上限。人类从此进入了 3.0 科技文明时代，也就是在现代科技和市场经济的双重作用下，经济开始持续、复合、无限地增长。

人们在自由市场里自愿交换产品和服务，必定会给双方都带来更多的好处，即 1+1>2。而当知识被交换的时候，交换的双方既没有丢失自己的知识，也得到了对方的知识，还额外获得了因交流而产生的火花，出现了一个加速，即 1+1>4。这样科技知识融入到产品与服务中，再到自由市场中去被交换的时候，就出现了一个互相强化的长期正向循环。人的需求和欲望无限扩大，而人们为了满足这些欲望，提供产品和服务的能力也随之无限增长，这种互相强化的正向循环可以不断进行下去，而市场就是那个让 1+1>4 的放大器。市场越大，参与的人越多，中间产生的乘数就越大。市场越大的时候，效率就越高；效率越高，就越能够满足市场的需求；越能满足市场的需求，就越能刺激出新的需求。这样就形成了一个持续增长的正向循环。这样的正向循环就是我们说的经济上的复利增长。所以在大家都有自由市场经济和科学技术的情况下，竞争的核心就是看双方市场的大小。相对而言，大的市场会产生更高的效率，更高的效率会产生更大的能力，更大的能力会产生更大的经济体，这些更大的经济体就会产生更大的军事力量，那么在互相竞争的时候就容易胜出。从争夺土地到争夺市场，体现了从农业文明向科技文明转化过程中争夺重心的转移，这正是我们看到的过去 500 年间的变迁。

开始时，欧洲还处在 2.0 农业文明时代，诸侯国之间的争战也和封建时代一样，以土地和边界为核心诉求。但是逐渐地，每一个交战国家开始在经济上突破了封建时代对土地的限制，慢慢地在经济上形成了新的动力。参加的人员也不再仅限于贵族和平民，很多商人、资本家、新兴的产业主等等也开始加入进来。随着经济从 2.0 农业文明时代向 3.0 科技文明时代演进，争战中的政治组织方式、诉求也开始发生了变化。

欧洲国家之间最早的互相竞争，很快变成了对殖民地的争夺。殖民地给宗主国带来最重要的利益就是市场的规模，包括原材料的供给、产品的销售和劳动力的供给。作为第一个真正的全球帝国，大英帝国建立的最重要的秩序是一个以英殖民帝国和英镑为基础的全球自由市场体系，这个市场体系让它在大国竞争中最早取得了决定性的优势。所以从 2.0 农业文明向 3.0 科技文明演进初期，殖民侵略战争、欧洲强国之间的战争交错进行，土地和市场同时成为争夺的核心。

随着经济从 2.0 农业文明向 3.0 科技文明的加速演进，争战中的欧洲诸强国开始探索最适合 3.0 文明的政治组织方式，出现了一系列的制度创新，到 20 世纪已经形成三大阵营：以德、日、意为首的法西斯主义，以苏联为首的共产主义和以美、英为首的自由主义。经过近百年的竞争与战争，法西斯主义在二战中失败，苏联阵营在冷战后解体，到了 20 世纪 90 年代初，自由主义取得了决定性的胜利，美国成为了世界秩序当之无愧的主导者，开启了今天世界的所谓"美国秩序"时代。历史似乎再一次终结。

四、美国秩序下的全球市场体系

二战胜利后不久，美国就从欧洲、日本等占领地撤军，美国是人类历史上第一个在以土地争夺为目的的战争中胜利后却主动放弃占领土地的国家。这和之前的罗马帝国和大英帝国都截然不同。由此开启的美国秩序具有非常鲜明的3.0文明特点。如果说2.0农业文明时代的核心诉求是土地，在我看来，3.0科技文明的核心诉求就是市场的大小。决定一个经济体能否真正长期成功，就看该经济体市场的大小。市场经济是以个人和小组织（公司）为单位的分散组织方式，其能量的释放依赖于市场的大小，不受国家土地疆界的制约。这与以土地、国界为核心的2.0农业文明截然不同。作为战胜国和世界秩序的主导者，放弃占领土地并不等于美国放弃胜利果实。二战胜利后，美国通过建立一系列世界性组织，如联合国、世界银行、国际货币基金组织、布雷顿森林体系等构建了一个全球市场的严密体系，并始终牢牢把握着这个全球市场的规则制定权、市场准入权和制裁清除权。美国通过马歇尔计划让战后的欧洲盟国迅速成为这一市场的主要组成部分，对战败国德国、日本同样通过修改宪法将它们纳入这一体系，并通过一系列军事盟约，例如北大西洋公约组织、美日和美韩军事联盟等，在全球建起一整套军事基地网络，用以保护美国主导下的全球市场的运输和原材料供给安全。作为这一秩序的缔造者，美国一直拥有对全球市场的规则制定权、市场准入权和制裁清除权，并承担保护这一全球市场的主要军事和经济成本。这是美国秩序的核心。

除此之外，美国还建立并推广了一系列的意识形态，也就是它的软实力。正如 2.0 文明时代的中华帝国，在建立以法家为主体的帝国体制之外，又奉孔孟之道、儒家学说为正统，在精神上、文化上让帝国的民众心悦诚服。美国的意识形态包括提倡自由、民主、人权、宪政、法治，自由市场、自由竞争、自由贸易，私人财产神圣不可侵犯等理念。这套意识形态有足够的力量，能被今天世界上绝大多数人接受。正是在这些软硬实力交互作用下，美国制度取得了巨大的成功，从二战胜利开始，避免了世界规模的"热战"，维护了世界大体上的和平。在此基础上，美国还缔造了人类历史上最大的全球市场，尤其是在冷战之后，全球几乎每一个人都可以加入这个市场，由此创造了大量的财富，让人类达到了历史上最高的富足水平。同时，科学技术发展突飞猛进，即时通讯和互联网几乎把全球所有人都连在一起。人类在教育、妇女及少数族裔平等、脱离贫困、人权等多方面取得了前所未有的成就。全球人均寿命大大延长。殖民时代结束，几乎所有国家都成为独立自主的国家，因战争引起的死亡和暴力大大减少。二战之后的 70 年来，尤其是冷战之后的近 30 年，基本上无论哪个方面，都可以说是人类历史上最好的时代。而美国所尊崇的意识形态、"美国故事"也在全球范围内广泛传播，深入人心。美国文化、美国品牌日益成为全球文化和品牌。

但是，意识形态和权力实质是不同的。比如在中国，素来有"道统"和"政统"之争，道统就是儒家学说，政统就是帝王权术，区别是一直存在的。美国也一样，存在着意识形态和权力实质的差距。在意识形态上,美国强调世界上人人平等,都享有普世人权。但是美国对内对外的政策区别很大,对不同的国家及其公民也区别对待,其国际关系政策与国内政策有时可以大相径庭,对于那些因为各种原因而站到美国对立面的国家尤其如此。例如,美国可以把古巴、朝鲜完全排斥在国际市场之外。古巴的例子尤为突出,它和除美国之外的很多大国都有外交关系,但因为受到美国制裁,未能进入到国际市场,本质上还是一个贫穷国家。美国也可以把原来的盟友、现在的敌人,例如伊朗,从国际市场的核心开除出去。苏联解体后,东欧因为在政治上进行民主化,被拉入到国际市场的核心,而俄罗斯在普京上台后则一直被排斥在边缘地带。中国实际上是一个特例,它和美国实行完全不同的政治制度,但又几乎完全融入了美国秩序下的全球市场。但是现在,美国几乎所有派别在对华政策上都认为现有的世贸组织(WTO)已经完全和中国现实不相容了。

美国在经济上的硬实力之一就是建立了以美元为中心的国际贸易、金融、投资结算体系,因此美国在理论上可以监控全球的每一笔跨境交易,无论是贸易、服务还是投资。全球所有银行的国际业务在某种意义上都在美国的控制之下,所以美国的制裁确实是很有效的。特朗普2019年单方面宣布退出伊朗核协议之后的情况就是一个证明。中兴、华为正在成为制裁政策的冲击对象。美国的硬实力还包括分布在全球的军事基地和美国经济本身的体量、内部广大的市场、开放的投资环境、充满竞争力的科学技术、世界一流的大学等等。所以每当全球金融危机来临时,美元及美元资产仍是全球投资人的避风港。这种情况甚至在 2008 年金融危机之后也并未改变。

在使用硬实力方面，美国在必要时，无论在军事上还是经济上都没有犹豫过。两次伊拉克战争，还有 2008 年危机后大规模地增发美元、用国际资本解救国内危机都是典型的例子。今天的全球市场实际上也被美国以亲疏关系分成三个层次：核心市场成员（大体以 WTO 成员国为划分）、外围市场参加国及完全的受制裁国，所以今天的全球市场仍然是美国秩序下的全球市场。正如我在前文中所说，3.0 科技文明的铁律是最大的市场最终会成为唯一市场。美国给予的市场准入权其实决定了世界上任何其他国家繁荣或贫穷的程度。因为除了美国主导的这个唯一的高效率市场，其他独立运行的市场相较之下都效率低下，竞争力不足。

当然，美国在历史上自身比较强大的时候主要靠软实力来维持秩序，虽然软实力的包装下永远有其硬实力的坚核。但是当它变得不太自信时，就会抛开面子，赤裸裸地诉诸硬实力。凡是遭受过美国硬实力教训的人可能会相信，美国虽然对内民主，但对外其实是霸权。对其他国家市场准入及市场资格清除，选择性地制裁、惩罚，正是美国作为美国秩序缔造者的特权，是它硬实力的一部分。

特朗普上台以后的很多行为实际上是抛开了传统的美国意识形态，回归到权力实质。但他所行使的权力是美国一直都有的权力。就好比中国某个朝代的皇帝，不再讲儒家之道、仁义道德，在历史上可能遭人唾弃，被称为"暴君"，但在当时却没有人可以阻挡。同样，尽管美国所有的贸易伙伴都大声抗议特朗普的不合理贸易要求，但是很快，除中国之外，几乎所有国家都签署了对美国更有利的新贸易协议。所以特朗普上台倒是让大家更清楚地看到了美国秩序下的权力本质。

五、美国秩序下的中美关系

中国进入国际市场始于近代。1840年以前，中国基本上与国际贸易不发生关系。鸦片战争之后，中国以半殖民地的身份被迫参与到当时欧洲列强主导的国际贸易体系中。1949年中华人民共和国建国之后，经济上实行的是计划经济，对外关系上，先后和美、苏对抗，也因此隔离于美、苏主导的两大世界市场之外。到了改革开放时代，中国在经济上实行了市场经济改革，政治上在保证社会稳定的前提下，大大放松了对个人和社会的管制，给了个人、社会、民营企业越来越大的空间。在对外关系上，与美国交好，并通过与美国的谈判加入WTO，最终全面融入了由美国主导的世界市场中，正式成为美国秩序下的国际市场的成员国，韬光养晦，实现了经济起飞。

但这种情况在近些年发生了变化。随着国力的日益增强，中国与美国不兼容的方面越来越突出，在国际关系上开始对美国的竞争主导地位产生一定冲击。美国以全球25%的GDP份额承担了维护国际市场的主要军事成本。而中国GDP占到全球的15%，在美国看来，却几乎不承担维护国际市场的成本，甚至因为中国在国际事务中和美国的一些摩擦，还增加了美国维持秩序的成本。

美国在对华关系的态度方面，大概分成以下四个派别。一直到前几年，比较主流的派别是接触派（Engagement），他们认为中国进行市场经济改革对美国和整个国际社会都是好事，且经济的自由化必然会逐渐引入政治的自由化，中国会慢慢地变得更像美国，也即美国的"软实力"会对中国发生潜移默化的影响。主张这一派别的人基本上具有美国一贯的新教理想主义色彩。与接触派对应的是对华鹰派，他们认为在共产党的领导下，中国和美国的意识形态永远无法兼容，而且随着经济实力的日益强大，中国对美国从竞争对手变成了潜在的敌人。第三个派别是务实派，大部分是商人，他们认为中国的崛起为美国的公司创造了很多商业机会。因为中美两国都是核武器大国，应该让中国进入到国际经济大循环中，从而避免核战争。同时在一些全球问题上主张获取中国的合作和支持，例如应对全球金融危机、核武器扩散、气候变化和极端恐怖组织等。最后一个派别就是支持特朗普上台的民粹派，主要由美国的中、下层阶级组成，在全球化的过程中，他们非但没有享受到好处，还成为了牺牲品，例如失业、产业空心化等等。这四个派别的不同看法一直都存在，但在最近几年，随着中国的一些变化，四派的观点慢慢有统一的趋势。基本上大家都越来越认为让中国加入WTO是一个错误，中国经济实力的提升成了美国秩序面对的最大挑战。接触派已经放弃了中国经济崛起可以引发政治变革的幻想，而慢慢靠拢于鹰派的观点，认为中国经济崛起会让其从美国的对手变为美国的敌人。民粹派则把美国社会因全球化和技术进步带来的贫富迅速分化、中产阶级的停滞完全归罪于中国。原本最支持中国进入全球贸易体系的务实派近些年也开始产生对华的敌意。美国一直缺少真正的"知华派",很少人能从"同情的理解"出发,真正全面客观地,从长期、动态的角度来了解中国。相对而言,中国对美国的了解则更深刻一些。但无论如何,中美关系的现状就是美国对华的认识越来越靠近美国对俄罗斯的认识。俄罗斯在冷战之后,虽然和美国有过短暂的蜜月期,但是在普京上台以后,又开始成为西方的对手和潜在敌人。俄罗斯虽然加入了国际贸易体系,但由于西方对其各种制裁政策,尤其是近年因为吞并克里米亚受到的制裁,一直处在体系外围,没有进入世界市场的最核心圈。俄罗斯的经济一直以能源和自然资源为支撑,在除了军事之外的所有领域发展都相对落后,人口也一直在减少。但是中国的情况不一样,在美国看来,中国颇有能取代过去苏联位置的潜力。特朗普的贸易战获得了美国社会各界的支持,政治精英、商业精英、平民、商人、政客等在这点上的看法基本一致。鹰派甚至主张把中国从 WTO 排除出去,或者建立一个新的没有中国的 WTO,再和中国单独设立不同的贸易条件。这就是今天美国秩序下的中美关系的大背景。

目前中国已经进入到世界经济贸易体系的核心,这个过程已经持续了二三十年,且中国的经济体量已经达到全球 GDP 的 15%。如果美国真的实行鹰派所主导的脱钩政策(Decoupling),也将面临很大阻力,而且在这个过程中将造成巨大的商业损失,甚至会把美国和全球都拉入到经济衰退的境地中。鹰派需要中国的

"配合"，进一步激化中美矛盾才有可能长期推行脱钩政策。这在很大程度上解释了最近美国对华为的围猎，这是深思熟虑以后选择的精准目标。华为是中国高科技发展的顶峰，是中国最受人尊重的企业之一。但华为提供的产品和技术又处于安全性最为敏感的一个行业，甚至可以说是中国目前在高科技方面唯一超越了美国和全球的一个领域，而这种领先容易激起各国的安全焦虑，美国很容易强化这种焦虑，挑起矛盾，逼迫中国采取激烈反应，使矛盾迅速走向极端。因为只有把中美关系推向敌对或准战争状态，中国退出国际市场造成的巨大损失和经济裂痕才会被民众所忽略。其他如台湾、香港、西藏、南海等问题都可以成为中美对抗的导火索。

今天这种形势，对中国的应对智慧是一个很大的考验。中国可以选择的空间有多大？今后发展的方向在哪里？在我看来，既然实现现代化、进入 3.0 科技文明仍然是中国的主要目标，那么实际上选择的空间并不大。

首先中国要避免犯一些重大的错误。第一个可能的错误是和美国鹰派"你死我活"地斗争，成为现有美国秩序下的挑战者。这样做的结果基本可以预见，会让鹰派迅速把美国主流社会团结起来，美国将从与中国经济脱钩开始，推及英国、澳大利亚等说英语的五眼国家（Five Eyes），再加上欧洲、日本等，慢慢扩展到全球，把中国经济从世界贸易的核心推到外围。这个过程虽然对于世界经济会造成巨大的短期损失，但并非不可能完成，而且长久来看，可能对美国长期利益还有好处。以华为为例，如果华为真的被彻底排除在世界主要市场之外，那么世界主要市场可能在 5G 方面的技术会短暂落后于中国和那些与中国合作的小国，但是被排除在世界主流市场之外的华为也只能在一个相对较小的市场中继续创新、流动。相反，那些暂时落后的西方通讯公司会在一个更大的市场中通过自由市场的交流逐渐上升，可以想象大概 5 年、10 年、20 年之后，在这个更大的市场中一定会诞生出更先进的科技，在那个时候，华为的领先地位多半难以维持。同样的道理，如果中国主动或被迫地退回到闭关锁国的状态，可能在相当一段时间内还能自给自足，但是时间一长，小的市场最终会被大的市场超越和压制，相对于大的市场的积极向上循环，中国经济会持续萎缩下去。

第二个可能的错误是在经济政策上走向民粹主义，进行封闭式的自力更生。虽然没有离开国际市场，但在原来的政策基础上进一步向民族主义倾斜。可以预见，这种选择尽管拖延了时间，但最终还是会让中国模式走上和西方自由资本主义模式对决的道路，或两败俱伤，或同归于尽。

人类在 2.0 农业文明时代生活了几千年，却只经历了 200 多年的 3.0 科技文明，在美国秩序下的 3.0 文明更只有短短几十年，因此我们下意识都还在用 2.0 文明的方式思考，仍然把 2.0 文明时代的目标当成 3.0 文明时代的目标。比如在 2.0 文明时代，土地是十分重要的。历代青史留名者大多是由于保家卫国、开疆拓土。但是，过去几百年的历史已经很清楚地表明，市场已经变得比土地更重要，3.0 文明"青史"和 2.0 文明"青史"的评判标准可能已经不一样了。这就是为什么我要特意把两种文明以 2.0、3.0 加以区别，提醒大家看到思考这些问题时通常的盲点。

今天有一种观点认为，中国经济体量已经太大，藏也藏不住，再韬光养晦已经不可能了。美国已经不能容忍中国经济继续增长。而中国的政治制度不可能改变，与美国的矛盾不可避免，可能将来必有一战，所以应该利用目前的国际形势努力建立以中国为中心的国际经贸体系，以便将来和美国秩序下的国际市场抗衡，甚至取而代之。这种观点既错读了美国秩序，也错估了中国的国内和国际实力。

美国秩序下的国际市场仍是自由竞争的市场，为 WTO 的每一个成员国都提供了平等竞争和发展的机会。德国、日本二战后从美国的敌人发展到今天分别占有世界 GDP 的 5% 和 6% 左右，而中国自改革开放以来，在全球 GDP 中的占比从 1.75% 上升到今天的 15%，都是在美国秩序下才完成的。相反，美国在全球 GDP 中的占比从二战后的 50% 左右下降到了目前的 25%，却仍在负担国际市场安全运行的主要成本。在 WTO 内部还没有哪个主要经济体真正愿意离开。只要遵守规则，中国上升的空间仍然很大，美国的经济也仍然是世界上最有活力的经济，美国还没有对自身竞争力失去信心。

在政治上，今天的美国秩序下，每个国家依旧有很大的发展空间。美国秩序主要针对的是国际市场的规则和准入、退出，对于各国的政治其实没有硬性的统治力。联合国承接的是主权国家的平等关系。所以事实上，不同的政治制度是可以在美国秩序下各自发展的，当然前提是不能直接挑战美国的地位。中国从很小的基数上升到全球 GDP 15% 的速度，本身就证明了这一点。持续增长的空间其实仍然很大。

不同的政治制度和 3.0 科技文明时代的经济并没有必然的绑定关系。因为在 3.0 文明时代，经济发展的过程中，政治也在不断变化。经济起飞时，几乎所有的国家都是相对集权的体制，即使是民主也是极少数人的共和式民主。比如英国工业革命早期是君主立宪制，在建立全球市场的过程中依靠的是殖民统治，可以说是一个很血腥的政治。美国在早期经济起飞的时候，可以投票的人不到 10%，虽然不是殖民大国，却是当时最大的实行奴隶制的国家。更不用说日本、德国等国家，还曾走过法西斯和对外侵略的道路。但随着经济发展，生活的不断富足，西方主要国家慢慢走上了宪政、民主、人权、自由的道路。这种政治演进是 3.0 文明时代经济发展的结果而非原因。正因如此，美国秩序对发展中国家的政治从来没有统一的硬性约束，基本尊重每个国家自己的选择，每个国家都有自己的主权，在联合国都是平等的，政治上也没有天然的对中国的歧视。如果中国能够把握好这样的机会，在维护和完善现有国际市场准则的前提下，经济上进一步起飞的空间仍然非常大，并不一定要走向"修昔底德陷阱"。

在新型的大国关系中，要脱离"修昔底德陷阱"，需避免正面挑战美国，尊重美国作为 3.0 文明时代国际秩序的主导者，遵守目前的国际规则。另外在国内经济方面，要更加开放，让经济更加市场化、国际化，逐渐改革国企，从"管资产"到"管资本"，让国企真正市场化，迅速扩大内需，让中国市场为全球经济带来更多利益。同时在国际关系上，中国可以承担更多维护国际市场的成本，与其占全球 GDP 15% 的地位相称。中国在 2008—2009 年金融危机时期的表现堪称这方面的典范。面对危机，中国在国内通过"四万亿"及一系列相关刺激政策，在当时贡献了全球一半以上的经济增长。同时在国际上，配合美联储货币政策，购买了数千亿美元的美国国债，并和美国共同组建了 G20，通过全球主要国家间相互协调的货币财政政策，有效地抑制了金融危机的蔓延，避免了 20 世纪 30 年代大危机的再现。中国在这一过程中，表现出了经济大国应有的国际担当，广受赞誉。

美国秩序本身也在一个演进的过程中。经济上的秩序相对比较强，军事上通过选择性的军事联盟也形成比较强的秩序，如北大西洋公约组织，美日、美韩等军事联盟，在各地所建的军事基地等。但在政治上主要依靠软实力，联合国尊重主权民族国家的平等关系，每一个国家都有自己的主权、自由、平等，即使在经济上受制裁，但在政治上是独立的、平等的。美国和它的盟国之间有点类似早期的松散邦联体制，这些盟国包括欧洲、五眼国家、日本、韩国等。而欧洲内部的欧盟逐渐形成了一个比较成熟的邦联体制。长远来看，3.0 文明的铁律是最大的市场最终会成为唯一的市场。即使是那些被排除在全球化的市场核心之外的国家或组织，虽然它们可以反对美国的价值观，但还是不得不承认和接受美元的价值。在全球市场绝对统一的趋势下，所有国家最终会在政治上越走越近，可以想象几十年或几百年后，不同国家在政治上的连接会越来越紧密。而现在人类面对的各种全球性挑战，也会使这种趋势越发有可能产生。

今天的全球性挑战其实已经不只是关系到某些国家了，比如全球气候变化，这个挑战需要所有国家作出贡献，尤其是那些经济快速发展中的国家。中国在这些领域中，完全可以成为富有责任感的世界领袖，让所有其他国家都心服口服。日益发展的高科技对于现有经济秩序的挑战，例如人工智能对就业的冲击，基因编辑、生物技术和信息技术革命对人类的一系列挑战等，在这些方面中国也可以提供有益的帮助。另外还有核武器威胁，大国竞争可能导致的核恐怖，这些是没有人能承担得起的风险。这几个方面都给中国提供了在现有体系下可以发展的很多空间。

中国目前本身也存在一些问题，除了国际上的"修昔底德陷阱"，还有国内经济的"中等收入陷阱"。解决国内的问题必须要靠经济的持续发展。这些问题解决好了，就都是发展中的问题。如果解决得不好，问题的性质就会发生变化，让中国在发展的陷阱里打转。中国要想发展，绝对离不开美国秩序下的全球国际市场。

今天我们生活在一个广义上的美国秩序时代。这个时代目前还处在演进的过程中，尚未达到最终的形态。就中国和全球其他国家的现状来说，社会政治组织的安排大多还处于2.5的阶段（2.0向3.0过渡的阶段），经济也是如此，处在一个逐渐演化的过程。从这个意义上来说，历史并没有终结。因为市场的高度统一，在这个市场中的国家、人民都应该形成某种社会政治组织上的互相协调，最终会以松散的邦联、紧密的邦联、还是联邦的形式进行组织，我们很难预测。这些社会政治组织形态都是 2.0 文明时代的产物，它们在 3.0 文明时代是否还适用，我们不得而知。在这个目标下，每个国家的政治制度安排可以有很多弹性。

中国创造了农业文明时代政治权力安排最好的制度，在政治权力的分配上实现了最早的公平。所以在进入 3.0 文明时代的过程中，中国不应该丢掉这个政治传统。而美国创造了 3.0 文明时代国际秩序上的高峰。中国应该能够在自身经验之上，汲取美国的有益经验，同时在此基础上，还要完成上文提到的三个主要目标：避免修昔底德陷阱，解决国内经济中等收入陷阱和分担更多维护国际市场成本，最终实现全面的现代化。

六、科技文明时代的东西方关系

东西方关系中，当然中美关系是基石，但并不是唯一。中国与其他发达国家的关系同样重要，这在中美出现冲突的情况下尤为重要。

首先，3.0 文明时代东西方关系也如中美关系一样，受到一些根本的刚性限制，任何一个政府、国家、领导人都不可能脱离开这些限制。

第一个限制是 3.0 文明铁律，一旦形成了一个强大的国际市场之后，任何一个国家都无法离开。无论哪个国家，只要离开了全球的唯一市场就会落后，离开的时间越长，落后的速度就越快，到最后还是不得已会返回这个市场。

第二个限制是在核武器时代，各个大国都具备把其他大国彻底消灭很多次，甚至把地球上所有生物都消灭的核打击能力，所以在这个时代，大国之间的关系就是共同毁灭原则（Mutually Assured Destruction），亦称 M.A.D 机制。在这种机制下，理性的大国之间不可能展开全面无底线的战争。

第三个限制是 3.0 文明时代，全人类面对的一些特殊挑战只能依靠国际合作，尤其是大国之间的合作才能应对。比如因二氧化碳的温室效应所引发的全球气候变异，直接威胁到全体人类的生存状态，没有所有国家的共同应对，尤其是中国、美国的积极参与，基本不可能有效解决。对付那些有自杀倾向的极端恐怖分子，尤其是使用大规模杀伤性武器（核武、生化武器）的组织及个人，也是如此。另外，今天全球化的经济需要全球化的协同管理，尤其是遇到像 2008—2009 年全球金融危机时，国际合作，尤其是经济大国之间的合作，必不可少。从更长期看，解放 3.0 文明对石化燃料的完全依赖，为农业保留只有石化燃料才能提供的化肥，是人类长期生存的根本要求，也需要全体国家的共同努力。

由于这些刚性限制，大国之间不太可能发生全面、持久的战争；没有国家愿意离开国际市场，大国出于自身利益会努力保护现有国际市场体系；大国之间会在彼此及全体国家共同利益上深入合作。

然而，和平、合作并不等于没有竞争。客观来说，今天东西方关系仍然充满了不确定性。不仅美国，西方不少国家对于中国的崛起仍抱有深深的不安，东西方仍抱有相互的不信任。在一定的条件下，这种不安、怀疑也有可能恶化为全面敌意、冲突、对抗。

中国由于在近百年的历史中受制于西方，这种历史造成的对西方的不信任是完全可以理解的。对西方人来说，让东西方关系充满了不确定性的原因有很多。表面上看，文化、心理都是其中的原因。中国与西方属不同人种，有不同的文化历史与风俗习惯。中国人口数倍于西方。这样当中国经济、国际地位影响相对上升，美国、西方地位相对下降时，西方产生的心理不安、拒绝是完全可以预料的。当中国经济总量超过美国成为全球第一时，这种心理反应会更加强烈。在更深层次，西方的不安更多源于东西方政治制度、经济制度、价值观念上的不同。今天，中国政府在经济上还发挥着相当大的作用，在某些领域，看得见的手还处在主导地位。在这种情况下，西方很容易从最坏的情况出发，把今天的中国和二战之前的德国和日本自然地联想到一起。两种原因交织在一起加深了东西方的不信任。

从心理上，西方的这种恐惧是可以理解的。尽管如此，这种最坏的情况基本上不可能发生。因为人不可能两次走入同一条河流，历史是在变化的。今天我们已经知道德国和日本的结果，我们也已经知道 3.0 文明的铁律，中国不可能离开全球国际市场。况且，中国自己也走过闭关锁国的道路，很明白这条路走不通，以中国人的聪明，断不会走这条回头路。更为重要的是，目前中国的经济、政治制度是转型期的制度。中国有可能在今后的几十年上移中，实现全面的自由市场经济，并发展出具有中国特色的、结合科举制与宪政民主制的政治制度。当中国从经济上、政治上、文化上完成这个现代化的过程以后，中国的很多实践也会给西方社会提供很多非常有益的建议。

在这样的背景下，不安、怀疑、误解甚至敌意、冲突从历史的长程看都是暂时的，如果东西方的领导能够在中国向现代化的转型过渡中，用理性、智慧处理东西方矛盾，用合作、共赢维系东西方关系，今后几十年改革成功后的东西方关系自然会更加接近，互信合作更加紧密。

从中国的角度看，今后几十年，中国正处于全面实现现代化的最佳机遇期，争取中国实现现代化的最佳国际环境，应该是中国当前及今后几十年最大的国家利益。如果是这样，中国的国际政策应致力于维护国际自由市场经济秩序，维护世界和平，尽量避免与他国，尤其是经济大国的直接冲突，积极参与应对人类共同挑战的国际合作。在国际冲突中，无论有何收获，相较于获得实现现代化的最佳国际环境，都显得微不足道。

实现中国的最大国家利益，中美关系最为重要。中美之间，不仅有共同的利益，面临共同的挑战，同时在经济等多个领域有很强的互补性。在相当长的时间里，因为科技是3.0经济的第一推动力，美国在全球经济中的领导地位不会发生变化。尽管中国可能在经济总量上成为世界第一，但是在人均GDP和高科技的发展上，美国仍然领先。而中国的制造能力、市场纵深，都与美国互补。中美合作是维系区域和平、推动全球经济持续发展的基石。

尽管如此，中美关系完全有可能在短期甚至相当长的时间里走向冲突、对抗。在这种情况下，中国维持好和其他主要发达国家的关系尤为重要。如果中国能够继续保持市场经济、对外开放，履行国际义务，积极分担诸如应对气候变化、节能减排等国际责任，欧洲与日本就不太会在中美之间彻底选边，这样中国就不会在最新的科技发展前沿掉队太多。即使在中美全面贸易封锁的情况下，中美也会通过第三方国家继续事实上的贸易。只要不发生彻底的闭关锁国，所有的争端、冲突、对抗最终都可以和解。

在面对国际挑战时，中国最重要的对策是坚持改革开放，坚持市场经济，坚持不离开国际共同市场。

因为共同的利益，因为 3.0 文明的铁律，因为人类面临的共同挑战，因为历史提供的经验教训，使得东西方之间的不同、冲突、误解更可能是局部性的、短暂的、可控的，不会是长期的。而东西方之间的信任、合作、共同利益、发展，会成为本世纪下面几十年最大的主流。

人类未来的共同命运

无穷发展的科技和无穷增长的人的需求有机结合，是 3.0 文明最根本的动力。但是以今天的发展速度，再过几百年，这些科技的发展又可能会把人类带向一些始料未及的方向。

比如我们考虑人对于外貌的追求，对时尚的追求，这些追求已经让整容手术发达到人们对外表有了越来越大的选择权，将来科技的进一步发展，会让人和人之间的区别变成一种个人喜好和选择。比如说皮肤的颜色，有人喜欢白色皮肤，有人喜欢棕色皮肤，有人喜欢黑色皮肤，完全可以变成个人的选择。外貌长相，甚至男女性别都可以自由选择。由于科技的发展和市场的结合，只要有人的需求，这些都会发生。

人的其他文化方面的不同也会发生变化。文化是人在出走非洲之后，在过去 6 万年里分布在全世界各个不同的地区，为适应当地的气候条件，发展出来的独特的信仰体系、生活方式的总和，文化区别了不同地区之间的人。但是这些区别会在今后成为个人的选择、喜好。

语言未来也可以即时翻译，让世界各地的人可以用自己的语言，通过同声翻译技术彼此交流。不过从语言的开发角度来讲，语言本身也有规模效应，英语已经成为全球最大的开放系统，就像当年微软的视窗系统、今天的安卓，在英语共同平台上的应用是最多的，最有创造性的人都在使用。所以共同创造性的工作恐怕还是会使用同一种语言，但是学习会变得越来越容易，翻译成其他语言也会越来越容易。食物也是一样，生活习惯也会改变。比如很多亚洲人现在还是乳糖不耐受，但是这些很快就会被科技改变，任何人都可以去品赏不同风味的食物。

　　举这些具体例子就是为了说明，在过去几万年里分割人的最根本的区别，将来都可能会变成个人的选择，不再是历史的传承。这样，基于民族、文化、宗教信仰的传统国家基础也会发生变化，很多原来存在的基础就逐渐消失了。对于宗教来说，凡是特别具体的预测慢慢都会被科学证否，但是它的基本意义仍然存在。宗教最终要解决的主要是基本的世界观问题：人从哪儿来，人的本性，人生存的意义，人死后的去向等。对这些，科学都会提供越来越好的解释，甚至将来会替代宗教的解释。但是宗教另一个功用是慰藉人的灵魂，安抚人的痛苦，给生活带来意义，使人对未来充满信心和希望。这一点无论是宗教，还是传统艺术、哲学，都会慢慢越来越趋同：人类共同的体验，对艺术、对信仰、对哲学、对爱与同情的体验共性会越来越强。所有能存活下来的宗教的共性，就是人和人之间的同情，尤其是共情（Compassion）。以此为基础就会形成普世性的宗教。而艺术也越来越会成为人类共同的精神源泉。

　　与此同时，3.0文明的社会因为其铁律，形成了全球唯一的共同市场，因此也需要面对管理全球共同经济市场的挑战。这样在原来2.0时代发展出来的国家体系就变得不够用了，原来的国家基础也发生变化，所以在原有民族国家的基础上，新的全球性政府管理体制不仅可能，而且很可能会成为一种必然。全球政府管理全球共同经济市场，共同协调金融政策、财政政策。全球政府也更有能力应对全体人类共同面临的挑战，无论是核武、生化恐怖活动、全球气候变异，还是石化资源的最终衰竭。气候的变化越来越极端，人为影响的二氧化碳造成的温室效应越来越明显，这确实是对所有人类、全部国家、任何地区都造成的一个巨大的变化。在今后更长的时间里，米兰科维奇循环还存在，甚至因为人为的活动变得更剧烈。人类现在已经得到了过去70万年的气候记录，也了解了气候在很长的时间范围内，变化可以异常巨大，只有全球政府才能应对。

　　另外一个长期性的挑战是资源上的，工业革命从煤炭和蒸汽机的结合开始，后又出现了内燃机和石油的结合，接着又产生了石化燃料和电力的结合，在电力的基础上发展出了今天整个文明的基础。可以说我们整个的3.0文明是建立在石化燃料的利用上，3.0科技之所以强大，也是因为石化资源比光合作用转化的能源要高得多。石化资源最早也是通过光合作用形成的，但是它是作为有机物残骸储藏在地下，通过化学反应，经过几百万、甚至上亿年的积累浓缩而成，所以石化燃料才有如此强大的单位能量密度。

它是地球积攒了几亿年后留给人类的宝贵遗产。但是，这份遗产尽管丰厚仍是有限的。以我们现在如此浪费的使用方式一定有一天会用完。这个时间可能是几百年，也可能是上千年，但一定是会用尽的。那么未来的能源是什么？而且人类农业离不开以石化资源为基础的化肥，那时人类如何解决食物问题？这是人类共同面临的一个巨大的挑战。

科技会让人的认同感加深，让人和人的区别，传统民族国家之间的区别逐渐减少以至消失。而 3.0 文明的全球共同市场，会让人的共同利益也加深，面对人类共同的挑战也需要共同面对。这样全球政府成为一种合理选择。事实上，人类在历史上已经在这方面有了很多有益的尝试。比如中国在早期，经过对 100 多个民族的交往、同化，最终形成了中华民族。比如说美国，作为一个多个民族、多种文化的大熔炉，在过去 200 年里有了成功的实践。又比如说欧盟，在经过几百年的相互战争之后最终从共同市场向共同政府过渡。这些都是很成功的实践。人类在二战之后几十年中发展出来的国际组织，无论是联合国、世界银行、国际货币基金组织、WTO、还是 G20，都是国家之间成功合作的典范。所以在未来的几百年里，全球政府也是一个可以预期的趋向。

从更长远看，人类将面对的另外一个大挑战是地球对人的承受极限。自从 50 年前发明了以硅材料为基础的机器计算芯片之后，我们在硅芯片上实现的计算速度，每过 18 个月以双倍的速度在增长。按照这个速度再过几十年，硅材料的智能计算能力，就可以和人脑的计算能力相当，甚至赶超大脑。这样人脑就可以和机械的大脑第一次兼容，或者人们可以把大脑里面所有的存量、记忆、DNA输入到机器上，用这种形式延长大脑的寿命。当然，大脑不仅是一个以碳材料为基础的有机超级计算机，还是一个有机信号传输中心，对此我们今天还所知甚少。但是我们今天在人的其他器官上已经做到了这点，而且将来还会越来越完善。比如仿生学可以通过血液承载的信号，让义肢和自然肢体产生同样的运动。科学研究出来的机器力量让肌肉力量可以延伸出无穷大的倍数。如果机器脑和大脑的运算速度相当甚至于更快，如果我们对大脑的有机化学部分了解得更多，机器脑有可能成为大脑的延伸、修补、取代就变得非常可能，而且不会丢掉原来大脑的个性。也就是说机器脑可以替代以碳为基础的大脑。硅和碳，无机物和有机物，最基本的不同就在于寿命，有机大脑寿命有限，无机硅大脑寿命要长得多。所以人的寿命也会发生一些变化，被赋予一些新的含义。如果人和机器合二为一，或者是人对其他器官的修补能力使人的寿命——至少是某种意义上的生命几乎可以无限期地延长，那么人口总有一天会超过地球承受的能力。人类人口从十几万年前的2万人，到现在的70亿人，已经是一个巨大的变化。可以想象，在未来几百年、几千年里，如果人的寿命可以无限增加，地球的承受能力一定会在某一时间达到饱和状态，那时人就需要走出地球，在其他星球上寻求新的生存空间，就像6万年前走出非洲一样。

在过去6万、7万年中，自走出非洲后，人类曾面对过无数的挑战，也经历过无数的变迁，不变的是人类应对挑战的过程中所表现出的巨大创造力和进取心，这种强大的力量一直是支撑人类文明发展的最重要动力。不错,人类身上当然有动物性,历史确如莫里斯所言是由懒惰、贪婪、恐惧的人类,在寻找更安全、容易、有效的方法做事时创造的。所有的动物都是如此,但是我们所使用的工具非同凡响,和其他任何动物都不同。人类大脑里所释放出来的强大的创造力和进取心,由艺术所表达出来的非凡的精神力量,让我们从最早的非洲祖先开始走出了一条漫长的道路,在十几万年时间里彻底征服了地球,而且在不远的将来,可能还会再次走出地球,走向茫茫的宇宙,重新寻找新的家园。未来仍然值得期待。

下篇

价值投资与理性思考

价值投资与中国

价值投资在中国的展望

——2015 年 10 月在北京大学光华管理学院的演讲

首先感谢光华管理学院，感谢姜国华教授和我们共同开设这样一门以讲授价值投资理念为主的课程。价值投资课在这个时候开，我认为非常有意义。这样的课程在国内据我所知是第一门也是唯一一门。这个课程在全球也不多，据我所知只有哥伦比亚大学有这样一门课，大概在八九十年前由巴菲特的老师本杰明·格雷厄姆最早开设。喜马拉雅资本很荣幸支持这一课程。

我今天在这里主要想跟各位同学探讨四个问题：

首先，选这门课的同学们估计将来很多人都会进入金融服务和资产管理行业，所以我想先谈谈这个行业的基本特点，以及这个行业对从业人员的道德底线要求；

第二，作为资产管理行业，我们需要知道，从长期来看，哪些金融资产可以让财富持续、有效、安全、可靠地增长？

第三，有没有办法可以有效地、让你通过努力成为优秀的投资人，真正地为客户提供实在的服务，保护客户的财产，让他们的财富能够持续地增加？什么是投资的大道、正道？

第四，那些在成熟的发达国家里已经被证明行之有效的金融资产投资方法对中国适不适用？中国是不是特殊？是不是另类？价值投资在中国是否适用？

这些都是我思考了几十年的问题，今天在此跟大家交流讨论。

一、资产管理行业的独特性及其对从业人员的底线要求

资产管理是一个服务性行业，它和其他服务业相比有什么特点？有哪些地方和其他的服务行业不一样？我认为有两点不一样。

第一点，这个行业里的用户在绝大多数时间里，不知道、无法判断产品的好坏。这和其他几乎所有的行业都不太一样。比如一辆车，用户就可以告诉你，这辆车是好，还是不好；去吃饭，吃完饭就会知道这个餐馆的饭怎么样，服务如何；你去住一个酒店、买一件衣服……几乎所有的行业，判定产品好坏很大程度上是通过客户的使用体验。但是绝大多数时候，资产管理行业的绝大部分消费者其实没有办法判断某个产品到底好还是不好，也没有办法判断得到的服务是优秀的还是劣质的。

不光是消费者、投资人，即使从业人员自己——包括今天在座有很多业界的顶级大佬——去判断资产管理业另外一个产品、另外一个服务的质量水平也很难，这是金融行业尤其是资产管理行业，与其他几乎所有服务性行业完全不同的地方。你给我一份业绩，如果只有一年两年的业绩，我完全没有办法判断这个基金经理到底是不是优秀。（即便给我）5年、10年的业绩也没法判断。

必须要看他投资的东西是什么,而且在相当长的时间以后才能做出判断。正是因为没有办法判断(产品和服务的优劣),所以绝大部分理论都和"屁股决定脑袋"有关。

另外一个最主要的特点是,这个行业总体来说报酬高于其他几乎所有行业,也常常脱离对客户财富增长的贡献,实际上真正为客户提供的服务非常有限,产品很多时候只是为从业人员自己提供了很高的回报。其定价结构基本上反映了这个行业从业人员的利益,几乎很少反映客户的利益。一般的行业总是希望能够把自己的服务质量提高到很高的水平,让消费者看得很清楚,并在这个基础上不断溢价。但是资产管理行业无论好还是不好,大家的收费方法都是一样的,定价基本上是以净资产的比例计算。不管你是不是真正为客户赚到了钱,结果无论怎样你都会收一笔钱。特别是私募,收费的比例更高,高到离谱。你赚钱时收钱,亏钱的时候也要收钱。虽然客户可以去买被动型的指数基金,但即便你(基金经理)的业绩比指数基金差很多,你一样可以收很多的钱,这其实就很不合理。

大家想进入到这样一个行业,我想一方面是对知识的挑战,另一方面是因为这个行业的报酬。这个行业的报酬确实很高,但是这些从业人员是不是值那么高的报酬是个很大的问题。

这两个特点加在一起就造成了这个行业一些很明显的弊病。例如,行业的从业人员参差不齐、鱼目混珠、滥竽充数,行业标准混乱不清,到处充斥着似是而非的说法和误导用户的谬论。有些哪怕是从业人员自己也弄不清楚。

这些特点，对所有从事这个行业的人提出了一些最根本性的职业道德要求。

我今天先谈这个问题，是因为很多在座的同学将来会成为这个行业的从业者，而这门课程的终极目标也是希望为中国的资产管理行业培养未来的领袖人才。因此，希望你们进入这个行业时首先谨记两条牢不可破的道德底线。

第一，把对真知、智慧的追求当作是自己的道德责任，要有意识地杜绝一切屁股决定脑袋的理论。一旦进入职场你就会发现几乎所有的理论都跟屁股和脑袋的关系紧密相连，如果你思考得不深，你很快就把自己的利益当作客户的利益。这是人的本性，谁也阻挡不了。因为这个行业很复杂，这个行业里似是而非的观点很多，这个行业也不是一个精确的科学，而是包含好多判断。所以我希望所有致力于进入这个行业的年轻人都能够培养起这样一个道德底线，就是把不断地追求知识、追求真理、追求智慧作为自己的道德责任。作为一个行业的明白人，不会有意地去散布那些对自己有利、而对客户不利的理论，也不会被其他那些似是而非的理论所蛊惑。这点非常非常重要。

第二，要真正建立起受托人责任（Fiduciary Duty）的意识。什么是受托人责任？客户给你的每一分钱，你都把它看作是自己的父母辛勤劳动、勤俭节省、积攒了一辈子、交到你手上去打理的钱。钱虽然不多，但是汇聚了这一家人一生的辛苦节俭所得。如果把客户的每一分钱都当作自己的父母节俭一生省下来让你打理的钱，你就开始能够理解什么叫受托人责任。

受托人责任这个概念，我认为多多少少有些先天的基因在里面。我所了解的人里或者有这个基因，或者没有这个基因。在座各位无论是从事这个行业还是将来要把自己的钱托付给这个行业，一定要看自己有没有这种基因，或者去寻找有这种基因的人来管你的钱。没有这种基因的人，以后无论用什么方式，基本上都没有办法让他有。如果你的钱交到这些人手里，那真是巨大的悲剧。所以如果你想进入这个行业，最基本的，先考验一下自己，到底有没有这个基因？有没有这种责任感？如果没有的话，我劝大家一定不要进入这个行业。因为你进入这个行业一定会成为无数家庭财富的破坏者、终结者。2008年、2009年的经济危机很大意义上就是因为这样一些不具备受托人责任的人长期的所谓成功的行为最后导致的，这样的成功是对整个社会的破坏。

这是我给大家提的关于进入资管行业最基本的两个道德底线。

二、身在资产管理行业，我们需要知道，从长期看，哪些金融资产可以让财富持续、有效、安全、可靠地增长？

下面我们来回答第二个问题，从长期看，哪些金融资产真正能够为客户、为投资人实实在在地提供长期可靠的财富回报？我们刚经历了股灾，很多人觉得现金是最可靠的，甚至很多人觉得黄金也是很可靠的。我们有没有办法衡量过去这些资产的长期表现到底是什么样的？那么长期指的是多长时间呢？在我看来就是越长越好。我们能够找到的数据，时间越久越好，最好是长期、持续的数据。因为只有这样的数据才能真正有说服力。在现代社会里，西方发达地区是现代经济最早的发源地，现代市场也成熟得最早。它的市场数据最大，它的经济体也最大，所以最能说明问题。这里我们选用美国的数据，因为它的时间比较长，可以把数据追溯到 200 年前。

宾州大学沃顿商学院的西格尔教授（Jeremy Siegel）在过去几十年里兢兢业业、认真地收集了美国在过去几百年里各个大类金融资产的表现，把它绘制成图表，给了我们非常可靠的数据来检验。这些数据可以可靠地回溯到 1802 年，今天我们就来看一下，在过去 200 多年的时间里，各类资产表现如何呢？（见图 7）

第一大类资产是现金。最近股市的上下波动，让中国很多老百姓更加意识到现金的重要性，可能很多人认为现金应该是最保值的。我们看一看在过去 200 年里现金表现如何。如果 1802 年你有 1 块美金，今天这 1 块美金值多少钱？它的购买力是多少？从图 1 可以看到，答案是 5 分钱。200 多年之后 1 块钱现金丢掉了 95% 的价值、购买力！原因我们大家都可以猜到，这是因为通货膨胀。下面我们再来看一下其他类的金融资产。

对传统中国人来说，黄金、白银、重金属也是一个非常好的保值的方式。西方发达国家在相当长的一段时间里一直实行金本位。黄金的价格确实增长了，但进入 20 世纪我们看到它的价格开始不断在下降。再看一看黄金作为贵重金属里最重要的代表在过去 200 年的表现。在 200 年前用一块美金购买的黄金，今天能有多少购买力？我们看到的结果是 3.12 美金。这显然确实是保值了，

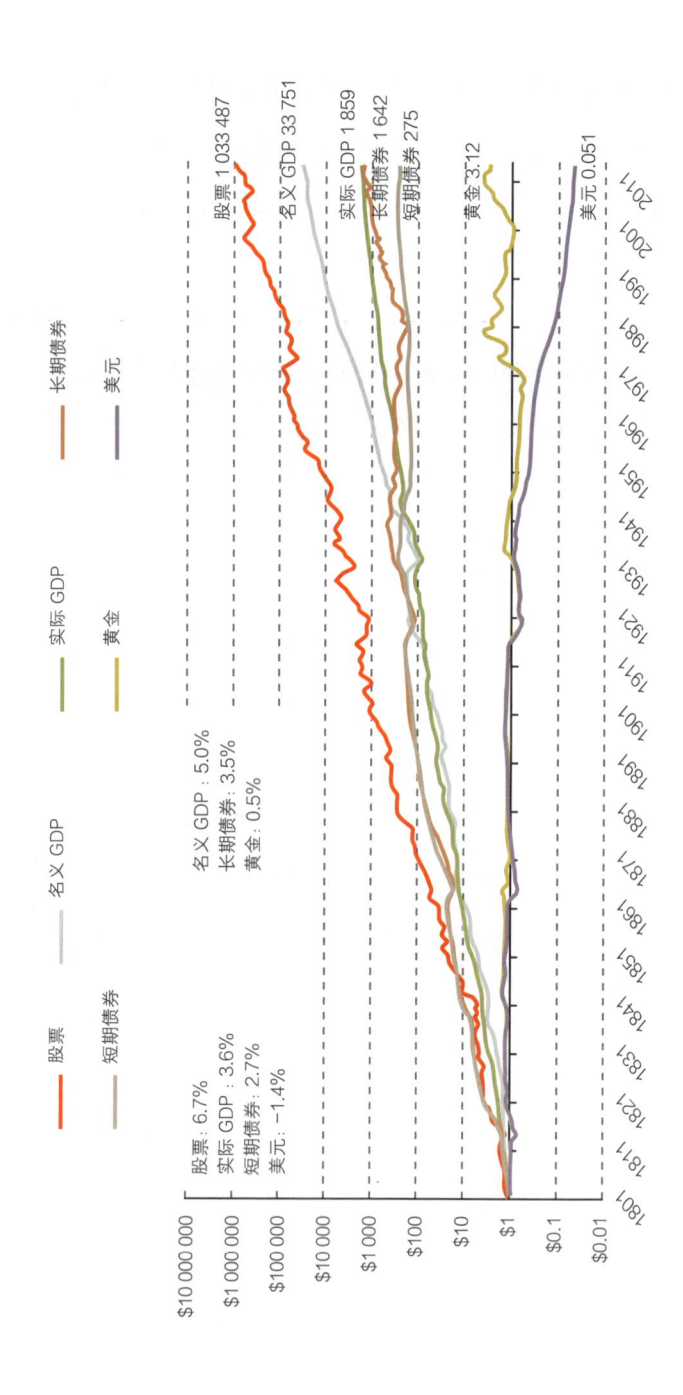

图 7 美国 1802—2011 年大类资产的回报表现

来源：Jeremy Siegel, *The Future for Investors* (2005), Bureau of Economic Analysis, Measuring Worth.

但是如果说在200年里升值了三四倍，这个结果也是很出乎大家预料的，并没有取得太大增值。

我们再来看短期政府债券和长期债券，短期政府债券的利率相当于无风险利率，一直不太高，稍稍高过通货膨胀。短期债券200年涨了275倍；长期债券的回报率比短期债券多一些，涨了1600多倍。

接下来再看一看股票。它是另外一个大类资产。可能很多人认为股票更加有风险，更加不能保值，尤其是在经历了过去3个月股市上上下下的起伏之后——我们在短短的8个月里面同时经历了一轮大牛市和一轮大熊市，很多人对股票的风险有了更深的理解。股票在过去200年的表现如何？如果我们在1802年投资美国股市一块钱，今天它的价格是多少呢？

我们现在看到的结果是，1块钱股票，即使除掉通货膨胀因素之后，在过去200年里仍然升值了100万倍，今天它的价值是103万。它的零头都大于其他大类资产。为什么会是这样惊人的结果呢？这个结果实际上具体到每一年的增长，除去通货膨胀的影响，年化回报率只有6.7%。这就是复利的力量。爱因斯坦把复利称为世界第八大奇迹是有道理的。

上面这些数字给我们提出了一个问题，为什么现金被大家认为最保险，反而在200年里面丢失了95%的价值，而被大家认为风险最大的资产——股票则增加了将近100万倍？100万倍是指扣除通货膨胀之后的增值。为什么现金和股票的回报表现在200年里面出现了这么巨大的差距？这是我们所有从事资产管理行业的人都必须认真思考的问题。

造成这个现象的原因有两个。

一个原因是通货膨胀。通货膨胀在美国过去 200 年里，平均年化是 1.4% 左右。如果通货膨胀每年以 1.4% 的速度增长的话，你的购买力实际是每年在以 1.4% 的速度在降低。这个 1.4% 经过 200 年之后，就让 1 块钱变成了 5 分钱，丢失了 95%，现金的价值几乎消失了。所以从纯粹的数学角度，我们可以很好地理解。

另外一个原因，就是经济的增长。GDP 在过去 200 年里大约增长了 33000 多倍，年化大约 3% 多一点。如果我们能够理解经济的增长，我们就可以理解其他的现象。股票实际上是代表市场里一定规模以上的公司，GDP 的增长很大意义上是由这些公司财务报表上销售额的增长来决定的。一般来说公司里有一些成本，但是属于相对固定的成本，不像销售额增长这么大。于是净利润的增长就会超过销售额的增长。当销售额以 4%、5% 的名义速度在增长时，净利润就会以差不多 6%、7% 的速度增长，公司本身创造现金的价值也就会以同样的速度增长。我们看到实际结果正是这样。股票的价值核心是利润本身的增长反映到今天的价值。过去 200 年股票的平均市盈率在 15 倍左右，那么倒过来每股现金的收益就是 15 的倒数，差不多是 6.7% 左右，体现了利润率对于市值估值的反映。因此股票价格也以 6%、7% 左右的速度增长，最后的结果是差不多 200 年里增长了 100 万倍。所以从数学上我们就会明白，为什么当 GDP 出现长期的持续增长的时候，几乎所有股票加在一起的总指数会以这样的速度来增长。

这是第一层次的结论：通货膨胀和 GDP 的增长是解释现金和股票表现差异的最根本原因。

下面一个更重要的问题是，为什么在美国经济里出现了 200 年这样长时间的、持续的、复利性的 GDP 增长，同时通货膨胀率也一直都存在？为什么经济几乎每年都在增长？有一些年份会有一些衰退，而有一些年份增长会多一些。但在过去 200 年里，我们会看到经济是在不断向上的。如果我们以年为单位，GDP 几乎就是每年都在增长，真正是长期、累进、复利性的增长。如何来解释这个现象呢？这个情况在过去 200 年是美国独有的？还是在历史上一直是这样？显然在中国有记载的过去三五千年的历史中，这个情况从来没有发生过。这确实是一个现代现象，甚至对中国来说一直到 30 年以前也没有发生过。

那么我们有没有办法去计量人类在过去几千年中 GDP 增长基本的形态是什么样的？有没有持续增长的现象？

要回答这个问题，我们需要另外一张图表。我们需要弄明白在人类历史上，在文明出现以后，整体的 GDP、整体的消费、生产水平呈现出一个什么样的变化状态？如果我们把时间跨度加大，比如回归到采集狩猎时代、农耕时代、农业文明时代，这个时候人类整体的 GDP 增长是多少呢？这是一个十分有趣的问题。我手边正好有一张这样的图表。这是由斯坦福大学一位全才教授莫里斯带领一个团队在过去十几年里，通过现代科技的手段，对人类过去上万年历史里攫取和使用的能量进行了基本的计量做出来的。过去二三十年各项科技的发展，使得这项工作成为可能。在人类绝大部分的历史里面，基本的经济活动仍然是攫取能量和使用能量。它的基本计量和我们今天讲的 GDP 关联度非常高。那么，在过去 16000 年里，人类社会的基本 GDP 增长情况怎么样？

图 8 代表了这个斯坦福团队的学术成果，最主要的一个比较就是东方文明和西方文明。

从图 8 我们可以看到在过去一万多年里整个文明社会的经济表现：蓝线代表西方社会，最早是从两河流域一直到希腊、罗马，最后到西欧、美国等等；红线代表东方文明，最早是在印度河流域、中国的黄河流域，后来进入到长江流域，再后来进入到韩国、日本等等。左边是 16000 年以前，右边是现代。从这两个社会过去 16000 年的比较看，如果不采取数学手段，曲线基本一直是平的。东方社会和西方社会有一些细小的差别，如果做一下数学处理，会看到更细小的区别，但是总的来说在过去的一万多年里面，增长几乎是平的。在 16000 年这段相当长的时间里，在农业文明里，人类社会的发展不是说没有，但是非常缓慢，而且经常呈现出波浪式的发展。有时候会进入到高峰，但总有一个玻璃顶突破不了。于是它冲顶之后就会滑落，我们大概看到了三四次这样的冲顶，然后一直在一个比较窄的波段里面上下浮动。但是到了近代以后，我们看到在过去的 300 年间，突然之间人类文明呈现出一个完全不同的状态，出现一个巨幅的增长，大家可以看到这几乎就是一个冰球棍一样，1 块钱变成 100 万这样的一个增长。

如果我们截取图 8 其中一段再放大，把这二三百年的时间拉得更长一点，你就会发现这个图其实和图 7 非常地相像（见图 9）。

价值投资在中国的展望　　157

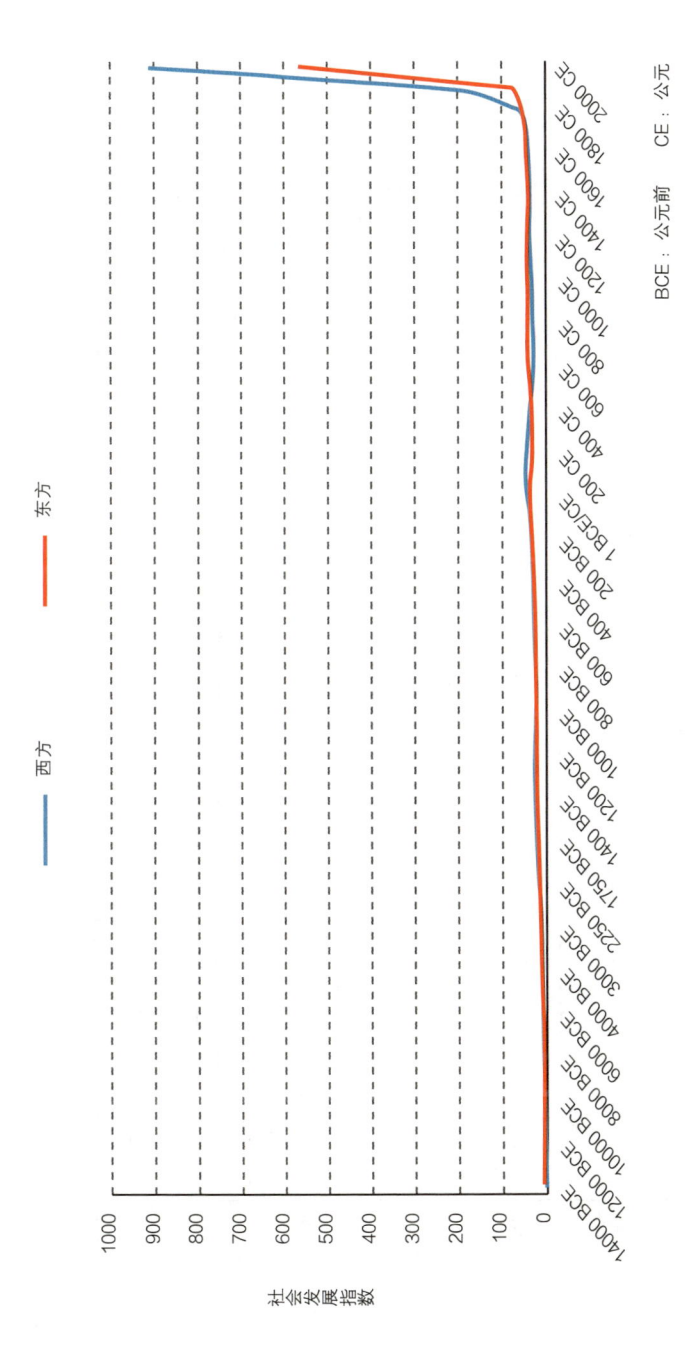

图 8　人类文明在过去一万多年的经济表现
来源：Ian Morris, *Social Development*, 2010.

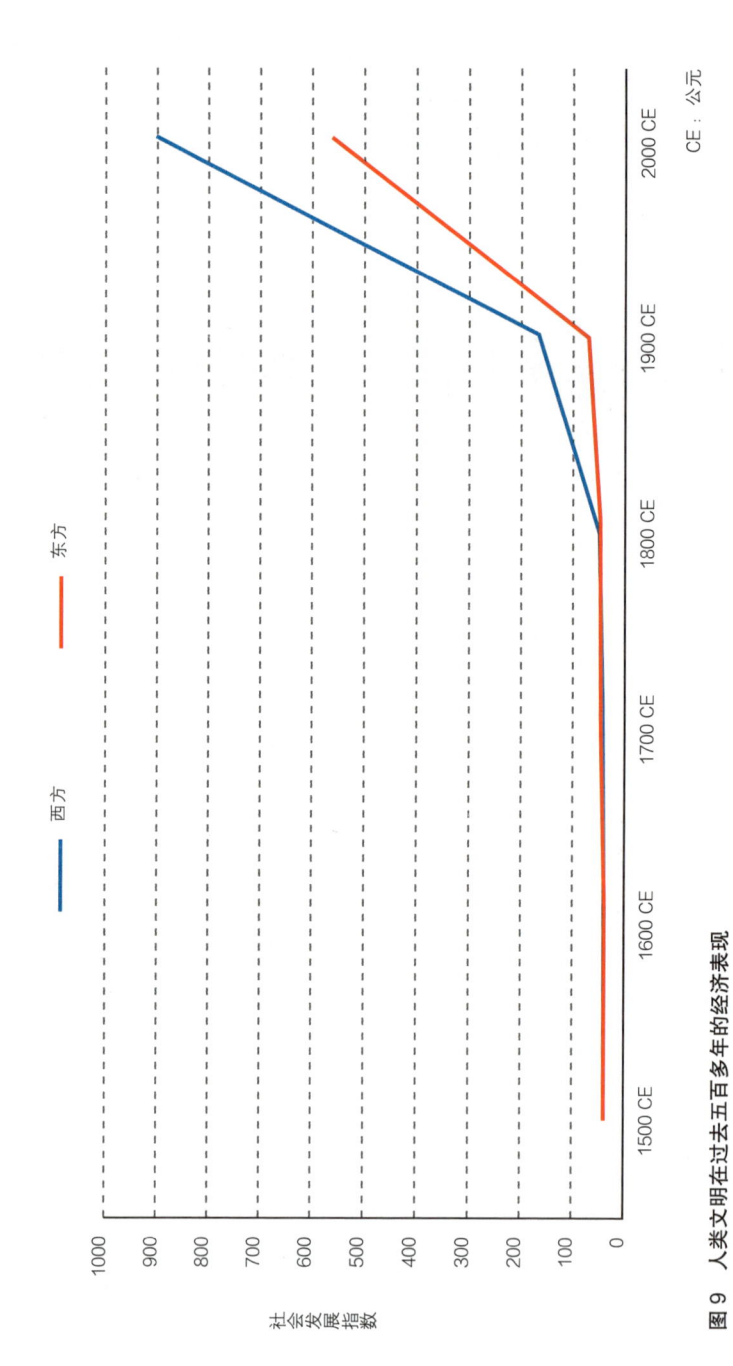

图 9　人类文明在过去五百多年的经济表现

来源：Ian Morris, *Social Development*, 2010.

200 年里的 GDP 和 200 年里的股票表现也非常非常地相像。如果你再把它缩短，最后的结果是，你会发现它几乎是直上。这个从数学上讲，当然是复利的魔力。但是也就是说，这种一个经济能够长期持续以复利的方式来增长的现象，在人类 16000 年的记载里从来没有发生过，是非常现代的现象。

在相当长的一段历史里，人类的 GDP 一直是平的。中国的 GDP 尤其如此。从过去 500 年的图中可以看得更清楚，在分界点上，西方突然在这时候起来了，而东方比它晚了差不多 100 年。这 100 年东方的崛起主要是以日本为代表。

要想理解股票在过去 200 年的表现以及今后 20 年的表现，必须看懂并能够解释这条线——过去人类文明的基本图谱。不理解这个，很难在每次股灾的时候保持理性。每逢 2008、2009 年这样的危机的时候都会觉得世界末日到了。投资最核心的是对未来的预测，正如一句著名的笑话所言，"预测很难，尤其是关于未来"。为什么（人类文明在过去 200 年的经济表现）会是这样？不理解这个问题的确很难做预测。关于这个问题，我思考了差不多 30 多年。我把我长期的思考整理成了一个长篇的论文（本书上篇），大家如果对这个问题有兴趣可以参考。

我把人类文明分断成三大部分。第一部分是最早的狩猎时代，始于 15 万年以前真正意义上的人类出现以后，我叫它 1.0 文明。人类文明在相当长的时间里基本和其他的动物差别不是太大，其巨大的变化发生在公元前 9000 年左右，农业和畜牧业最早在两河流域出现的时候。同样的变化在五六千年前从中国的黄河流域开始出现，带来人类文明第二次伟大的跃升。这时，我们创造 GDP 的能力已经相当强，相对于狩猎时代，我叫它 2.0 文明，也就是农业和畜牧业文明。这个文明状态持续了几千年，其 GDP 曲线基本相对来说是平的，一直到 1750 年左右。在此之后突然之间出现了 GDP 以稳定的速度每年都在增长的情况，以至于到今天我们认为 GDP 不增长是件很反常的事，甚至于中国目前 GDP 的增长从 10% 跌到 7% 也成为一件大事。GDP 的持续增长是一个非常现代的现象，可是也已经在每个人的心里根深蒂固。要理解这个现象，也就是现代化，我就姑且把它称之为 3.0 文明。

这样的划分，能够让我们更加清楚地理解 3.0 文明的本质是什么。整个经济出现了持续性的、累进性的、长期复利性的增长和发展，这是 3.0 文明最大的特点。出现了现代金融产品的可投资价值，这时才有可能讨论资产配置、股票和现金。没有这个前提的时候，这些讨论都没有意义。因此要想了解投资、了解财富增长，一定要明白财富创造的根源在哪里。最主要的根源就是人类文明在过去 200 年里 GDP 持续累进性的增长。那么 3.0 文明的本质是什么呢？就是在这个时期，由于种种的原因，出现了现代科技和自由市场经济，这两者的结合形成了我们看到的 3.0 文明。

在本书上篇中，我详细地讲述了人类文明在过去一万多年里演化的过程，并用两个公式来理解自由市场经济，1+1>2 和 1+1>4。到了近代，文明演化最根本的变化是出现了自由交换。在亚当·斯密和李嘉图的分析下，经济上的自由交换实际上就是 1+1>2。当社会进行分工的时候，两个人、两个经济个体进行自由交换创造出来的价值比原来各自所能够创造的价值要多很多，出现了附加价值。于是参加交换的人越多，创造的附加价值就越高。这种交换在农业时代也有，但是现代科技出现以后，这种自由交换加倍地产生了更多附加价值。原因就是知识也在互相地交换，不仅仅是产品、商品和服务。知识在交换里产生的价值更多。按照我的讲法，这就是1+1>4，指两个人在互相讨论的时候，不仅彼此获得了对方的思想，保留自己的思想，还会碰撞出一些新的火花。知识的自由分享，不需要交换，不需要大米换奶牛，结合在一起就开始出现了复利式巨大的交换增量的增长。每次交换都产生这么大的增量，社会才会迅速创造出巨大的财富来。

那么当这样一个持续的、个体之间的交换可以放大几十亿倍的时候，就形成了现代的自由市场经济，也就是3.0文明。只有在这样一个交换的背景下，才会出现经济整体不断地、持续地增长。这样的经济制度才能够把人的活力、真正的动力全部发挥出来。这在人类制度的创造历史上，大概是最伟大的制度创造。只有在这种制度出现了之后，才出现了我们讲的这种独特的现象，即经济的持续发展。对这个问题有兴趣的同学可以去参考我的论文，今天在这我就不多讲了。（我想说明的是：）经济持续的增长的表现方式就是持续的GDP增长。

通货膨胀实际上就是一个货币现象，当货币发行总量超过经济体中商品和服务的总量的时候，价格就会往上增长。为什么增长呢？当然因为经济不断增长，就需要不断地投资。在现代经济里，这要通过银行来实施。银行要想收集社会上的闲散资金，需要付出储蓄利率。这个储蓄利率必须是正的，使得它的放贷利率也必须是正数。这样整个经济里的钱要想去增长，就要提前增量；要想实现实体经济增长，就要提前投资。你首先要投资，这些投资变成存货、半成品，然后再变成成品。在这个过程中，你需要先把钱放进去。所以你先放的这笔钱，实际上已经超过了当时这个经济里货物、服务的总量。于是这个时间差就造成了通货膨胀和GDP持续增长伴生的现象。这两个现象从数学上就直接解释了为什么现金和股票在长期里产生了这样巨大的差别。你要明白其然，就要明白其所以然，要明白为什么事情是这个样子。

三、什么是投资的大道？怎样成为优秀的投资人？

如果是这样的话，对个人投资者来说，比较好的办法是去投资股票，尽量避免现金。但这里面很大的一个问题就是，股票市场一直在上下波动，而且在短期我们需要资产的时候，它变化的量通常很大，时间也通常会很长。

从表1我们可以看到，美国股市过去200年平均回报率差不多是6.6%，每六十几年的回报率也差不多是这个数字，相对来说，比较稳定。可是当我们把时间放得更短一些的时候，你就会发现它的表现很不一样。例如战后从1946年到1965年，美国股市的平均回报率是10%，比长期回报率要高很多。可是在接下来的15年里，1966—1981年，不仅没有增长，而且连续15年价值都在跌。在接下来的16年里，1982—1999年，又以更高的速度，13.6%的

表 1　1802 年至 2012 年期间美国股市不同时段的回报率

		真实回报率
长周期	1802—2012	6.6%
重要时段	Ⅰ 1802—1870	6.7%
	Ⅱ 1871—1925	6.6%
	Ⅲ 1926—2012	6.4%
战后	1946—2012	6.4%
	1946—1965	10.0%
	1966—1981	-0.4%
	1982—1999	13.6%
	2000—2012	-0.1%

速度在增长。可是接下来的 13 年，又开始进入一个持续的下跌的过程。整个 13 年的时间里，价值是在下跌的。所以才有凯恩斯著名的一句话："长期来看，我们都死了（In the long run we are all dead）。"毕竟每一个人投资的时间是有限的。绝大部分投资人有公开记录的时间也就是十几、二十年。可是如果赶上 1981 年，或者 2001、2002 年，十几年的收入都是负的。所以作为投资人，如果看股票这样长期的表现，那投资股指就可以了。可具体到对个人有意义的时间段，会发现可能连续十几年的时间里面股票回报都是负数。而在其他时间段里你会觉得自己是天才，什么都没做每年就有 14% 的回报。如果你不知道这个回报是怎么取得的，就无法判断你的投资是靠运气还是靠能力。

假设我们投资的时间周期就只是十几年，在这十几年里你真的很难保证你的投资一定会得到可观的回报。这是一个问题。同时股市的波动在不同的时间里也非常强烈。所以，我们下面的问题就是，有没有一种比投资指数更好的方法，能更可靠地在不同的年份里面，在我们大家需要钱的年份里面，仍然能以超越指数的回报的方法可靠地保障客户的财产？能够让客户财产仍然参与到经济复利增长里，获得长期、可靠、优秀的回报？有没有这样一种投资方法，不是旁门左道，可以不断被重复、学习，可以长期给我们带来这样的结果？这是我们下面要回答的问题。

在过去这几十年里，在我所了解的范围内，投资领域各种各样的做法都有。就我能够观察到的，能够用数据统计来说话的，真正能够在长时间里面可靠、安全地给投资者带来优秀长期回报的投资理念、投资方法、投资人群只有一个，就是价值投资。如果我必须要用长期的业绩来说明，我发现真正能够有长期业绩的人少之又少。而所有真正获得长期业绩的人几乎都是这样的投资人。

今天市场上最大的对冲基金主要做的是债券，有十几年很好的收益。可是在过去十几年里面无风险长期债券回报率从6%、7%、8%到几乎是零，如果配备2到3倍的杠杆就是10%，如果配备5到6倍的杠杆差不多13%左右，这样的业绩表现是因为运气还是能力很难判定，哪怕有十几年的业绩。而能够获得长期业绩的价值投资人几乎在各个时代都有。在当代，巴菲特的业绩是57年，其他还有一些大概在二三十年左右。这些人清一色都是价值投资者。

我如果是各位，一定要弄清楚什么是价值投资，了解他们怎么取得这些成绩。多年前，我听的第一门关于投资的课就是巴菲特的课，那时候听课的人和今天这里一样少，巴菲特第一次到哥大演讲，我那天误打误撞坐在那儿。我想弄清楚价值投资到底是什么东西，为什么这么多人能够在这么艰苦的环境里面取得这么优异的成绩，而且是持续的。

那么什么是价值投资呢？价值投资最早是由本杰明·格雷汉姆在八九十年前最先形成的一套体系。在价值投资中，今天重要的领军人物、代表人物当然就是我们熟知的巴菲特先生了。但是它包含哪些理念呢？其实很简单。价值投资的理念只有四个。大家记住，只有四个。前三个都是巴菲特的老师本杰明·格雷厄姆的概念，最后一个是巴菲特和芒格的独特贡献。

第一，股票不仅仅是可以买卖的证券，实际上代表的是对公司所有权的证书，是对公司的部分所有权。这是第一个重要的概念。这个概念为什么重要呢？投资股票实际上是投资一个公司，公司随着 GDP 的增长，在市场经济持续增长的时候，价值本身会被不断地创造。那么在创造价值的过程中，作为部分所有者，我们持有部分的价值也会随着公司价值的增长而增长。如果我们以股东形式投资，支持了这个公司，那么我们在公司价值增长的过程中分得我们应得的利益，这条道是可持续的。什么叫正道，什么叫邪道？正道就是你得到的东西是你应得的，所以这样的投资是一条大道，是一条正道。可愿意这样理解股票的人少之又少。

第二，理解市场是什么。股票一方面是部分所有权，另一方面它确确实实也是一个可以交换的证券，可以随时买卖。这个市场里永远都有人在叫价。那么怎么来理解这个现象呢？在价值投资人看来，市场的存在只是为你而服务的。能够给你提供机会，让你去购买所有权，也会给你个机会，在你很多年之后需要钱的时候，能够把它出让，变成现金。所以市场的存在是为你而服务的。这个市场从来都不能告诉你，真正的价值是什么。它只能告诉你价格是什么。你不能把市场当作你的老师，你只能把它当作一个可以利用的工具。这是第二个非常重要的观念。但这个观念又和几乎 95% 以上市场参与者的理解正好相反。

第三，投资的本质是对未来进行预测，而预测得到的结果不可能百分之百准确，只能是从零到接近一百。那么当我们做判断的时候，就必须要预留很大的空间，叫安全边际。因为你没有办法分辨，所以无论你多有把握的事情都要牢记安全边际，你的买入价格一定要大大低于公司的内在价值。这个概念是价值投资里第三个最重要的观念。因为股票实际上是公司的一部分，公司本身是有价值的，有内在的价值，而市场本身的存在是为你来服务的，所以你可以等着当市场价格远远低于内在价值的时候再去购买。当这个价格远远超出它的价值时就可以卖出。这样一来如果对未来的预测是错误的，至少不会亏很多钱；即使你的预测是正确的，比如说你有80%、90%的把握，因为不可能达到100%，当那10%、20%的可能性出现的时候，这个结果仍然对你的内生价值是不利的，但这时如果你有足够的安全边际，就不会损失太多。假如你的预测是正确的，你的回报就会比别人高很多很多。你每次投资的时候都要求一个巨大的安全边际，这是投资的一种技能。

第四，巴菲特和芒格经过自己50年的实践增加了一个概念：投资人可以通过长期不懈的努力，真正建立起自己的能力圈，能够对某些公司、某些行业获得比几乎所有人更深的理解，而且能够对公司未来长期的表现，做出比所有其他人更准确的判断。这个圈子里面就是自己的独特能力。

能力圈概念最重要的就是边界。没有边界的能力就不是真的能力。如果你有一个观点，你必须要能够告诉我这个观点不成立的条件，这时它才是一个真正的观点。如果直接告诉我就是这么一个结论，那么这个结论一定是错误的，一定经不起考验。能力圈这个概念为什么很重要？是因为"市场先生"。市场存在的目的是什么？对于市场参与者而言，市场存在的目的就是发现人性的弱点。你自己有哪些地方没有真正弄明白，你身上有什么样的心理、生理弱点，一定会在市场的某一种状态下曝露。所有在座曾经在市场里打过滚的一定知道我说这句话的含义。市场本身是所有人的组合，如果你不明白自己在做什么，这个市场一定会在某一个时刻把你打倒。这就是为什么市场里面听到的故事都是大家赚钱的故事，最后的结果其实大家都亏掉了。人们总能听到不同新人的故事，是因为老人都不存在了。这个市场本身能够发现你的逻辑，发现你身上几乎所有的问题，你只要不在能力圈里面，只要你的能力圈是没有边界的能力圈，只要你不知道自己的边界，市场一定在某一个时刻某一种形态下发现你，而且你一定会被它整得很惨。

只有在这个意义上投资才真正是有风险的，这个风险不是股票价格的上上下下，而是资本永久性地丢失，这才是真正的风险。这个风险是否存在，就取决于你有没有这个能力圈。而且这个能力圈一定要非常狭小，你要把它的边界，每一块边界，都定义得清清楚楚，只有在这个狭小的边界里面才有可能通过持续长期的努力建立起真正对未来的预测。这是巴菲特和芒格提出的概念。

本杰明教授的投资方法找到的都是没有长期价值、也不怎么增长的公司。而能力圈的这个概念是巴菲特和芒格通过实践提出的。如果真的接受这四个基本理念，你就可以以足够低的价格买入自己能力圈范围内的公司并长期持有，通过公司本身内在价值的增长以及价格对价值的回归取得长期、良好、可靠的回报。

这四个方面合起来就构成了价值投资全部的含义、最根本的理念。价值投资的理念，不仅讲起来很简单、很清晰，而且是一条大道、正道。正道就是可持续的东西。什么东西可持续？可持续的东西都具有一个共同的特点，就是你得到的东西在所有其他人看来，都是你应得的东西，这就可持续了。如果当你把自己赚钱的方法毫无保留地公布于众时，大家都觉得你是一个骗子，那这个方法肯定不可持续。如果把赚钱的方法一点一滴毫无保留告诉所有的人，大家都觉得你这个赚钱的方法真对，真好，我佩服，这就是可持续的。这就叫大道，这就叫正道。

为什么价值投资本身是一条正道、大道？因为它告诉你投资股票，其实是在投资公司的所有权。投资首先帮助公司的市值更接近真实的内在价值，对公司是有帮助的。你不仅帮助公司不断地增长自己的内在价值，而且，随着公司在 3.0 文明里不断增长，因为增长造成的公司内生价值的不断增长，你分得了公司价值的部分增长，同时为客户提供持续、可靠、安全的回报，你对客户提供的也是长期的东西。最后的结果帮助了经济，帮助了公司，帮助了个人，也在这个过程里面帮助了自己，这样你得到的回报是你应得的，大家也觉得你得到的是你应得的。所以这是一条大道。你不被市场的上上下下所左右，你能够清晰地判断公司的内生价值是什么，同时你对未来又怀有敬意，你知道未来预测也很不确定，所以你以足够的安全边际的方式来适当地分散风险。这样一来，你在犯错的时候不会损失很多，在正确的时候会得到更多。这样的话，你就可以持续不断地、稳定地让你的投资组合长期实现高于市场指数的、更安全的回报。

如果你是一个什么都没有的人，你首先抽 2% 佣金，赢的时候再拿20%，如果输的话把公司关掉，明年再开一个公司，当你把这一套作为跟大家讲的时候，大家会觉得你得到的东西是应得的吗？还是觉得监牢是你应得的呢？但你如果坚持了巴菲特与芒格的方法，在价格上预留很多安全边际，加上适当的风险分散，帮助所有的人共赢，在所有人共赢的情况下你能够收取一部分小小的费用，大家就觉得你得到的东西真是你应得的，这就走到了投资的大道、投资的正道上。

这就是价值投资全部的理念。听起来非常地简单，也非常合乎逻辑。可是现实的情况是什么样的？在真正投资过程中，这样的投资人在整个市场里所占的比例少之又少，非常少。几乎所有跟投资有关的理论都有一大堆人在跟随，但是真正的价值投资者却寥寥无几。于是投资的特点就是，大部分人不知道你做的是什么，投资的结果变成财富杀手。我们刚刚经过的这次股灾牛熊转换就是一个最好的例证。

而投资的大道上却根本没人，交通一点都不堵塞，冷冷清清。人都去哪了呢？旁门左道上车水马龙！也就是说，绝大多数人走的是小道。为什么走小道呢？因为康庄大道非常慢。听起来能走到头，但实际上很慢。价值投资从理论上看起来确实是一条一定能够通向成功的道路，但是这个道路最大的问题是太长。也许你买的时候正好市场对公司内生价值完全不看好，给的价格完全低于所谓的内生价值，但你也不知道什么时候市场能变得更加理性。而且公司本身的价值增长要靠很多很多方面，需要公司管理层上下不断地努力工作。我们在生活里也知道，一个公司的成功需要很多人，很多时间，需要不懈的努力，还需要一些运气。所以这个过程是一个很艰难的过程。

另外一个很难的地方是你对未来的判断也很难。投资的本事是对未来进行预测，真正要理解一个公司、一个行业，要能够去判断它未来5年、10年的情况。在座哪一位可以告诉我某一个公司未来5年的情况你可以判断出来？这不是一件很容易的事情。我们在决定投资之前至少要知道10年以后这个公司大概会是什么样，低迷时什么样，否则怎么判断这个公司的价值不低于这个范围？要知道这个公司未来每年产生的现金流反映到今天是多少，我们得知道未来十几年、二十几年这个公司大致的现金流。作为公司创始人，明年什么样知道吗？你说知道，这是跟客户、跟投资人讲。有的时候跟你们的员工这么讲，我们公司要做世界500强。其实你并不一定真的能够去预测公司10年以上的发展。能够这样预测的人少之又少。不确定因素太多，绝大部分行业、公司没有办法去预测那么长。但是不是完全没有？也不是。其实你真正努力之后会发现在某一些公司里，在某一些行业里，你可以看得很清楚，10年以后这个公司最差差成什么样子？有可能比这好很多。但要看清楚需要很多年不懈的努力，需要很多年刻苦的学习，才能达到这样的境界。

当你能够做出这个判断的时候，你就开始建立自己的能力圈了。这个圈开始的时候一定非常狭小，而建立这个圈子的时间很长很长。这就是为什么价值投资本身是一条漫漫长途，虽然肯定能走到头，但是绝大部分人不愿意走。它确实要花很多很多时间，即便花很多时间，了解的仍然很少。

你不会去财经频道上张口评价所有的公司，马上告诉别人股票价格应该是什么样，你如果是真正的价值投资人绝对不敢这么讲。你也不敢随便讲5000点太低了，大牛市马上要开始了，至少4000点应该抄底；不能讲这些，不敢做这些预测。如果你是一个真正的投资人，显然我们刚才说的这几条都在能力圈范围外，怎么画这个大圈也包括不了这个问题。凡是把圈画得超过自己能力的人，最终一定会在某一个市场环境下把他自己彻底毁掉。市场本身就是发现你身上弱点的一个机制。你身上但凡有一点点不明白的地方，一定会在某一个状态下被无限放大，以至于把你彻底摧毁。

做这个行业最根本的要求，是一定要在知识上做彻彻底底、百分之百诚实的人。千万不能骗自己，因为自己其实最好骗，尤其在这个行业里。只要屁股坐在这儿，你就可以告诉别人假话，假话说多了连你自己都信了。但是这样的人永远不可能成为优秀的投资人，一定会在某种市场状态下彻底被毁掉。这就是为什么我们行业里面几乎产生不了很多长期的优秀投资人。我们今天谈论的一些所谓明星投资人，有连续十几年20%的年回报率，可是最后一年关门的时候一下子跌了百分之几十。他在最早创建基业的时候，基金规模很小，丢钱的时候基金的规模已经很大，最终为投资者亏损的钱可能远远大于为投资者赚的钱。但是他自己赚的钱很多。如果从开头到结尾结算一下，他一分钱都不应该赚。这就是我前面说的这个行业最大的特点。

所以虽然这条路看起来是一条康庄大道，但实际上它距离成功非常遥远。很多人被这吓坏了。同时因为这个市场总是让你感觉到短期可以获利——你短期的资产确确实实可以有巨大的变化，所以这会给你幻觉，让你想象在短期里可以获得巨大利益。这样你会更倾向于希望把你的时间、精力、聪明才智放在短期的市场预测上。这就是为什么大家愿意去抄近道，不愿意走大道。而实际上几乎所有的近道都变成了旁门左道。因为几乎所有以短期交易为目的的投资行为，如果时间足够长的话，最终要么就走入了死胡同，要么就进入了沼泽地。不仅把客户的钱损失殆尽，而且连带着把自己的钱也损失了。所以我们看到长期来说，至少在美国的交易记录，几乎所有以短期交易为目的的各种各样的形形色色的所谓的战略、策略，几乎没有长期成功的记录。而那些真正长期的、优秀的投资记录中，几乎人人都是价值投资者。

短期的投资业绩常常受到整个市场运气的影响，和你个人能力无关。比如说给一个很短的时间，不要说一两年，在任何时候，一两个礼拜，都会出现一些股神。在中国过去8个月里，都不知道出现了多少股神了。好多股神却最后跳楼了。在短期永远都可以有赢家输家，但是长期的赢家就很少了。所以哪怕是1年2年，甚至于3年5年，甚至于5年10年，很好的业绩常常也不足以去判定他未来的业绩如何。例如有人会告诉我他业绩很好，就算是5年10年，如果我看不到他实际的投资结果，我仍然没有办法判断他的成功是因为运气还是能力。这是判断价值投资的一个核心问题，是运气还是能力。

市场可以连续15年达到14%的平均累计回报。这时你根本不需要做一个天才，只要你在这个市场里，你的业绩就会非常好；可是也会有时候在市场里连续十几年，回报是负的，如果你在这个时候回报还非常优秀就又不一样了。所以如果我看不到你具体的投资内容，一般来说很难判断。但是如果一个投资经理可以连续15年以上都保持优异的成绩，在正确的道路上研究，一般来说基本上就成才了。这时就是能力远远大于运气，我们基本上就可以判定他的成功。也就是说，在这个行业里，要很长时间持续不断地艰苦工作，才有可能真正地成才，这个时间恐怕要15年以上。这就是为什么虽然这条康庄大道一定会通向成功，但交通一点都不堵塞，走的人寥寥无几。但恰恰这就是那些想走一条康庄大道、愿意走一条艰苦的道路的人的机会。这些人走下来，得到的成功确确实实在别人看来就是他应得的成功。这样的成功才是可持续的，才是真正的大道。你得到的成功真正是你付出得来的，别人认可、你也认可，所有其他人客观地看也认可。

所以我希望今天在座的同学能够下决心做这样的人，走这样的道路，取得这样应得的成功，这样你自己也心安。你不再是所有赚来的钱都是靠短期做零和游戏，不再把客户的钱变戏法一样变成自己的钱。如果你进入这个行业，不具备我开始讲的基本的两条道德价值底线，你一定会在成功的过程中为广大的老百姓提供很多摧毁财富的"机会"，一定是有罪的。我提醒那些尤其还在学校里面念书、想进入这个行业的的学生，扪心自问，你有没有受托人责任，有没有这种基因。如果没有，奉劝你千万不要进入这个行业，你进这个行业一定是对社会的损害。当然可能在损害别人的时候，自己变得很富有。但我不认为我能在这种情况下安枕无忧，日子过得舒心；虽然很多人可以。我希望你们不是（这样的人），我希望你们进入这个行业以后千万不要做这样的事。

如果你没有受托人责任的基因，又进入这个行业，最后你就跟所有人一样很快进入旁门左道，在所有的捷径里面要么一下子闯到死胡同，要么进入泥沼地，带进去的都是客户的钱。如果人不是太聪明，最后会把自己的钱都赔进去，一定是这样的结果。如果没有对于真理智慧的追求，没有把这种追求作为对自己的道德要求，如果各位没有受托人的基因，不能建立起受托人的责任，不能把所有客户给你的每一分钱当作你父母辛勤积攒一辈子交给你打理的钱，奉劝各位不要进入这个行业。

所以我希望大家在进入这个行业之初，一定要树立这样的观念，一定要走正路。

四、价值投资在中国是否适用？

下面我来讲一讲最后一个问题。既然价值投资是一个大道，它在中国能不能实现？

在过去几百年里，股票投资确实能在长期内给投资人带来巨大利益。我们也解释了为什么会是这样的情况。这个情况不是在人类历史上历来如此的，只是在过去300年才出现了这样特殊的情况。因为人类进入了一个新的文明阶段，我们叫现代化，我也可以叫它3.0科技文明。这是一个现代科学技术和现代自由市场相结合的文明状态。那么中国是不是一个独特的现象呢？是不是只有美国、欧洲国家才有可能产生这种现象，而中国是个特例呢？很多人在分析到很多事的时候都说中国是特殊的。我们在现实中确实也发现中国很多事情和西方、美国不一样。但是在我们今天讨论的核心——投资问题上，中国是不是特殊呢？

如果绝大部分人都在投机，价格在很多时候会严重脱离内在价值，你怎么能够判定中国未来几十年里仍然会遵循过去200年美国经济和美国股票市场所展现出来的基本态势？作为投资人，投下去之后如果周围的人都是劣币驱逐良币，价格确实有可能长期违背基本价值。如果这个长期足够长，如果我的财产不能够被保障怎么办，如果中国不再实行市场经济的基本规范怎么办？回答这个问题也非常关键。这涉及到对未来几十年的预测：中国会是什么样子呢？

我谈谈我个人的看法，价值投资在中国能不能实现这个问题确实让我个人困惑了很多年。投资中国的公司意味着投资这个国家，这个国家可能会出现1929年，也可能会出现2008年的情况。事实上今年的某些时候，很多人认为我们已经遇到了这个时刻，也可能再过几个月之后我们又碰到同样的问题，完全是有可能的。你只要做投资，只要在市场里你就永远面临这个问题。在做任何事情之前要把每一个问题都认真想清楚。这个问题是不能避免的，必须要思考的。

首先我们还是用数据来说话。我给大家看一下我们能够搜集到的过去的数据，对中国股市和其他市场的表现做一个比较。图

10是美国从1991年底到去年底的数据,我们看到其表现几乎和过去200年的模式是一样的,股票的投资在不断地增加价值,而现金在不断地丢失价值,这都是因为GDP的不断增长,和过去200年基本上是一样的。

接下来我们看一看中国自1991年以来的数据。中国在1990年以后才出现老八股,1991年才出现了真正的股指。我想请大家猜一猜中国在这段时间里是什么样子呢?至少我们知道在过去的这3个月,中国股市是一片哀鸿。股票在过去是不是表现得和过去3个月一样呢?我们看看图11。

我们看到的结果是,中国在过去20年里的模式几乎和美国过去200年是一模一样的。1991年至今的大类资产中,同样的1块钱,现金变成4毛7,跟美元类似;黄金当然是一样的;上指、深指一直在增加,固定收益的结果基本也是增加。但不同的是,它的GDP发生了很大的变化。因为GDP的变化,它的股指、股票的表现更加符合GDP的表现。也就是说,比美国要高。在这样一个发展中国家,我们居然看到了这样一个特殊的表现形式。我们看到的是在过去几十年里,第一,它的基本模式和美国是一样的;第二,它基本的动力原因也是GDP的增长。由于中国的GDP增长在这个阶段高于美国,直接导致的结果是它的通货膨胀率也高,现金丢失价值的速度也快,股票增长价值的速度也快。但是基本的形式一模一样。这就很有意思了。

我们看到过去这二十几年里,当中国真正地开始走入3.0文明本质的时候,它的表现几乎和美国是一样的,形态也是一模一

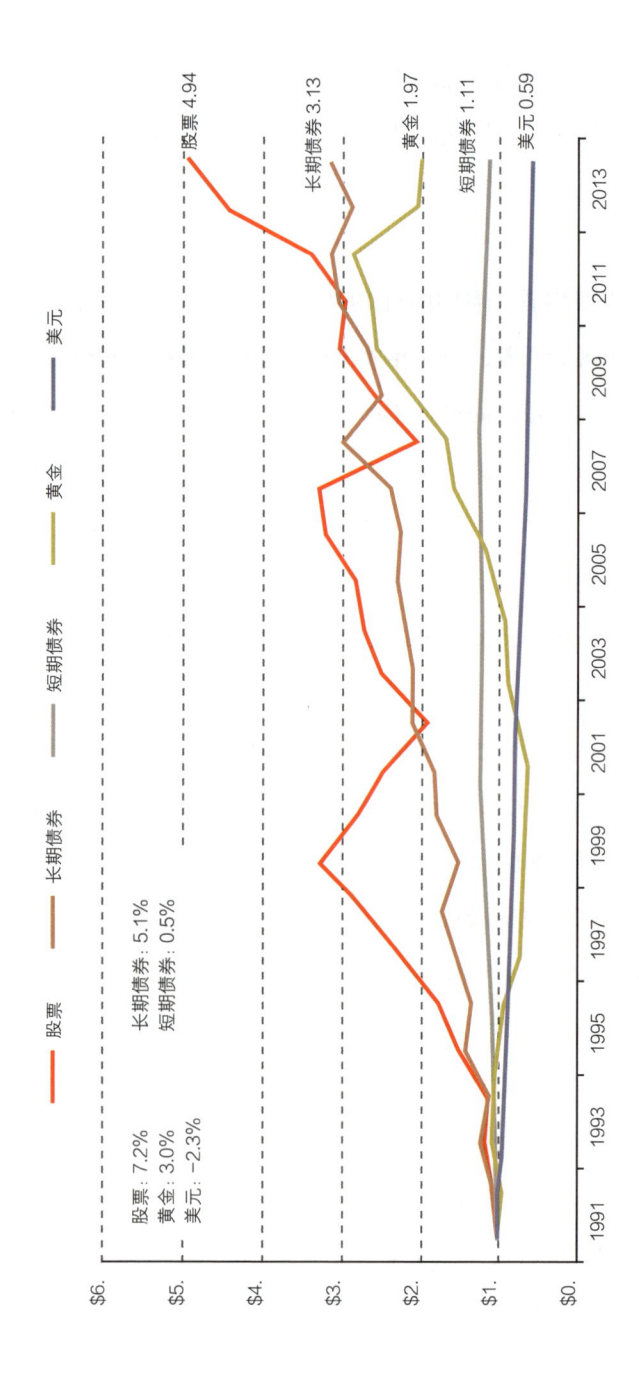

178　文明、现代化、价值投资与中国

图 10　美国 1991—2014 年金融大类资产表现

来源：Jeremy Siegel, *The Future for Investors* (2005), Bureau of Economic Analysis, Measuring Worth.

价值投资在中国的展望　179

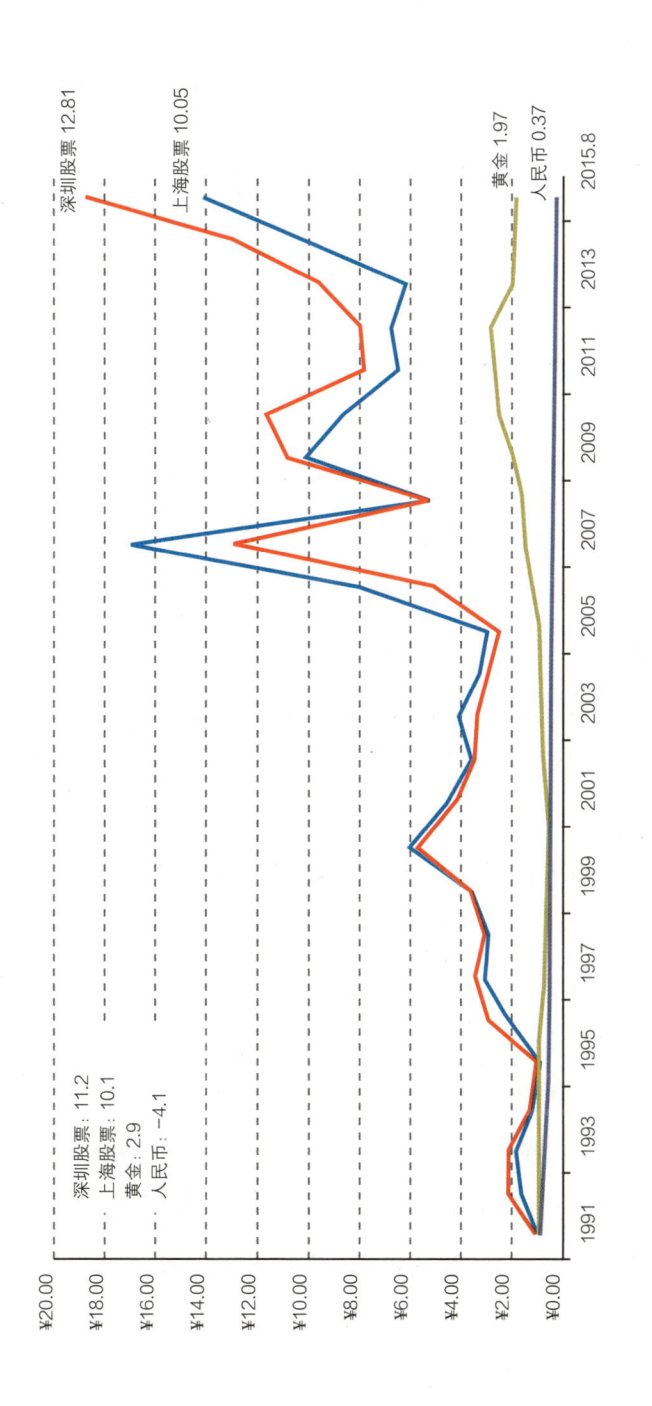

深圳股票 12.81
上海股票 10.05
黄金 1.97
人民币 0.37

深圳股票：11.2
上海股票：10.1
黄金：2.9
人民币：-4.1

—— 上海股票　—— 深圳股票　—— 黄金　—— 人民币

图 11　中国 1991 年至今金融大类资产表现

样的，虽然我们的速度要快一些。虽然上指和深指过去 25 年涨了 15 倍，年化回报率 12%，但是我相信所有的股民，包括在座的各位，没有一个得到这个结果的。因为没有人过去在股票上的投资涨了 15 倍。但有一家从股市成立第一天开始就得到这个回报，它就是中国政府。中国政府从第一天就得到这个回报。大家担心中国的债务比例比较大，但是大家常常忘掉中国政府还拥有这个回报，她在几乎所有的股份里面都占据大头。其他炒股的人没有一个人得到这样的结果。一开始，没有人认为中国会有和美国几乎同样的表现，因为我们走的路不一样。但当真正回到现代化本源，3.0 文明本源的时候，最后的结果实际都是一样的。

那么我们看具体的公司是不是也是这样呢？我举几个大家耳熟能详的公司看一看：万科、格力、福耀、国电、茅台，这些公司确确实实从很小的市值发展到现在这么大，最高的涨了 1000 多倍，最低的也涨了 30 倍（参见表 4）。

有没有人在过去 20 年里投资赚了 1000 倍？你投资万科一家就是 1000 倍，这是存在的。当然真正能赚到 1000 倍的只有最早的国有股份原始股，因为上市第一天就涨了 10 倍。所以原始股现象我单列出来。第一天之后大家都可以投，如果买了仍然可以赚近百倍，伊利 110 多倍。这个指数并不是抽象的指数，而是实实在在地出现了这些公司，这些公司从很小的公司成长为很大的公司。

中国香港也是一样的，香港没有原始股的概念，投资腾讯实实在在可以获得 186 倍的回报，从第一天开始投就可以了，时间还短，上市时间是 2004 年，在过去 10 年里面增长了 186 倍。这

表 2 美国与中国 1992 年至今主要股市指数比较

指数名称	股票收益 平均	股票收益 现在	总体回报 从	总体回报 至	总体回报 累计	内部收益率
美国						
标准普尔 500 指数	1.97%	2.18%	1/2/92	8/31/15	662%	9.0%
道琼斯工业平均指数	2.27%	2.57%	1/2/92	8/31/15	812%	9.8%
纳斯达克综合指数	0.88%	1.28%	1/2/92	8/31/15	863%	10.0%
中国						
上证综合指数	1.75%	2.01%	1/2/92	8/31/15	1406%	12.1%
深证综合指数	1.04%	0.66%	1/2/92	8/31/15	1864%	13.4%
恒生指数	3.25%	3.82%	1/2/92	8/31/15	959%	10.5%

表3 美国与中国1991—2014年GDP增长比较

GDP 增长

经济体	名义GDP增长率（当地货币，十亿）						实际GDP增长率（当地货币，十亿）—基准年2000					
	从	至	指数	指数	累计	内部收益率	从	至	指数	指数	累计	内部收益率
美国	1991	2014	6174	17 348	181%	4.6%	1991	2014	7328	13 071	78%	2.5%
中国	1991	2014	2190	63 646	2807%	15.8%	1991	2014	4040	36 957	815%	10.1%
中国香港	1991	2014	691	2256	226%	5.3%	1991	2014	960	2245	134%	3.8%

表 4 中国 A 股自 1991 年至今表现比较好的代表性公司

从 IPO 日至 2015 年 8 月 31 日

公司	基于 IPO 定价 累计	基于 IPO 定价 内部收益率	首日	基于首日收盘价 累计	基于首日收盘价 内部收益率	IPO 日	年数	市值（十亿元人民币）	市盈率
万科	1151x	33.3%	1058%	98x	20.5%	12/19/90	24.7	153	9.6x
格力电器	837x	43.1%	1900%	41x	22.0%	11/18/96	18.8	111	7.8x
国电电力	584x	41.2%	1727%	31x	20.7%	3/18/97	18.5	86	12.4x
福耀玻璃	350x	30.1%	2640%	12x	11.7%	6/10/93	22.2	30	10.7x
云南白药	264x	29.3%	211%	84x	22.7%	12/15/93	21.7	72	27.5x
伊利股份	162x	29.9%	41%	114x	27.6%	3/12/96	19.5	99	21.8x
万华化学	38x	28.3%	0%	38x	28.3%	1/4/01	14.7	40	19.7x
贵州茅台	37x	29.6%	0%	37x	29.6%	8/24/01	14.0	245	15.3x
豫园商城	31x	15.1%	-41%	53x	17.6%	12/19/90	24.7	22	20.8x
双汇发展	30x	22.4%	0%	30x	22.4%	9/15/98	17.0	59	15.5x
平均市盈率									16.1x

些公司都有很多生意是在中国内地的（参见表5），海螺、光大、港交所、利丰等等。并不是只有这些公司这样，只是正好这些公司大家都比较熟悉，举这些例子是为了说明指数并不是抽象的。

同期的或者早期的美国，一些公司大家也耳熟能详，伯克希尔从1958年上市到现在涨了26000多倍，内部收益率（IRR）都是相当的。IRR最高的好几个都是中国公司（参见表6），有在美国上市的百度、携程等。

今天不谈个股，我只是想说明这个现象是存在的。股指不是一个抽象的东西，股指是由具体的一家家公司组成的。确确实实在过去200年我们走了好多不同的路，但是当我们选择3.0文明正道的时候会发现，中国表现出来的结果确实和其他3.0文明国家几乎是一样的。

这个现象怎么解释呢？我们怎么理解过去这几十年的表现呢？更重要的一个问题是在下面这几十年里，中国股市会不会出现同样的现象？会不会出现新一轮这样的一些公司？也可能是同样的公司，可能是不同的公司，但是同样会给你带来几百倍上千倍的回报。这种可能性存在吗？这是今天我们要回答的最后一个问题。

要回答中国是不是独特的，我们要纵观整个中国现代化的历程。中国现代化是在1840年以后开始的，她是被现代化，而不是主动的现代化。如果中国按照自己的内生发展逻辑不会走到这一步。最主要的一点原因是，中国的政府力量非常强大，在这样的情况下不可能产生所谓的自由市场经济。中国历史上市场经济萌

表 5 港股自 1991 年至今表现比较好的代表性公司

从 IPO 日至 2015 年 8 月 31 日

公司	基于 IPO 定价 累计	基于 IPO 定价 内部收益率	首日	基于首日收盘价 累计	基于首日收盘价 内部收益率	IPO 日	年数	市值（十亿元人民币）	市盈率
腾讯控股	186x	59.4%	0%	186x	59.3%	6/15/04	11.2	1 239	39.1x
中国生物制药	160x	40.6%	0%	160x	40.5%	9/28/00	14.9	45	25.1x
汇丰控股	95x	16.8%	0%	95x	16.7%	4/2/86	29.4	1 199	11.8x
香港中华煤气	82x	16.2%	0%	82x	16.2%	4/2/86	29.4	169	22.1x
香港交易所	82x	33.8%	0%	82x	33.7%	6/26/00	15.2	218	31x
利丰	61x	19.5%	14%	54x	18.7%	7/1/92	23.2	43	11.5x
中国光大国际	46x	16.4%	0%	46x	16.3%	3/21/90	25.5	45	23.9x
中国海外发展	43x	17.8%	29%	33x	16.4%	8/20/92	23.0	224	6.1x
新奥能源	38x	29.1%	0%	38x	28.9%	5/9/01	14.3	43	11.8x
海螺水泥	38x	22.7%	-32%	56x	25.2%	10/21/97	17.9	119	10.3x
								平均市盈率	19.3x

186　文明、现代化、价值投资与中国

表 6　美股自 1991 年至今及历史上表现比较好的代表性公司

从 IPO 日至 2015 年 8 月 31 日

公司	总回报率 累计	总回报率 内部收益率	IPO 日	年数	市值（十亿元人民币）	市盈率
累计回报最高的十家公司						
美国						
伯克希尔-哈撒韦	26543x	19.6%	09/01/58	57.0	332	20.3x
家得宝	4625x	28.2%	09/01/81	34.0	150	22.9x
沃尔玛	1926x	19.2%	07/01/82	33.2	208	13.4x
富兰克林资源	1192x	17.4%	07/01/71	44.2	25	11.0x
微软	847x	25.7%	03/13/86	29.5	348	16.8x
威富服装	689x	10.7%	04/01/51	64.5	31	23.2x
阿尔特里亚	660x	7.3%	03/15/23	92.5	105	19.7x
美敦力	643x	17.2%	12/01/74	40.8	102	23.6x
LEUCADIA NATL	627x	14.7%	10/07/68	46.9	8	15.3x
美国家庭人寿保险	597x	16.8%	06/14/74	41.2	25	9.8x
				平均市盈率		17.6x
内部收益率最高的十家公司						
百度	54x	48.7%	08/04/05	10.1	52	25.1x
网飞	106x	42.2%	05/22/02	13.3	49	258.9x
高知特	301x	39.3%	06/18/98	17.2	38	24.6x
亚马逊	341x	37.5%	05/14/97	18.3	240	N/A
CF 工业	18x	34.3%	08/11/05	10.1	13	14.1x
携程	29x	33.7%	12/09/03	11.7	9	N/A
SALESFORCE.COM	24x	33.4%	06/23/04	11.2	46	N/A
MEDIVATION INC	192x	31.6%	07/02/96	19.2	7	30.3x
BUFFALO WILD WINGS	21x	30.1%	11/21/03	11.8	4	37.8x
泰瑟	40x	29.8%	05/07/01	14.3	1	49.1x
				平均市盈率		62.9x

芽了好几次，但是没有一次形成真正自由的市场经济。中国政府从汉代以后一直是全世界最稳定、最大、最有力量、最有深度的政府。这跟我们的地理环境有关系，今天我不细谈这个问题。实际的情况是，在过去2000年里这个国家非常强大，非常稳定，所以所谓的3.0文明不可能在这里诞生。但是不能在这里诞生不等于不可能被带入。

我们今天看到的现代化不是简单的制度的现代化，这是我们理解中国从1840年以后发生变化的本质。我们的变化不是文化的变化，不是经济制度的变化，我们今天遇到的变化是文明的变化，是一种文明形态的变化。

这个文明形态的变化和公元前9000年农业文明的革命是一样的类型，那时候农业文明的出现是因为偶然因素。中东地区最后一次冰川季结束，农业发展开始变得有可能了，正好两河流域出现了一些野生植物可以被食用，出现了一些野兽可以被圈养，所以出现了农业文明，一旦出现之后立刻迅速传遍世界的各个角落。今天我们看到3.0文明是自由市场经济和现代科技的结合，这两种形态的结合产生了一种新的文明状态。在过去200年3.0文明的传播过程中，我们可以看到很多和2.0文明传播很相似的地方。

3.0文明的发展像2.0文明的出现一样，几乎都是由一些地理位置上的偶发事件决定的，并没有什么绝对的必然性。因为地理位置的原因，西欧最早发现了美洲。西欧那边通过大西洋只有3000英里，我们这边通过太平洋要6000英里，而且因为洋流的原因，实际还远大于6000英里的航程。中国也没有什么动力去找美洲。欧洲发现了美洲之后就形成了环大西洋经济。环大西洋经济最大的特点是没有政府的参与。只有在这种情况下，才能出现一个没有政府参与的、完全以市场化的企业、个人为主体的这样一个全新的经济形态。这个经济形态又对我们的世界观提出了挑战，为了应对这些世界观出现了现代科学，现代科学又带来了一场理性革命，对过去古老的知识作出了新的检验，也就是启蒙运动。就是在这样的一系列的背景下，出现了所谓的 3.0 文明，现代科技文明。

这种情况在中国的社会体制下确实几乎不可能发生。但从 2.0 文明可以看到，无论从什么地方开始，一旦新的文明出现以后，就会迅速地向全球所有的人传播，旧的很快被同化，这跟人的本性有关。根据我们今天对人类共同的祖先生物性的理解，人都具有同样的本性，所有人的祖先都来源于同一个地方、同一个物种。五六万年以前人类开始从非洲大出走，用了差不多三五万年的时间从非洲最早的摇篮出走到遍布全球。人类出走经历几条不同的路线，其中一个分支进入亚洲、中国，最后覆盖美洲大陆。因此，人的本性分布是一样的，聪明才智、进取心、公益心等特征的分布也是差不多的。人类就本性而言情感上追求结果平等，理性上追求机会平等。追求结果平等的本性使得每一种新的更先进的文明状态出现后能够在较短时间内迅速传播到世界的每一个角落，接受机会平等的机制就使得每个社会都有自己的文化精神，能够创造出一套制度，能够慢慢地在这个演变的过程中渗透到每个角落。整个过程其实蛮痛苦的，从不平等到平等。

所以文明的传播早晚会发生。原来文明程度、文化程度比较高的地方传播的速度会快一些；没有经过殖民、或经过部分殖民的地方传播速度也会快一些。这就是为什么当时日本会成为亚洲第一，是因为它没有经过殖民时代；中国次之；印度因为曾经是一个全殖民的社会，所以要慢一些。

这些细节我们就不谈了。总的来说，中国是从大概1840年之后就一直在走现代化探索之路，但一直没有完全明白现代化本质究竟是什么。我们在1840年以后几乎尝试了所有各种各样的方式。最早我们从自强运动开始，当时的想法是只要学习洋人的科技就可以了，其他跟原来都是一样的。后来发现不奏效，不成功，当然其中有太平天国运动，我们跟日本对抗了50年左右等等。日本走的路我们没有走，很大原因是我们认为必须跟它倒着来因素的影响。1949年之后，前30年走的又是另外一条路，实行的是集体经济，是完全的计划经济体制。我们几乎把其他可以试的方式都试了一遍。从70年代末开始，我们尝试的道路终于进入了3.0文明的本质——自由市场经济结合现代科技。在此之前走了150年，到最后发现全都不成功，就这最近35年试了两个东西，一个是自由市场经济，一个是现代科技。政治制度没有很大变化，文化也没有很大变化。但最近这35年，我们发现整个中国所有的经济形态突然之间和其他的3.0文明表现出惊人的一致。

也就是说中国真正进入到3.0文明核心就是在过去35年的时间里。在此之前的现代化进程走了150年，我们的路走得比较曲折，有各种各样的原因，就是一直没有走到核心的状态去。

直到 35 年前，我们才真正进入了 3.0 文明的核心，也就是自由市场经济和现代的科学技术。一旦走上了这条道路之后，我们就发现中国经济表现出和其他 3.0 文明经济非常惊人的相似性。就是我们刚才在图表里看到的，股票市场、大宗金融产品过去二三十年的表现，包括个股、公司表现都很惊人。当中国开始和 3.0 文明相契合的时候，它表现出来的方式和其他的 3.0 文明几乎是一样的。所以在这一点上，中国的特殊性并没有表现在 3.0 文明的本质上，中国的特殊性表现在它的文化不同，它的政治制度安排也有所不同。但是这些在我们看来都不是 3.0 文明的本质。

那么，中国有没有可能背离 3.0 文明这条主航道？因为中国政治制度的不同，很多人，包括国内、国外的投资人都有这样一个很深的疑虑，就是在这样的一个政治体制下，我们现代化的道路毕竟走了将近 200 年，我们毕竟选择走过很多其他的路，我们有没有可能走回头路？

我们知道，中国在 1949 年以后，前 30 年走的是一个集体化的道路，能够这样走也是因为这样的政治体制。那么在今天的情况下，我们还有没有可能再次走回头路、抛弃市场经济呢？我认为这是一个投资人必须要想清楚的问题，否则很难去预测未来 3.0 文明在中国的前景，也就很难预测价值投资在中国的前景。不回答这个问题，想不清楚，心里不确定，市场的存在就会暴露你思维上、人性上、心理上的弱点。你只要想不清楚，你只要有错误，就一定会被淘汰。

所有这些问题都没有标准答案，都是在过去 200 年被一代又一代知识分子反复思考的问题。我今天讲的这个问题是我个人的思考，也是困扰我个人几十年的问题。

关于这个问题，我的看法是这样的。我们需要去研究一下3.0文明的本质和铁律是什么。我们前面已经粗浅地讲到了，3.0文明之所以会持续、长期、不断地产生累进式的经济增长，根本的原因在于自由交换产生附加价值。而加了科技文明后，这种附加价值的产生出现了加速，科技成为一个加速器。参与交换的人、个体越多，国家越多，它产生的附加价值就越大。这最早是亚当·斯密的洞见，李嘉图把这种洞见延伸到国家与国家、不同的市场之间的交换，就奠定了现代自由贸易的基础。这种理论得出的一个很自然的结论就是不同的市场之间，如果有独立的市场、有竞争，你会发现那些参与人越多、越大的市场就越有规模优势。因为有规模优势，它就会慢慢地在竞争过程中取代那些单独的交易市场。也就是说，最大的市场会成为唯一的市场。

这在2.0文明时代是不可想象的，我们讲的自由贸易就是从这个洞见开始的，没有这个洞见根本不可能有后来的自由贸易，更不要说有后来所谓全球化的过程。这个洞见从英国18、19世纪的自由贸易开始一直到1990年代初全球化第一次出现才被最后证明。全球化以后我们今天也可以有这样一个新的推论，就是现代化的铁律：当互相竞争的两个不同的系统，因为有1+1>2和1+1>4两种机制同时存在交互形成，交换的量越大，增量就越大，当一个系统一个市场的交换量比另外一个系统大的时候，它产生附加值的速度在不断增快，累进加速的过程最后导致最大的市场最后变成唯一的市场。90年代初到90年代中期，这个情况在历史上第一次出现，从此再也没有出现过第二个全球市场。这种现象在人类历史上从没有出现过。李嘉图预测两个相对独立的系统进行交换的时候，两个系统都会得利，所以自由贸易是对的。当他讲这个问题的时候也没有预料到最终所有的市场能够形成唯一的市场，最大的市场成为唯一的市场。这是在1990年代中期最后实现的。

这恰恰就是3.0文明在过去几十年基本的历史轨迹。最早开始的时候是英国和美国的环大西洋经济，他们把这种贸易推给自己的殖民地，经历了一战、二战。在二战后，形成了两个单独的循环市场，一个是以美国、西欧、日本为主的西方市场；另一个是以苏联为首的，开始的时候，单独循环的另外一个市场。显然欧美的市场要更大一些，它的循环速度也更快一些，遵循的是市场经济的规则，所以就变得越来越有效率。这两个市场开始的时候应该说还是旗鼓相当，但几十年之后我们看到了美苏之间的差别，我们看到了西德和东德之间的差别，等等不一而足。结果就是在90年代初之后，随着柏林墙倒塌，随着中国全面拥抱市场经济，第一次出现了人类历史上一个很独特的现象叫全球化。这时候3.0文明才开始真正表现出它的本质，我把它叫做3.0文明的铁律。这就是这个理论的本质，这个铁律所预测的情况变成了现实，确确实实出现了这样一个统一的、共同的、以自由贸易、自由交换、自由市场经济为主要特征的全球经济体系。

市场本身具有规模效益，参与的人越多，交换的人越多，创造出来的价值增量也就越多，越大的市场资源分配越合理，越有效率，越富有、越成功，也就越能产生和支持更高端的科技。相互竞争的不同市场之间，最大的市场最终会成为唯一的市场，任何人、社会、企业、国家离开这个最大的市场之后就会不断落后，并最终被迫加入。一个国家增加实力最好的方法是放弃自己的关税壁垒，加入到这个全球最大的国际自由市场体系中去；要想落后，最好的方式就是闭关锁国。通过市场机制，现代科技产品的种类无限增多，成本无限下降，与人的无限需求相结合，由此经济得以持续累进增长，这就是现代化的本质。

基本上我们现在新信息出现的速度是这样的，每过几年出现的新信息就是在此之前全部人类信息的总和。这个速度在10年前大家计算是8年，我估计这10年的变化速度还在加快。1+1>4的铁律在不断重复，速度更快。市场如果小的话一定会落后。中国已经加入WTO 15年了，在此之前市场经济也已经差不多持续了二三十年了。在这种情况下，任何经济体在单独出来之后就会形成相对比较小的市场，这个市场在运行一段时间之后必然越来越落后。中国如果改变了它的市场规则，或者离开了这个共同的市场，它就会在相对短的时间里迅速地落后。我相信像在中国这样一个成熟的、有成功的历史和文化沉淀的国家里，这种情况绝大多数人是不会接受的。

基于以上背景，我们回到投资上，来看看价值投资在中国的展望。

我认为中国今天的情况基本上是介于2.0文明和3.0现代科技文明之间，差不多2.5文明吧。我们还有很长的路要走，也已经走了很长的一段路。所以我认为未来中国会继续在3.0文明主航道上走下去应该是个大概率的事情。因为她离开的成本会非常非常高，像中国这样一个文化、一个民族，如果对她的历史比较了解的话，我认为她走这样的道路，尤其是大家已经明白了现代文明的本质后，再去走回头路的可能性是非常小的。中国离开全球共同市场的几率几乎为零。中国要改变市场经济规则几乎也是非常小概率的事件。所以，中国在未来二三十年里持续保持在全球市场里、持续进行自由市场经济和现代科学技术的情况是一个大概率事件。中国在经济上走基本的3.0文明的主航道仍然是大概率事件。我们看到真正3.0文明的主道其实和政治、文化关系不大，而和自由市场经济及现代科技关系极大，这是真正的本质。这是很多投资人，尤其是西方投资人对中国最大的误解。

只要中国继续走在3.0现代科技文明的路上，继续坚持主体自由市场经济和现代科学技术，那么它的主要大类资产的表现，股票、现金的表现大体会遵循过去300年成熟市场经济国家基本的模式，经济仍然会持续累进式的增长，连带着出现通货膨胀，股票表现仍然优于其他各大类金融资产。价值投资理念在中国与美国一样仍是投资的大道、正道，仍然可以给客户带来持续稳定的、更加安全、可靠的投资回报。这就是我认为价值投资可以在中国实行的最根本性的一个原因。

另外一个情况是，我认为价值投资不仅在中国可以被应用，甚至中国目前不成熟的阶段使价值投资人在中国具备更多的优势。这个原因主要在于今天中国在资本市场中所处的位置，资本市场百分之七十仍然是散户，仍然是短期交易为主，包括机构，也仍然是以短期交易为主要的目的。由此价格常常会大规模背离内在价值，也会产生非常独特的投资机会。如果你不被短期交易所左右、所迷惑，真正坚持长期的价值投资，那么你的竞争者会更少，成功的几率会更高。

而且中国现在正在进行的经济转型，实际上是要让金融市场扮演越来越重要的融资角色，不再以银行间接融资为主，而让股票市场、债券市场成为主要资金来源，成为配置资源的主要工具。在这种情况下，金融市场的发展规模、机构化的程度、成熟度都会在接下来的时间里得到很大的提高。当然如果把眼光只限在眼前，很多人会抱怨政府对市场的干预过多、救市不当，等等，但是我认为如果把眼光放得长远一些，中国市场仍然是在向着更加市场化、更加机构化、更加成熟化的方向去发展，在下一步经济发展中会扮演更重要的角色。真正的价值投资人应该会发挥越来越重要的作用。

所以今天我看到各位这样年轻，心里还是有一些羡慕的。我认为在你们的时代里，作为价值投资者，遇到的机会可能会比我还要多。我感觉非常幸运，能够在过去这二十几年里师从价值投资大师，能够在他们麾下学习、实践。你们的运气会更好。但我还是希望大家能永远保持初心，永远记住这两条底线。第一，要永远明白自己的受托人责任，把客户的钱当作自己的钱，当作自己父母辛苦血汗积攒了一生的保命钱。你只有这样才能真正把它管好。第二是要把获取智慧、获取知识当作是自己的道德责任，要有意识地辨别在这个市场里似是而非的理论，真正地去学到真知灼见，培养真正的洞见，通过长期艰苦的努力取得成就，为你的客户获取应得的回报，在转型期为推动中国经济发展做出自己的贡献，这样于国、于家、于个人都是一个多赢的结果。

我衷心祝愿各位能够在正道上放胆地往前走！因为这里面既无交通堵塞，风景也特别好。也不要寂寞，因为这个行业里充满了各种各样的新奇，各种各样的挑战，各种各样的风景。我相信各位在未来一定可以在这条路上走得更好，坚持努力15年，一定可以成为优秀的投资人！谢谢！

价值投资的知行合一

——2019 年 11 月在北京大学光华管理学院的演讲

一、价值投资的理论与实践

很高兴有机会重新来到北大光华管理学院的这门价值投资课上与大家分享。今天是美国的感恩节，借此机会我要感谢光华管理学院的姜国华教授和喜马拉雅资本的常劲先生，以及在座的各位同学和价值投资的追求者、支持者，感谢各位这些年来对价值投资在中国实践的传播与支持。

另外，这些年来，我一直对自己在此讲的第一课有点遗憾。那堂课中我们主要讨论了价值投资的基本理论，尤其是否适合中国；但是对价值投资的具体实践讲得不多。事实上，价值投资主要是一门实践的学问，所以今天我主要讲价值投资中的实践问题。我想先讲讲自己理解的价值投资实践的框架，然后留出时间给大家提问。

价值投资的基本概念只有四个。第一，股票是对公司的部分所有权，而不仅仅是可以买卖的一张纸。第二，安全边际。投资的本质是对未来进行预测，而我们对未来无法精确预测，只能得到一个概率，所以需要预留安全边际。第三，市场先生。市场的存在是为了来服务你的，不是来指导你的。第四，能力圈。投资人需要通过长期的学习建立一个属于自己的能力圈，然后在能力圈范围之内去作投资。这就是价值投资的基本思维框架，逻辑简单、清晰，理解起来并不难，而且在投资实践中，价值投资是我所了解的唯一能够为投资人带来风险加权后长期优异回报的一种投资方法。也因此，很多人对价值投资都有了解，尤其是因为价值投资界最出名的实践者巴菲特先生——他过去60年来的成功在全世界引起了现象级的关注。但是据实证研究，市场参与者中可能只有不到5%的人是真正的价值投资者。为什么明白价值投资的人很多，实际从事价值投资实践的人却这么少？今天我主要讲讲在价值投资的实践中为什么知易行难，难在何处？为什么人们在实践中会遇到种种问题，遇到问题后又容易被其他方法吸引过去？

让我们逐个分析一下这四个概念。

价值投资四个概念中的第一个——股票是对公司的部分所有权，实际是一个制度性的观念。如果股权可以代表公司的部分所有权，在一个私人财产权能得到真正的保护的制度下，对私人财产的使用也就能得到保护，私人财产权也就能够自由交换。如果财产权不能自由交换，也很难成为真正的权利。例如现金就是一个财产权，因为我们可以随时使用它，把它变成我们想要的东西。所以对股权交换的保护是一个社会是否保护私人财产的重要标志。能不能做到这点是由社会本身决定的，和投资人的因素没有关系。一个社会只要允许这样的制度存在，就会有价值投资的存在。就目前来看，这样的制度在我们的社会中确实是存在的，股权交换是被允许的，因此股票是对公司的部分所有权这点是成立的。

第二个——安全边际，实际是一个方法问题，概念上没有特别大的歧义。付出的是价格，得到的是价值。因为对价值不是很确定，所以要以尽量低的价格购入，这一点相信大家都认同。那么这样看来，价值投资在实践中最主要的困难可能来自另外两个概念，一是市场先生的假设，二是能力圈的建设。

对于市场先生的假设，我们先回顾一下最早本杰明·格雷厄姆教授是怎么描述他的——你可以把股票市场想象成是一个精力特别旺盛、不太善于判断、不太聪明但也不坏的人，他每天早上起来第一件事就是给你吆喝各种各样的价格，不管你感不感兴趣，他都在不停地吆喝。但是这位市场先生的情绪变化无常，有时候他对未来特别乐观，价格就叫得非常高；有时候他特别抑郁，价格就会喊得很低。绝大部分时间你可以对他完全忽略不计，但是当他变得神经质的时候，或者极其亢奋，或者极其抑郁，你就可以利用他的过度情绪去买和卖。

但是你会发现自己面临一个很大的问题。在学校里，当你读到市场先生的概念时，你会觉得很有道理，然而一旦进入到市场开始工作的时候，你会发现跟你做交易的对手都是真实存在的人。这些人看起来学历很高、钱比你多、权力比你大、经验也比你丰富，个个都是"高大上"，很成功，有些甚至是你的上级，你觉得他们怎么看也不像格雷厄姆形容的那位市场先生。在你和他交手的过程中，短期来看你还常常是错误的那方。一段时间后，你不断被领导训话、被"错误"挫败，就开始感觉好像自己才是那位傻傻的市场先生，别人都比你厉害，接着开始对自己所有的想法都产生怀疑了。这是我们在价值投资的实践中会遇到的第一个困难和障碍。

第二个困难是我们对自己的能力圈的界定。能力圈的边界到底在哪里？怎样才能显示我真的懂了？当市场变化剧烈的时候，我买的股票全在亏，而别人的都在涨，我怎么判断自己是正确的，别人是错误的呢？

今天我主要针对市场先生和能力圈这两个困难来讲四个问题。

第一，股市——关于股市里面的投资和投机的问题。第二，能力圈是什么？如何建立？第三，投资人的品性——无论是沃伦还是查理都曾讲过，投资人最重要的一个叫"temperament"的概念，这个词不太好翻译成中文，我给它定义叫"品性"。品性中有一些是与生俱来的，也有一些是后天培养的。价值投资人具有哪些品性、修养？这些品性、修养应该如何培养？第四，普通的投资人如果不想做专业的投资人，应该怎么去保护和增加自己的财富？希望这四个问题能涵盖到价值投资实践的大部分情况。

二、股市：投资与投机的结合体

我们在股票市场中投资，首先必须得面对股市。股市到底是什么？股市里面的人是哪些人？他们的行为有哪些类型？价值投资人在其中处于什么样的位置？

我们先回溯一下股市的历史。现代的股市大概出现在400年前，其历史不算太长，在此之前商业机会不多，不需要股市的存在。那个时期发生的最大一件事是500年前新大陆的发现，这为整个欧洲带来了此后一两百年经济上的高速发展。伴随着殖民时代，出现了一些所谓的现代公司。公司这个概念是怎么来的呢？因为当时的殖民商业活动和远洋贸易需要大量资金且风险很高，最早的殖民商业活动都是由最有钱的欧洲各国国王支持和资助的，但很快国王的钱也不够用了，必须去和贵族等一起合组公司，于是就出现了最早的现代股份公司，用股权的方式把公司所有权分散开来。因为这些公司的发展速度比较快，需要的钱很多，国王和贵族的钱也不够用了，便想办法让普通人的储蓄也能够发挥作用，于是产生了把股权进一步切分的想法。但问题是，一般的老百姓很难对股权定价。他们不太懂这些公司到底怎么赚钱，所以想到的办法是把股权分得尽可能小，只要投很少的钱就可以加入，而且可以随时把股权卖出去。这个设计迎合了人性中贪婪、懒惰、喜欢走捷径的心理。人类从本性而言都想走捷径，不劳而获，通过最少的付出获得最多的利益，并为此甘愿冒险，也就是所谓的赌性，这也是为什么赌博在历史上几乎所有时期一直都存在的原因。

股市最早的设计迎合了人性中赌性的部分，所以股市一发展起来就获得了巨大的成功。当时荷兰最重要的两家公司，东印度公司和西印度公司，尤其是东印度公司正处在一个长期发展的阶段。股权融资的钱被迅速地用于公司的经营发展，为投资人产生更多的利润回报，于是形成了一个正向的循环。越来越多的人被吸引到股市中去，并且可以随时买卖股票，这就形成了另外一个买卖的动机，买卖东印度公司股票的人不仅是在猜测东印度公司未来的业绩，更多是在猜测其他人买卖这支股票时的行为。投机行为使早期股市大受欢迎，越来越多的公司因此发展起来了。

但股市还有另一个非常奇妙的功用——正向循环的机制。随着越来越多人的参与，越来越多的公司被吸引进入股市，这些公司如果处在一个长期上升的经济中，通过股市融资就能够扩大生产规模，创造更多产品、更多的价值，让人们获得更多的财富，人们有了更多财富就会产生更多的消费，这就形成了经济中正向的循环机制。虽然股市在刚开始的时候，其设计机制利用了人性中赌性的成分，但当参与的人和公司到达一定数量时，如果经济本身能够不断地产生这样的公司，这个机制就能持续下去。

恰好也在 400 年前，另外一种制度开始慢慢诞生，这就是现代资本主义制度，亦即现代市场经济制度。此时科学技术本身已经开始发生革命性的变化，持续数百年，一直到今天还在进行。科技革命和市场经济的结合，产生了一个人类历史上从未发生过的现象——经济开始呈现出持续的、累进的增长，连续增长了大约三四百年，把人类文明带入了一个前所未有的崭新阶段。累进（复合增长）是一个很可怕的概念，绝大部分人大概不知道累进的力量有多大，因为这个现象在人类历史上从来没有发生过。假如一个公司的利润以每年百分之六、七的速度增长，连续增长 200 多年，大概会增长多少倍？虽然每年百分之六、七的回报率看起来不是很高，但 200 多年后可以增长 100 多万倍。这就是累进回报的力量！（关于美国股市自1801年之后的增长统计，请参看《价值投资在中国的展望》图7。）

这样的回报会吸引越来越多的股民进入股市，越来越多的股民进入股市，就会吸引越来越多的公司上市。这是股市能把社会的全部要素都调动起来的一个很奇妙的功能。股市最早的设计初衷未必是这样，但是结果确是如此。所以股市中从一开始基本上就有两类人，一类是投资的，另一类是投机的。投资者预测公司本身未来的表现，而投机者则是预测股市中其他参与者在短期之内的行为。

这两类人有何区别？投资跟投机最大区别在哪？这两种行为的结果有何区别？

对投资者而言，如果投资的公司遇到一个可以累进、持续增长的经济，它的利润和投资回报会持续增长。而对投机者而言，如果只是猜测他人在短期之内的买卖行为，到最后只可能有一种结果：赢和输必须相等，也就是零和的结果——这个市场中所有的投机者买卖股票所获得的利润和亏损加在一起，其净值一定为零。这就是投机和投资最大的区别。当然我不否认其中有些人可能赢的概率高一些、时间长一些，而有些人可能一直在做韭菜、一直没翻身。但是总的来说，只要给足够的时间，全部投机者无论赚钱还是亏钱，加在一起的结果是零，因为这些投机的股市参与者短期内的行为不会对经济、对公司本身利润的增长产生任何影响。有的人可能说我是"80%的投资20%的投机"，是混合型。这类参与者，他70%、80%的投资工作如果做得对，甚至他只投了指数，其回报也会因为现代经济累进增长的特点而持续增长；但他投机的部分一定会纳入到所有投机者行为的总和中，最终的结果是一样的——全部归零。

知道这个结果后，你是选择去做一个投资者，还是一个投机者？当然这是个人的选择，没有好恶，唯一的不同是它对社会的影响。投资者的确会让社会的所有要素进入一种正向循环，帮助社会进入到现代化。所谓现代化，其实就是一种经济开始进入到复利增长的状态。

相对而言，股市投机的部分跟赌场非常接近。从社会福祉的角度讲，我们不希望这个赌场太大。如果没有赌性、投机的部分，市场也无法存在。但真正能让股市长期发展下去的参与者是投资者。我们可以把投机的部分当作必要之恶（necessary evil）看待，这一点是去不掉的，也是人性的一部分。我们无法否认人性中赌性、投机的成分，但我们不能让这个部分太大。无论何时、何事，如果投机的成分太大，社会必然会受到伤害。我们刚刚从2008—2009年全球金融危机里走出来，对这种伤害还是记忆犹新的。所以当你明白了归零的道理，你的确可以把那些投机者当作市场先生。

有些投机者可能的确在股市中获了利，在一段时间内投机套利很成功，比你有钱、有地位，但是你骨子里明白，他所有的行为总和最终是归零的。如果你的价值观是希望对社会有所贡献，那你毫无必要对他表现出那么多的尊重，哪怕他各方面看起来都比你强。这是一个价值观的问题。但你如果不明白这个道理，或者不认同这样的价值观，就会总觉得自己错失了机会，其他人懂得比你多、做得比你对。

既然投机活动长期加总为零，不产生任何真正效益，那么又为什么投机者能够长期存在呢？这就回到资产管理行业的一个特点。资产管理行业虽然是服务行业，但是存在着严重的信息不对称，投资跟投机的区别很难被鉴别。所有的投机者都有很多理论，现在讲K线已经是比较"低级"的了，最新的理论讲AI（人工智能），但本质上两者都一样。当他们用这些理论试图说服你的时候，总能让绝大部分人云里雾里。关于投资和投机的道理其实很简单，但我没有看到任何正式的教科书里谈到这个根本的问题。为什么没人谈这个问题呢？大多数人要不是没想清楚，就是因为只有这样才有利可图。不谈这个问题的好处在哪？可以收税啊。它实际上收的是一种无知税，或者叫信息剥削税。资管行业存在的一个很大的根基，就是因为无知税的存在。大批的人能在这个行业里存活下来，主要是靠信息剥削。不管将来的结果如何，我只要能够在短暂的一段时间里，暂时表现我在盈利，马上去做各种各样的广告，让全世界都知道、都来买，不管将来结果怎么样，我先收1%、2%，反正拿到钱、收了税之后，不管结果怎样我先稳赚。这个行业确实如此，所有的收费标准都一样。如果这种收费机制特别有道理的话，是不是那些真正能够带来回报的投资经理应该收得多一些？而其他人应该少一些？但实际情况不是这样，大家收费都一样。因为谁也说不清楚哪个投资经理更优秀，只有过了很长的时间才能看到孰优孰劣。而且每个人的投资理论都非常复杂，你很难立刻判断说他一定不行。

所以搞清楚投机者和投资者的区别很重要，搞清楚市场先生在哪里也很重要。你要是不愿意交信息剥削税，或者你不愿意靠收信息剥削税去生活，那你可能就要忍耐、坚持。如果你相信合理回报，想对社会有所贡献，那从一开始你就要愿意做一个投资者，如果做不了的话，也要努力不要向一个投机者交信息剥削税。这就是为什么理解清楚市场先生的概念很重要。因为你如果不想清楚这个概念，无论在学校里曾经是怎么想的，只要一开始工作，别人给你一讲别的理论，你脑子就乱了，立刻就觉得好像别人说的很对，自己原来的想法不太对，被市场先生这个概念给误导了。所以大家只要记住投机归零的概念，就会明白为什么这些投机者没有长期的业绩，靠投机做不出长期业绩，也做不大。有一些短期的做得比较好的，其实多多少少是靠合法的抢先交易（legalized front running）。做老鼠仓可以一直赚钱，但这是非法的。如果你想出一种 AI 的办法能够猜测大家都要买卖什么股票了，例如新的指数基金，或者 A 股进 MSCI 之前，我先抢先交易一下，先建一个合法的老鼠仓，这可能也能赚些钱，是吧？但是这确实也做不大。如果能做大的话，整个社会就不合理了。所以你看到，投机的所有策略到最后都做不大，也没有长期业绩。凡是能够做大、有长期业绩的，基本上都是投资者。

顺便谈谈，指数投资为什么也可以有长期回报？因为指数投资基本上就是全部投资者和投机者的总和，如果投机者最终的结果归零，那么指数投资的结果实际上就是投资者的净结果。数学上来说是不是这样？这就是为什么指数投资可以有长期回报，但这种情况只可能在其经济体已经进入现代化的社会中发生。现代化经济体能够自发地产生累进、持续的经济增长，而且在实行市场经济和股市注册制的市场，其股市指数能够比较代表经济体里所有的规模公司，在这种情况下，指数投资基本上就能反映出这个经济体大体的经济表现、商业表现。

三、能力圈

接着我来谈下一个问题：假设我既不想去信息剥削，也不想去玩零和游戏，而是真的想正正经经做一个投资人，该怎么去做呢？

这就回到了能力圈这个概念。因为我们做投资者就是要去预测所投资的公司未来大体的经济表现，亦即对公司基本面的分析。要弄清楚这个公司为什么赚钱、怎么赚钱、将来会赚多少钱？遇到竞争的状态如何？它在竞争中的地位如何？我把这个过程统称为建立自己的能力圈。

下面的问题是，如果我刚刚开始学习价值投资，如何开始（建立我的能力圈）呢？我怎么才能学会分析公司呢？各种各样的公司看了很多，但不知道从何下手。经过一段时间的研究之后，觉得对某个公司懂了一些，但是不知道懂得够不够。要等到什么时候才能买这只股票？在什么价格上才可以买？同学们问的这些问题都很具体，很多从事过这个行业的人也会有这样的疑问。那么能不能用卖方分析师给出的估值呢？从卖方的角度看，用什么价格能把股票卖出去才是他真正的考量,至于卖出的价格对不对他并没有那么关心,反正不是用他自己的钱。但如果是用自己的钱,心态可能就不一样了。所以说能力圈其实也是投资者的核心问题。

怎么才能建立能力圈?对每个人而言的确不太一样,因为每个人的能力不一样,这里我可以分享一下我自己是怎么开始做的。

我进入这个行业其实是误打误撞。大概在二十七八年前,那时我是哥伦比亚大学的学生,刚去美国,身上就背了一大堆债务(学生贷款),不会做生意,也不知道怎么挣钱,所以天天担心如何偿还债务的问题。80年代的中国留学生都没钱,一下子去到美国,背负的债务还是美元,看起来简直是天文数字。所以我就老琢磨着怎么去赚点钱。有一天,一个同学告诉我,学校里有个人来做讲座,谈怎么赚钱,且这人特能赚钱。我一看海报上还写着提供免费午餐,我说好,那去吧。后来我去到像我们今天这样大小的一个教室,和我以前去过的提供免费午餐和讲座的教室不太一样。一般有免费午餐的教室都有个能坐二三十个人的大长桌,旁边有午饭,演讲嘉宾坐在前面。我去了就问午餐在哪?同学说那个演讲的人叫"午餐"。因为自助餐(buffet)和巴菲特(Buffett)的拼写就差一个T,而我刚开始学英语,没弄清这两个字的差别。我心想这个人既然敢叫免费午餐,肚子里肯定得有点东西,所以就坐下来听了。听着听着,我突然觉得他讲的东西比免费午餐好太多了。以前我对股市的理解,就是像《日出》(曹禺话剧)里描述的那样,那些30年代在上海搞股票的人,尔虞我诈,所以我一直认为做股票的人都是坏人。但这位"免费午餐先生"怎么看都不像个坏人，而且很聪明，讲话很有趣。他讲的道理浅显易懂，不知道为什么在讲课的过程中，我突然就觉得这个事好像我可以做。因为我感觉别的事情我也做不了，但研究数字还是可以的是吧？反正从国内来的，数理化应该还可以。

听完那个讲座后，我第一件事就是去图书馆找资料，研究这位老先生。越研究就越觉得这个事儿还真的可以做。他的理论也好，实践也好，他写的那些给股东的信，我基本上都能够接受。所以我就开始想办法怎么去找到有安全边际的公司，我想有安全边际的东西肯定是便宜的吧。那时我虽然对公司的生意是什么不太了解，但如果只是分析一张资产负债表，小学算术就基本够用了。所以我就开始去看《价值线》，上面有几千家公司过去 10 年的基本财务情况。《价值线》把这些公司划分成不同的类别，其中一个类别是近期最便宜的股票，比如按照市净率（P/B）是多少，市盈率（P/E）是多少。其实那时我对 P/E 还不太了解，对公司也不太了解，所以我只看资产负债表，看它的账面净资产有多少，这些净资产的价值多少，和股票市值比较。我最先看上的几个股票，实际上也不知道它们做什么生意，反正它们不亏钱。其账面上要不然就是现金，要不然就是房地产，尤其是拥有其他公司的股票等等，而账面净资产都远高于市值，有些居然是市值的两倍还多。可能因为我还没工作，没见过那些"高大上"的华尔街人士，那时我就是确信有"市场先生"的存在。然后我就专门找了一些在纽约附近的公司去看，看看这些公司是不是真的，它们账目上的资产是不是真有，它们是不是真的在经营（虽然对它们做什么事不太清楚）。所以我开始投的几家公司其账面上的净资产都差不多是其市值的两倍。因为它们的安全边际足够高，价格足够低，所以才敢买。

但后来我发现了另外一件事，就是我买完以后，突然之间对公司的兴趣大增，跟以前那种理论上的兴趣完全不一样了。以前我只是学习，纸上谈兵，从来没做过投资，总觉得这些公司跟我没直接关系，也就学得不太深。而一旦我买完了一只股票后，就觉得这家公司真的是我的了。因为巴菲特先生讲的关于价值投资的这几条基本概念我都笃信不疑，尤其是他说的这第一条，就是股票是公司的所有权，我还真信。我就觉得买了它们的股票就是我的公司了，所以每天有事没事就溜达过去看一看，这公司到底在做什么呢？虽然也没太搞清它们在做什么。

例如我最早投资的一家总部位于宾州的公司，当时它把其主要的有线电视业务卖给了当时最大的有线电视公司（TCI），并换成了TCI的股票，剩下的资产包括一些电信公司。这些电信公司拥有很多牌照，但收入很低，来自这些子公司的收益跟它的市值完全不成比例。我研究发现这些牌照都是花了大价钱买的，而且买的时间已经很长了，所以虽然账面价值很低，但应该值很多钱，可是也不知道估值，只知道当时仅仅它拥有的那家最大的有线电视公司（TCI）的股票价值就是这家公司市值的两倍，如果按照市净率来算的话，我认为它的股价至少得涨一倍，才跟它拥有的TCI股票价值一样。

结果我买了之后不久，那家有线电视公司（TCI）的股票开始涨起来了，因为它收购了很多其他的有线电视公司。于是我突然之间对有线电视公司也开始有兴趣了，我觉得TCI也是我的，所以我就开始研究它。这类有线电视公司的业务相当于是一个地方垄断（local monopoly），一家公司如果在某个地区有牌照，别家公司就不能进来。有线电视用户都是提前一个月预付费用，所以公司的收益很容易预测，因此它也就能够去借很多钱，而且成本很便宜，从计算上讲其实是很简单的一个生意。TCI是一个大型上市公司，它可以用自己的股票以很便宜的价格去买一些小的非上市有线电视公司，所以它每买一家公司，其每股收益都是在增长，其股价也随着增长。这其实是一个数学概念，相对比较容易理解。TCI就是今天美国AT&T Cable的前身，现在成为美国最大、最成功的有线电视公司。但那时大概是20多年前，它只是刚刚开始显示出与其他同类有线电视公司的不同。

那时候随着TCI股票上涨，我的公司股票也开始上涨了。下面最有趣的事是，突然间那些电信牌照也变得很有用了。这时一种新的产品——手机——出现了！20多年前手机是一个新鲜事物。我的这家公司拥有的电信牌照可以用来建立一个全国性的手机无线网络，于是它聘请了当时最大电信公司的总裁去做它的CEO。这家公司本是名不见经传的一家小公司，但这件事一下子就轰动了，之后我的狗屎运就来了。这家公司的股票一下子就变得特别值钱，不仅超过了它拥有的TCI股票估值，接着又狂涨了好几倍。那时候我心里就完全没底了，因为对我来说完全没有安全边际了，所以我就卖了。当然卖完了之后股票还接着涨了很多，但当时我也弄不太清楚无线网络生意到底怎样，其实到现在也没有完全弄清楚。

但是这个事情给我一个经验，我发现如果能有足够安全边际的时候就敢买。另外我还发现，买完了以后人的心理（mentality）就真的变了。价值投资所说的股票是一种所有权，这其实也是一个心理学的概念。以前我不太懂，买完了之后才懂。光是理论上这么讲没用，一到我买完了之后，突然发现自己成了所有者，我发现自己对所投的公司哪方面都关心。记得有一次我周末去拜访那家我买了股票的公司，保安不让我进，结果我居然跟保安兴趣盎然地聊了一个钟头，我问说你们保安是怎么雇的，待遇如何等等。我真的把自己当老板了，对公司的方方面面都特别有兴趣，而且这些兴趣特别有助于我了解公司。其后因为它我开始研究有线电视公司，发现有线电视公司非常有意思。再后来又研究电信公司，觉得也很有意思，兴趣就起来了。我于是开始一家一家地研究另外几家类似的公司，对这个行业也了解得越来越多。买进去是因为有安全边际，但是进去之后我发现自己开始对生意本身产生了兴趣。因为这件事告诉我，公司的价值不只是资产负债表带来的，更主要是它的盈利能力（earning power）带来的，所以我开始对公司本身特别有兴趣。大的公司我也不太了解，所以我就找一些比较小的公司，而且最好就在我当时住的纽约附近，这样我可以随时去查看自家的公司。跟谁聊都行，跟门口保安聊聊也行，反正是自家雇的对吧？所以我就发现人的心理（在真正买入股票以后）发生了变化，变得对公司所有的一切都特有兴趣。

那个时候对我来说最有启发的还有另一间公司，这间公司拥有很多加油站，这让我对加油站也很有兴趣。那时候我住的地方附近有两家加油站，在同一个路口上，一边一个，但是我发现有一家加油站比另一家顾客多很多，哪怕是在相反道上的车也过来加油。两家加油站的价格其实一样，油也是一样的，是同一个标准。我当时觉得很奇怪，觉得既然是自家的公司，一定要看看到底怎么回事。我去看了，发现车特别多的那个加油站的拥有者是一个印度的移民，全家都住在那里。一有客人来的时候，他就一定要拿一杯水出来给客人，你不喝也会递上，然后还跟你聊聊天，如果小孩放学在的话还会来帮你清扫一下车。另一家的管理人是一个典型的白人，人也不坏，他是被拥有者雇来管理的，所以他基本上就在店里面不出来，外面怎么样他都不管。就这一点区别。我根据统计发现两个加油站的车流量在同一段时间内至少差三倍。这个时候我就开始明白，管理人是不是有拥有者的心态也很重要。通过这些事儿，我就开始慢慢地理解，一个公司怎么赚钱，为什么能比别的公司赚得多。像这个加油站的例子就是最典型的，完全同质的产品，一点差别都没有，但是服务上稍微差了一点点，流量就能差三倍。那位印度人这样做的原因是什么？跟我一样因为他是移民，需要钱，如果他不能把顾客拉进来，他经济上肯定会有问题。另一边就没事，生意跟他没什么关系，他就拿着工资，假装在工作。这个时候开始，我就对公司本身是怎么管理的，每个公司在竞争中的优势，哪些优势是可持续的，哪些优势不可持续等问题产生了兴趣。所以后来我就在我能理解的一些小公司中找到了一两个特别有竞争优势的企业,并获得了很好的回报。再后来又从理解小公司变成了理解大公司,能力圈也跟着一点点变大。

我举这些例子想要说明的是,如果你要建立自己的能力圈,你投资的东西必须是你真知道的东西。安全边际很重要,你只要对在安全边际内的那部分真懂,其他的你不懂不重要。这是第一点。

第二,一旦你开始用所有者的角度来看生意的时候,你对生意的感觉就完全不同了。如果说我不用真的去买,也能够用生意拥有者这个角度去看待当然是最理想的,但是从人的心理角度来说,做到这点很不容易。所以这种心理学的技巧(psychological trick)是有用的。我们都有敝帚自珍的心理,一旦说这是我的东西了,它哪都好!所以一旦你把自己视为拥有者的时候,你会瞬间充满了学习的动力。我让我公司的研究员去研究一家公司,第一件事就是要告诉他,假设你有一个从未谋面的叔叔,突然去世了,留了这家公司给你,这个公司百分之百属于你了,那么你应该怎么办?你要抱着这样的心态去做研究。当然做到这点和你实际拥有还是不太一样的。尤其是我刚开始做投资时,个人净资产是负值,所有的钱都是借来的,这给我带来非常大的动力。其实现在也是一样,我们和所有人谈话也都是抱着百分之百拥有公司的心理。我们去公司调研,和谁都得谈,碰到保安也得聊一聊,他的工作做得怎么样?他是不是雇得合理?我们人力资源的政策是怎么样的?所有的问题都会关心。

第三,知识是慢慢积累起来的,但是你必须一直抱有对知识的诚实(intellectual honesty)的态度。这个概念非常重要,因为人很难做到真正客观理性。人都是感情动物，我们相信的东西、对我们有利的东西，通常就会成为我们的预测。我们总是去预测这个世界对我们很好，而其实客观上我们都明白，这个世界不是为你存在和安排的。所以做到对知识的诚实很难但是非常重要。知识是一点点积累起来的，当你用正确的方法去做正确的事，你会发现知识的积累和经济的增长是一样的，都是复利的增长。过去学到的所有经验都能够互相印证、互相积累，慢慢地你会开始对某些事情确实有把握了。

另外对我来说很重要的一点，就是一定要让你的兴趣和机会来主导研究，不要听到别人买了什么东西，自己也跟风去研究。别人的股票和机会是别人的事，与你无关，你只要把自己的事情做好。如果你发现了机会，那就去研究这件事；如果你对某样东西有兴趣，就去研究它。这些机会、这些兴趣本身会带着你不断地往前走。一点一点去积累你的知识，不用着急。

最后的结果是每个人的能力圈都不一样。每一个价值投资者的投资组合都不太一样，也不需要一样。你不需要跟别人多交流。你要投的东西也不会太多。因为每一件事情要想搞懂，都需要花很多很多时间，一只股票、一个公司也是如此。你最终建立起来的能力圈不会很大，能够大概率预测正确的公司一定很少，而且一定是在自己的能力范围内。如果它不在自己能力范围内，你也不会花时间去研究。所以你的能力圈必定是在小圈里。真正能赚钱，不在于你了解得多，而在于你了解的东西是正确的。如果你了解的东西是正确的，你一定不会亏钱。

四、价值投资人的品性

下面一个问题，什么样的人适合做价值投资？价值投资人是不是有一些共通的、特殊的品性？沃伦和查理一直说，决定一个价值投资人能否成功的因素不是他的智商或者经历，最主要的是他的品性。品性是什么呢？下面我来谈谈自己的理解。以我个人这么多年的经验，我也觉得，有些人不太适合做价值投资，有些人则天生更适合。

第一点，他要比较独立，看重自己内心的判断尺度，而不太倚重别人的尺度。比如说，有些人的幸福感需要建立在他人的评价上，自己买的包，如果得不到他人的赞美，就失去了意义。另外一些人就不一样，自己的包，只要自己喜欢，每天看着都高兴。独立的人往往不受别人评价的影响，这是种天生的性格。而独立这个品性对投资人特别重要，因为投资人每时每刻都面临着各种各样的诱惑，而且还常常因为比较而产生嫉妒情绪。

第二点，这个人确实能够做到相对客观，受情绪的影响比较小。当然，每个人都是感情动物，不能完全摆脱感情的影响，但是确实有些人能够把追求客观理性作为价值观念、道德观念来实践。这样的人就比较适合做价值投资。投资实际上是客观地分析各种各样的问题，还要去判断很长时间以后的事情，这件事本身是很困难的。如果我们不是从公司资产负债表的角度来看，而是谈公司的盈利能力，那么竞争是最重要的。收益好的公司一定会吸引大批竞争者，竞争者会抢夺市场和利润，所以预测一个当前成功的公司在10年后能否保持高利润是很难的，即便公司的管理者也不见得能说得清，往往更为"当局者迷"。所以你必须要保持一个非常客观理性的态度，能够不断地去学习，这极其重要。

下面一个品性也比较特殊，这个人既要极度地耐心，又要非常地果决，这是一个矛盾体。没有机会的时候，他可以很多很多年不出手，而一旦机会降临，又一下子变得非常果决，可以毫不犹豫地下重注。我跟芒格先生做投资合伙人十六七年了，我们每个礼拜至少共进一次晚餐，我对他了解蛮多。我这里可以讲一个他投资的故事。芒格先生订阅《巴伦周刊》(Barron's)，就是美国一个跟股票市场有关的周刊。这个杂志他看了将近四五十年，当然，主要目的是去发现投资机会，那么在整个四五十年中，他发现了多少机会呢？一个！就只有一个，而且这个机会是在看了30多年以后才发现的。那之后10年再也没发现第二个机会。但是这不影响他持续阅读，我知道他依然每期都看。他有极度的耐心，可以什么都不做，可是他真的发现这个机会的时候，他就敢于全部地下重注，而这个投资给他赚了很多。这是一个优秀投资人的必备品性：你要有极度的耐心，机会没来的时候就只是认真学习，但是机会到来的时候，又有强烈的果决心和行动能力。

第四点，就是芒格先生为什么可以连续四五十年这么做，就是他对于商业有极度强烈的兴趣。沃伦和查理总是讲商业头脑（money sense），商业头脑就是对生意的强烈兴趣，而且天生地喜欢琢磨：这个生意怎么赚的钱，为什么赚钱？将来竞争的状态是什么样的？将来还能不能赚钱？这些人总是想彻底弄明白这些问题，这个兴趣实际上是他最主要的动力。

这几个性格都不是特别的自然，但是这些性格合在一起，却可以让你成为一个非常优秀的投资人。这些品性中有一些是天生的，有些是后天的，比如说对商业的兴趣其实是可以慢慢培养出来的。但是有些品性，比如说极其的独立，比如极度的耐心和极度的果断，则未必能后天培养出来。一般的人30多年看个东西，什么也没发现，绝大多数人早就不看了。而发现了这一个机会之后，就总想马上再发现一个。但是芒格先生没有，我因为跟他很近，所以观察得很清楚，他的性格确实如此。独立这一点也不是特别容易做到，因为绝大部分人会受到社会评价的影响，会关注别人的看法，这样的人在价值投资的道路上很难坚持下去。

相比之下，智商和学历真的不太重要。如果智商和学历重要的话，那牛顿就是股神了。实际上，牛顿在泡沫最热的时期把全部积蓄投资在南海公司的股票，几乎是倾家荡产。所以即使你觉得自己比牛顿还要天才，其实也没用。你绝对不需要这么高的智商，不需要那么聪明，更不需要有天才，反正我是肯定没牛顿聪明。投资行业真的不需要特别高的智商，不需要太多显赫的学历和经历。我看过太多的聪明的、高学历的、经历丰富的投资人，结果却很不成功，动不动就被投机吸引过去了。当然他们可以说自己是用基本面分析方法加上对市场的了解等等，反正说起来都一套一套的。人越聪明，就越说得天花乱坠，结果就越糟糕。你不需要科班出身，也不需要念MBA，但是你要对商业有强烈的兴趣。如果你本身对商业没有强烈的兴趣，就算上了MBA也不一定能培养出来。

我有个投资做得非常好的朋友跟我说投资和打高尔夫球很像，我很同意。你必须得保持平常心，你的心绪稍稍一激动，肯定就打差了。前一杆跟后一杆没有一点关系，每一杆都是独立的，前面你打了一个小鸟球（birdie，高尔夫球术语，比标准杆低一杆，是非常好的成绩），下一杆也不一定能打好。而且每一杆都要想好风险和回报。一个洞的好坏胜负并不会决定全局，直到你退役之前，都不是结果。而你留在身后的记录就是你一生最真实的成绩，时间越长，越不容易。所以多打打高尔夫球，对于培养投资人的品性有帮助。冥想（meditation）也很有好处，它能够帮助你对自己的盲点认得更清楚一些。又比如打桥牌可以培养你的耐心等等。有一些东西可以帮助你提升这方面的修养，尤其是我说的这些品性里后天的成分。跟高尔夫球一样，有的东西你一段时间不练习、不实践，确实会忘记。一旦脱离了商业，你的敏锐度确实是会慢慢消失的。

如果有些人说我的确不具备这些品性，该怎么办呢？我的建议是不要强迫自己去做不擅长的事。你可以去找有这些品性的、擅长的人去帮你。人总是需要找到自己比较擅长又喜欢的事情来做，这样自己才能做得高兴、充满动力，因为不是为别人而做。

五、普通人如何保护并增加自己的财富

下面我们来谈谈一个普通的投资人，他可能不想做一个专业

的投资人，也可能没有机缘，那他如何能够保护自己的财产，让财产慢慢地增加？

第一，别忘了你的备选就是现金。现金也可以是基本面研究分析的结果。当你没有发现更好的机会成本的时候，现金是个不错的选择，肯定比你乱花钱去投机强。

第二，如果一个市场的股权能够大致反映经济的整体状况，那么指数投资还是很有用的。如果经济本身以 2-3% 左右的速率实际增长，加上通货膨胀，也就是 4-5% 左右的名义增长，那么经济体里的规模以上公司的平均利润会再稍高一些，比如说有 6-7% 的增长。我们前面讲到，如果以这样的速率增长 200 多年，就是百万倍的回报，即使是在你的有生之年，30 年、40 年的过程中，也会给你带来相当不错的回报。所以你不要去相信那些动不动就说每年百分之几十回报率、翻倍收益的人，这多数是些投机的人。投资这件事一定要靠谱。什么事情是靠谱的？可持续的事。如果不可持续，就不用听了。所以指数投资在指数能够大致反应整个经济体平均表现的情况下，是一种不错的选择。

如果你能够找到优秀的投资人当然最好，但是找到优秀的投资人不是特别容易，尤其在国内现在的环境里。我们其实很想在国内建一个像 Graham & Doddsville 那样的价值投资的小村落，有些原住民住在里面，大家愿意把自己比较真实的回报率，以及如何得到这样的回报率拿出来分享，看看有没有长期的结果。现在有很多投资人，动不动把他管理的基金叫"产品"。我很难理解这种说法，感觉是工厂里生产出来的一样，而且动辄几十个，好像没有一两百个产品都不能叫成功的投资人,但最后你根本搞不清他的投资结果是什么。我 23 年来就管理一支基金,我的钱基本都投在里面,这样相对来说就比较好判断投资结果。你如果能够找到值得托付的投资人,而且是实实在在地用正确方法做事的,这当然是非常好的选择。

一般来说,选择投资人首先一定要看清楚他是不是一个投机者。第二,他要具备一定的投资人的品性。第三,他对于自己的专业有一定深度的了解,而且有一个相对较长的投资回报表现记录。接下来,你要看他选择的能力圈是不是在一个竞争激烈的圈子里,如果他的能力圈刚好处在一个竞争不太激烈的范围之内,就更有可能获得比较好的回报。还有你要看他的收费方式是不是合理的、双赢的,他的利益和投资人有没有大的冲突。最后一点是这个人年龄还不算太大,还能在相当长的时间里让你的财富复利地增长。如果你能够找到满足所有这些条件的投资人,可以说是非常幸运了。

但是总的来说,个人投资者最忌讳的就是被市场诱惑,像牛顿那样,在市场非常炙热的时候进去,又在市场低迷的时候出来。不去参与投机是最基本的原则,只要你做到这点,而且只去投资你懂的东西,不懂的东西不做,基本上不会亏钱。有些人立志自己去做投资也很好,但是因为个人投资者时间相对比较有限,所以投资必须要比较集中,一定要投资你确实特别了解的少数几只股票。这个集中度很重要。因为个人投资者的时间、精力、经验等都是集中在很少的几个范围之内,所以在这些范围之内你就只能是集中，必须要集中。通过长期的努力个人投资者也可以做到这种程度。但是最忌讳的是去交信息剥削税。你去看一看基金管理人的收费机制，如果不是双赢（win-win）收费机制的就不要考虑了，凡是只对管理人有好处的，肯定有问题。

所以，如果你了解这几个基本原则，就可以保护好你的财富，也可以让你的财富慢慢地增长。只要是以复利的方式、正确的方式增长，那么即使是慢慢地增长，长期的回报也是很可观的。绝大部分人对复利没有信念，是因为复利这个现象在生活中并不常见。比如说，最有可能复利增长的是各种经验、智慧，但因为绝大部分人的学习方法有问题，所以他们的知识无法积累，而且常常老化，因此他们连最基本的知识复利现象也看不到，很难去想象复利的力量有多大。如果你对投资有兴趣，那你一定要理解复利的魔力，爱因斯坦称它为世界第八奇迹是绝对有道理的。当你得到复利增长的机会的时候，虽然它看起来不那么高大上，比如说百分之六、七、八、九这样的机会，你也一定要明白，这是你一生最重要的机会，一定要抓住。只要复利的时间足够长，这就是你人生最好的、最重要的机会。以上几点就是我对于普通人的建议。

六、价值投资与人生

最后我们总结一下价值投资。价值投资是不是一种信仰？我觉得可能是，因为它确实体现了一种价值观——你不愿意去剥削别人，也不愿意玩零和游戏，只愿意在自己挣钱的同时，也对社会有益。你不愿意去做一个完全靠赌博挣钱的人，所以下次当你看到投机的人时，你不用跟他说"祝你好运"，因为他不可能一直都好运，你应该说"玩得开心点儿"。大家到赌场去玩，其实就是去买高兴，你花了钱都不能玩得开心，那这钱就白花了。很多人回来之后情绪非常低落、抑郁，那就白去了，更怕的是变成赌徒了，最后输得一穷二白。如果你只是当作去赌场玩一下，这是可以的。但是如果你的价值观念不是赌徒的价值观念，那你就要在股票市场上远离赌博，不懂的东西绝对不做。懂的事情就是你能够在相当长的时间里，以极高的概率预测正确的事情。如果不能满足这个条件，你宁可不碰。所以从这个角度来说，价值投资确实体现了一种价值观念，可以说是一种信仰。

　　如果是一个信仰，就必须要得到验证，过程中你还得经历一下绝望的考验，所以你的感情一定会上下起伏，至少在刚开始时是这样。但是慢慢地，你会真正把它变成自己人生的一部分，波澜起伏逐渐变成了荣辱不惊。由你强烈的对生意本身的兴趣带领，慢慢建立起属于自己的能力圈，然后在自己的能力圈之内游刃有余，之后你就可以心无旁骛，远离杂音的干扰。所以我发现真正成功的投资人，大多数都离金融中心比较远，而且离得越远，业绩越好，比如说奥马哈。其实和北京、上海、纽约、香港这些金融中心的人交流少一些可能更有帮助。那些听起来"高大上"的交易理论、说法其实都是杂音。为什么叫杂音呢，因为投机最终的净结果是零。如果对我今天的分享你只记住一件事的话，只要记住这个零和概念——投机的净结果都是零。虽然大家不提，但事实就是这样，这是一个很简单的数学概念。你记住了这一点，下次再碰到那些"高大上"的说法，你就可以把他们当作市场先生。你会发现，格雷厄姆对于市场先生的形容其实还是很贴切的。

最后我想说，学习价值投资的整个过程对我个人来说其实特别有意思。最开始为了生计，我误打误撞、机缘巧合地闯进这个行业，进入后发现真的是别有洞天，这个行业确实有很多不可思议的事情，让你时刻都在学习新鲜的事情，感受到你的见识、判断力真正是复合性地在增长。所以你不仅能体会到你的资产回报复合性的增长，还能够体会到自己的能力、学识、见识，都以复利的方式增长。在投资这个行业中，你能同时看到两种现实生活中不常见的复利增长现象，这是非常有意思的事。

我年轻的时候一直在追寻人生的意义，后来我渐渐悟到其实人生真正的意义就是追求真知。因为真知可以改变生活，改变命运，甚至可以改变世界。而且人和其他我们能观察到的事物、和客观世界完全不同。我们观察到的物质世界基本上是一个熵增的世界，能量从高处往低处流动，大的总是能够吃掉小的，体积大的星球撞击体积小的星球必然能将其压碎，整个地球、宇宙到一定程度也会走向湮灭。但是人类世界不同，人可以把世界变成一个熵减的世界，可以让熵倒流。人可以通过学习，从完全无知变得博学；人可以通过修身养性，成为一个道德高尚的人，对社会有贡献的人；人还可以创造出这么多以前根本无法想象的新事物。自从人类来到地球，整个世界、地球都发生了巨变，今天我们甚至有可能离开地球移民太空，可以让宇宙都发生变化，这些完全是有可能的。前面提到，我做的第一个投资和无线电话有关，虽然当时我也没完全搞清楚。26年后的今天，我们谁还能够离开手机？手机、互联网，所有这些其实都只是一个小小的真知创造出来的巨大的变化。互联网其实就是TCP/IP，就是一个协议（protocol）。整个计算机就是一个0和1的排列组合，再加上用硅和电来决定是0还是1的二极管——就这么一个真知让整个世界发生了翻天覆地的变化。

所以对我来说，投资的经历让我真实感受到了人的熵减过程。投资，尤其是在正道上的价值投资，其实就是一个人的熵减的旅程。在这个过程中，你确实可以帮助着去创造，你确实可以做到"多赢"，你不仅帮助了自己，也帮助了身边的人。而且这些被你所支持的洞见，能够让人类世界变得和其他生物所在的客观世界完全不一样。我觉得这是一件特别美妙的事，我想把这种感觉也分享给大家。希望我们能够在价值投资的路上，可以一起走得很远。谢谢大家！

Q&A 部分

问：作为从事了 10 多年行业分析的卖方分析师，在转型价值投资的路上，有哪些挑战？该怎么切入？已经是一个老司机了，怎么样换频道？

卖方、买方实际上就是心理的一个变化。为什么我会有公司所有者的心理，是因为我买了第一只股票以后，就发现这个公司真的是我的。人的心理就是这样，对自己拥有的东西感觉就会不同。卖方的情况也是一样的，如果我老想着要把股票卖出去，因为公司给我的激励机制就是要我卖出去，那么我总要把我的这头猪打扮得漂亮一点儿，甚至可以把它说成是麒麟。当然也可能你卖的正好就是特别好的东西，比如你负责研究茅台，确实本身也是很好的企业，但是你从心理上首先想把它卖出去。从人的心理上来说，确实基本上屁股和脑袋是很一致的，这一点很难改变。因为你如果不这样的话，你就太别扭了，在任何地方都待不下去。所以当你从卖方过渡到买方的时候，比如我发现我以前很多做投行的朋友去做投资，基本上都不太成功，因为他还保持着原先做投行的心理，最主要是要把主意卖给别人，因为卖得太好了，所以把自己也说服了。人都是这样，所以说别骗自己，因为自己最好骗。你把"卖给别人"做得特别好的时候，常常就把东西卖给自己了，这个是一定的。所以我就说客观理性特别重要。

如何客观理性？你需要把自己的位置调换一下。所以我觉得你在正式转型之前，最好是先做一些个人投资，感受一下这两者在心理上的差别。做了一些个人投资之后，你会真的感觉到这个公司是我的了。你的想法和卖方的想法就开始发生很大的变化，你去收集信息的方式也不一样，相当于你接受信息的天线开始转向。当你的天线发生转向的时候，你会发现收集到的信息也不一样了。

所以我认为第一步需要在心理上做调节。最好的办法是你先自己来做一做，在正式加入价值投资的行列之前要自己做些投资，但是要用价值投资的方法，而不是用卖方的方法。卖方的方法就是"我想卖的东西永远都是最好的"。你如果没有这个想法，也很难做好卖方。所以你碰到一个卖保险的，看到谁都想把他发展成下家，看着谁都像下家，为什么？靠着这个他才成功，这没办法！所以最重要的第一步是要在心理上作调节，当你感觉到心理发生变化的时候，就会开始脱离原先卖方思维给你的枷锁。

但是原来你对商业的了解、对公司的了解仍然是可用的、可积累的。而当你用所有者的天线去重新梳理信息的时候，会发现很多信息的频道发生变化了，信息发生变化了，你的知识还有用，但是你组织知识的思维结构会发生一些很微妙的变化，而这些变化特别重要。你要不走完这一步很难直接转到买方。

问：研究错误能让人理解成功。您是否见过立志做价值投资的年轻人，尤其是具备您所说的品性的人，但是最后没有坚持下去而失败的？如果您见过这样的人，他们为什么失败？

我见过很多不同的人，也有各种各样失败的原因，最主要的原因还是兴趣。一个人最终能够坚持把一件事情做好，这件事必须要符合他的兴趣。最容易成功的方向其实就是你既有兴趣又有能力的方向。比如说有些人，可能他有价值投资的品性，但是他对别的事情更有兴趣。学习了一段时间价值投资后，他又被别的东西吸引过去了，这是完全可以的，而且我认为这是一个合理的决策。我认为，最重要的不是哪一个行业能赚更多的钱。如果抱着这个念头，你就会跳来跳去，因为总是有人比你赚的钱更多。你要是用赚钱多少来做判断，你生活得一定很悲惨。所以最终还是要跟随自己的兴趣。如果你的兴趣在价值投资，只要你走在这条路上了，一般来说会越走越远，越走越长。但是如果兴趣不在此，我看到的最多的例子确实是兴趣不在此。但是他在价值投资中学到的东西在别处都会有用，前提是他的品性要比较适合价值投资。

问：怎么确定自己对于研究的公司懂和不懂？自己觉得懂和事实上真的懂，有没有一个客观判断的原则标准？

因为我们做的是预测，所以懂和不懂其实就看你预测得对不对。但是对不对这个谜底不是马上揭开的，都要很多年以后才揭开。如果你是对知识诚实的人，你会一直坚持去揭晓这个谜底，所以你自然会知道你是真懂还是不懂。我对自己公司员工的标准是，如果你对一个公司的研究达到懂的状态，你要能看得出10年以后它最坏的情况是什么样。最好的情况常常会自然发生，所以你要明白它10年之后最坏会到怎样的情况。如果我做不到这一点，我就不太能说自己懂这个公司。但是我的预测结果发生的概率要很高，在非常高的概率下我是正确的，而且我还要跟它10年去看一看我的预测对不对。

所以这确实是一个比较难的问题。最难的地方在哪里？在于人有很多天生的心理倾向。芒格先生在《穷查理宝典》中专门列出了25种人天生的心理倾向，可能实际情况比这个数字还要多。这些心理倾向之所以存在，是因为我们人类的大脑基本上是自然选择、设计的结果。自然选择的大脑其最主要的功能是让我们能够产生更多的后代，能够生存下去。但是我们今天的生活状态实际上是一个文化进化的结果。我们已经生活在高度文明的社会里面，文化进化的社会中很多规则和生物进化不太一样，所以我们身上的那些先天的心理倾向有很多硬伤，让我们不能够非常客观、理性地去做判断。这就是为什么我们在学习和研究中确实会遇到这位同学提的问题，他觉得都懂了，但是他其实并没有明白自己身上的盲点，而没有明白自己身上的盲点导致的结果是他最终被证明是错误的，他其实确实不太懂。

所以当你觉得你明白一件事情的时候，你首先要知道你不明白什么事，因为我们明白的事情肯定是有限的。能力圈最重要的概念就是能力圈有边界，它是一个圈。你如果不知道这个圈的边界在哪里，说我都明白了，那你肯定就不明白。你还要明白，当你知道一个事情是正确的时候，一定要知道它什么时候会错才行。芒格先生有一个标准，我觉得还蛮有用的。他说如果我想拥有一个观点，我必须得比我能够找到的最聪明的且反对这种观点的人还能反驳这个观点，只有在这种情况下我才配拥有这个观点。我觉得这是一个不错的标准。你可以用这个标准来判断自己懂还是不懂，你可以反过来想，能不能找到我认识的最聪明的人，把我所谓懂的东西驳倒，然后我发现他的思维还不如我，我比他驳得还厉害。这个时候有可能，也不能说完全，你确实是理解了。

但是你必须得知道你的这个理解在什么时候是错误的，换句话说，你必须要知道你的这个能力确实是在一个圈里。你如果不明白你能力圈的边界在哪里，你实际上就不明白，因为你不可能都明白。这么说有点抽象，但是一旦到具体问题的时候就很实在了。我们公司有几位同事坐在这里，他们每个人都经历过我问的问题。我的问题一定会把你推到边界上去，你不被推到边界上就不可能真的理解。这就要靠知识的诚实，要不断去训练，一下子很难做到。大家如果不是用这种思维方式来生活，确实不太容易做到真懂。这种习惯对一个人一生都特别有帮助。

问：您刚才讲了怎么样做到真懂。您前面也提到价值投资是学习的过程。能否请您分享一下用什么样的学习方法，才能感受到知识复利的增长？

有用的知识要具备这么几个基本条件。首先它可以被证实，它的逻辑和你看到的事实都能够支持它，再者它确实能够用来解释一些事情，有很强的解释力，同时它还要有比较有用的预测能力。所以我们看到现实生活中的知识里最有用的、最符合这些标准的知识就是科学知识。科学知识的确满足了上面说的所有标准。但是我们现实生活中遇到的现象大多数没有科学理论的依据，因为我们碰到的事情多多少少跟人有关，而跟人有关的事情多多少少是一个几率的分布。我们学习数学，微积分其实不是太重要，但是统计学一定要学好。因为现实中遇到的几乎所有的问题都是统计学的问题。那么研究现实生活中这些问题用什么学习方法呢？

你还是要用科学的方法，但你必须要知道你得到的是模糊的结果。你宁愿要模糊的正确，也不愿意要精确的错误。你要用科学的方法去学习，这仍然是最有效、最能够积累知识的方法。

另外对我而言最有用的方法是让自己的兴趣做引导。当你对一件事情有强烈兴趣的时候，你能在比较短的时间内、比所有人都有效率的情况下积累起这方面的知识，而且做得比所有人都更好。因为你最终使用这些知识的时候，还是会在一个竞争的环境里；你对于一个事情的判断，还是要拿来跟别人的判断进行比较的。当你对一个事情有强烈的兴趣的时候，别人停止学习的时候你可能还在想，别人已经满足的时候你可能还在问，这就会让你获得最重要的优势（edge）。所以让自己的兴趣来引导，用科学的方法、诚实的态度缓慢地、一点一滴地去积累知识，仍然是我看到的唯一可靠的学习方法。

问：我们周围有两类比较成功的投资者，一类是判断大局，判断企业的大格局，相信优秀、诚信的管理者，把企业交给管理层来管理，自己做甩手掌柜，这是一类成功的投资者；另一类是希望自己比管理层还懂企业的生意，事无巨细都希望了解。请问您对这两个风格的评价是什么？

这两类风格其实都是获得知识的一部分。对企业来说，其管理人的水平的确是一个很大的变量。一个企业在长期发展中，尤其是还在初创时期中、处于一个高速发展的环境下，创始人和企业主要管理者确实对公司的价值会起到非常重要的作用。但是企业的很多特点又是由行业本身的竞争格局形成的，并不以个人的意志为转移。一个人不管有多大能力，在一个非常差的环境里其实也做不出多么优秀的结果；一个相对资质没那么高的人，在一个特别好的行业里面，也可以做得非常优秀。比如有很多优秀的国企，其实它们的领导压根就没干过企业，这也不影响它们的业绩表现很好。每一个企业具体的情况是不一样的，具体情况要具体分析。但是标准都是一样的，就是你获得的知识最终还是要能够用来比较准确地、大概率地预测未来很多年以后的情况。无论你用什么样的方法、从什么样的角度、从哪一个方面，其实各个方面你都要覆盖。你要了解一个企业，必须要了解它的管理层，也必须要了解它的行业基本规则。所有这些都是价值投资相对来说不那么容易的原因，你要了解的东西很多很多。

　　这就是我们为什么要有一个安全边际的概念。今天我对安全边际的概念讲得相对比较少。我们使用安全边际最主要的原因是因为我们对未来的预测是有限的，我们的知识是有限的。如果你有足够的安全边际、足够的价格保护，这会让你在不太懂的情况下也能赚很多钱。为什么我刚才讲课时举了那个例子？它的生意用今天的标准来看我真的一点都不懂，真是撞了狗屎运，赚了好几倍的钱，其实我应该赚一倍的钱。但就是因为有安全边际，所以我敢去投。然后在投完之后，进而又学习到了很多东西。所以说安全边际特别重要，当你对未来的预期不太清楚的时候，一定要去选择那些特别便宜的机会。你在选择不同机会的时候，便宜仍然是硬道理。

　　问：请您给大家介绍一下企业的哪些特点要素是企业护城河

的主要来源？是品牌、管理团队，还是它的商业模式？您最看重的几类护城河是什么？

这要看时间有多长。时间越长，这个行业本身的特性是护城河最有效的保护；时间越短，人的因素越重要。

每一个行业、每一个企业的竞争优势的来源都不太一样，可保护的程度也不太一样。虽然我们要求的最终理解的标准一样，分析的方法一样，但实际上你花了很多时间去研究后最终得到的答案是，绝大部分企业其实是说不清楚的，也没法预测。很多企业本身的变化确实不构成持续的竞争力。比如我们举最简单的例子——餐馆，在任何时候，每过一段时间总有一批餐馆在北京是生意最好的，某一个菜系是生意最好的。但是你会发现没过多久又变了。因为即便它现在很好，很难保证它将来还会很好。像这类企业，你可以花很多时间去了解，但是最终你会发现，其实你很难判断。

我觉得至少对我个人而言，我会把时间都花在那些在我看来更能够预测的行业里，然后在这些行业里边再去找找看，哪些企业它可预测不仅仅是因为它所在的行业本身可预测，而且也因为它自身确实优秀——优秀的含义就是它对资本的回报远高于它的竞争者。然后我在这些企业中再去发现有哪些东西其实我还是蛮有兴趣的，可能我还有一定的能力去研究，或者已经在我的能力圈范围之内。这些经过精挑细选后的企业才是我应该花时间去研究的。全球上市的企业大概有 10 万家左右，但是你在任何时候其实不需要研究超过 5 到 10 家公司，所以你第一个最重要的工作是做减法。很多东西你可以忽略不计，很多东西都不在你的能力范围之内。你做的唯一重要的事情是确保如果一个机会是在你的能力范围之内，属于你的机会，你一定不能搞错！但是不属于你的机会，你完全可以忽略。

我还是回到原来说的，要做自己相对来说比较了解的，然后也可以在选择上比较挑剔。因为你一旦了解了一个公司之后，你可以慢慢地等待，当机会来的时候，当价格开始进入到相对于你认为的价值有足够的安全边际的时候——这时即使你错，你也不可能亏钱——在这个时候你可以大规模地下重注。所以这样看来，你的研究最好集中在你能够真的弄透、弄明白的事情上。而且既然你选得很少，不妨就选择最优秀的。当然你也可以选最小的、可以抓得住的，也可以去选价格已经很便宜，如果能够理解透、安全边际足够高，不可能会亏钱的。总之你投的是确定性，你要回避的是不确定性。当价格可以给你提供确定性，那价格就成了最重要的考量；当你自己的知识圈、你的能力、判断力成为你的确定性的时候，最好你研究的是本身特别优秀的企业，这样你就不需要不断地每过几年更换标的，你就可以持续很久很久，让这个公司本身的复利增长来为你工作。

问：通过你的讲座，我们对价值投资人具有哪些特点，包括性格特点有了一定的了解。您看中的企业家，他们的最主要的特点是什么？

我从事广义的商业大概有二十六七年了，也见过形形色色、各种各样非常成功的企业家或是不太成功的企业家。我发现市场经济有一个特别有意思的特点，它可以释放各种各样的人的潜能。很多成功的企业家在日常生活中，其实都有这样那样的"问题"。他们在市场经济中被发现之前，在生活中你可能都不太愿意跟他们打交道，而且他们如果从事别的行业可能大概率会失败。但是市场经济就能让任何特殊的人、不同的人、社会"异类"都有可能在他最终选择的细分行业（niche）里成功。

所以我从不去判断具有哪些典型特征、哪些标准人格的人可以在市场经济中成为优秀的企业家。市场经济恰恰就能让各种各样有特色的人都有可能创造出一个适合他的企业，然后取得很大的成功。所以我的结论是没有一个统一的标准说具备什么样素质的人就一定会成功。

但是具体到每一家公司，而不是仅仅分析人的时候，你可以去研究分析，你会了解到为什么这个人创造了这样的一家公司，而且这家公司非常成功。马云自己可能不管公司经营中那些很细节的东西，但他很明白怎么去管人，怎么去用人，他用的人对经营的细节非常敏感，张勇就是这样的人。所以说每一个人都会找到特别适合自己的企业，在判断一个企业的时候，千万不要轻易地下结论说因为这个人怎么样，这个企业一定会成功或者不成功。我也遇到很多看起来各方面条件都应该是对的人，结果他的企业做得很一般。大家可能也都有类似的经验，看一看身边的人，有些人非常优秀，看起来最有可能成功，但后来也不见得做得很好，这种情况比比皆是。所以我觉得一定要回到每一个企业本身，要具体情况具体分析。

问：对于一个学生而言，毕业以后如果要从事投资工作的话，是不是应该去一个投资机构作为第一步？是不是需要一个师傅带着做投资？

以前我在哥大上学的时候，也上过这样一门价值投资课。当时哥大是唯一开设这堂课的大学，沃伦每年都会去讲一次课，也总有人会问他这个问题。他说，最好的学习方法是给你最尊敬的人去工作，这样你会学得特别快。听完这个答案之后，我就决定自己开公司了。（听众笑）其实是开玩笑的啊，主要是因为我找不着工作。

我觉得人跟人也不太一样，有些人确实是在别人的指导下会学得更快一些。但是问题是实践中价值投资人特别少，所以这样的公司自然也很少，而且这些公司基本上不怎么需要雇人——如果这个公司非常成功的话。比如沃伦的公司里，下属100多家分公司，雇了50多万员工，但是他的公司总部一共只有25个人，一直到七八年前，投资人就只有两个，他和芒格两个人管5000多亿美金。所以也很难到他那儿去工作。好不容易在七八年前雇了两个年轻人，他也不带他们，让他们自己去管。我们公司也是，也就十几个人。所以如果有去价值投资人的公司工作的机会当然好，但是那样的机会很少，尤其是特别优秀的投资人基本上不怎么需要雇人。（听众笑）这是一个悖论。

这也是为什么我们要开这门课的原因，而且将来我们也想建一个中国的价值投资人村，有这么一批人，能够有比较长期的、独立的结果，不是那种发几百个产品的投资人，就一支基金，一个管理人，一种风格，持续很多年得出的结果，这就是我们说的"白名单"结果。我们应该去找这样的人。然后大家真心地看到这个结果是可能的、实实在在的。如果我当年没看到巴菲特真人，我对股票的理解还停留在像曹禺在《日出》里描写的那样，我是断然不会进入这个行业的。当然我也想给巴菲特工作，但他不雇人。我们也不雇人。所以我觉得最好的办法还是自学，自学的同时去和已经在这条路上走了很远的人有一些交流还是非常有用的。

  我基本上不做演讲，但唯一的例外就是我常常会回我的母校哥大，对那门价值投资课上的学生做一些分享。在北大开设这堂课之前我也没有在中国做过演讲，今天是我第二次在中国做演讲。为什么不做演讲？其实也是和投资有关系，跟人本身的倾向有关系。回到刚才卖方和买方的问题，人本身天然有卖的倾向——大家总想把自己打扮得比实际更漂亮一些，要不然我们买这些衣服干嘛呀？总想显得比自己实际的结果更有知识、更有判断力、更厉害。夸大自己是人的心理倾向，很难改变。所以你每次去讲的时候都在强化这种观念，尤其是讲一些具体的股票的时候，你每次去讲，每次见投资人的时候，本来还留了一些比较健康的怀疑，因为人不可能百分之百确定，能有百分之八九十的确定性就很不错了。但你会把它说成百分之百确定，讲多了就变成百分之二百、三百了，到最后把自己都给骗了，自己都坚信不疑了。你讲得越多，结果一定会更烂。所以我基本上从来不去讲，但是唯一在什么时候讲呢？就是这种场合下，跟同学们去分享一下，因为确实这样的机会很难得。我不讲具体的公司，但是可以分享一些经验。

总而言之，第一选择仍然是给你尊敬的人去工作。第二选择就是能够自学，而且在自学过程中能够找到你比较敬佩的人，尽量和他保持一定的关系，包括上今天这样的课——今天有很多朋友从全国各地飞来，好像还有从美国飞过来的——其实是有用的，如果我处在你的位置上，我也会这么做。这一点点的分享在实践中会特别有用，因为价值投资就是一门实践的学问。而且投资本身是一个孤独的过程，是自己做决定的事，讨论的人一多，变成一个委员会，你的客观性就丢掉了，你就无法判断成功几率了，团队的趋同性（group dynamic）也会发生作用，影响你的判断——人的心理倾向对投资而言是很可怕的障碍。我们的生物进化出来的大脑不太适合做投资这件事，所以你确实需要一个修炼的过程。如果大家有这样的机会，那当然一定要珍惜这个机会，抓住这个机会；但是没有机会的时候，你可以创造其他的机会，当然最主要的还是自己学习，自己体验这样一个过程。

问：我很想买一个便宜的股票去研究它，学得更多。但是在这之前我还是想问一下，基于资产负债表的研究到底能给我提供多少安全边际？

你是急于买一个股票去研究，还是急于想研究一个股票，然后再买？顺序不要搞错，要研究好了再投。（听众笑）我觉得你的问题可能是上哪去找那些从资产负债表上看市净率那么低的股票？确实在今天的市场中，这样的股票可能不太多了，但其实这样的机会在亚洲很多市场都还存在。我假设你在全球都可以投，全球大概有10万只股票每天都在交易，在亚洲还有很多股票你可以去研究、了解，这样的股票仍然存在。比如说公司是在盈利状态，可能未来很多年都是盈利状态，资产是你可以验证的，比如说是股票、证券或者房地产，是你可以看到的，减掉所有的负债，得到的净资产比如说是100，而公司正好在50左右的价格交易，这样的机会虽然跟我开始的时候相比已经少了很多，但是还有！很奇怪，在任何时候，市场总有这些犄角旮旯的地方有这样的机会。如果我要重新开始，什么都不懂，我可能还是会从这里开始，因为这方面我比较有把握，能够看得见、摸得着，即便我对公司其他方面都不懂，我也不会亏钱。但是在今天的市场里，在我们现在管理的资金规模下，我就不能研究这个问题了。所以在这方面我肯定不是最好的专家。很抱歉我真的无法给你一个满意的答案。但是我知道在其他的市场还有这样的机会，至于在中国市场有没有，我就真不知道了，抱歉啊！

问：请您介绍一下芒格先生什么样的经历、特点造就了他的投资理念？芒格先生的投资理念，据您的了解，是怎么形成的？

首先，芒格先生的很多观念，在从事投资之前就已经根深蒂固地形成了，比如他对于了解这个世界是怎么运转的具有根本的兴趣，他特别想弄明白这个世界是怎么运转的，而且对于通过实践去弄明白也特别有兴趣。他就是想弄清楚这个世界什么行得通、什么行不通，尽一切可能去避免行不通的事情。这些观念和投资没什么关系，就是从很小的时候形成的兴趣。现在想想，我也是一样，我在第一次听到沃伦演讲之前，有一些基本的观念已经存在，比如，我对投机有一种生理上的厌恶，我一点都不喜欢。所以我听了他的演讲之后，尽管后来遇到了很多很多华尔街各式各样的投资流派、各式各样的风云人物、各式各样成功的人，但是我从来就没什么兴趣。沃伦也说过，价值投资就像打疫苗一样，打完以后，要么管用，要么不管用。沃伦很少看到过（我也没有看到过），一个一开始就投机的人，然后突然之间有一天他醒悟了，转而想做价值投资去了，这种情况几乎没有发生过。反正我一个这样的例子都没看到过。所以有些观念，那些能够让芒格先生成功的观念，其实在他做投资之前早就形成了，然后他这些观念也影响了沃伦。因为芒格先生对于什么行得通很有兴趣，他自然地会对非常强的、优秀的公司有兴趣，因为这些公司的方法行得通，这些公司赚钱能力比那些便宜的公司好多了。

沃伦早期在格雷厄姆那边干了2年多，跟着他学习了2年左右。格雷厄姆看待问题的方式也强烈地影响了他。因为格雷厄姆的理论主要形成在大萧条时代，他在20年代初期，1929年之前也做了一些投资，也有些是投机，而且做得蛮失败的。1929年之后，他痛定思痛，开始系统性地总结一套不同的方法，后来做得不错。而且他从事的时间，主要跨越了从1929年到50年代。1929年股市下跌之后，什么时候才恢复的呢？一直要到50年代，中间差不多过了25年的时间。所以格雷厄姆大部分职业生涯就涵盖了美国股市最绝望的时候，指数天天在跌，就跟我们A股一样。他是在这种情况下取得了优秀的成就，可是他也不可能做得很大。这些公司，沃伦说的"捡烟屁股的公司"，没有办法做大。

这些想法让他在这个时期很成功，当然对沃伦的影响也很大。

但是当沃伦自己开始做的时候，是50年代中期和末期，这个时候的美国经济，已经从大萧条中走出来了，整体经济情况开始上升，那些优秀的企业也真正开始发挥威力了。所以这个时候，芒格先生对沃伦的影响就特别有意义，他从一开始，就对格雷厄姆的这一套理论有相对的保留，对他而言更多地是想弄清楚这个世界是怎么运转的，什么行得通、什么行不通，然后去重复行得通的方法、避免行不通的方法。他对于优秀的公司特别有兴趣，而且他不强调这些公司非要有很大的折让才能去买，因为这些优秀的公司本身就是一个折让，本身就会不断超越别人的预期。后来这个想法慢慢地对沃伦产生了巨大的影响。所以在沃伦的成熟期，他就慢慢摆脱了大萧条的影响，但是他仍然保留了很强的对于估值、对于安全边际的要求。这个是我观察到的沃伦身上非常根深蒂固的想法。我想我个人也是这样，可能跟我个人的经历有关。每个人的风格也不太一样。

问：您刚才提到对一般的普通投资人来说，投资指数基金可能是在一个比较健康的经济下比较好的投资方式，假设现在这种被动的指数基金大规模进场的话，您认为它对于整个股票市场的负面影响是什么？

这是一个很有意思的问题。这在中国倒不是一个很大的问题，因为指数基金占的比例很小。在中国和在美国这是两个不同的问题。在中国，因为我们现在还没有完全实行注册制，我们也没有很强的退市政策，所以我们的股指不太能够完全地、公平地反映经济本身的状况。这个问题，我觉得是监管部门可能在今后若干年要着力解决的问题。我们从以制造业、出口为主的经济形态进入到以消费为主的经济形态。以消费为主，融资的方法就要从间接金融变成直接金融，股票市场的作用会越来越大，这就需要吸引更多的人进入股市。需要更多的人进入，就需要控制赌博的成分、泡沫的成分，增加投资的成分。而增加投资的成分最好、最快、规模最大的办法还是股指投资，所以要让股指比较能够公平地反映经济本身的情况。一方面，可能的替代方案是，研究出比较好的ETF（交易型开放式指数基金），能够比较公平地代表经济的现状。但这里面人为的因素比较多，不是特别容易做好。所以最好的办法还是用市场来解决，比较快地让市场进入到注册制的状态，把退市先做起来，入市也逐渐地做好，这样股指就变得比较有代表性了。这是中国的问题。

美国的问题是指数投资占比越来越高，高到什么程度时，它开始会有一种自身带的正循环和负循环影响到定价？市场之所以需要投资人，是因为投资人是真正能够给证券定价的人。如果市场缺乏定价的机制，就会对整个融资造成扭曲。被动投资最大的问题就是不做定价。需要什么比例的投资人在市场里，才能够让市场比较有效？这是现在成熟市场面临的问题。美国今天股指的大概比例，还没有完全高到影响定价的程度。但是这样发展下去，到一定程度的时候，确实有这种可能性，会让定价的投资人越来越少，以至于失去定价的功能。这是大家的一个说法，但是我个人不是那么担心。因为在股指出现之前，股市中一直有一大堆的投机者，价值投资人更少。我在这里把价值投资人和基本面投资人分开来看,价值投资人其实是基本面投资人中间比较挑剔的一类人,他们要求的安全边际比较高。但是这些人的思维方式是一样的。这些人,根据我的感觉,在市场上占的比例一直不大。以前哥伦比亚大学法学院有一位教授叫路易斯·鲁文斯坦(Louis Lowenstein),他做过一个比较系统的统计,估算到底市场中价值投资人有多少。当时他算出来大概在5%左右,这不是一个很科学的算法,但是我也没有看到其他人在这个方面做更多的工作。不管是5%也好,还是7%、4%或者10%,总之这个比例不太高。在股指投资出现之前,一直是这些人作为市场定价最中坚的力量,但是并没有发生大规模的失效,当然泡沫一直都在。除了2008—2009年的时候,确实到了一个很极端的情况,所以我总是觉得这个问题可能还要到很多年以后,才会成为股票市场一个比较大的问题。

但是这个问题在中国不存在,中国的问题是,今天的股指不足以比较公平地代表整体的经济状况,而且还没有一个替代的ETF。谁能够把一个替代的ETF发展出来,能够比较公平地代表经济的状况,这对普通大众投资人就是一个很大的贡献。这方面,监管层需要做很多的工作。

问:请从价值投资角度分享您关于健康、关于家庭和关于人生的思考。

这方面思考还挺多的,好像我也不是最佳的回答人。我离过一次婚,这个婚不是我愿意离的,这方面我不能算是人生赢家。但是我和前妻一直保持挺好的关系,现在她的钱也还是我管着。(听

（众笑）所以我不能说是这方面的专家，大家跟着我学就麻烦了。

我觉得投资是一个很长期的事情，短期的业绩其实一点用都没有。沃伦之所以让大家敬佩，是因为他真的是有将近60年的业绩。取得长期的业绩特别重要，而你要取得长期的业绩，身体首先得好。沃伦和查理他们俩，一个89岁，一个96岁，还每天都工作，热情不减。所以我觉得第一个特别重要的事是长寿，想要长寿其实最主要的还是要干自己喜欢干的事。保持良好的生活习惯固然很重要，但更重要的是干自己喜欢干的事儿，而且要有颗平常心。你看沃伦和查理他们从来就不会焦虑，因为他们所有的做法都是多赢，所以也就没有压力。比如说，他们两个人50年前的工资就是一人10万美金。50年之后的现在还是一人10万美金。他要是去收取1%的管理费，现在5000亿的资产规模你们可以算算1%是多少？他如果收取20%的业绩提成（performance fee），那他的资产有多少？但是这样一来，他就必须每年都面对业绩的压力，一旦有人要撤资，他就有压力，而且如果他收了别人的管理费、业绩提成，他就必须要值这个收费，当然他就不会这么随心所欲了。现在他有1000多亿现金，但他不需要有压力，也没有压力。所以他把自己的生活安排好，他就住在奥马哈，你到那儿去，他有可能去见一下你，你要不去的话，他每天就干自己的事，吃同样的东西，"跳着踢踏舞去上班"，所以他才可以有一个很长的业绩。还有，他对人的所有关系都是做到双赢。我们认识这么多年，他是真心地对所有人好，真心地愿意帮助别人，他对任何人都没有任何恶意。不是说他没有判断，他也有不喜欢的人，但是他躲开就是了。他把自己的生活安排得非常平常、非常可持续，这一点也特别重要。所以说，有一个好家庭，有一个被爱环绕的环境，非常重要。

你和同事之间、朋友之间等等，与人为善非常重要，没有恶意非常重要。你无论做什么事，都要采取多赢的方式。你看我们从来也不收管理费，而且我们前6%的回报也都是免费的。所以如果取得指数基金的回报，在我们管理的基金这里你一分钱都不用付，在这之上你赚得的钱，超过指数投资的部分，大家都希望你能赚得更多。这点我们也是从巴菲特那里学来的，这就叫巴菲特公式（Buffett formula），是他早期的收费结构。这让我们生活得很平常，我可以到这里来和大家分享，我也没什么压力，这个也很重要。我们同事之间大家互相都很友爱，我们都非常的公开，没有任何敌意，我们跟所有人的关系都是共赢关系。

我们从来不去强迫自己。你真懂的东西才做，不懂的东西绝对不做，所以做的时候一定会很坦然，市场的上上下下一定不会影响你的情绪。只有在这种情况下，你才会拥有一个比较长的业绩，所以平常心就特别的重要。你把你的生活、你和其他人的关系变成共赢，变成以爱为根基，就变得特别重要。常常地去奉献也很重要，常常去帮助别人，确实是会让每个人心情非常的好，生活也很幸福。沃伦对幸福的定义是：我想要爱我的人是真心爱着我。这就是他的定义，我觉得他这个定义很不错。用这种方法来组织生活，会让你在很长的时间里和别人都是一个共赢的关系，而且你会在没有压力的情况下，看着自己的知识和能力不断地累进增长，然后看着这些知识又能够让你管理的资金慢慢地累进增长，让那些委托你的投资人能够有更多的财富来帮助别人。我们只给大学捐赠基金、慈善基金，还有那些用于慈善的家族的钱提供管理服务，基本上不是为了"让富人变得更富"去管钱——我们选客户很挑剔。这样我就觉得我们是在为社会做贡献。你如果用这种方式去组织人生的话，你会做得很坦然，也不着急，会在自己的步调上慢慢地去生活。

很多投资人跟我说，我们也想按照你的方式去投资，可是问题是我的投资人不干，他老是想下一个小时咱们挣多少钱呀，上一个小时已经都赚了或者亏了。我觉得这样的人就不该是你的投资人。他说如果这些人不是我的投资人，我就没有投资人了，我怎么能够去找到像你的投资人那样的呀？我开始的时候也没有投资人，就是我自己借的那点儿钱，我那个时候净资产还是负数。芒格有一句话，他说你怎么去找到好的太太呢？第一步你得让自己配得上你的太太，因为好的太太肯定不是个傻子。所以说投资人也是一样的。我们基金开始的时候，很多年就一直是我自己的钱，再加上几个客串的朋友，比较相信你，但是也无所谓，然后慢慢地你做的时间长了、业绩好了，那些合适的人自然会来找你，你在他们中间再挑选更合适你的人。你这样慢慢地去做起来，不需要很快，也不需要跟别人比。所以最重要的就是平常心，你要相信复利的力量，相信慢慢地去进步的力量。复利的力量就是慢慢的，7%的增长，在200年里增长了75万倍，这个是不低的，对吧？这就是复利的力量啊。

我们40年前改革开放刚开始的时候，谁能想到中国会变成今天这个样子，在这个过程中其实它平均就是9%的增长，好像听起来也不太高，可是短短的40年——在座还是有些人在40年前已经出生了对吧？（听众笑）我们完全可以用"天翻地覆"来形容这40年来中国的变化！所以一定要相信复利的力量。不要着急，也没必要跟别人斗，没必要跟别人比。相互合适的人慢慢都会找到彼此。找不到的时候也不用急。如果有耐心，有这颗平常心，慢慢地去做，会做得反而更好。为什么要跟打高尔夫类比呢，打高尔夫就是心绪一急，球马上就打坏掉了，情绪一变化，结果马上就变。如果有颗平常心，你就会越做越好。

节制生活，锻炼身体，用双赢、用黄金法则（The Golden Rule，即你想人家怎样待你，你就怎样对待别人）来组织自己的生活，不要强迫自己，去做自己喜欢做的事情。这些听起来都是常识，但是你在年轻的时候这些常识不太容易真正做到。因为大家着急，特别是年轻的时候。为什么着急？因为老是跟别人比，过去的同学谁谁谁还不如我呢，现在怎么样怎么样了。这是他的生活，跟你有什么关系呢？每个人都得活自己的一辈子，而且这一辈子其实很短，年轻时候觉得日子很慢，到了我这岁数，这日子就飞快啊，一年转眼就过去了。所以这辈子你必须得活自己的生活，你只有活自己的生活，你才能活出幸福来。而且只有过自己的生活，你才能真正地进步。不怕慢，"慢就是快"，这是段永平先生最喜欢讲的，我觉得他讲得很对。

全球价值投资与时代

——2024年12月在北京大学光华管理学院"价值投资"课程十周年沙龙上的演讲

谢谢姜国华老师,也谢谢常劲老师,以及所有让这门课程得以实现的老师、同行和参加这门课程的同学!今年姜老师来美国访问时,我们聊到,"价值投资"这门课开设十年来,在学界和业界都产生了一定影响,今年申请线上听课的人数已经超过了1000人。

十年前,我们决定与北大合作,支持开设这门课,主要是源于我的个人经历。35年前,我初到美国时,因为哥伦比亚大学有这样一门课,让我在来美一两年内就有机会接触到价值投资大师巴菲特先生,从此改变了我此后三十多年的人生。所以,我们也希望能够把这样的机会和理念传递给中国的年轻学子。

今天在西雅图现场和北京都有很多朋友和学员,非常感谢!

我就不多说客套话了,直接进入主题。在2015年的第一次课上,我谈的是"价值投资在中国的展望",四年以后的2019年,我谈的是"价值投资在实践中的知行合一"。今年早些时候,姜老师特意来西雅图与我讨论纪念课程十周年的想法,邀请我再讲一次课。我今天想谈的话题是"全球价值投资与时代"。2019年之后的这五年里，无论是中国还是全球，都发生了很多变化，给投资人带来了很多困惑。价值投资无论在什么地方，都与所处的时代密切相关，这是不可避免的。虽然价值投资总体来说强调的是自下而上的基本面分析，但我们投资的公司是处在特定的时代中，或多或少会受到很多宏观因素的影响。我们无法回避我们生活的时代。借今天这个机会，我和大家分享一些我个人的看法。

我今天的分享会围绕以下四个主题展开：

第一，我们时代的困惑主要是什么。第二，对这些困惑的思考，它的原因和本质。第三，关于中等收入陷阱、中等收入国家的跨越，还有对当今国际关系的一些看法。第四，回到我们的主题，作为一个全球价值投资人，如何应对当今时代的挑战。这四个题目都很大，所以我们也不能够太深入地展开，但我会尽可能涵盖每个主题的要点。如果有些没有谈到的，欢迎大家在问答的环节提出，我也会尽可能与大家分享自己的一些思考。

一、时代的困惑

先谈第一个主题，我们这个时代的困惑是什么？从国内和国际两个方面来谈。

国内方面，大家都有切身体会，尤其是年轻同学们体验更深，就业确实面临了很大的压力。国家统计局数据显示，16到24岁的年轻人失业率已达到20%左右。就业问题背后反映出的是民营企业的信心问题。因为今天中国约有 7 亿到 8 亿就业人口，其中 80-90% 的岗位是由非国有企业和个人提供的，主要是民营企业。国有企业提供的就业仅占 10% 左右。所以，就业问题主要折射出的是民营经济的问题。

当然，就业问题还折射出消费者信心问题，其背后是财富性资产的大幅缩水，尤其是房地产。房地产曾一度占到中国家庭财富的 70% 左右，目前也有 60% 左右，仍然是家庭财富的首要来源。因此，房地产价格和资本市场价格的大幅下跌，必然会影响到人们的消费信心和对未来的预期。

过去几年，因为经济出现了一些问题，我们实施了一些主要集中在供给侧的经济政策。然而当前的问题主要出在需求侧，这也导致了通缩现象的出现。国内流行"卷"这个词，实际上指的是在通缩环境下的极度竞争。正常的经济增长情况下的竞争不是"卷"的形式，而是螺旋向上的。此外，在当前趋严的环境下，行政体系缺乏有效的正向激励机制，出现了"躺平"现象，也影响了政策的传导和执行。这是我们在国内面临的一些困惑。

中国经过四十多年的发展，在全球制造业附加值中占比超过 30%，但是自身消费只占其中的一半左右。这意味着中国生产的商品有一半需要销售到其他国家，其中最大的客户是发达国家。虽然东南亚已经成为中国最大的出口贸易伙伴，但最终消费很多并不在东南亚国家，它是转口贸易，最终消费有很大一部分还是要回到发达国家。

国际方面，中国也面临着一系列挑战，尤其是与发达国家之间的关系，如中美关系和中欧关系。在过去五六年里，国际上最大的变量是美国对自身在国际社会中扮演的角色发生了根本性的质疑。二战后，美国在全球事务中一直扮演着"锚"的角色，维系和平、国际贸易稳定、航海贸易自由、国际资本流动，构建了可被称为"美国秩序"的国际体系，包括一系列的制度、法律和纠纷解决机制等。在各方各面，美国都扮演着核心的作用。然而近年来，美国从精英、中产阶级到普通民众都开始对美国扮演这一角色是否值得产生了根本性的质疑。美国承担了全球约80%的军事支出，同时作为全球经济的最终购买者、货币提供者和最终消费市场，起到了稳定全球秩序的"锚"的作用。但现在美国国民广泛认为美国在这个过程中得不偿失，中国的崛起搭乘了美国秩序的顺风车，崛起之后对美国秩序反而构成了根本性甚至敌对性的挑战。这种观点无论对错，已经导致美国开始重新审视其在国际秩序中的角色和资源投入。这不仅引发了中美关系的深刻变化，也对国际秩序提出了一个根本性的问题：未来的国际秩序将如何演变？国际贸易中的公共品（如和平与航海贸易自由）由谁来投入和维护？在这一背景下，中国的产业将面临怎样的挑战，扮演怎样的角色？

总结来说，无论国内还是国际上，过去几年都出现了一系列问题，可以称之为"时代的困惑"。这种困惑不仅是一时一地的，也不仅是短期现象，而是引发了人们对于未来前景不确定性的很多担心。

二、对这些困惑的思考

接下来，我想谈谈对这些困惑的思考。

其实，这些困惑并非中国独有的问题。回顾过去五百年的世界历史，所有国家在经历工业起飞、迈入中等收入阶段之后，都会进入一个中间盘整时期。这是所有国家在发展过程中普遍面临的问题。

我将文明的演进划分为三个阶段：1.0 狩猎文明、2.0 农业文明和 3.0 现代科技文明。而中间的盘整期，我称之为 2.5 阶段。中国今天正处在 2.5 阶段。所有经历过工业化起飞的国家，如德国、日本以及南美、东南亚的一些国家，都经历过类似的阶段，面临过中国今天的挑战。有些国家成功实现了跨越，有些国家至今还在中等收入陷阱中挣扎。每个国家跨越这一阶段的路径各不相同。另外，从国际秩序的角度来看，在人类的国际关系史上，还未出现过"3.0 科技文明时代"的国际关系模式。

我们再回到问题的成因。现代化的本质是市场经济和现代科技的结合所带来的自动的、复利性的、持续性的经济增长。经济的复利增长是一个很可怕的数学概念。例如，与改革开放初期相比，中国经济的实际增长达到了数十倍甚至上百倍，名义增长的数字更加惊人。然而，尽管经济上出现了复利增长，但社会治理、人文心理以及政治制度并未发生同等程度的复利性变化。究其原因是人的本性自智人出现的 20 万年以来，没有发生过根本性变化。相比之下，我们的经济却经历了三次伟大的跃升：从狩猎文明到农业文明，再到现代科技文明。因此，当早期工业起飞阶段结束之后，经济复利发展的现实，与社会、心理、政治治理方式的缓慢变化或没有变化间不可避免地出现了巨大落差。这种落差引发了各种问题，这是所有国家在这一阶段都会经历的。

那么，中国在短短三四十年内就出现了巨大的经济发展，是不是独一无二的呢？并非如此。历史上，独立完成工业化和现代化的国家只有英国，它的时间跨度确实比较长。但是其他国家都是通过追赶实现的，而追赶往往只需要三四十年。比如，日本从1868年明治维新到1905年战胜工业化的俄国，历时三十多年。德国从统一到一战时期，工业化进程也是三四十年。美国从内战后开始大规模工业化，到19世纪90年代成为全球第一大经济体，同样是三四十年。南美从二战之后经济高速增长，到20世纪八九十年代进入中等收入陷阱，时间跨度也是三四十年。

三四十年的复利增长，足以让一个经济体，尤其是在经济起飞阶段，发生巨大的经济上的变化。这种经济变化和社会治理现实之间会发生显著的落差，给社会治理带来很大挑战。这一阶段引发的各种问题，通常是对社会的全面挑战。有些社会能够组织起来去跨越这一阶段，另一些社会则需要比较长的盘整时间，甚至有些社会在调整中走上歧途，酿成严重的悲剧。一战和二战的背景多少都与此相关。但是历史证明，战争本身无法解决这个问题，真正解决了问题的反而是战后治理上的变革。

接下来，我们通过几个具体例子来分析这一过程中思想观念的变化。第一个例子是关于"土地"的概念。在2.0农业文明时代，土地和人口是决定一个经济体规模最主要的指标，两者相加基本上构成了一个经济体的总量。但农业经济存在天花板，也就是马尔萨斯陷阱——土地增加带来人口增长，但当人口增长超过了土地的承载能力时，土地就无法支撑更多人口。所以，土地的扩张一直都是社群、种族和国家最重要的诉求。许多青史留名的人，往往都与土地扩张或是保卫土地不受侵略有关。

然而，在3.0科技文明时代，随着经济进入到可持续的、复利性的增长阶段，促进经济增长的原因和动力已不再是土地和人口，而是市场的大小和生产要素流通的充分程度。这种新旧观念之间的差异是引发一战和二战最重要的原因。

一战爆发时，多方都以为战争会在几周内结束。但是，土地争夺的战争一旦打响，民众心理上根深蒂固的观念就被全面激发，结果是已经工业化的欧洲迅速陷入一场全面战争。这场战争最终造成了五六千万人的死亡，所有参战的帝国无一幸免，全部崩塌。这些帝国在战争中的诉求也都以失败告终。如果能预见这样的结局，恐怕没有任何一方愿意发动或参与这场战争。即使是战胜国也付出了巨大的代价和损失。

一战二战实际上是一场战争，中间有短暂的十几年和平期，二战本质上是一战的延续。人们对于土地的根深蒂固的诉求和心理上的依赖，导致了两场战争的持续。但是工业化所带来的巨大破坏力，使这两场战争的结果格外惨烈。二战中，全球人口损失超过一亿，所有的帝国和参战国家都遭受了重创。

相反，二战后的德国和日本，虽然是战败国，但他们在战争中的全部诉求，都因为战败后的被迫改革而得以实现。德国是这两次战争最主要的发动者，日本是二战太平洋战场上最主要的发动者。他们对疆土的追求，本质上是对所谓生存空间的追求，对民众的战争动员也都是从民族生存空间和种族经济发展的角度发起的。然而，这两个国家通过战争未能实现的诉求，都在战败后的和平中得到了。二战后，两个国家都迎来了可持续的且无边界的增长机会。

其中最重要的事件是，二战后，美国成为人类历史上第一个在战争胜利后将获得的全部领土无偿归还给原有国的国家。这种情况在以往的战争中从未发生过。但是，作为交换，美国建立起了一个以美国理念为基础的国际贸易、商品交易和资本交易体系。所有美国的盟国都加入了这个体系。正是因为这个体系的形成，使得这些国家和美国一起实现了无疆界的经济发展。这就是因为在3.0科技文明时代，土地已不再是经济增长的最重要因素，取而代之的是市场的规模和经济要素的充分流通，经济要素包括技术、人力和资本要素。

今天我们对于土地的执念仍然存在。在当前的2.5阶段，这是一个最危险的因素。对于土地的执念，依旧能随时点燃一个种群、一个国家的民族情绪，因为这种观念已深植人类思想上万年。

我再举第二个例子。过去几年，政府的很多政策常常要区分实体经济和虚拟经济，强调要集中支持实体经济。这种概念的区分在农业时代工业起飞阶段是真实存在的，因为工业化起飞实际上是把农业的资源用工业化来解决。但是进入到2.5阶段，尤其是进入到成熟经济阶段以后，在某种程度上这种区分已经不太确定。

例如，游戏是虚拟经济还是实体经济？很多人认为它属于典型的虚拟经济。但是在今天的俄乌战场上，决定战场胜负的已经不再是坦克、机枪，甚至不是缺乏智能的导弹，而是智能无人机。这些智能无人机的操控者都是游戏玩家。俄乌战场上今天大概有一到两百万架战斗无人机，这些无人机部队主要的"战士"就是游戏玩家。这样来看，所谓虚拟经济和实体经济的界限其实已经很模糊了。

再来看软件，它到底是实体经济还是虚拟经济？实际上，软件是控制今天全球经济最重要的元素。没有软件，世界经济、中国经济都无法正常运转。

半导体是中国近几年着力发展的一个实体产业。今天全球最著名的半导体公司是英伟达，英伟达显然是一个实体经济。但是从1993年创建以来的31年里，英伟达从未生产过一个晶圆片，全部都由台积电代工。英伟达实际上是一家软件设计公司，它设计的产品是用于芯片运作的软件，这使它又具备了所谓虚拟经济的特征。在AI应用出现之前，英伟达最大的客户就是游戏公司。

说到实体经济，德国常被视为典范，其工业模式保留了强大的实体经济实力，没有被掏空，常被用作支持政策的论据。然而今天，英伟达这家"虚拟经济"公司的市值已经超过了德国所有上市公司股票的市值总和，甚至超过了德国和意大利两国全部股票的市值总和，超过了全球100多个国家的全部股票的市值。实际上，以今天的股价计算，世界上只有五个国家的股票总市值高于英伟达的市值。当然，英伟达这家"虚拟经济"公司的市值可能充满了泡沫。但是今天，无论是游戏还是云计算，尤其是AI，没有任何一家公司能够脱离英伟达而运行，虚拟经济和实体经济已经密不可分，甚至这种区分已经没有必要了。这是另一个例子，说明很多旧观念仍在深刻地影响我们对今天经济的判断。

最后一个例子是关于政府的职能。在经济转型的过程中，政府的职能应该是什么？

在国内层面，农业经济时代，集权和分权都有一定益处，在计划经济中政府基本上是指挥型的职能，改革之后过渡到指导型。但是市场经济的基本要义是：所有重大的经济决策需要由个人利益攸关的企业家，在充分竞争的环境下独立、分别地做出。今天中国经济规模已经达到18万亿美元，企业总数上亿，每天都要做出数十亿、数百亿美元的经济决策。这些决策的复杂性和规模之大，远不是任何少数人能够去影响、规划和指导的。

在国际层面，中国生产的产品有一半要销往全世界，中国已经成为120个国家的第一或第二大贸易伙伴，这120个国家的经济总量占到除中国外全球经济体量的80%以上。这些国家的数十亿人的生活，也深受中国十亿个私人决策的影响。如果中国政府仍然用指挥型或指导型的职能来思考和应对问题，受影响的不仅是中国十几亿人，还有全世界十几到二十几亿人的生活。

今天，全球所有的主要媒体，几乎每天的头版都有跟中国相关的内容。这是因为中国政府的很多决策，已经在全球产生了广泛深刻的影响，与至少几十亿人的生计、利益息息相关。大多数国家在从农业经济向现代科技经济转型的过程中，政府职能已经逐步从指挥、指导型转变为共和、商议、支持和服务型。政府职能的转换不仅是中国当前发展的现实要求，也是由中国经济体的本质所决定的。中国要和所有的国家有贸易往来，要把生产的一半销售到全世界，决定了我们对政府职能的思考必须充分考量到这些人的利益、想法和经济现实的要求。

这三个例子说明，进入中等收入阶段后，经济累进增长的现实与传统思想、治理结构和人性变化的缓慢之间会形成很多观念上的落差。这些落差会体现在经济的各个方面。因此，我们需要不断去重新检测那些已经阻碍经济发展的旧观念，并做出调整。

三、关于中等收入陷阱、中等收入国家的跨越和当今国际关系

回顾过去 500 年的现代化进程，无论是中国还是其他国家，都积累了一系列经验和教训，为我们提供了很多有益的指导。在此基础上，我们展开第三个主题，中国能不能跨越中等收入阶段以及中国如何应对今天的国际环境。

首先，3.0 经济之所以能够持续不断、自发地增长，主要是因为它内部所有的经济要素能够进行充分交换与流通。每一次自由贸易、自由交换的过程，都会带来 1+1>2 的效果，而在知识层面的交流甚至能产生 1+1>4 的功用。所以，商品、服务和思想的自由交流越多、越充分，它们创造的增量就越大。真正现代化的、

可持续增长的 3.0 经济体，都具备这样一个最重要的特质，即经济体中全要素的充分交换和流通，没有堵点。

再来看中国目前的状况，有哪些要素尚未实现这种充分的交换、流通？这里我举两个例子。

第一，中国的个人消费占整体经济的比重只有 40%，这一比例近年来持续下降。与此同时，储蓄率却一直在上升，从 40% 增加到约 50%。要让储蓄资金进入到真正有利于经济增长的体系，需要一个现代化的资本市场和现代高效的金融体系，来促进资金的有效配置和流通。

回顾现代经济的发展历史，最早的金融体系诞生于一个很小的国家——威尼斯。威尼斯是人类历史上持续时间最长的共和国，从中世纪中期一直延续到拿破仑时期，长达一千多年。在公元 1000 年到 1500 年的五百年间，尽管威尼斯只有十几万人口，却几乎垄断了当时连接亚洲与欧洲的最重要的贸易，成为当时最大的贸易帝国。威尼斯成功的关键是什么呢？威尼斯最重大的成就是首先发明了现代金融体系很重要的一部分：复式记账法，然后又发明了与现代贸易相关的股份制、保险制度和现代银行体系。

当时的威尼斯主要依靠金融和贸易，腹地狭小，缺乏农业和工业，而且其他国家仍处于农业文明的时代。所以，威尼斯还是无法发展出真正的 3.0 现代科技文明，但是威尼斯发明的金融制度和工具很快在下一个国家——荷兰——得到了进一步的衍生和发展。1581 年，荷兰宣布独立，随后经历了长达 70 年的独立战争，在 17 世纪一举崛起成为最重要的远航贸易帝国，当时全球约四分之一的贸易都是通过荷兰的船只完成。荷兰的人口只有几百万，比威尼斯大不了多少，但是荷兰产生了现代金融体系的全部胚胎，其中最重要的是发明了由公众参与的有限责任的股份公司制度。全球最早的公众公司就是荷兰东印度公司。荷兰还建立了中央银行和证券交易所，其证券市场发展程度之高，甚至出现了人类历史上第一次交易泡沫——郁金香泡沫。因为这些创新，当时荷兰的人均GDP远超欧洲其他国家十几倍，并在接下来四百年间始终位居全球前十名。今天荷兰仍然是全球最大的贸易国家之一，保持了四百多年的繁荣。

当然荷兰也未能发展出标准意义上的3.0经济。有工业、技术、制造业的3.0经济，是由英国完成的。英国是怎么完成的呢？英国历史上最重要的事件是1688年光荣革命。光荣革命达成了两项成就。第一，在治理上采用了共和的、君主立宪的体制，自此，英国不再有完全独裁的权力，王权要受到各种力量共同的制约。第二个意义可能更加深远，它完成了一次"并购"：荷兰和英国在金融市场上合二为一。当时荷兰事实上的领袖威廉三世和他的妻子玛丽二世成为英国共同的国王，所以威廉三世同时是荷兰和英国事实上的最高领导者。他把荷兰的整个金融体系全部移植到了英国，这是一次制度上的合并。

这次合并的直接效果就是为英国带来了一套完整的现代金融体系，那么一套完整的现代资本市场和金融体系提供的最终产物是什么？

资本市场提供的不仅是资金，更重要的是信用体系。银行也可以提供资金，但无法提供信用体系。信用体系是什么？企业家要有企业家的信用，投资人要有投资人的信用，连接储蓄和投资的中介机构要有中介机构的信用，最终汇成一个结果——把完全不懂商业的普通储蓄者的这些小钱，集中在一起形成巨大的投资力量。投资力量的结果是产生有效的生产力、有效的供给和需求，产生有效的利润并重新回流，形成一个整体的充分流动的过程。这一过程里，每一个行业都是独立的、专业的端，都不和最终的结果直接联系但都高度相关。它的相关性都是通过信用间接建立起来的。所以一个普通的小储户最终也可以参与到一个成功的公司的一小部分，买一股也可以聚起来。整个过程中，每一个有信用的中介都扮演其应该扮演的角色，在信用的基础之上，把这些资源最终汇集到最值得的最终的企业和消费中。

整个过程建立起来的是一套完整的信用体系。和信用体系相关的又是一整套的法律制度、纠纷的处置、习惯性的做法，还有大家的信任。这套体系非常难建立，也需要不断试错。英国自从移植、建立起这套体系之后，和欧洲的战争就再未失败过。过去，英国由王权、自身资产、收入和领土来支撑战争，承担无限责任，现在它被新的信用体系取代了。通过这套体系，英国发行的债务一度超过本国GDP数倍，它吸引了全球的投资，从未有过破产、赖账。这是第一套真正现代的资本市场体系。

当技术革新开始出现的时候，这套现代的体系使得英国能迅速地建立起现代意义上的、可持续发展的、第一个现代化的国家——3.0经济，自生的、自发的、持续增长的经济体系，这就是我们定义的现代国家。

回到前面的两个数字，中国个人消费占 GDP 比重只有 40%，将近 50% 用于储蓄，储蓄几乎全部由银行体系来支配，其效率有限，也无法建立信用体系。我们建立起来的还在启蒙阶段的资本市场体系，最近这些年也在萎缩。中国现有的这套体系远远不是现代意义上的资本市场体系，目前还没有能力把大量储蓄转化成潜在的消费，把经济运转起来。

但是中国与英国有着相似的历史机缘。这个历史机缘是什么？英国给中国留下了一份礼物——香港。

香港具备了现代资本市场的所有要素：完备的制度、法律、历史传统，纠纷解决机制，信用中介机构和传统上国际投资人和国际社会对它的信任，但是这些优势尚未被真正利用起来。如果说荷兰与英国是一种对等的合并（merger of equals），中国对香港的关系则更像是收购（acquisition），而收购所得往往未必足够珍惜，这是一个很大的区别。如果香港的优势能被真正地利用起来，它可以作为中国资本市场重新运作起来的一个重要胚胎。香港和中国内地的资本市场可以分别单独运行。这就像早期的深圳特区，完全实行不同的体制，两种体制并行，最终促成了改革的浪潮。道理是一样的。港沪通是一个重要的创举，但也仅仅是一个开始，我们如果能充分利用起通过收购得来的这一套香港市场体系，是可以建立起现代的、具备信用功能的资本市场体系的。今天的实际状态和这一目标的差距还比较远，对于它的理解和重视程度还远远不够。

因此，我们的经济与其潜在的真实增长水平之间还差得很远。目前我们只能依赖政策刺激，但是刺激不太可持续。只有通过刺激带来可持续的增长才有效，如果刺激不出可持续的增长，那只能每年都依赖新的刺激。

我们一直在谈"中国式现代化"，这是对的，因为每个国家都有其独特性。但是中国式现代化其本质也是现代化，所以它也具备很多共性。我们要在共性的基础之上来推动现代化。共性、个性二者相辅相成，才是真正的实践。

共性是过去几百年中，人们根据失败的教训和成功的经验总结所形成的，对什么方式可行、什么方式不可行的一种共识。如芒格先生所言，常识是最稀缺的认知。因为这些认知往往是在违反常识付出代价后才形成的。

现代市场经济从开始至今已经运行四五百年了，对其中的一些共识就无需再讨论、质疑，更不应再随意批判和否定了。这些共识最早由亚当·斯密在1776年出版的《国富论》中总结出来。当时，他观察到的市场经济体系从荷兰到英国逐渐成熟，已经实行了一两百年。他洞察到，虽然人的本性都是自私的，但是市场经济最伟大之处在于，通过分工和自由竞争，将个人追求私利的行为，转化为对整个社会有益的公利，实现社会资源的最佳配置，促进经济的不断增长，为社会所有阶层带来好处，促进阶层间的良性流动。我们常说"人人为我、我为人人"的理想，其实在市场经济中已经实现了。市场经济体系就是通过"人人为我"的激励机制，实现了"我为人人"的社会公益。这个体系当然不完美，但是在人类发明的各种不完美的制度中，市场经济无疑是最伟大的制度发明之一。这已经被过去几百年中各种成功和失败的社会实践所反复证明，不必再去批判和否定这些已经形成的共识，不需要再支付这种违背常识的代价。

其次，在市场经济中，绝大部分资源分配的决策需要由私人来做出，正如某位企业家前辈所言，要让能够听到炮火的前线士兵去决策，后方的人听不到炮火，很难做正确的决定。所以，中国市场经济的成功，就是在政府不断让权、不断退出、从指挥转变为服务型职能的过程中实现的。科技发展也是高度市场化的经济产生的结果，而不是原因。这些不仅是市场经济的老生常谈，也是大家广泛认可的基本共识。

此外，还需要提供对人身和财产的基本保障。私企要发展，企业家首先得有生命安全的保障，没有生命安全的保障，谁也做不来成功的企业。法律纠纷的解决需要有程序正义。我们所说的法制跟法治的区别，很大程度上在于政府权力是否受到法律制衡，法律程序是否正义。如果发生"随意执法""选择性执法""远洋捕捞"等现象，企业家有没有权利通过法律来捍卫自己的正当利益？违法的官员会不会受到应有的法律惩罚？纵容违法行为的官员，会不会受到法律的惩罚？普通民众和企业家能不能通过法律和程序有效地维护自身的利益，而不是只能通过有更高权力的上级领导的行政干预？这是我们讲的程序正义。这些都是社会发展最根本的需求。

同时，健全的、完整的资本市场是让经济要素充分流通的最重要的保障。今天我们没有一个健全、完整的市场，结果就是个人消费只占 GDP 的 40%，而储蓄率接近 50%，这些数字说明资源没能完全有效地流动起来。事实上，所有国家在工业化起飞之后，进入中间盘整时期，都遇到过同样的问题，这不是中国独有的问题。一些国家成功度过了这个阶段；一些国家则经历了很多悲剧，甚至陷入战争，最终因为战争的失败反而走出了困境；还有一些国家仍然在这个过程中挣扎。我们怎么走过去？则既要维持市场经济的共性，同时也要尊重中国传统所赋予的个性，也就是实现真正的中国式的现代化。实现这一目标最终要靠实践的检验并且不断地去修正。实现现代化没有一个固定的模式可以照搬。

回顾改革开放之初，邓小平讲实践是检验真理的标准，行不行要看结果。他还说要不断探索，"摸着石头过河"，没有一定之规。在这个阶段，很多顶层设计往往不是特别适用，需要通过实践去不断地调整。实践的绩效指标（KPI）是什么？就是实现真正的现代化。那真正的现代化是什么？就是中国能够依靠自发的、内生的力量，产生可持续的经济增长。自发的、原生的、可持续的经济增长就是 KPI。

其中最大的动力来源于个人消费占 GDP 的比例。这是最原生的、自发的、可持续的经济增长的原动力，其他都是服务于它的，都不是可持续的。可持续的就是不断的、更好的、新增的需求，这就是市场经济最持久的、最原生的、永远没有边际的增长动力的来源。今天，中国个人消费只占 GDP 的 40%，但是有高达 50% 的储蓄可以转换成经济发展的动力，转换成新的服务、新的产品，诞生新的企业。中国拥有最优秀的企业家，最优秀的工程师，最广大、统一的个人需求和供给市场，也不乏有信用的投资人，以及对信用体系链条上的全球专业机构的吸引力。这些条件为实现自发、可持续的经济增长提供了巨大潜力。

相比之下，印度的个人消费占 GDP 的 60%，这种增长是可持续的，美国的这个比例超过 70%，它的增长也是可持续的。一旦中国进入到这个阶段，增长同样也是可以持续的。但是目前我们还没有进入到这个过程。这既是我们当下的挑战，也是一个重要的机会。

要从当前低迷的状态中重新点燃经济增长的动力，需要找到一个抓手。但是如果所有方面都想抓，很难成事，"既要、又要"很难做到，所以要有突破、要有重点。那么突破点在哪里？

经济整体是一个环环相扣的链条，涉及很多节点：企业家的精神、消费者的信心、官员体系的正向激励、外资的信任、中美关系的改善、国际贸易环境的优化，也可以是把香港的资本市场利用起来，保护它的独立性，恢复它的动力，等等。所有这些都是链条上的节点，这些节点彼此关联。那么，问题在于，哪一个是鸡，哪一个是蛋？从何处着手呢？答案很简单，每一个节点既是"鸡"，也是"蛋"，都可以"下蛋"，任何节点都可以开启链式反应，因为它们都是彼此相互作用的。激发任何一处，都可以点燃整个经济链条。但是，现在我们链条上的所有节点都出现了问题，这就是我们面临的时代困惑。

2024 年 9 月份开始，我们至少看到政策发生了很大的转向。

只要我们坚持实践是检验真理的标准，不断试错，坚持不懈，最终总会点燃某一个节点。一旦点燃，每一个节点都会带动别的节点，因为链条上的各个节点都是互相联系的，是一个整体，彼此互为因果，每一个节点都是"鸡"，每一个节点也都是"蛋"。所以不必拘泥于某个固定的方向，只要环境相对宽松，对于中国这样庞大的经济体，很多真正引发巨大变化的时刻往往是偶然发生的。例如改革开放初期，谁能预料到几十个农户互相签下血书，开始实行包产到户，这一个简单的举措就点燃了中国四十年波澜壮阔的改革？这一项改革在短短一年内就解决了当时中国的温饱问题，至少在局部地区解决了。同样地，深圳特区一个地方的改革迅速点燃了全国的改革浪潮，在很短时间内就解决了中国几十年都没能解决的问题。事实证明，许多重大变化并不需要提前规划，也无法提前规划，因为中国实在是太大了。

中国的潜力仍然很大，我们现阶段遇到的问题是所有经历过工业化起飞的国家都遇到过的，没有特殊之处。这些问题在很大程度上源于我们根深蒂固的观念——这些观念形成于农业文明时期，甚至更久之前——与新发生的巨大、复利性的增长带来的经济现实之间形成了巨大的落差。我们需要在这个落差中，重新审视过去的观念，检验哪些是对的，哪些是不对的？在实践中，我相信李光耀先生的理念是对的——对已经被证明正确的做法，坚决去复制推行；对已经被证明不可行的，坚决避免。这是一条非常简单却非常深刻的治国原则。最终我们还是要坚持实践是检验真理的标准，用实践结果来检验我们的想法和做法。在目前的发展阶段,最重要的实践就是推动中国自发的、不受外界影响的、可持续的经济增长,而其中最重要的变量就是个人消费占 GDP 的比例。如果这一比例从现在的 40% 提升到印度的 60%,中国的可持续的经济增长将会有很大的发展空间和前景。

在这个过程中,一定要把链条上的各个要素重新点燃、激活、串联起来。这个链条上有很多节点,有企业家、消费者、有作为的官员、外资、投资人、专业有信用的机构,还有中美关系、中欧关系、中国与东南亚、中国和其他所有贸易伙伴的关系等等。这些节点都是"鸡",也都是"蛋",全都是"可以下蛋的鸡",任何一个节点被点燃,都能带动整个链条的运转。而现在的问题就是整个链条都比较静态,还未动起来,包括我们刚才谈到的香港——这一份给中国的特殊礼物,相当于当年荷兰给英国的礼物。

现代资本市场产生的信用体系,是银行体系无法提供的,这不是银行能做和应该做的事。银行无法承担风险投资的角色,如果让银行去做风险投资,大家就不会放心把钱存入银行,那银行就不存在了。而英伟达这样的上市公司,正是通过把一点一滴的储蓄借助一系列中介机构、信用体系转化为资本,而诞生和发展起来的。这个体系里还包括法律制度、例行规范、纠纷处理机制、历史惯例,以及长期积累起来的信任。目前,中国只有香港的资本市场具备了现代金融市场体系的全部要素。如果不能保障它的独立性,这个市场也无法有效运转。当年深圳之所以成功,就是因为其特区的独立性。要用好香港,至少在资本市场和法治领域,要真正落实五十年不变的承诺。因为信誉、信用体系的特点是积累起来需要很长时间，打破它却可能只需要很短的时间，很少的几件事。香港的市场和体系需要珍惜和呵护，而前提是要理解它的重要性。

四、全球价值投资人应该如何应对时代的挑战？

我为什么要花这么多时间讲前面这些内容？因为距离上次演讲过去的这五年，最大的变化就是大家的困惑和不安明显变多了。而带着困惑和惴惴不安，想要坚定地持有股票，真正去做好长期投资，是非常困难的。最后，我们回到第四个主题，作为全球价值投资人，面对今天国际、国内的形势变化，我们如何去应对，如何去投资？

首先，我们的基本态度是：宏观环境是客观存在的，我们只能接受，微观层面才是我们可以有所作为的。这是作为价值投资人的基本态度。世界是客观的存在，它不会因为我们的愿望、臆想或主观判断而改变。我们的投资就是要接受世界本来的样子，而非我们所希望的，也非我们所想要的。一切如其所是，坦然接受（Take the world the way it is, not what we wish it to be or what we want it to be. It is what it is, take it）。在此前提下在微观层面、具体公司上有所作为。

问题是，在这样一种宏观的困惑下，还能够真正地坚定持有这些公司吗？即使经过了仔细的调研分析，对公司本身充满信心，在这种情况下能够坚定去持有它们吗？经过前面的铺垫，这正是我们今天要谈的核心问题。

要回答这个问题，我们首先要回答，在世界从农业文明迈向现代文明的长期、大规模的演进过程中，全世界包括中国都经历了巨大的变化，在这样的历史背景下，什么是真正的财富？投资的目的是保存、增加财富，所以我们必须先回答一个问题，什么是财富？我们投资的是什么？我们投资的目标又是什么？

举个例子，在农业文明时代，财富就是土地和人口。那么，今天土地还是不是财富？回顾整个世界历史，尤其是在欧洲，封建体系持续了数百上千年，很多国家的封建制度都因革命而瓦解了，除了一个例外——英国。这几百年来，英国没有发生大的革命，许多原本拥有土地的贵族至今还保留着很多土地和宏伟的城堡。在过去，他们是最富有的人。然而，今天这些贵族还富有吗？答案是否定的。大多数仅拥有土地和城堡的贵族已经不再富有，甚至变得相对贫穷。只有少数贵族依然富裕，是因为他们有其他投资，而不是仅仅依赖原有的土地和城堡。

为什么会这样？因为维持土地和城堡需要大量人力。一个大型城堡动辄需要几十甚至上百的佣人来维持运转。然而，过去几百年间，人的价值发生了巨大的变化，导致今天的贵族已无法负担如此多的佣人。同样地，土地也需要雇人耕作，人的价值增加了，土地本身的产出增加相对比较少，乡间房子价值的增加也很少，维修成本反而很高。所以，这些没有转化成工业商业用途的土地城堡成了贵族们的负担，而没有成为财产。今天，仍能维持土地和城堡的英国贵族，大多是通过将城堡开放给公众参观来获取收入。例如，将城堡当作公园开放，收取每人五英镑的门票费用。我相信在座有很多人到英国旅游，参观过类似的城堡，甚至还有人租用城堡举办生日宴会、公司晚会、婚礼等等。这是一个土地和人口的相对价值变化的例子。

再举一个例子，现金当然有价值，但现金是财富吗？可能现在的同学没有印象，但稍年长一些的人应该都记得，改革开放初期有一个说法叫万元户，那时拥有一万块钱是件很了不起的事，万元户被认为是当时最富有的人。然而，假设当年我们把这一万块存进银行，到今天连本带息，还能够让你是富人吗？显然不是了，现在很多人一个月的工资就超过这个数了。所以，如果只是把现金存起来，随着时间的推移，它就不再是财富了。

无论是土地、现金，还是房产（尤其是需要很多佣人维护的），都无法成为持久的财富。那么，在现代社会，什么是财富？财富的作用是什么？财富的本质是用来消费的。一个经济体的总量，归根到底是生产总量或是消费总量。所以，财富就是你在整个经济体的购买力中所占的比例。在农业文明时代，单位经济产出几乎不增长，经济总量存在一个"天花板"。在那种情况下，个人在经济体购买力中的占比相对固定，主要通过土地、人口、房产来实现，这些就是财富。

当经济开始进入到持续累进增长阶段时，尽管过程中可能会有波浪起伏，但长期来看是单向增长的。此时，如果你的财富是静态的，它将随着经济增长而逐渐萎缩。经济增长得越快，你的财富缩水得也越快。过去四十多年中，中国的名义 GDP 增长了数百乃至上千倍，所以当年的万元户如今已不再富有。同样，在美国，百万富翁曾经是一个了不起的概念，而前几天巴菲特在信中提到，过去的百万富翁大概相当于今天的十亿富翁。可见，以现金为载体的、静态的财富不是可持续累进增长的财富。当经济进入到持续累进增长的时代，真正的财富应该用你在整个经济体中所占有的购买力比例来衡量。而你的有效财富，是你在自己愿意消费的经济体中所拥有的购买力比例。

所以，投资的根本目的是保存和增加你的购买力。衡量富裕程度的标准是你在经济体中所占的比例，而不是绝对数值。一个人比另一个人富有，是因为他在经济体中的购买力占比更高。今天拥有一万元，已经没有了当年万元户的意义，因为今天的实际购买力与四十年前相比，已经发生了指数级的变化。真正的财富是你在整体经济中的占比。只要维持你的占比不变，你就保留了自己的财富，即使整个经济体因战争等因素导致"蛋糕"缩小，你的财富实际上并未减少；而如果你的占比提高，可能你的财富还在增加。但是进入现代文明后，"蛋糕"会呈波浪式的、持续累进的增长，这种持续增长正是现代经济最根本、最具定义性的特征。

今天全球八十亿人口中，大约百分之十几已经进入了内生的、不依赖外界的、可持续的增长阶段；百分之五十左右处于中间过渡状态，中国也在其中；剩余的人口还处于从农业经济向工业化起飞的初始阶段。这一趋势是一个历时数百年、持续不断的、不由任何人的意志而逆转的过程，是一场文明范式的变革。所以，作为价值投资人，你要明白什么是价值，什么是真正要去追求、保护和增长的财富——那就是你在经济体中的购买力占比。对像喜马拉雅资本这样的全球价值投资人而言，作为受托人，我们的责任是在全球范围内保持并且提升我们的购买力占比。具体来说，就是代表投资人，在全球最有活力的经济体中找到那些最有活力、最具创造性的公司，通过持有它们的股票来保障我们的购买力得以保持和增长。

这样，当整个经济体增长时，你的财富自然也随之增长；如果你的占比增加，意味着你的增长超过了平均水平。而即使整个经济体因为各种原因发生萎缩，只要你的占比提升，你的财富依然在增加。有了这样的财富观以后，你就会更理解这句话的意义：宏观是我们必须接受的，微观才是我们可以有所作为的。保持这样的认知，你就能心平气和地持有那些最具创造性的优秀企业，不再因宏观环境的波动而动摇。内心保持平和，才能够坚定持有你的筹码，你的购买力。这就是为什么我们要先探讨前面关于宏观的话题，但最终我们还是要回到投资的核心。

另外，进入文明范式转变之后，世界经济会持续增长，这一趋势不以任何国家的意志为转移。那些停滞在中等收入阶段的国家，如果无法跨越，经济的相对比例将逐渐降低。以南美为例，19世纪末，巴西和阿根廷都曾经是最有前途的发展中国家，然而它们尝试多次，都未能成功跨越"中等收入陷阱"，二战之后虽然又迎来一次机会，但到了上世纪八十年代之后，增长又再次停滞。与此同时，世界整体经济仍在不断增长。这两个国家一度跻身全球经济前列，如今已难觅踪迹。这正是因为当它们陷入停滞时，其他国家和全球经济仍然在高速增长，导致他们在全球经济中的占比不断下滑。这就是为什么我们必须保持一定的紧迫感。

作为全球投资人，你需要去你认为最有活力的经济体中投资，但同时也要关注自身的实际需求，在你需要消费的地方保持你的购买力。作为全球投资人，喜马拉雅资本的目标是在全球范围内，在最有活力的经济体中挑选最有活力、创造性和竞争力的企业，持有它们的股份，从而实现在全球经济体中保持和增加财富的目标。但是对于个人投资人来说，你需要在你愿意消费、需要消费的经济体中，保持你的购买力，这才是你真正的财富。比如，许多中国投资人主要的购买力需求在中国，可能并不需要在欧洲或是南美有购买力。

今天的环境下，这个目标能否实现？我们来回顾一下价值投资的起源。价值投资正是诞生于整个经济和宏观环境极度动荡、充满困惑的时期。最早完整阐述价值投资理念的人是本·格雷厄姆，也就是巴菲特的老师。那么格雷厄姆是什么时候开始理解和实践价值投资的？他最早从1926年开始投资，前三年中，他与很多投资者一样，经历了"咆哮的二十年代"（Roaring Twenties），其间也做了很多投机操作。然而，1929至1932年的大萧条时期，他的投资合伙企业的账面价值损失高达70%。痛定思痛，他才开始真正实践价值投资，并于1932—1935年成功弥补了之前的亏损。1936年，他创立了一个新的封闭式基金（closed fund），运营至1956年结束，二十年间实现了非凡的回报。其间，他于1949年出版了《聪明的投资者》，首次完整地阐述了价值投资最重要的三个理念。

价值投资的奠基人格雷厄姆，正是在宏观经济面临巨大挑战时发现了价值投资的方法论。他在那个时代所经历的比我们今天面对的挑战要困难得多。当时，美国的失业率高达25%，整个经济体萎缩了约三分之一到二分之一，具体比例取决于不同的评估方法。人们普遍感到前途渺茫，世界仿佛快走向末日。等他终于回本，开始新的基金时，世界又迅速陷入一场法西斯发动的全球性战争，这场战争最终导致上亿人死亡，数亿人受伤，世界上大部分的工业体系被彻底摧毁。在这样的时代背景下，他创造了卓越的投资业绩。

反观我们今天所处的时代，和格雷厄姆创建并实践价值投资的那三十年所处的时代相比，你会选择在哪个时期开展你的事业？在这样动荡、困惑的宏观环境中，价值投资恰恰能凸显优势，发挥作用。但前提你要明白自己要守护什么，投资的目标是什么。

另一位对价值投资的理论和实践做出巨大贡献的是经济学家凯恩斯。很多人都熟悉凯恩斯的宏观经济理论，以及他对战后布雷顿森林体系和全球金融体系设计的贡献，但是很少有人知道凯恩斯也是一位优秀的价值投资人。从1921年到他1946年离世，凯恩斯管理着剑桥大学最重要的国王学院的捐赠基金，25年间积累了卓越的投资业绩。凯恩斯早期也曾有过很多投机，但是在不断的经验教训中，他开始总结出价值投资的核心理念。凯恩斯与格雷厄姆的事业轨迹高度重合，都经历了"咆哮的二十年代"、大萧条和世界大战。不过，与格雷厄姆不同的是，凯恩斯所在的英国在二战期间处于战火前线，而格雷厄姆所在的美国则处于战争的大后方，因此凯恩斯在这样的背景下创造出的业绩更具意义。

凯恩斯和格雷厄姆在理念上有许多共同之处，但凯恩斯的投资更强调对公司本身质量的考察。巴菲特和芒格后来在这点上与他不谋而合，从1957年至今，他们在六十多年的投资实践中将这一理念进一步发扬光大。

还有一位约翰·邓普顿（John Templeton），他对价值投资以及把价值投资推广到其他国家起到了重要作用。1939年，正值战争期间，许多美国股票跌破一美元，邓普顿秉持"便宜就是硬道理"的原则，将当时在美国股市中所有低于一美元的股票各买100股，共投入一万美元。四年后，当他卖出时，104只股票中有100只都取得了大幅上涨。1954年，他创建了邓普顿基金（Templeton Fund），开始将价值投资理念推广到很多其他国家。到1992年，这只基金经过38年的发展，历经市场的各种变化，取得了十几倍的收益。

我在1997年创建了喜马拉雅基金。在此之前，我在1993年买了第一只股票，就是从买便宜的公司开始。在投资便宜公司的过程中，逐步建立起自己的能力圈，并从寻找便宜的公司慢慢过渡到寻找优质且便宜的公司。1997年，基金成立之初，我就经历了亚洲金融危机。过去这几年中国市场经历了资本与资产的大幅回撤，许多人都遭遇了房地产、股票和其他证券价格的下跌。然而这轮下跌的程度与当年的亚洲金融危机相比，依然不可同日而语。1997—1998年亚洲金融危机期间，亚洲主要国家的市场普遍下跌70%以上，最惨烈的甚至跌了90%以上。我们的基金也同样面临了巨大的挑战，出现了比较大的波动，但那几年的业绩总和恰恰是我们收益很高的一段时期，那时的市场可谓遍地黄金。

说一件趣事，当时我在纽约与几位基金经理交流，其中一位是韩裔美国人。我们聊到各自的投资，他说对韩国很感兴趣，我说我也很有兴趣。当时的韩国股市以美元计算跌了 80-90%，因为不仅股市跌，韩元也贬值了 40-50%。他说他正在做一笔交易：买入浦项钢铁（POSCO），因为它的市盈率（P/E）只有两倍，同时卖空三星电子，因为它的市盈率高达三倍。他说这个交易非常棒，是他找到的最佳投资机会。这件事生动地反映了当时市场的状况。今天听起来或许很疯狂，但正代表了当时华尔街的主流想法和价值投资以外的其他投资风格。顺便提一句，这个人叫 Bill Hwang，后来声名大噪，几乎导致瑞信（Credit Suisse）彻底破产，因为欺诈罪刚被美国法院判刑 18 年。

这就是为什么真正的价值投资者能够在市场中获得长期收益。没有哪个市场是完全有效的，因为市场不是抽象的概念，而是由一个个具体的人组成的。大家可能觉得美国的市场是非常有效的，但我从事这个行业 30 年，管理喜马拉雅基金 27 年来，至少也亲历了几次美国股市跌过 50%，在 2008—2009 年金融危机时，美国股市跌得比中国还严重，当时人们都觉得整个金融体系会彻底崩溃。新冠疫情开始时，美国股市也一度跌了 30% 左右。事实上，这种大幅下跌几乎每隔几年都会发生。2001—2002 年互联网泡沫破灭时期，包括亚马逊这样的公司也曾暴跌 90%。美国已经是全世界最成熟、最有效率的市场了，依然无法避免这种情况的发生。

所以价值投资的基本理念，以我这三十几年的实践来看，绝对是可行的。历史上的前辈们都是在宏观环境面临空前挑战的情况下，发现并实践了价值投资的基本理念。我在这里总结一下他们最重要的贡献。

本·格雷厄姆阐述了三条重要理念。第一，股票不仅是一张可交易的纸，它是一家公司所有权的法定证明。我们刚才谈到，在经济持续增长的过程中，股权能够保障你的购买力，这点很重要，投资的本质是保持和增长购买力。第二，市场由个体组成，而人的本性追求短期获利，所以人们往往倾向于把股票当作短期交易的筹码，而忽视了它是公司长期的所有权。可以把市场想象成"市场先生"，他是一个非常神经质的人，他的作用并不是告诉你真正的价值，而只是提供买卖的价格。这些价格往往会远低于或者远高于价值，对价值投资人来说，他提供的是服务，而不是指导。第三，未来很难预测，便宜是硬道理，一定要有足够的安全边际。因为你未必能完全理解一家公司，也无法清楚预测公司的未来。但是如果你以足够低的价格买入，留出充足的安全边际，你的投资就会更安心，你也更能坚持长期持有。例如，中国股市在2005—2007年经历了一轮大涨，2007年之后，连续七八年大幅下跌，进入漫长的熊市。这一轮起落与美国股市及2008年金融危机高度相关，但在那个时期，中国经济表现相对不错，很多公司也展现出良好的基本面。当时的市场经过七八年的熊市，可以说也是遍地黄金，很多优秀公司的股价都跌到了具有很强安全边际的水平。因此，当大家恐惧不安时你往往会发现很多机会。当这些具有巨大安全边际的投资机会出现时，你能不能抓住它们，在很大程度上决定了你能不能真正创造财富。

巴菲特和芒格通过六十年的实践，进一步丰富了价值投资的理念，提供了价值投资的另一条原则：长期的投资回报在很大意义上来自于优秀公司通过它们的长期业绩创造出来的价值。优秀的公司能够持续地增加内在价值，这一点正契合了现代经济本身的特性，即公司的内在价值可以随着经济的累进增长而无限地累进增长。这些优质公司具有长期高于行业平均和竞争对手的资本回报率。所以投资这类公司，财富增长的速度也会优于市场平均水平。但是，挑选和理解这些公司并不容易，所以投资人要建立自己的能力圈，明确知道自己哪些懂，哪些不懂，知道能力圈的边界在哪里，只投资能力圈范围内、那些自己能理解的优质公司，并长期持有。这是巴菲特和芒格先生的重要贡献。其实凯恩斯在他的时代已经开启了这种实践。

第五条是芒格先生的贡献。我与芒格先生有二十年的情谊，既是朋友，又是合伙人，他既是我的老师，也是我的家人。芒格先生每年夏天都和家人到明尼苏达州的一座小岛（星岛，Star Island）度假、钓鱼。钓鱼是芒格先生最喜欢的活动之一。我和太太及家人过去二十年中，每年都会参加。明尼苏达大概有一万多个湖，星岛就坐落在一个大湖中央。但有趣的是，每次钓鱼，芒格先生都会带我们去不同的地方，先要坐船驶出湖心岛，到岸上换乘一辆拖着钓鱼船的卡车，再驱车一个小时到其他湖去钓鱼，每次地点还不一样。后来我问他，查理，星岛旁边就有这么大的湖，为什么不直接在这里钓鱼？他说，你可以试试啊。我真的尝试了一次，结果发现湖里几乎没有鱼，很难钓到。但是我们去的那些小湖，每一次都收获满满。

后来我又发现，芒格先生每次钓鱼，事前也不知道去哪个岛，而是由一位钓鱼向导带路。他叫 Leroy，家里两代人都经营鱼饵生意，所以他常年去不同的湖里寻找鱼饵。通过找鱼饵，他知道了哪个湖里有鱼，每个湖里鱼的品种、长势、时令、位置都不一样，这是他的独家知识。所以很多人向他买鱼饵，是为了打听哪里有鱼。芒格先生每次都让 Leroy 带我们去，每次都能钓很多鱼。我起初以为每个湖都有那么多鱼，但星岛湖的失败经历让我意识到每个湖确实不一样。

所以，芒格先生总结出第五条理念：投资就像钓鱼，要在有鱼的地方钓鱼。他说钓鱼有两条法则，第一条，要在有鱼的地方钓鱼；第二条，千万别忘了第一条。对投资人来说，第五点也很重要。明尼苏达有一万多个湖，但我们并不需要在最大的湖里钓鱼。对个人投资者，包括机构投资者来说也一样，不需要在最大的湖里钓鱼。中国的 GDP 有 18 万亿美金，拥有众多行业和公司。其中有些表现不佳，但是也有很多优秀的公司、不被大家充分了解的公司，也有很多被彻底错误定价的公司。投资人不需要了解所有公司，无需掌握所有宏观经济参数、政府宏观政策，更不需要准确预测未来十年的情况，关键是要找到那个能钓到鱼的"湖"。所以芒格先生说的在有鱼的地方钓鱼，就是强调了选择的重要性。

后来我还注意到，每次跟 Leroy 去钓鱼，一整天湖里就只有我们一群人，这就保证了我们能在那里钓到最多、最大的鱼。竞争不充分是错误定价的一个很重要的原因。

所以，投资人不需要过多研究宏观，不需要把明尼苏达的一万个湖都搞清楚，也不需要把中国经济、世界经济都研究透彻。但是要知道哪个湖里有鱼，哪里竞争不充分，而你又非常了解，在那里建立自己的能力圈，就像 Leroy 一样。Leroy 通过寻找和饲养鱼饵，建立起独特的能力，能够找到那些不为人知的、鱼群丰富的湖。等到大家都知道某处有鱼，钓起来就不容易了，这是他独特的能力圈。

第六条就是我今天给大家讲的，基于对整个文明范式变化所做的总结：财富的本质是经济体中的购买力占比，价值投资的目标是在最具活力的经济体中，持有最具活力的公司的股份，从而保持和增长财富。这一条也是我们喜马拉雅基金过去三十年实践总结出来的经验和贡献。

我对现代化这一现象已执着思考、研究了四十几年，逐渐发现，过去几百年间，每个国家经历的都不是独特的现象，而是一场人类文明范式的转移。这种转移不受任何国家、个人或一小群人的意志所左右，全球经济呈现出一种单向性、波浪式的增长，短期内有起有伏，甚至周期性的起伏，但长期趋势是单向的持续增长。即使某些时期全球经济的蛋糕总量在缩小，如果你能保持自己的购买力比例，你就保持了财富。这样，当经济重新开始增长，蛋糕变大时，你就可以保持和继续增加财富。这一条原则是我个人的总结，希望通过今后的实践证实或证伪。

我再把这六条价值投资的基本理念重复一下：

1. 股票不仅是一张可交易的纸，它代表了公司的一部分所有权。

2. 市场先生提供给价值投资人的是服务，而非指导。

3. 投资必须要有充足的安全边际。

4. 投资人要明确自己的能力圈。

5. 去有鱼的地方钓鱼。

6. 财富是经济体中的购买力占比。价值投资的目标是在最具活力的经济体中，持有最有活力的公司的股份，来保持和增长财富。

我个人这三十年的经历也算是对这六条原则的注释。刚到美国时，我一文不名，只有负资产。走到今天，能有机会和大家分享我们的经验，确实归功于价值投资的实践。价值投资的理念是可以实践的，而且可以成功地、长期地实践。我希望像巴菲特先生和芒格先生一样，未来还有三十年的时间去继续实践价值投资。我今天依然像三十年前一样，对这个行业充满激情。这是一个可以与时代共呼吸、同增长的方式，所以充满了吸引力。

最后，我再讲一个小故事。大家都知道芒格先生一生投资的股票很少，但是他一辈子在坚持研究。他曾经分享过，他读《巴伦周刊》五十年，从中只发现了一个投资想法，但是他在这个投资上赚了几十上百倍的回报：他先在这个投资标的上赚了近十倍，然后投到我们的基金里又赚了十几倍。芒格先生在99岁时，又发现了一只很有趣的股票，有点"政治不正确"，被极度地错误定价，所以他在 99 岁时出手买入了近十年里唯一的一只股票，而且活到看到股价翻倍。

今天恰逢芒格先生去世一周年刚刚过去。去年感恩节，星期四晚上查理在家人的陪伴下共度晚餐，吃甜点时感到不适，于是提前离席休息。第二天星期五的早上，芒格先生住院了，星期六清醒过来与家人作最后的道别，星期天平静离世。直到生命的最后一刻，他的生活都很平静，都还在从事自己最热爱的工作，从未停歇。这样的人生让我们倍受激励，倍感振奋。芒格先生用自己的一生、六十多年的投资记录，向我们展示了这个道理：宏观是我们必须接受的，微观是我们可以有作为而且大有作为的。从事价值投资可以让我们与时代共呼吸、同增长。我相信，有志于价值投资的人，无论身处何地、面临何种环境，都能够有所作为。我衷心希望大家能够持续投身这份美好的事业。谢谢！

Q&A 部分

问：在持有优质公司的过程中，如果市场给出了明显高估的价格，达到什么程度时，您会考虑减持？

长期持有优质公司并获得持续收益的人很少，这是否与运气和勇气有关？年轻人在信息不足或需要推翻认知的情况下，如何在不确定性中做出投资决策？您年轻时也有过这样的困惑吗？

关于卖出，我的考量主要有以下几点。第一，如果发现自己犯了错，会第一时间卖出。第二，当有更好的投资标的，其风险回报比（risk-award）与潜在损失和收益（downside-upside）更优时，会选择替换。第三，当市场出现了极端的高估泡沫。但是估值很多时候是一个时间维度上的概念，很大程度上取决于公司的长期成长能力。人类共同的缺点是常常会放大短期因素，缩小或忽视长期因素。所以要培养起自己的能力圈，你研究得越深入，理解就越透彻。短期高估如果与长期增长相比，就没有那么重要。但是找到并理解能够长期增长的公司是一件极其困难的事。这类公司具有长期持续地超越对手的竞争力，有很广阔的增长空间，而且具有优秀的资本回报率。这样的公司凤毛麟角，因此我们称之为"圣杯"（holy grail）。最优秀的投资，往往就是投资在这些具有长期持续竞争力和增长潜力的公司上。一旦你真正找到、理解了这样的公司，我通常建议不要轻易地丢掉这个筹码。如果因为觉得高估了卖掉它，再想买回来，你会发觉还是面临同样的问题，它还被高估，你还是得继续等待。在等待的过程中，它的增长可能已经远远超出你原本预估的价值。如果是真正优秀的公司，这种情况更可能发生。如果不是优秀的公司，那是另外一个问题。

  一个人一辈子的投资生涯里，真正找到这样的公司并不容易，因为这样的公司本来就稀少。一家你研究明白的优秀公司，还恰好很便宜，这种机会非常罕见，我在30年的投资生涯中，也只遇到过少数几次。同时，能否长期持有这样的公司也很重要。无论你持有了多久，都要不断地去学习。

  以伯克希尔·哈撒韦为例，我们都觉得它是一家城堡型的公司，由全世界最优秀的投资人打理，60多年屹立不倒。然而，它的股价也曾有过三四次下跌超过50%。在那个时点你能不能继续持有，很大程度取决于你是否深刻理解这家公司拥有的资产。这种深度理解并不简单，因为伯克希尔拥有许多优秀的资产和子公司，要真正弄明白，需要长期的研究和积累。

再举一个例子，我们持有比亚迪已经22年。在这22年里，它的股票至少有七八次下跌了50%以上，有一次甚至跌了80%。每次股价大幅下跌，都会考验你能力圈的边界的真实性。你是不是真的懂？是否真的知道它的价值是什么？它创造了多少价值？在某一年，比亚迪创造的价值可能是增加的，但股票却跌了70%。这个时候才真正地考验你是否拥有能力圈，只有触摸到边界，才能确认这个圈是否存在。在我们持有的这段时间里，比亚迪的销售额从十亿元增长到近一万亿元人民币，且尚未封顶，仍然在增长，仍然在创造价值。这就是投资的有趣之处。

所以，持有股票的时间长度和卖出的时机，很大程度上取决于你的能力圈是否真实，以及你是否真正理解一家公司。投资并不是买入一只股票就高枕无忧了这么简单。如果这么容易，早就遍地都是富人了。投资并不容易，但它是一项有趣且富有挑战的工作。

第四种情况是作为受托人，有时我们卖出也是迫不得已。如果是满仓投资，遇到赎回要求，因为我们的基本原则是不借债，这种情况下就可能需要卖出部分持仓。我们坚持不借债的基本原则，是因为只有不借债，我才能够经得起整个投资组合下跌50%

的极端情况,个股大幅下跌是投资中很正常的事。如果在投资生涯里没经过几次这样的考验,你很难弄清楚你的能力圈是真的还是假的,你是真明白、真勇敢,还是真鲁莽、真运气。

股票市场确实非常考验人性。如果你对投资标的不理解,迟早会在某一刻被市场打败。所以真正明白很重要,要不断地加深和拓展自己的能力圈,坚持终身学习。所以我刚才在演讲的最后和大家分享,芒格先生在 99 岁时买入了一只股票,而他对这只股票所在的行业已经研究了至少六七十年。重要的是,你的能力确实是可以复利式增长的。所以年轻时,可以从简单的做起,比如先买最便宜的股票。因为只有价格足够便宜,你才能安心地长期持有,从而有充裕的时间去理解企业和生意。在理解企业的情况下,再去拥有那些真正优秀的公司。长期持有的前提是真正理解,而不是为了长期持有而长期持有。价值投资的核心是理解价值,支付的是价格,购买的是价值,最好去买那种能够不断增长的价值,至少要买在远远低于价值的价格上。能力圈要一点点建立,不必着急。

问:如何看待美国进入 3.0 时代的路径?除了参考中国香港的发展,中国是否还能借鉴美国崛起的一些经验?此外,在改革与崛起的过程中,高层决策在多大程度上决定了经济发展的成功?

从长远的视角来看,我们今天看到的是一个文明范式的变化,不以任何个人、任何国家的意志为转移,是由现代科技文明中经济可持续累进增长的规律决定的。如果一个国家停滞不前,就会落后,因为其他国家还在增长,比如过去几年中国的经济总量相对于美国其实是收缩了。有的时候我们还要观察这个民族是不是一个成功的民族，大家是不是还在认真努力去做事。现在中国影响的是国内的十几亿人，再加上全世界二十几亿人，我们是命运共同体。有的时候确实形势比人强。

3.0 经济能够在这个时代真正立足，有很多偶然因素，其中最大的偶然因素是美国的建立。美国确实得天独厚，地理广阔、文化多元，可以接纳大量多种族的人口，到今天依旧如此。所以美国的实践，不仅是本国的实践，也是人类各族群探索 3.0 文明的共同实践，对世界具有广泛的意义。目前，全世界经济体中已经有 10% 左右的人口进入了 3.0 文明，但国际关系尚未达到这一阶段。现代化经济发展的铁律是最大的市场最终会成为唯一的市场。尽管市场之间存在很多栅栏、各种壁垒、关税和限制，但实际上通过第三方，整个市场还会连接、流通，谁也离不开谁，暂时的战争和冲突最后也会结束。

人类今天的组织方式还是以政府和民族国家为单位。尽管在经济上，全球已经形成了一个共同市场，但是在国际关系上，仍然是一个以民族国家为单位的松散体系，没有一个国际政治组织形式。其根本原因在于，3.0 文明的经济以复利形式增长，增长的速度很快，可是人的本性基本上不变，人的组织方式、心理结构、文化诉求、宗教信仰变化很慢，这种落差是长期存在的。无论是国际关系的变化还是国家内部的治理，都是一个很漫长的过程。如果了解其他国家的现代化历程，就会明白中国今天的很多困难并非无解。回溯中国从 1840 年以来的现代化实践，再对比过去这几年的挑战，你会发现当前的困难不过是茶杯中的风波，无需太过担心。作为投资人，最关键是要找到那个有鱼且人不多的湖，去那里钓鱼。你不需要厘清所有事情，也不需要在最大的湖里与人潮竞争。这就是价值投资美妙的地方。

问：如何理解什么是便宜的公司，是看 P/E 吗？公司的 P/E 有个范围，P/E 和增长率相关的，应该怎么看？

便宜是一个多维度的观念，是相对价值而言的。在本·格雷厄姆的时代，他专注于有形资产价值，只看那些可以立即变现的类现金、可交易证券、立即可回收的应收账款，甚至连房地产都不在考虑范围内。在20世纪30年代大萧条时，这类股票很多。1993—1994年，我刚开始投资时，美国股市上也有很便宜的股票。我的第一个"十倍股"，当时市值3亿美元，账面价值有5亿美元，其中4亿是一家上市公司 TCI 的股票，TCI 后来成为美国最大的有线电视公司。当时我不看 P/E，也不清楚那剩下的1亿美元资产是什么。后来我发现，这1亿美元资产非常值钱，都是卫星通信和无线网络的牌照，是美国最早的无线通信系统的基石。当时我并不理解这一点，误打误撞买了之后，决心深入研究有线电视公司，才意识到无线网络牌照真正的价值。所以，买得便宜有时会带来意外的收获，但是买完之后必须去深入研究，懂得越多，收获的价值就越大。

用 P/E 作为指标去衡量公司价值，关键需要明白这个盈利的质量。比如，盈利是否具有周期性？如果 P/E 低，是因为它处在周期的顶点，因为盈利中包含了很多一次性的或周期性的成分，还是因为它的盈利确实是长期的、稳定的、可持续的？弄清楚盈利的质量之后，才能判断公司的长期增长能力。每家公司的价值都不太一样，你一定要明白自己投资的是什么。

问：优秀的企业家有什么特点，有没有共性？

这个问题非常有意思。30年来我认识很多成功的企业家。你只要经历得够多，就会发现这些成功人士，其实和你一样，早期也都从一文不名开始。我认识杰夫·贝佐斯的时候，他跟我一样，也是初创公司的创始人，我们一见如故。他邀请我去亚马逊演讲，当时公司就一百多人，而他刚租下第一个仓库。其实每一代人都有自己成功的故事，江山代有才人出。

每一代优秀的企业家之间有很多共性，也有很多差异，无法统一归类。如果说有共性，可能最重要的是永远保持乐观。世界上所有的事都是半瓶子满、半瓶子空，没有哪瓶水是全满，也没有全空的，而成功的企业家都选择看满的那部分。因为创建一个企业，永远有无穷无尽的困难和挑战。如果你天天盯着半瓶子空，把自己和旁人讲得很沮丧，怎么能找到合作伙伴呢？人要有理智分析，但是企业家要选择相信相信的力量。未来并不容易预测，很多时候要选择相信。相信，在3.0文明范式变化中特别有用。为什么呢？因为潮涌之时，众船皆高（Rising tide lifts all boat），经济体本身在增长，会奖励那些选择相信的人。所以永不言败是成功的第一步。所有成功的人都具备永不言败、保持乐观、相信未来这些基本的性格。

市场经济的优势在于，它不清楚哪一种人能成功，也不管哪一种人能成功。埃隆·马斯克这样的人在中国很难成功，很难被广泛接受。马云在今天还能不能成功也是未知数。一个有高度包容性的社会才能够人尽其才。因为市场经济是由竞争结果来决定的，没法事先判定。没人知道哪一种人特别适合，况且在不同的时候标准也不一样。所以自由很重要，提供空间很重要，任何人在市场经济中都有机会。这就是为什么市场经济从"人人为我"最后变成"我为人人"，从私利出发最后成就了巨大的公利。它把所有经济要素全部循环起来，任何才华，在市场经济中永远不够用，多少都不够。所以要不断地学习，不断地充实自己，再成功的企业家也得不断学习，否则只能成功一时。所以保持乐观、永不言败很重要，持续学习很重要，让别人能够信任你，正直诚信（integrity）也很重要。但除此之外，真的是人尽其才，不拘一格，所以整个社会环境需要包容性。

问：投资的意义是什么？个人投资者的认知和能力圈会提升，会获得投资收益，但是除此之外还有什么价值？

最后我来回答这个带有哲学色彩的问题，投资人是寄生虫，还是对社会有益？尤其是价值投资强调便宜，总在低价买入，每次买入就意味着有人卖出，那么你的投资盈利是不是来源于卖出的人的亏损？答案是否定的，价值投资人绝对不是寄生虫。刚才演讲里谈过这个问题，即为什么资本市场是现代经济的必要前提和基石。进一步说，资本市场的存在是让所有的经济要素能够循环起来最最重要的保障，资本市场最终要有效率，就是要把钱投给最有生产力、能够提供市场最需要的产品和服务的公司。假定一个普通人每月挣一千块钱，拿出五百块来储蓄，想要投到最优秀的公司，中间需要经过一个很长的链条，链条上每一个节点都非常重要，都不可或缺，到最后的资本市场、公开股票市场，其最重要的功能就是它能够合理定价。合理定价是说最终价格和价值要大体相符。

我们说资本市场并非总是有效，是说它短期有时无效。长期看，市场价格要随着价值浮动，价值是它的锚，这个市场才是有效的。让价格从短期的无效变成长期的有效，最重要的就是基本面投资人，就是价值投资人。价值投资才使得市场具有价格发现的功能，是市场能够把最值得投资的最有价值的公司和非专业的个人小储户相连接最重要的一环。构成资本市场的每一环都很重要，包括律师、券商、分析师、经理人等等，千万不要轻易地认为任何一环上从事金融的人都有原罪。这些专业人士和机构提供的是信用。当然这个行业里的确有寄生虫。只有真正具备受托人责任的人才能够产生信用，也只有当每一个链条都有讲信用的中介，才能够产生整体金融市场的信用。自由竞争、优胜劣汰，加上法制化的监管及长期的实践才能产生真正有效率、有信用的金融市场。

我一般不谈持仓，既然大家都知道我们在比亚迪的投资，所以还以比亚迪为例，我们拥有了它22年，其间有8次它的股价跌了50%，一次跌了80%，如果没有像我们这样的价值投资人，比亚迪在某些危机时刻可能遭遇资金链断裂。比如大家知道今年就有很多高成长型的公司发生资金断裂。如果我们没有在2010年引入像伯克希尔这样有信誉的投资人,比亚迪的成功会面临更多的挑战,并不是说比亚迪不会像今天这样成功,只是说它会经受更多挑战。这是实事求是的说法,是一个非常鲜明的例证。如果没有价值投资人,资本市场就失去了价格发现的功能,不再有效,也就无法成为真正让储蓄运转起来的体系。所以优秀的价值投资人取之有道,是一个优秀企业不可或缺的伙伴,不仅重要,而且十分重要。

这就是为什么我第一次听巴菲特的演讲时,就决定从事这个行业,他给我解答的就是你这个问题。我个人一直对道德和社会正义比对赚钱更有兴趣,年轻时尤其如此。我最早理解的华尔街股市,就像是《日出》里描绘的那些狡诈的寄生虫,暗箱操作、秘密勾结,令人鄙夷。而巴菲特使我明白,价值投资的本质是双赢,投资人其实是公司成长很重要的一环。我在早期的投资生涯中也做过一些风险投资,作为天使投资人,帮助十几家公司成功创建并发展。对VC、PE来说,投资人的作用就更明显了。一个真正有声誉的、有信用的公共市场投资人,长期对公司的背书起到同样重要的作用。而且公共公司的存在,对于把储蓄转化成有效的社会资源,对于这些公司能够成长起来至关重要。这是我们整个现代经济能够进入到自生性的、可持续的长期增长最重要的一环。所以每一个链条上的人,都发挥着极其重要的作用。

这些是常识,却很稀缺。你问的这个问题很重要,这些知识要慢慢地去理解。所以为什么我们要开设这门课,为什么要讲这些,为什么常老师、姜老师、助教和志愿者花那么多时间做教育工作？就是要把常识变成共识，这样社会才不会动辄将资本市场上的人妖魔化，为这个行业强加原罪。缺乏这样的共识，一个国家会被困在中等收入陷阱里，无法形成正向循环。个人储蓄率从40%增加到50%，意味着 GDP 缩减 10%。GDP 减少导致大家对未来的期望降低，进一步导致消费减少，引发公司裁员。也就是说，当经济开始缩减的时候会越来越缩减，当经济在扩张的时候会越来越扩张，所以需要救市，需要刺激，但是消费端出现的问题，增加供给是解决不了的，需要增加实质性的可持续的需求。这些环节就是现代经济的基本，也是稀缺的常识。教育最重要的是要把这些常识真正地变成共识，让经济在这个基础之上持续发展。但是这种稀缺又很自然，我们从农业文明时代经历上万年演化过来，大部分人的财富观是静态的，凡是赚钱的人我们都觉得他赚的是不义之财。这是静态的 2.0 时代的思考惯性。我把狩猎文明、农业文明、科技文明命名为 1.0、2.0、3.0，就是为了将其显著区分，因为我们的观念很多时候滞留在上一个文明状态，不理解动态的经济增长、复利增长。财富是动态的，是被不断创造的，大家回到英国贵族、回到万元户的例子，就能明白这一点。所以我们很多观念需要改变。

今天也用这个问题来结束我们的演讲，就是真正的价值投资人具有受托人的意识，为企业和资本市场做出了很重要的贡献，是现代经济发展中不可或缺的一部分。希望每一个从业人员真正能够做到对得起这份责任。谢谢！

价值投资的常识与方法

——2006年在哥伦比亚大学商学院的讲座*

能再次回到这个课堂感觉棒极了，当年布鲁斯教授的这门课很大程度上塑造了我的职业生涯。大约15年前，那时候我其实还不是商学院的学生，一次很偶然的机会，我参加了一个讲座。这个讲座也是布鲁斯这门课的一部分，讲座的主讲人是沃伦·巴菲特先生，当时我觉得巴菲特（Buffett）这个名字很有意思，让我联想到自助餐（buffet）。听沃伦讲到一半时，我忽觉醍醐灌顶，意识到也许自己能在投资领域里做点事。其实我当时的状态非常绝望，刚从中国到异乡，举目无亲，毫无社会根基，没有什么钱，还背了一身债。说实话，我对自己该如何在美国生存下去都忧心忡忡。

---

* 美国哥伦比亚大学"价值投资实践"课程最早由本杰明·格雷厄姆开设，巴菲特可能是这门课最著名的学生。格雷厄姆退休后，这门课停了很多年，直到90年代初才由布鲁斯·格林伍德教授（Bruce Greenwald）重新开课。这门课程除了由教授讲课外，主要请十几位价值投资人以实例直接授课。巴菲特先生一直以来都会讲授中间的一课。从2000年初开始，我很荣幸几乎每年都会被邀请在这门课上做一次讲座，持续了十几年。很遗憾，大多数讲课的内容都没有留下记录。2006年这次是少数几次被同学以录像形式记录下来的讲座。国内价值投资爱好者蒋志刚先生热心翻译，并在网上传播。这里我做了少许修正，收录于本书。因为文章的内容是对讲课过程完整、真实的记录，包括和同学们的现场互动、问答，文中用语若有欠斟酌之处，还请各位读者见谅。

再者我也不是在资本主义文化中长大，所以沃伦讲到的那些投资理念和我当时所理解的股市相去甚远。思来想去，我越发觉得自己也许能在投资这一行有点作为。

我猜想在座各位既然来上这门课（我知道要选上这门课是很难的，至少我上学的时候是这样），应该多多少少是出于一种"自我选择"的机制，也就是说你们认为自己是价值投资者或是倾向于价值投资者。（我们做个简单的现场调查）在座各位中有多少人真正认为自己是价值投资者或者倾向于价值投资者？又有多少人确信自己以后会从事资产管理的工作？好，这两者的数量大致相当，想要做资产管理的人和认为自己倾向于价值投资的人大致一样多。那谁能告诉我，真正将价值投资者和其他人区分开的那一两个特性是什么？大家可以踊跃发言。

同学：价值投资者靠证券背后的生意来赚钱，而不是估值倍数的提升。

换句话说，你把自己看成是一个生意的所有人，你的财富增减和生意的业绩好坏同步。其他同学呢？

同学：安全边际。

对，你需要安全边际。

同学：长期视角。

对。我们大体总结了价值投资的三个基本点，这也是格雷厄姆在教学中总结的。第一，你不认为自己是在买卖一张纸（股票），而是真正持有其背后的生意；第二，你在投资时需要很大的安全边际；第三，理解格雷厄姆书中的"市场先生"。其实这三点都源自一个理念：假设自己是持有生意的一部分，而不是一张纸（股票）；正因为你只持有生意的一小部分，不能完全掌控，所以出于自我保护，就需要很大的安全边际；正因为是生意的持有人，你就不会一天到晚想着交易，这就把你和市场中大部分参与者区别开来了。那么问题来了，假如我们真的认为自己拥有的是某个生意的一部分，为什么还需要股票市场？股票市场不是为我们这样的人设立的，对不对？股票市场的设立就是为了让大家尽量减小摩擦，可以随意进出，对不对？谁能谈谈对这个问题的看法？谁能告诉我，大概有多少资产是由价值投资者管理的，有谁愿意猜测一下吗？目前没有真正关于这方面的研究出现，但确实有一些尝试性的研究，据（商学院）隔壁法学院的路易斯·鲁文斯坦教授估计，仅有5%不到的资产是被价值投资者持有的。这个结论与我们刚刚所说的是一致的，你们（价值投资者）确实不是大多数，而是极其稀缺的少数派，股市就不是为你们而设立的，它是为其他那些95%的人设立的；这正是你们的机会，也是你们的挑战。所以在进入资产管理行业前，把这些道理想透彻是极为重要的。这也是我在巴菲特的讲座中最先学到的，听讲的时候这些问题就萦绕在我脑海里，关于这些问题的思考让我找到了自己的位置，看清楚自己是什么样的人。对在座的绝大多数人来说（尤其是那些要进入资产管理行业的同学，我相信在座大部分同学都怀着这个想法），最大的挑战就是搞清楚自己到底是那5%的少数，还是95%的大多数。你可能以为，来上这门课，受到一些训练，就能成为5%，而一个人能发生改变的程度之大，往往令人惊叹。我在职业生涯初期也走过弯路,我一直自己管理基金,其中有段时间(布鲁斯刚才也提到了),朱利安·罗伯逊(Julian Robertson,老虎基金创始人)邀请我跟他共享办公室,还找来很多他投钱的基金管理人一起办公,交流投资想法,这段经历让我有机会更好地了解95%的人是怎么运作的。有意思的是,为什么95%的人不去做你们试图做的事情,更何况已经有了像巴菲特、芒格这样极其成功的先例,为什么?谁能解释一下?

同学:因为投资很难不受到感情的影响。

确实如此。不过历史已经给出了有力的证据,证明价值投资者在长期内能获得更大的收益,价值投资才是真正的金矿——为什么那些难以摆脱感情影响的投资人不去努力做出改变呢?还有其他原因吗?

同学:因为他们追求短期收益?

对,我们已经很接近事实了。我认为,诚实地来说,是因为资金就汇集在那里(短期交易的市场上),因为市场就是为这些热衷于交易的人设立的,自然地,这些人也只关注短期。只要你有金融需求,资产就会找到你。所以,即使统计结果显示5%的价值投资者持续性拥有高得多的回报率,95%左右的资金依旧会流向那些大多数。因为人类的本性会将大部分投资者诱导到(短期投资的)市场上。

所以我想强调的第一个也是最重要的观点就是,要想清楚你自己到底是什么样的人,因为在职业生涯中你会不断经受考验,所以不如尽早直面这个问题,搞清自己到底是不是价值投资者。好,现在我们假设你的个性适合成为一个价值投资者，这说明某种程度上，你属于人类进化过程中发生基因突变的那一小群。这一小群人有哪些特点呢？第一，你并不介意作为少数派，反而感到非常自在——这可不是人的本性，人类在进化过程中大部分时间是依靠群体才得以生存的，在几万年的进化过程中一直如此，所以群体性是根植在你的基因中的。但也有一小部分人拥有不同的基因（很可能是发生了基因突变），而他们也生存下来了。所以我认为（价值投资者的）首要特点就是乐于身为少数派，这是一种天生的感觉，对于事情的判断不受别人赞成或反对意见的影响，而纯粹基于你的逻辑和证据。其实这是常识。但正如一句话所说，"常识是最稀缺的商品"，大部分人不会这样思考问题。

第二，你愿意投入大量时间和精力去成为一个学术型的研究人员，而不是所谓的专业投资者。价值投资者要把自己培养成一个学术型的研究人员、侦探，甚至记者，要有探究万物运行原理的永不满足的好奇心。因为你认知越深，越有可能成为更好的投资者。所以你必须葆有对任何事物的兴趣和好奇心，这其中包括各行各业的生意、政治、科学、技术、人性、历史、诗歌、文学……基本上任何事物都可能影响到投资。当然，我不想吓坏你们（笑），你们不一定非要什么都去学，但我的意思是这种求知若渴的态度会让你受益匪浅。当你的学习积累到一定程度，也许会偶然地获得灵光一现的洞见——这种洞见就是知识赐予你的良机，而其他人根本无缘获得。其他那些人错失良机也可能是因为心理因素、思维的局限或是机构投资者的制度限制等等，而这些就是你的机会。当机会在我面前的时候，我会查验我的问题清单：价格是否便宜？这是不是一桩好生意？管理层是不是值得信任，这种信任是因为（相信）管理层是好人，还是基于充足的外部验证工作？我还遗漏了什么？为什么这个机会被我发现？假如完成这些检验后依旧觉得可以，那最后一步就是跨过心理的屏障，开始行动。

下面我们来聊几个投资的实例。虽然我不会谈现在的持仓，但可以谈谈过去持有的公司。我的公司创立于1997年的下半年，紧接着就遭遇了几个重大动荡，例如亚洲金融危机和科技股泡沫破灭等等。经历这段波折之后，我对机遇的嗅觉变得更为敏锐。1998年的秋天，我关注了一家公司。至于为什么我会发现这家公司，其实很简单，因为我一直对各行各业的公司都很感兴趣。当年我还在这里念书的时候，就痴迷于阅读《价值线》，我对几乎所有事的来龙去脉都想追究。如果你想拥有百科全书式的知识和数据库，事实上如果你想成为价值投资者，这是必须的，我推荐你一页一页地阅读《价值线》，这是最好的商业训练，对你理解投资有巨大的帮助。我看《价值线》的时候，通常会先去看"历史新低名单"——股价新低、P/E新低、P/B新低等等，这比"历史新高"要更吸引我。

大家可以看一下手中资料（图12），要注意的是上面显示的46美元的股价是印刷错误，1998年8月到9月的时候，股价应该在28-30美元左右。大家看这个资料，你最先注意到的是什么？有人可以给出一个快速的总结吗？

TIMBERLAND CO NYSE-TBL

RECENT PRICE	46	P/E RATIO	9.0 (Trailing: 9.7 Median: 16.0)	RELATIVE P/E RATIO	0.54	DIV'D YLD	Nil	VALUE LINE

	1988	1989	1990	1991	1992	1993	1994	1995	1996	1997	1998
High:	23.1	16.0	15.5	12.5	10.5	20.0	85.4	61.0	36.6	40.1	82.9	87.8
Low:	9.8	10.8	8.8	5.0	5.6	8.8	18.9	19.9	17.5	16.5	36.6	28.1

Target Price Range: 2001 | 2002 | 2003

TIMELINESS 3 Lowered 10/16/98

SAFETY 3 Raised 2/20/98

TECHNICAL 3 Lowered 9/18/98

BETA 1.20 (1.00 = Market)

2001-03 PROJECTIONS

	Price	Gain	Ann'l Total Return
High	160	(+250%)	37%
Low	110	(+140%)	24%

Insider Decisions

	D	J	F	M	A	M	J	J	A
to Buy	0	0	0	0	0	0	1	0	1
Options	0	0	0	1	2	0	0	0	0
to Sell	1	0	2	2	2	0	0	0	0

Institutional Decisions

	4Q1997	1Q1998	2Q1998
to Buy	35	48	37
to Sell	21	24	39
Hld's(000)	4087	4831	5621

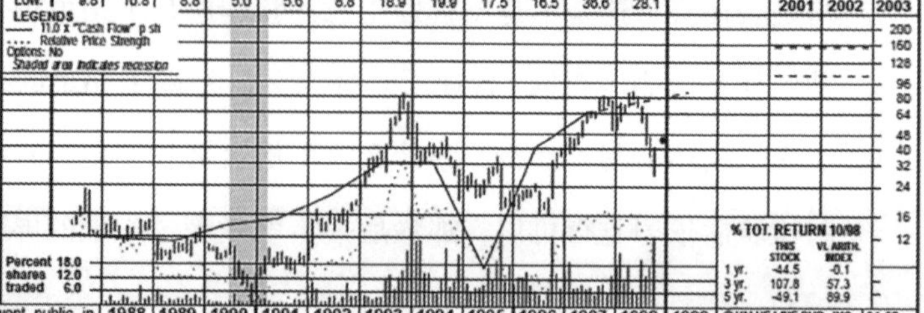

The Timberland Company went public in June, 1987 when it offered 3,685,600 Class A shares at $14 each. The offering included 350,000 shares offered by Sidney W. Swartz. The funds were used to repay debt and buy back stock from existing shareholders. Merrill Lynch Capital Markets was the lead underwriter.

1988	1989	1990	1991	1992	1993	1994	1995	1996	1997	1998	1999	© VALUE LINE PUB., INC.	01-03
12.51	14.66	18.39	21.08	27.01	38.55	58.18	59.28	61.80	70.15	74.35	82.15	Sales per sh	110.85
1.07	1.04	1.29	1.41	1.93	3.02	3.02	.73	3.74	5.96	6.90	7.90	"Cash Flow" per sh	11.20
.76	.60	.73	.75	1.18	2.01	1.58	d.99	1.81	4.03	5.05	5.75	Earnings per sh A	9.00
--	--	--	--	--	--	--	--	--	--	Nil	Nil	Div'ds Decl'd per sh	Nil
.61	.65	.86	.70	1.09	1.99	2.87	1.22	1.35	2.26	1.75	2.15	Cap'l Spending per sh	2.15
6.53	7.03	8.02	8.71	9.70	11.81	13.60	12.87	14.81	18.93	23.90	30.00	Book Value per sh B	54.35
10.60	10.65	10.67	10.73	10.79	10.87	10.96	11.05	11.17	11.35	11.50	11.50	Common Shs Outst'g C	11.50
17.0	17.9	12.2	11.3	12.8	22.2	24.2	NMF	13.3	14.9	Bold figures are		Avg Ann'l P/E Ratio	15.0
1.41	1.35	.91	.72	.78	1.31	1.59	NMF	.83	.86	Value Line		Relative P/E Ratio	1.05
--	--	--	--	--	--	--	--	--	--	estimates		Avg Ann'l Div'd Yield	Nil
132.6	156.1	196.3	226.1	291.4	418.9	637.5	655.1	690.0	796.5	855	945	Sales ($mill)	1275
13.2%	11.7%	11.5%	10.8%	11.6%	12.1%	9.2%	4.6%	10.5%	13.1%	13.2%	13.7%	Operating Margin	14.5%
3.3	4.7	5.9	7.0	8.0	10.3	15.3	19.1	21.4	20.3	19.5	21.0	Depreciation ($mill)	24.0
8.1	6.4	7.9	8.1	12.9	22.5	17.7	d11.1	20.4	47.3	60.0	70.0	Net Profit ($mill)	105
33.0%	30.0%	28.8%	31.0%	32.0%	34.0%	37.0%	--	34.0%	30.0%	32.0%	32.5%	Income Tax Rate	33.0%
6.1%	4.1%	4.0%	3.6%	4.4%	5.4%	2.8%	NMF	3.0%	5.9%	7.0%	7.4%	Net Profit Margin	8.2%
46.2	84.1	88.2	92.6	94.5	155.7	266.6	268.1	269.6	242.9	300	365	Working Cap'l ($mill)	540
14.6	46.7	46.9	44.2	41.5	90.8	206.8	199.5	171.7	100.0	100	100	Long-Term Debt ($mill)	Nil
69.2	74.9	85.7	93.4	104.6	128.4	149.1	142.2	165.4	214.9	275	345	Shr. Equity ($mill)	625
10.5%	7.3%	7.9%	7.9%	10.7%	11.7%	6.9%	NMF	8.2%	16.9%	17.0%	16.5%	Return on Total Cap'l	17.0%
11.7%	8.5%	9.2%	8.7%	12.3%	17.5%	11.9%	NMF	12.3%	22.0%	22.0%	20.5%	Return on Shr. Equity	17.0%
11.7%	8.5%	9.2%	8.7%	12.3%	17.5%	11.9%	NMF	12.3%	22.0%	22.0%	20.5%	Retained to Com Eq	17.0%
--	--	--	--	--	--	--	--	--	--	Nil	Nil	All Div'ds to Net Prof	Nil

CAPITAL STRUCTURE as of 9/25/98
Total Debt $100.0 mill. Due in 5 Yrs $100.0 mill.
LT Debt $100.0 mill. LT Interest $8.9 mill.
(LT interest earned: 10.1x; total interest coverage: 10.1x)
(28% of Cap'l)

Leases, Uncapitalized Annual rentals $18.2 mill.
Pension Liability None

Pfd Stock None

Common Stock 11,497,327 shs.
Includes 9.16 mill. Class A shares (one vote per share), and 2.34 mill. Class B shares (10 votes per share) (72% of Cap'l)
MARKET CAP: $525 million (Small Cap)

CURRENT POSITION ($MILL.)	1996	1997	9/25/98
Cash Assets	93.3	98.8	19.3
Receivables	100.6	75.8	177.3
Inventory (Avg Cst)	159.1	142.6	189.5
Other	18.5	24.8	24.5
Current Assets	371.5	342.0	410.6
Accts Payable	21.3	20.4	30.1
Debt Due	17.8	--	--
Other	62.8	78.7	94.6
Current Liab.	101.9	99.1	124.7

ANNUAL RATES of change (per sh)	Past 10 Yrs.	Past 5 Yrs.	Est'd '95-'97 to '01-'03
Sales	20.0%	23.5%	9.5%
"Cash Flow"	14.0%	17.5%	21.5%
Earnings	6.5%	13.0%	NMF
Dividends	--	--	Nil
Book Value	10.0%	12.0%	23.0%

Calendar	QUARTERLY SALES ($ mill.) Mar.31	Jun.30	Sep.30	Dec.31	Full Year
1995	141.6	125.1	212.6	175.8	655.1
1996	127.7	113.6	227.6	221.1	690.0
1997	150.7	132.2	274.7	238.9	796.5
1998	163.1	144.7	291.9	255.3	855
1999	180	160	325	280	945

Calendar	EARNINGS PER SHARE A D Mar.31	Jun.30	Sep.30	Dec.31	Full Year
1995	d.33	d1.12	.37	.07	d.99
1996	d.09	d.61	1.51	.99	1.81
1997	.37	.05	2.11	1.48	4.03
1998	.62	.16	2.47	1.80	5.05
1999	.70	.25	2.85	1.95	5.75

Calendar	QUARTERLY DIVIDENDS PAID Mar.31	Jun.30	Sep.30	Dec.31	Full Year
1994					
1995	NO CASH DIVIDENDS BEING PAID				
1996					
1997					
1998					

BUSINESS: The Timberland Co. manufactures and markets men's and women's rugged footwear and apparel. Footwear and apparel sales were 75% and 25% of 1997 sales total, respectively. Int'l sales, 27%. Produces approx. 28% of its footwear in its Caribbean Basin fac. All apparel is sourced from indep. manuf. located abroad. 1997 depr. rate, 17.4%. Has about 5,100 empl., 700 shrhldrs. Sidney Swartz owns 98% of Class B shares. The Sidney W. Swartz 1982 Family Trust owns about 35% of Class A shares; FMR Corp., 9.6%; Putnam Inv., Inc., 7.3%; State St. Res. & Mngmnt. Co., 7.2% (4/98 Proxy). Chrmn.: Sidney Swartz. Pres. & C.E.O.: Jeffrey Swartz. Inc.: DE. Addr.: 200 Domain Drive, Stratham, NH 03885. Tel.: 603-772-9500. Internet: www.timberland.com.

The sluggish U.S. footwear market is finally beginning to hurt Timberland's results, following months of battering the athletic-shoe manufacturers. The company's performance-footwear line, just recently the primary driver of top-line growth, is now falling short of expectations. Overcapacity in the industry is leading to increased price competition, and Timberland has fallen behind in new product launches. The company plans to introduce two completely new performance lines each year (rather than just a revision of the previous season's model), in order to spark a rebound in this category. For now, though, we have reduced our sales projections to reflect the weakness in this segment. As a result, we are lowering our 1998 and 1999 share-net estimates by $0.15 and $0.50, respectively, to $5.05 and $5.75. Investors should note, though, that these targets still represent substantial year-over-year increases.

Timberland's 3- to 5-year outlook remains favorable. The company's classic yellow boot is continuing to perform well, with demand outstripping supply in the September period. Timberland is also strengthening its presence in the children's footwear market, and its international sales are increasing at a rapid pace. We believe that the company will continue to garner market share both abroad and in the kids-shoe segment through increased marketing and new product introductions. Finally, Timberland has recently implemented a "tier-pricing" strategy across some of its product lines. The object of this move is to garner market share in a flat-growth category by launching adaptations of a product line at different price points, thus, appealing to a broader consumer base. This strategy has already begun to benefit the men's segment, and it should help fuel sales increases in additional categories in the new millennium.

Long-term investors may find these neutrally ranked shares appealing. Despite a recent uptick of the stock's price, it is still down over 45% from its May high, due to the general weakness of the overall market and the U.S. footwear industry. At its current quotation, though, the issue's 3- to 5-year appreciation potential is well above *Value Line*'s median.

Jonathan B. Chappell November 20, 1998

(A) Earnings based on average shares outstanding (diluted). Excludes a nonrecurring charge of 72¢ a share and a one-time gain of 67¢ a share in 1995. Next earnings report due early February. (B) Includes intangibles. In '97: $20.9 mill., $1.84 a share. (C) In millions. (D) Quarterly earnings may not sum to annual total due to changes in shares outstanding.

Company's Financial Strength	B+
Stock's Price Stability	10
Price Growth Persistence	60
Earnings Predictability	5

图 12 添柏岚《价值线》资料

作为价值投资者，你不应该关心公司过去的交易情况。我来告诉你们我会首先看什么。首先看估值，假如估值不合适，我就不会再继续，那么比较合适的估值意味着什么呢？

同学：P/B 比较低。

那账面资产是什么呢，每次看破净股的时候你都需要问资产包里到底是什么，这些资产到底值多少钱？这很简单，只需要快速估算一下。运营资本是 3 亿左右，注意这是前三季度的业绩，根据常识不难想到零售行业通常第四季度是旺季，你回去看上一年四季度的情况就可以估算今年四季度的数据，估算出公司在四季度末会累积不少现金。公司 3 亿的账面资产，2.75 亿的运营资本，其他的科目大致相抵，预测四季度末账上有 1 亿现金，1 亿固定资产，再通过后续研究你会发现固定资产其实是一栋大楼，所以你 3 亿买下这家公司，得到了 2 亿的流动资产，其中 1 亿是地产，这是很不错的保护了，下行空间有限。

利润表和现金流量表呢？其中必须要重视的是息税前的利润，你需要还原没有债务杠杆条件下它的资本回报，这能让你看到这个生意的本质，它真正的营利能力是多少。大家快速地告诉我，息税前利润是多少？假如你是熟手，不用一秒钟就能看出来，公司的运营利润率大概是 13%，8-8.5 亿的收入，1-1.1 亿息税前利润；那投入的资本呢？2 亿流动资产，其中 1 亿固定资产，2 亿的投入资本，1 亿的利润，50% 的资本回报率（ROCE）。所以这是桩不赖的生意。

其实不用多看其他的内容，你只需要 5 秒钟，就可以看出股票交易的市值在净资产附近,账面资产是干净的、保守的、有流动性的。1亿的运营资本加上1亿的固定资产,投入资本占市值的三分之二,2亿的运营资本产生了约1亿的息税前利润。所以这肯定是桩不赖的生意。

下一步你要考察的问题是,为什么会出现这样的情况?如果这是笔好生意,为什么人们不愿意去持有?

而且这个品牌很多人都知道,添柏岚是不错的品牌,什么原因导致它当时估值这么低?可能是因为亚洲金融危机,导致这些有亚洲业务的品牌都发生了下滑的情况,添柏岚的竞争对手诸如耐克、锐步等等都是如此。这时候你要去问问其他人是怎么想的,并不是说你要听取他们的建议,但是要知道他们的看法。看看有没有卖方报告,但奇怪的是并没有。一家销售近10亿,品牌也不错的大公司为什么没有人去研究?有什么合理的解释吗?

同学:可能公司对资本市场没有诉求。

很好。你可以去看公司过去10到15年的历史,看它过去有没有从资本市场融资的需求。你能从这些公司历史中看出什么端倪?公司在成长吗?盈利能力近年来有大幅提高吗?我们发现这家公司的盈利能力一直很不错,所以它对资本市场基本没有需求。还有其他原因吗?股东结构如何?

同学:是家族控股企业。

你说的家族企业是什么意思?他们控有40%股权,98%的投票权——你要对繁复的财务数据进行快速搜集和整理,我再强调一遍,投资者必须像调查记者一样,迅疾地思考和探究这些问题。

其实这些问题的答案并不难找。所以说你必须有非常活跃的思维和好奇的头脑，永不满足于局部的片面的答案，才能在这个行业里做出成就。家族控制了这么多股权和几乎所有投票权，其他股东没有投票权，没有券商覆盖，同时又有很多不同的股东诉讼案件，假如你是那普通的95%投资者会得出什么结论？

（听完几个回答之后）你们的怀疑精神还不够！有没有可能是管理层挪用公司资金或者伪造账目？因为他们完全控制公司，几乎不受任何限制。然后联想到那些股东的诉讼案件，必定是事出有因，他们肯定是对某些事有所不满。那我们下一步做什么？去下载所有的诉讼资料，逐字逐行仔细研究。这就是为什么我要强调好奇心的驱动力，假如你只是想着赚钱，你很难去坚持深究。你必须要去探究每一个细枝末节。假设你们和我当时一样看完了所有的资料，你不难发现几乎所有的股东诉讼都围绕一个问题：过去公司一直提供相关盈利指引，但是现在不给了，这惹恼了一些股东，而公司被诉讼所扰，决定不再跟华尔街打交道，也不给什么指引了，所有者认为我根本不需要其他人一分一毫，我们的生意本身就很好了。好，那么这个疑团就解开了。

接下来的问题是，他们的确没有做假账，但他们作为公司管理层表现如何？他们是不是正直的人？你怎么去了解他们的为人？

同学：打电话给他的邻居。

好主意，你怎么跟邻居说？

同学：告诉他们真实的目的，问问他们的邻居他们是不是为

人正直。

　　要是他们说"你见鬼去吧"怎么办？你是不是就放弃了？我可以告诉你们，大部分人真的会说"你见鬼去吧"。但这是一次好的尝试。再次强调，你就应该像调查记者一样，我一直把投资者看成是调查记者。凡是创立公司的人一般都有强烈的个性，都有历史可供考证，都会留下一些蛛丝马迹告诉大家他们是什么样的人，他们做过什么，他们如何应对纷繁复杂的情况。做这些调查工作并不难，而你必须密切关注这些细节。大部分投资者根本不认为这些是生意的一部分；但你是那5%（我希望你是，也许你压根不是），假如你真想成为这5%，你就该去做这些事：去这些人的社区、教会，拜访他们周围的人，把自己融入他们的家庭、朋友、邻居，光靠打电话是不够的，你要实地考察，甚至不惜花上几个星期的时间。这是非常值得的。尽可能地投入你的时间精力去找到他们，看看他们为社区邻里做了什么，朋友邻居怎么评价他们——这些能勾勒出一个人丰满的形象，而不仅仅是片面的性格评估；也去感受一下他们的家庭氛围，等等。我当时就做了这些事，发现这个老板只是高中毕业，没上过大学，是个简单的人，乐善好施，去教堂但不狂热。更有趣的是他有个儿子，上过商学院，年龄跟我相仿（当时30多岁），已经被内定要继任公司CEO，他和他父亲都是董事。同时我发现他也是另一家我朋友创建的公益组织（City Year）的董事，于是我就通过这位创始人朋友的关系也加入了这家组织的董事会，这段同在董事会的经历令我俩成为了好友。我也真切感受到他们父子俩是我认识的最值得尊敬的家庭之一，为人极其正直优秀，同时也是非常聪明的生意人。做完这些研究后，我发现股价仍在 30 美元上下徘徊。讲了这么多，大家觉得我还有什么遗漏吗？接下来你们会怎么做？

同学：买。

买多少，假设你有 100 元的话？

同学：40 元。

同学：200 元。

你说什么？（笑）我很喜欢跟你们交流，因为你们还没有被过度影响。去了基金公司，你们会发现他们会用"基点"（Basis Point）来计算，他们会这么说，投资某某公司先来 25 个基点，好，不够就再多一点，来 50 个基点，这听起来是很大的投资啊，你看我们准备干 50 个基点，大手笔啊！这就是他们的风格。所以请一定要保持你们的纯真，你们现在的思维方式才是"常识"。想想看你们花了多少功夫才把这些细节拼凑起来，看清了事实的真相，这个机会是多么不容错失，几乎没有向下的风险，而且只有 5 倍的估值。接着我去了不同地区的很多家添柏岚店铺去搞清楚为什么这几年毛利率持续上升，结论是现在市中心贫民区的黑人孩子们把添柏岚当成了时尚，都想拥有一双添柏岚的鞋子和一条添柏岚的牛仔裤，那边的门店销售业绩很好，供不应求，店长都抱怨总是缺货。再看看国际业务这块，国际业务占到总比的 27%，而鞋子的亚洲销售额在这 27% 中只占到 10%，就算放弃这块业务，损失也很有限。所以我下重金买了很多添柏岚的股票。有人知道后面两年发生了什么吗？你们不是都能上网么，可以去查一下。

千万不要人云亦云，别人说什么就听信了，你必须只做自己想做的事，你是对的不是因为别人同意你，而是因为你必须这么做。必须自己查证，这些事情用不了 5 分钟就能查证；如果不去查证，你就不是一个好的研究员。如果你做不成一个好的研究员，就永远不可能成为一个好的投资人。这些都是我的肺腑之言。你们必须训练这些技能，培养一种非常有效的组织、消化信息的能力。好，我来告诉你们发生了什么，接下来两年这家公司涨了 7 倍，更重要的是它的上涨与盈利增长是匹配的，所以这期间你没有冒什么大的风险。你并没有高位买入那些价格已经被哄抬过高的科技股。而添柏岚这个公司从未超过 15 倍（P/E）。但假设你在 5 倍买的，估值翻了 3 倍，盈利每年 30% 的增长，就变成了 7 倍。再到后来，新的 CEO 对于如何经营公司开始发生观念的转变，开始接待投资者了。要知道当年第一次和分析师的见面会只有三个人：CEO、我，再加一个分析员；到了 2000 年那次来了五六十个人，会议室爆满，主要的券商也都开始关注这家公司。那时我知道是时候卖出了。

布鲁斯：你担心（添柏岚）1994—1996 年的事情重演吗？

我确实担心。那段时间正是股东诉讼案件冒出来的时候。他们的确在产品（的市场营销方面）走错了一步。添柏岚公司的声誉主要源于鞋子"防水"的概念，他们是这个行业里第一个开始推广防水概念的，但他们在市场营销中犯了错误，混淆了防水和不防水的鞋子，误导市场，混淆产品的性能，也令公司本身受损。但即使在这种情况下，那几年的收入也依然在增长，只有一年是例外，下滑，但可以说大部分时候他们经营生意的方式还是很聪明的。

买得便宜是王道，买了之后就尽量长期持有，不要做傻事，因为好生意会自己照顾好自己，你的财富会随着生意的发展而增长。

同学：这个投资你花了多少时间？

实际上不超过几个星期，听起来没有想象中那么久，但当机会出现时你需要夜以继日地全身心投入。所以我很高兴今天我太太来了，我总算有机会向我太太解释那些消失的夜晚我干嘛去了（笑）。这样的机会不会经常出现，当它到来时，你必须抓紧它，尽你所能把事情做周全，而且要尽可能地快，这就是为什么你要坚持训练自己的专业素养。平常没机会的时候把钱放在银行，什么也不买，这都没问题，但当机会出现时，你必须跳起来扑上去集中研究——我就是这样做的。当你做完所有工作，会发现可能甚至不需要（几个星期）这么长时间，但这是经过短时间内集中、高强度的调查研究后，做出的投资决策。

同学：读《手册》的动机是什么？

我喜欢读《穆迪手册》(*Moody's Manual*)是因为它读起来很有乐趣。不是说去读就一定能找到机会，但我边读边学，我对各行各业的生意都很好奇。读得多了你就能闻到机会的味道。怎么培养这种敏锐的嗅觉呢，我觉得只能通过大量阅读，每一页都不放过。《价值线》非常棒，它从多个资源收集数据资料，并涵盖多年，这是你们了解各种生意最简单的途径。

同学：你投资添柏岚的时候，用了多少比例？

具体比例还是保密，但是我确实买了不少。

下一个案例是比较近的，发生在一年到一年半之前，它来自我手上这本书。所有的券商都有基于各个国家的证券手册，标准普尔也有，当然对于美国公司我更喜欢用《价值线》，它提供了更实用的信息。当我一页一页翻看这本书的时候，有一页引起了我的注意，就是你们手中的复印资料（图13）。你们从中看到了什么？

同学：便宜。

你说的便宜是什么意思？

同学：每股收益。

假如你真的把自己看成企业的所有者，就不会用所谓的每股收益这种概念，你要时时刻刻训练自己不去用"每股"这个概念来思考问题，要想着你是企业所有者。市值是多少？（一段时间的沉默，要转换汇率）加油啊！这很简单，我以为你们都做了家庭作业，做了的举个手。只有一个人？那你们怎么能在这个行当里立足啊！约翰（此同学举手了），市值是多少？（此同学沉默，全场哄笑）这很简单啊。市值是多少？（有同学回答说8700万）8700万？12美元一股，550万股，是多少？（有同学掏出了计算器）不要用计算器！你要习惯用自己的大脑！你要是想看很多公司的信息，这一本书有几千页，你留给每页的时间不能超过5分钟，所以你只能靠自己的大脑来思考，迅速浏览完一遍后就能大致知道公司的财务情况。

Hyundai Department Store H&S

(005440)

www. e-hyundai. com

450, APGUJEONG 1-DONG, GANGNAM-GU, SEOUL
Tel : 02)3014-2233
Contact : 02)3014-2285

▶ **Major Indicators** (Company/Sector Average) (Unit : %)

Sales Growth	ROE	Debt Ratio	Reserves Ratio
0.9/-2.6	14.6/10.5	34.4/109.3	857.1/270.9

Established	Jun.15,1971
Listed	Aug.22,1989
President	Kim,Tae Seok
Employees	413(05.6)
Reference Bank	KEB

Major Shareholders	(%)
Jung Monggeun	13.2
Hyundai Home Shopping	10.0
Jung Gyoseon	9.9
Foreign Holdings	17.61%

Cost Breakdown	(%)
Raw Materials	-
Labors	-
Overhead	-

Sales Breakdown	(%)
Food	42.8
Household Appliances	40.8
Others	9.2
(export ratio : -)	

Present Status

Sales slightly increased and the operating result was stable. Increasing number of Korean tourists going abroad helped improve the result of travel business division. Operating income remains low under the low-margin business structure. But the stock investment holdings show strong performance, which leads to strong equity method gain and ordinary income. Hyundai Department Store and Hyundai Home Shopping both have higher market capitalization than the company. The financial structure is in a good shape based on rising asset values of lease real estates.

Prospects

Low growth prospects for corporate business. But 60~70% of the corporate sales is generated within the Hyundai group, which guarantees steady profits based on fixed customers. Possible gains from the investment shares of the SOs. Strong results of Hyundai Department Store and Hyundai Home Shopping and rising asset value of lease real estate stand out. Expected to maintain excellent financial stability. Possesses ample cash equivalents without any borrowings. The value of assets including shares of Hyundai Department Stores and Hyundai Home Shopping is also good.

▶ **Per Share Data** (Unit : Won, Times, %)

FYE	Dec. 02	Dec. 03	Dec. 04	Jun. 05
Price High	53,200	18,400	19,200	46,500
Price Low	9,790	7,080	10,100	17,500
Earnings Per Share	4,030	4,528	4,466	7,004
Sales Per Share	82,308	63,407	65,739	60,879
Book Value Per Share	35,225	41,102	44,906	47,121
PER(H/L)	13.20/2.43	4.06/1.56	4.30/2.26	6.64/2.50
PSR(H/L)	0.65/0.12	0.29/0.11	0.29/0.15	0.76/0.29
PBR(H/L)	1.51/0.28	0.45/0.17	0.43/0.22	0.99/0.37

▶ Common : 5,637,931 Preferred : -

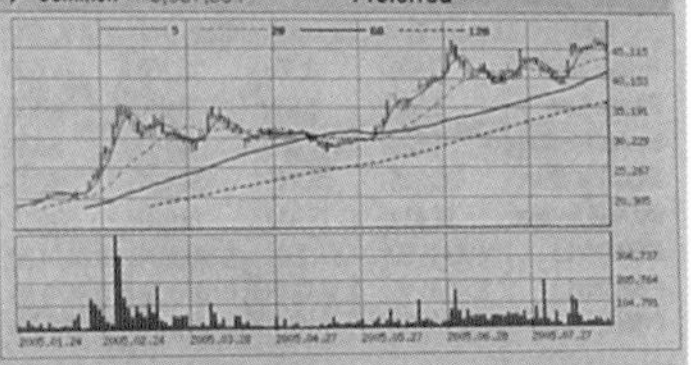

▶ **Beta and Volatility** (Company/Sector/Market)

FYE	Jul. 2003~Jun. 2004	Jul. 2004~Jun. 2005
Beta(β)	0.87/ 0.85 /1.00	0.45/ 0.81 /1.00
Volatility(σ)	47.1/ 35.4 /23.8	41.1/ 24.1 /17.8

▶ **Capital Changes** (Unit : 100Mn.Won, Won)

Year	~Dec. 03	~Dec. 04	Jan. 05~
Type	CB	CB	CB
Amount / Par value	1.70	1.60	1.50

▶ **EVA** (Company/Average) (Unit : 100Mn.Won, %)

FYE	Dec. 02	Dec. 03	Dec. 04
NOPLAT	940/33	81/15	93/29
Invested Capital	4,766/308	1,200/331	1,083/344
ROIC	19.7/10.7	6.8/4.6	8.6/8.5
WACC	10.3/7.3	10.4/6.8	6.5/8.4
EVA	448/10	-43/-7	23/0

▶ **Major Financial Ratios** (Unit : %)

FYE	Dec. 02	Dec. 03	Dec. 04	Jun. 05
Sales Growth	-3.3	-80.4	4.4	0.9
Net Profit Growth	-10.8	-71.4	-0.7	48.4
ROE	18.1	11.4	10.0	14.6
Debt Ratio	60.7	41.8	42.9	34.4
Reserves Ratio	611.5	730.0	808.0	857.1

▶ **Balance Sheet Summary** (Unit : 100Mn. Won)

FYE	Dec. 03	Dec. 04	Jun. 05
Current Assets	1,440.3	1,603.2	1,154.6
Fixed Assets	1,809.1	1,995.9	2,417.1
Total Assets	3,249.4	3,599.1	3,571.7
Current Liabilities	788.3	895.7	669.9
L/T Liabilities	169.3	185.2	245.2
Total Liabilities	957.6	1,080.8	915.1
Paid-in Capital	278.8	280.4	281.9
Capital Surplus	1,716.7	1,718.9	1,659.3
Retained Earnings	242.5	463.8	662.6
Shareholders' Equity	2,291.8	2,518.3	2,656.7

▶ **Income Statement Summary** (Unit : 100Mn. Won)

FYE	Dec. 03	Dec. 04	Jun. 05
Sales	3,395.7	3,544.9	1,638.7
Gross Profit	493.9	541.4	284.1
Operating Income	96.3	128.7	68.4
Non-Operating Income	221.5	197.3	194.0
Non-Operating Expense	5.6	6.3	16.6
Ordinary Income	312.2	319.7	245.9
Extraordinary Income	0.0	0.0	0.0
Net Income	242.5	240.8	188.5
Depreciation	13.1	14.7	6.9
Common Share Dividend(%)	8.0	8.0	-

图 13 现代百货公司资料

告诉我结果。6500 万啊,差几百万没有大碍。去年的利润呢?(同学们长时间的沉默)给我税前的数据。加油啊,你们可是哥伦比亚大学商学院的学生,你们是精英啊!你们可是奔着 15 万美金底薪去的!(有同学报了个数)什么?给我税前利润?你往上看几行啊。净利润呢?税前 3100 万,市值 6000 万,两倍的估值。那运营资本呢?净资产呢?加油啊,(长时间的沉默)加油,你们这样可不行。布鲁斯,不知道你教了他们什么……

加油啊,是 2.36 亿啊,2.3 亿净资产,6000 万市值,2500 万净利润,3100 万税前利润。资产的具体组成是什么?(长时间的沉默)你们到底怎么做投资?这些都是基本功啊。作为一名分析员,如何快速计算这些数据?如果让你在 5 分钟之内告诉我这个公司的基本财务状况,你怎么做?(Chase 同学回答了问题)就是这样,很简单啊。真正做生意的时候会用到什么?就是固定资产和运营资本,就这些。商誉不能算数。这些就是你运营生意的根基,你是企业的所有者,那么你拥有的就是这些,你应该扫一眼数据就能告诉我。要是做不到,那可能是布鲁斯没教好(笑),因为这是基本功。

现在我们有了这些基本数据,但它还没有给你全貌。市值 6000 万,3000 万税前利润,7000 万运营资本,1.8 亿固定资产,一共 2.4 亿账面价值——这些数据能告诉你什么,接下来要做什么?(同学说去找出它便宜的原因)你怎么知道它便宜?我们觉得它可能便宜,但还不能下定论。接下来你必须搞清楚它的真实盈利情况,账上挂的资产到底是什么,运营资产实在不实在等等。

我这里用的都是常识和最基本的逻辑，这些是你必须认真思考的。假如各位能这么思考和行动，证明你们还不错。这也就是为什么我要雇的分析员可能从来没上过商学院，没在公募基金、对冲基金就职过，有的甚至连会计课也没学过，但我发现训练他们更加容易。刚刚发生的情况也恰恰证明了我的这个想法。好，回到这家公司的财务数据，7000万流动资产，都可视为现金，6000万现金和1000万可交易证券。1.8亿固定资产，百分之百持有一家酒店挂账3000万，持有一家百货商店的13%也挂账3000万，恰巧这家百货商店也在这本书里，我看了一下发现其市值是6亿，那么13%是8000万，也就意味着被低估了5000万。它还持有三家有线电视公司和一些其他物业。再看看这家百货公司，发现它的市值也接近现金和可交易证券的总和，2-3倍的P/E，持有很多不同种类的资产，他们还是第二大的有线电视运营商。接着我看到这个百货商店的运营模式跟酒店类似，跟我们这儿不一样，它没有存货，更像一个购物中心，他们靠从商场租客收入中抽成来营利。好，现在我们把整块拼图拼出来了，得出什么结论？你花6000万，换了7000万现金，没有任何债务，1亿股票，这有多少了，1.7亿，3000万的酒店已经10年没有重估了，而韩国地产在这段时间涨了很多。于是我去了韩国，考察了这家酒店，也造访了这家百货商店，它们看起来都很高档，位于中心位置。我找到周边的物业成交情况，所有信息都显示他们的真实价值是账面的三四倍，这就会增加1.5亿的资产值。现在多少了？3.2亿，这就是我花6000万换来的，此外还有每年3000万的利润。我漏了什么吗？（同学说公司治理）非常好。

大家讲了这么多，还没有人提到本土投资者的想法。（当你考察了之后）会发现有很多事情与你的想法不一致，也有很多事情在验证你的想法。你需要理性地把每个问题都仔细考虑一遍。本土投资者担心的问题，你也不能忽略，因为作为一个外国投资者你可能不理解某些事情。假如你把这些都过一遍（当然我们现在没有时间从头开始），你会得到跟我一样的结论，就是会大量买入。股票之后的情况呢？我这里有两张从彭博（Bloomberg）导的图（图14），一张是这个百货商店，从22涨到了100，另一个从12涨到70，都涨了五六倍。

总之，我给出这些例子是想告诉你们，这种研究方法并不是（大多数）投资者的本能，很可能也不是你的本能，但是如果出于某种原因你得出了跟我一样的结论，而你的性格又恰好遇上罕见的基因突变，那价值投资很可能就是你在寻找的事业，我唯一可以补充的就是告诉你（价值投资）确实可以赚到很多钱。这一套方法已经被不断验证了，从格雷厄姆到巴菲特再到后来者。我从心底里对这门课和布鲁斯非常感恩，多年前进入商学院上了这门课彻底改变了我的人生。我对你们的忠告就是要脚踏实地地去做事。说实话我今天有些失望，你们做得太少了。我上这门课的短短时期内就赚到了十几万美金，也就是听了14到15个人的讲座。但是我确实做了很多具体的工作。我告诉你们，假如你全身心投入，可以赚很多钱，不要只是听听就算了，去真刀真枪地干。你们现在上这课要花多少钱，商学院学费多少钱？（7万美金）总共7万？

图 14　现代百货公司股价示意图

注：上图为复权股价，为示意。具体股价与讲课当时查阅的股价有所不同。

你们至少要把这些钱赚回来吧，更何况你牺牲了两年工作时间，也要把这些钱赚回来啊。怎么赚？我刚才说的就是最好的方法。所以我最后想强调的一点就是，我回来讲课唯一的原因（抱歉我不会谈我现在的持仓，刚才说到的两只股票我都已经卖出了），是我念商学院的时候，那些来讲课的人都会谈他们当时的持仓，认真听讲之后我会切实研究并做出投资决定，我从中受益匪浅。不做是没用的。那是10到15年前了，我赚了几十万，其中一个公司我就赚了10多万，那时候学费还低一些，具体多少忘了，但肯定比7万低。教授讲的都是实际的案例啊（就是实实在在教你怎么赚钱）。这也是这门课的独特之处，这里没有不切实际的理论，谈的都是已经被证明可行的东西；如果老师没提到，你们就应该问，他们也应该不吝赐教。各位已经在很高的起点上了（能坐在布鲁斯的课堂里），前面有无数闪光的机会，要是你们没抓住这些机会和利用好已有的资源，我会为你们感到羞愧，你们必须去好好学习和实践。书中自有黄金屋，这几本小书、《价值线》等等，你们都要好好利用啊。你们还这么年轻，充满精力，不要有所畏惧。

布鲁斯：你愿意再接受提问吗？

当然。

同学：你做研究时首要看的是什么？

假如你是分析员，我一直告诉我的分析员，我从你这里需要得到两样东西（当然你必须成为一个好的分析员，要不然你不可能成为一个好的投资者），准确的信息和完整的信息。绝大部分投资者的重大失败都是因为这两点做得不够。为了得到准确和完整的信息，你就要付出更多的精力和时间。你做不到这两点，你就无法在这行立足。因为绝大多数时候，你是寂寞的，你的判断和大多数人相悖。如果对自己知道的东西不自信，对自己（基于研究）的判断和预测不自信，当你看中的公司的股价一落千丈时，你不会有魄力去重金买入。看起来你是都赔光了，其他那些所谓的"聪明人"都在笑话你，但你就要有自信，这种自信背后的支柱就是准确和完整的信息。

第二点非常重要的是，绝大部分收益、你们一生中赚的大部分钱不会来自我们刚刚讨论的这类公司，这些投资只会给你点面包，让基本业务得以开展，给一个中规中矩的回报率，它不会给你一骑绝尘的超高回报率。就算这两个公司都涨了五六倍，也算不上是超高的回报率。假如你是真正的价值投资者，基本上会师从这两个学派：特威迪·布朗（Tweedy Browne）、本杰明·格雷厄姆是一派；另一派就是巴菲特和芒格。后者也是我更感兴趣的，你要是想走（巴菲特和芒格的）这条路，你的回报率会源自于几个洞见，而且数量绝不会多，两只手就能数得过来。你穷尽毕生努力 50 年，可能也就得到那么几个真正有分量的洞见。但你获得的这些洞见是独一无二的，其他人都没有的。这些洞见从何而来呢？只有一个途径：怀着无穷的好奇心、强烈的求知欲，去不断地学习、终身学习。你学习到的一切知识都是有用的。

布鲁斯：有同学问在你的研究过程中有什么特别的失误吗？

只要我违背价值投资三条原则的任意一条，就会犯错。当我获得的信息不够准确，或不够完整，我就会犯错；当我以为自己获得了洞见但其实压根就不是洞见的时候，就会犯错。我也犯过很多错误。基本上我不愿意沉浸在已经犯下的错误里，说实话可能我最大的错误就是看准了一家公司后没能买更多。另外一个错误就是事业初期走过的弯路。早年我刚成立公司后，业绩很出色，但却找不到客户投钱，每次交流，客户都无法理解，"我们要的是每个月甚至每星期都赚钱！我们要的是熊市也赚钱！这才是我们雇你的原因，我们要你像银行一样安全但是提供更高收益。你不是叫对冲基金吗？"我也是没办法。所以有那么两年，所幸不算长，我也开始搞对冲交易，搬到了朱利安·罗伯逊的办公室，开始学这些顶尖对冲基金经理的伎俩，也找了人来负责卖空。但其实你知道这套操作是毫无意义的，我自己也是忙得昏天黑地，因为卖空就必须交易，你没法选择，因为你的盈利上限就是卖空金额，而损失没有下限。搞到后面我都要精神崩溃了，没法专注于那些源自洞见的机会。正如查理说的，好像困住双手来参加踢屁股比赛，确实就是这样。那段时间我其实有几个绝佳的机会，是几家我了解很深的、具有自己独特洞见的公司，而且这些公司的管理层我还认识，这些公司的市值低于净现金，之后的市值增长了50-100倍，而我与机会失之交臂。因为那时我无法全身心投入。真知灼见和频繁交易是互不相容的。这是我最大的错误，并不是说我少赚了多少钱，而是我错过了机会。我当然也会犯错误，而且不时会犯错误。常见的错误是，当你还没有彻底做完功课的时候，实在抗拒不了对这个想法的激动之情，像添柏岚，我在28美元时就忍不住先买了一些，但其实研究还没做完，只感觉大概率自己是对的。

当然彻底做完研究后我又极大增加了购入额。也有可能研究完成后发现看错了，这时可能已经掉了20-30%，也没什么大碍，接受自己的误判，继续寻找新的机会。只要留足安全边际，赢的概率肯定很大，时间足够长之后你的收益不会差的。这种损失不算什么。但如果在一个你富有洞见的领域，机会出现时却不去下重注，这就是巨大的错误，我不能原谅自己犯这样的错误。（布鲁斯问能说出这些公司名字吗？）不能（全场笑），因为我以后可能还有机会投资它们。我向你们保证，你穷极一生可能也只会得到5个或10个洞见，要通过很多年的学习才可能产生一个。有些我今天在学习研究的东西，其实我早在15年前就开始学习了。我当时研究的是美国公司，现在发现了亚洲类似的公司，估值很好，处在我愿意下重注的位置。但你要知道，我15年前就开始研究这个领域了，对这个领域的所有知识都了如指掌。你就需要建立这样的洞见，才能对自己的判断坚信无疑。假如你做不到，有可能是个性不合适，也可能是努力不够，所以你没有机会真正赚取巨额财富。你可以学习格雷厄姆和特威迪·布朗，拿到年化10到15的收益率，这样的业绩已经超越了绝大部分（95%）投资者，包括那些所谓的专业投资者在内，但你不可能取得像巴菲特那样绝世独立的业绩。穷极一生也可能找不到这样的机会，让你的财富增长一千倍甚至一万倍的机会，不用想也知道这样的机会千载难逢，别想着你能轻易获取。它要求你能综合大量的因素，芒格把这种灵感命名为合奏（Lollapalooza）效应，意识层面的、潜意识的、心理的、政治的……凡此种种综合起来、融会贯通后，才会灵光一现，让你成为唯一的洞见者，唯一有底气下重注的人。用完整、准确的信息加上独一无二的洞见来投资，这是真正吸引我进入这个行业的原因，它让人兴奋，而且是无比兴奋。你必须无所不学。我开始念书的时候学物理、数学，进入哥大后学习经济、历史、法律、政治等等，我对这些都很感兴趣。你们也需要这种热情。你们可能也需要一些生物学的知识和思维模式，我太太是一位生物学博士，我从她那儿学了很多生物学的知识，其中有一些也对我的投资起到了帮助，只是她可能不知道。你们必须无所不学，必须对一切事物充满好奇心，在这个长期的过程中，你偶然会遇到一个很大的机会，而这些大机会之间，你还会时不时抓到像添柏岚、现代百货公司这样的机会，获得不错的收益。

同学：你一年投资几个公司？

看情况了，这么统计可能没什么意义。有可能好几年都没碰到机会，也有那么几年机会层出不穷，这要看哪些公司在你的能力圈里而且估值也合适。但我能保证的是，机会不会均匀地出现，要保证每个季度或是每月有一个投资想法，这是不现实的，我的经历也不是这样。我15年前开始投资，那时还在哥大读书，五六年的时间内，我大概有三到四个比较大的投资想法，这些投资的收益丰厚，但是平均值没什么意义。之后我开始进步，投资学习这个过程是有积累效应的，你会发现自己的功力越来越炉火纯青，可能看一页《穆迪手册》只要几分钟，就能判断个大致。对机会的敏感度也是如此，所以越到后来也许能抓到的机会就越多；但也可能市场很不配合，一整年没出现机会，这都没关系。但我最不能接受的是虚度光阴，一年过去了什么也没学到，一个洞见（哪怕是自认为的洞见）也没产生，也没推翻过去错误的洞见。这是我不能接受的。所以你们一定要每一天不停歇地学习，把它当成一种思维上的纪律来执行。

同学：刚到美国时你怎么谋生？

我写了本书，赚了点钱，又有人出钱把书改编成剧本拍了电影。但我的净资产还是负的，因为我借了很多钱。好在我有一点现金。虽然资不抵债，但学生贷款不需要马上还，所以我很幸运可以有现金（用来投资）。

如何寻找投资的点子呢？其实我在读很多书的过程中都在寻找想法。我读名人传记，读物理，读我最喜欢的历史，都能带给我灵感，边阅读边寻找机会，如果有机会来了（例如刚刚提到的《穆迪手册》中有这么一家公司引起了我的注意），我就会全力以赴去研究。空余时间，主要是陪两个女儿，当然还有我太太。我的女儿一个三岁半一个一岁半，我也从她们身上学习，看看人的认知能力是怎么发展起来的。回到我投资时的思考历程：这桩生意便宜吗？是不是好生意？谁在运营？还有哪些是我遗漏的？当考察到最后一项时，你会发现心理学、人类认知领域的知识尤其重要。没有其他地方比孩子身上更能观察到人类发展认知的过程了。所以陪我两个女儿玩耍、观察她们的成长和认知发展对投资也有益处。所有知识都对投资有作用。

我想再强调一点。之前我提到，价值投资者和其他投资者不同的地方在于，把自己看成企业的所有人，注重长期，寻求安全边际,其实这三点都源自同一条:就是把自己看成企业的所有人。因为你是一个慎重的生意人,不能控制管理层,所以要保护自己,寻求很大的安全边际;既然是生意的持有人,自然会更注重长期表现,等等,其实都是一回事。有人会问我,你既然是生意的所有人,你干嘛还要买股票?股票市场就不是为生意持有人设立的,它是为了交易者设立的,吸引的就是交易者,这就是为什么那95%的人从来不会从这三点出发来思考和买卖。我们假设所有的投资者都是价值投资者(虽然由于人性的原因,现实中是不可能的),那还会有股市的存在吗?当然不会有了,谁会去买IPO?没有了一级市场哪来二级市场?如果所有人都需要巨大的安全边际,谁还会卖给你?这也是我为什么开篇就讲这几个基本点,你们(假如是价值投资者)从本质上来说就不属于股票市场,你们必须时刻铭记这一点,找准自己的位置,不要被别人影响。再进一步假设,如果你真的天生是个生意人,那你迟早会被吸引,去成为一个真正的生意人,运营一个企业。这也是为什么巴菲特离开了资产管理行当,芒格也离开了。他们搞了10多年的合伙人公司后,开始去收购企业,真正地运营企业。有这种思维的人也可能会去做私募。这其实是更实业的思维,是一种进化。拥有这种思维的价值投资者总能找到可获利的事情来做,即使市场不是为他们所设立,他们也总能找到赚钱的机会。原因在于,市场是为那95%热爱交易的人设立的,这些人本质上就有弱点,他们总想着交易,一旦你热衷于交易,就必然会犯错。你的七情六欲私心杂念都会暴露出来,恐惧、贪婪这些本性也会导致你犯错。一旦他们犯错,市场波动,你们的机会就来了(当然前提是你们属于那 5% 的价值投资者)。

同学:你怎么找到一个合适的卖出的时机?

这是一个非常有意思的问题,我自己在这个问题上也是逐步进化的。我曾经有一个原则,如果在某个价格我不打算买,我就可以卖。现在我觉得自己进化了一些,因为当我对某个领域、某家公司产生洞见的时候,我真觉得自己就是生意的所有人。即使有人说,你该卖了,价格已经很高了,而且这个价格确实我也不愿意再买了,但从长期(譬如 10 年)来看,我的洞见、对这家公司这个行业的深刻理解都告诉我,赢面还是很大,这个生意会越来越好,好生意就是会越来越好,这些生意的管理人拥有巨大的资本优势,在某些行业里,这是绝对的优势。所以这种时候我就有另一番考虑。首先,我要考虑卖了之后是否有机会再买回来;其次,还要交巨额的税金(资本利得税),这些应缴的税其实相当于你从政府那里拿的免息借款,只要不卖,这个免息杠杆就一直在,税率可能在 30%,甚至高达 40-50%,你可以用 40-50% 的免息资金增强你的投资,不会收到催款电话,也没有还款期限。假设企业善用手中的资本,他们回报可不止 15%,我发现很多卓越企业的投入资本回报率(ROIC)高达 50-100%,到了这一步,算数就变得更有意思了,你会发现增长的速度高出你的想象。所以说自信非常重要,而且你要有信心自己的判断和预测会在很长一段时间内都正确。我再强调一次,你一生可能也就只会遇到几次这样的机会,你自信你能看准到 10 年之后,已经很出色了。那些在投行工作的人以为可以预测无止境的未来——你觉得这可能吗？根本就是天方夜谭！大家都知道，他们连明天都无法预知，怎么可能预知未来5年、10年呢？还要预知永远？他们做的都是毫无意义的。但是我保证，如果你天资还不错，个性也合适，再加上努力，用一生来学习，也许在未来50年的投资生涯中你能找到5到10个机会，在这些机会中，你有自己独特的洞见，能比别人更准确地预知之后十几二十年的情况。到了这时候，你根本不会想卖。有什么理由要卖呢？政府免息借你钱，也不会把钱要回去，企业的年资本回报率高达40-100%，这在税务上是非常有效率的配置，所以你不会去卖。

同学：那为什么你卖掉了添柏岚？

因为它没有这些特征，它不在卓越的企业之列。我现在的组合里有一些公司是在这个行列中的，但我不会谈这些公司。

布鲁斯：你能概括一下这类卓越的公司的共同特征吗？

这些企业的竞争优势（不管它是通过何种途径建立起自己的优势）会不断增强、增强、再增强。大家可以试着找一些例子，你们花了那么多钱来上商学院，必须要建立起自己的思维框架，至少养成一种习惯，学会怎么来思考这些问题。是什么原因让一家公司比其他同行优秀那么多？它的竞争优势在哪里？为什么它赚的钱越来越多？其他公司赚的钱却越来越少或者会经历起伏？原因是什么？你们需要研究那些已经建立起优势的企业来培养自己的鉴别能力。（有同学提及Philip Morris）将菲利普·莫里斯跟其他牌子区分开的本质原因是什么？（同学回答说这个牌子建立很早）

这是一个好的因素，但不是我最喜欢的因素。

（有同学说可口可乐，它将品牌和快乐建立起一种联系，李录摇头；同学提到 ebay，李录说是个不错的例子；还有同学说到某卡车公司等等。）

布鲁斯：你同意这些吗？还是不同意？

他们基本上都在复述巴菲特的持仓，我不同意也不行。但我希望大家说一些巴菲特还没有买的，一些你认为可能有潜力的公司。我不希望你们只从已经名载史册的投资者的经典案例中挑例子，能不能给我一个公司的名字，是不在伯克希尔的组合里，但也有这些特征的？（有同学又说 ebay，李录说不错。另一同学提到通信塔，李录接着问为什么所有做无线通信塔的公司都倒闭了？）我在念书的时候买过的三只股票其中就有美国电塔。（同学们提了很多其他公司）怎么没有人提到大家每天研究中都在用的公司呢？（有同学提到价值线公司）不错。（有人说电脑）你确定电脑能赚钱吗？有同学提到 Capital IQ，很好，我们来谈谈彭博。在彭博之前有 Bridge 和路透，为什么彭博最后胜出了？（同学说了很多原因，但最后有同学说到高的转换成本，学了彭博不愿意再学其他。）举这个例子是因为你们会发现几乎所有行业都会面临类似的变化，这个案例分析是可以举一反三的。当你研究透了一个例子后，就能对其他行业的类似情况作出比较准确的预判。彭博的故事很典型，一个名不见经传的公司冒出来，尽管有很多前辈公司在行业中建立已久，但它就是这样一点点往前走，在某个节点发生了里程碑式的质变，最后成为了行业垄断者。现在你去哪找 Bridge 和路透？它们都消失了。正如刚刚这位同学说的，你花了很长时间学会这个很难学但是每天都要用到的工具（彭博），所以你不愿意再花时间去学别的工具。再加上你的同事、同行也在用彭博，你需要和他们沟通。所以在这个领域赢者通吃了。怎么得到这个结论才是真正有意思的。假设你有机会观察到这个行业早期发展的情况，假设你也确实观察到彭博发生质变的节点——可能是他们将平台推广到所有的商学院后，这样你们毕业了只会用彭博，不愿意再学其他。假设彭博上市，你有这样的洞见，那你就坐在金山上了。这就是我所说的洞见。你会不断发现类似彭博这样的公司，这种现象在很多行业都会发生。想想看为什么微软干掉了苹果，苹果曾经是行业的龙头老大，几乎占有百分之百的市场，而微软一点点地蚕食最后跨过了那道坎。当你在面临微软和苹果的选择时，你会发现其实你没什么选择，只能用微软，因为公司电脑的系统都是微软。现在你连不使用彭博的机会都没有，彭博有什么成本吗？没有，成本几乎为零！他们的成本大部分用来支付公司员工的高薪了。他们需要干什么？他们做研究吗？根本不做什么研究。他们只不过隔段时间（每个月）来你公司拜访一下，问问你有什么需求，每天工作中会用到什么。假如你是个喜欢交易的人，是那 95% 的投资者，就会对那些数字产生近乎迷信的狂热。彭博就专门为这些人开发了一套系统。你们知道彭博有多少公式？几万个！彭博会给你操作手册吗？当然不会！他们要把你一对一得绑住！给你一堆公式，然后问你收几十万。因为你每天都要用，而且在这一行好像每笔输赢都以几百万计，所以你不在乎30万一年的费用。哪怕彭博问你要几个点的抽成，你可能也毫无选择。他们会一直来找你，因为你就是个交易者，你每天都想要新消息和新功能，他们不断给你新的功能，其实就是给你带上一副枷锁，把你越绑越紧到绝望的地步。他们绝不会给你提供手册，也不会让你知道他们的成本；这真是印钞机啊，它用成本几乎为零的产品把你们每个人都绑得死死的，然后付给供应商的钱也少得可怜——因为供应商也别无选择。你们这些用户被它绑住了，还心甘情愿地给它提供反馈、帮助它改进，他们根本不需要做研究，问问你们有什么需求就好了。用户转换产品的成本如此之高，导致其他新产品完全不是它的对手，几十万从业者都被它绑架了，而且是一对一的绑架，其他产品怎么跟它竞争呢？现在假设你对这些情况非常了解，彭博上市了，你也观察到彭博发生质变的时间点，你会去投资彭博吗？我会的。这就是我所谓的洞见。你研究所有的生意，它们都难免上下起伏，但彭博的可预测度是很高的。其他行业里多少也会有这种可预见性。作为一个分析员，一个投资者，一个价值投资者，一个企业所有者，你们的工作就是坚持不懈地研究这些生意，观察它们的变化趋势，那么你一生中也许能发现几个类似的机会，这是一套实际可行的方法。我喜欢彭博，假如彭博要出售股份，其实它根本不要上市融资，为什么要融资呢？即使上市也会有很高的溢价，P/E一直高居30倍，而我不会因为短期内的高价而卖掉它，这就是我自己哲学的进化，从以前的"不愿买入就卖出"，发展到现在，会去长期持有一些公司，要是真能找到这样的公司，你没有必要卖。还有没有其他问题？

同学：投资后你会直接介入公司的运营和管理吗？

还是要看情况。我搞过很多早期创投，也曾经担任两家企业的董事会主席和许多企业的董事会成员，包括你们提到的全球市场财智（Capital IQ）。我是全球市场财智的第一个机构投资人，那时就只有创始人一个人。我们投资全球市场财智就是要效仿彭博的商业模式。在全球市场财智这个例子中我非常投入，开始时我是公司的最大外部股东，每天忙得焦头烂额，要知道我连一个帮我接电话的秘书都没有啊。我事必躬亲，但无奈实在是分身乏术，后来公司卖给了标普（S&P）。之后我又投了一个工程师领域的数据软件公司，希望把彭博的经验搬到工程师领域，结果也不错，任何高技能的领域都需要这类软件。你在一个领域获得的洞见是可以被借鉴到其他领域的。但总体来说，我是个求知欲很强的人，什么事都想去探究清楚，也非常愿意去和公司管理层成为朋友。例如添柏岚的老板在我卖掉他公司的股票后成了我基金的投资人，这种跟企业家的关系是我想要的。我觉得就得有这种大胆尝试、无所畏惧的精神。只有真正投身公司的日常运营，你才能从公司的每个决定中观察到行业发展的特征和发生质变的节点。没有任何事情是一成不变的，这也是投资有意思的地方。所以我们要不断地学习。比如彭博，也许多年后情况会发生变化，虽然我不知道具体什么原因会导致它巨变，但这是完全有可能的。我已经观察到其他行业的例子，像微软，它的处境就发生了变化，免费软件的兴起可能会完全改写行业的游戏规则。任何行业和公司都会发生变化，这是件好事，因为那些思维活跃的、时刻做好准备的人，一旦产生洞见就会看准时机行动，他们会在这些变化中创造巨大的财富。

投资是一个发现自己的过程

——2013年3月哥伦比亚大学商学院 Graham&Doddsville杂志采访精编

一、如何做好投资

问：您投资风格的发展和巴菲特有何不同？

投资游戏中很重要的一部分就是做自己。因为投资中多多少少总有一些"零和博弈"的元素，所以你必须在这个过程中找到一个与自己个性相合的方式，并通过长时间努力取得优势。当你买入时，必然有人在卖出；反之亦然。两方中必定有一个人做了错误的决定。你必须要确定你比对手知道得更多，预测得更准确。这是一个竞争激烈的游戏，你会碰到很多既聪明又勤奋的人。

在投资这场竞争游戏中取得优势的唯一方法就是在正确的道路上坚持不懈地努力工作。假如做的是你所热爱的事，你就会很自然地去做，即使是在放松状态下，例如在公园散步时，你也无时无刻不在思考着它。如果你找到了适合自己的方式，并且坚持下去，到达这种自然、自发地学习和思考的境界，随着时间的推移，你将会累积起巨大的优势。投资其实是一个发现自己的过程：我是谁，我的兴趣是什么，我擅长什么，喜欢做什么事，进而将这些优势不断强化放大，直到自己超越其他人，取得相当可观的优势。查理·芒格常说："除非我能驳倒那些最聪明而和我持有相反观点的人，否则我不敢声称自己有了一个观点。"查理说的太对了！

投资是对于未来的预测，然而未来在本质上却是无法预测的，所以预测就是概率。因此，你能比别人做得更好的唯一方式就是尽可能地掌握所有的事实，并且真正做到知己所知、知己所不知。这就是你的概率优势。没有什么事情是百分之百确定的，但是如果你每次挥杆（出手）时都拥有压倒性的优势，那么久而久之，你就能做得非常好。

二、如何获得投资的想法

问：能谈谈您投资的过程吗？

我的想法来自生活的方方面面，最主要的还是来自于阅读和谈话。我不在乎它们是怎么来的，只要是好的想法就行。你可以通过大量阅读发现好的点子，研究很多公司，或者是向聪明的人学习——最好是比你聪明，特别是在各自的领域特别突出的人。我尽可能地扩大阅读量，研究所有我感兴趣的、伟大的公司，和很多聪明的人聊天。然后你猜怎么着，有时候在某些阅读和谈话里，就会灵光一现，接下来就是更进一步的研究，有时候你发现更确信了，也有些时候是相反的情况。

问：您一般是和投资界的同行聊天，还是顾客、供货商、管理层之类？

我会和所有人聊天，但更有兴趣和实实在在做生意的人聊天，比如企业家、总经理或者优秀的商人。我会阅读所有主要的新闻刊物，还有龙头企业的年报，这些材料也让我获得很多灵感。

问：有什么行业是你绝对不会碰的吗？

我不会在意识形态上排斥任何事情，我反对所有意识形态。世界上有很多我不懂的事情，但我对很多事情都有好奇心。有时候我可能只对一家公司的某一方面比较了解，但这正是促成投资最重要的方面。我也不确定，我不想排除这种可能性。不过有一点我是确定的，如果你给我展示一个想法，我能很快告诉你我会不会对这个想法说"不"。

基本上查理·芒格对所有想法的态度只有这三种：行，不行，太难了。有些想法可以很快分辨出来是行还是不行，但如果确实是太难了，那就离开。最终你还是得集中精力在那些你愿意花时间、花心思研究的想法上，并且确保你比别人都懂得更多。

三、如何评估公司管理层

问：您如何评估公司的管理层是否诚实回答您的问题？与管理层交谈有多大用处？

无论生意本身好坏与否，管理层永远是公司成功等式的一部分，所以管理层的质量总是很重要。但是要评估管理层的质量并不容易。如果你无法判断管理层的质量，那这本身也是一个结论，你可以将这个结论和其他因素（如生意的质量、公司的估值等）一起考虑，作为决定投资与否的依据。

如果你可以正确评估一个管理层的质量，说明要么你非常敏锐，深谙人类心理学，要么就是你和那些人有特殊关系。如果是这样，你当然要把管理层的质量纳入你决定的过程。它会提高你预测的准确性，因为管理层是构成公司的一个重要部分。

但是，要深入、准确地评估一个管理团队绝非易事，鲜有人能真正做到。所以我也很佩服一种人，他们有勇气说："反正不管我得到多少信息，不管他们给我做多少漂亮的展示，我对管理层的了解也就止步于此。我知道这是场秀，所以我干脆完全不去考虑管理层的影响。"我很敬佩这种态度。

投资需要对知识的诚实，你需要知己所知，更重要的是需要知己所不知。如果对管理团队的了解不是你手里的一张牌，那它就不应该被纳入你的考量。

四、是否按地区做投资分配

问：您如何分配（美国）国内和海外的投资？

对于投资的地区分配，我并没有什么先入为主的标准，而是跟着机会和兴趣走。恰巧我对亚洲和美国更感兴趣，所以我的投资也在这两个地方。相比之下，我对欧洲和非洲就没有那么感兴趣，但还是以开放的心态关注它们。我的目标是找到那些由最优秀的人管理的最好的公司,并在市场上出现最好的价格时出手买入,长期持有。这些条件并不会总是同时满足,但没关系(你可以耐心等待)。

刚开始做投资时,你持有的是现金,现金的回报是一个不错的机会成本,因为它不会造成本金的损失。当你找到一个投资机会时,它必须能够提高整个投资组合风险调整后的回报率。接下来你可能会找到好几个很有趣的投资机会,这样你的投资组合里就有了一些有趣的证券加上现金。这也是很好的机会成本。下次你再加入另一个证券,它最好能使你的投资组合(风险调整后的回报率)比现在的更好。这样你就可以持续不断地优化你的机会成本。投资组合的构建就是一个不断优化机会成本的过程。

五、如何定义自己的能力圈

问:您如何定义自己的能力圈?

我根据自己的兴趣来定义能力圈。显然,我对中国、亚洲和美国都有着一定程度的了解,这些是我比较熟悉的领域。这些年来我也在逐渐拓展自己的眼界。

刚开始投资时,我就是寻找廉价的证券。因为那时候也没什么其他选择,没有经验,又不想赔钱,那怎么办?只能买最便宜的股票。但是时间长了,如果你发现自己除了对股票感兴趣外,还对生意本身感兴趣,那你自然就会去研究生意。

接下来你就开始去学习研究不同类型的生意。你会去学习生意的基因，它们如何演进，它们为什么如此强大。久而久之，我就爱上了那些强大（优质）的公司！于是我转而开始寻找那些价格优惠的优质公司。当然我的天性中还是有寻找廉价证券的倾向。

但随着时间的推移，寻找那些优质的公司对我更有吸引力了，这些公司更具有竞争力，更容易预测，并且有着强有力的管理团队和良好的公司文化。只在二级市场做投资已经无法满足我了。正如我之前所说，证券市场的一部分就是零和游戏。我对这个部分无法产生共鸣。从本性上来说，我对双赢的局面更感兴趣。

我想要和所投公司的经营者和员工一同创造财富，这驱使我在我的基金公司早期时开始做风险投资（创业投资）。我尽量遵循聪明投资的原则，而最终事实证明我也能对公司的发展贡献一些自己的力量，这就变成了双赢的局面。

在我的职业生涯里，我有幸参与创建了几家不同的创业公司，其中有一些公司非常成功，在我们卖掉它们之后，依然经营得很好。你也许会说我们卖得太早了。我是全球市场财智的第一个投资人。如果当初没卖的话，我们可能会比现在富有得多！并不是说我们没在这个投资中赚到钱，我们还是赚到钱了（只是没那么多）。我觉得这样的结果挺好。我喜欢创造对每个人都有益处的局面：我们制造了就业机会，开发出一个优秀的、可持续发展的产品，每个人都从中受益，包括最终从我们手中买下全球市场财智的人（标普）。

我喜欢这种双赢局面。我从没抱怨过全球市场财智卖得太早，我们在全球市场财智上赚了很多钱，而且我们对它的发展也做出了很大贡献。更让我开心的是，至今我和公司创始人还一直是朋友。然而风险投资的问题是很难做大，你必须要投入大量的努力。所以慢慢地，我开始转向用一种不同的方式来帮助企业。我发现对那些上市公司，你也可以提供建设性的帮助。我就是这样，还在不停地学习，对事物充满兴趣。我还很年轻，有着强烈的好奇心。我希望能一直保持这种学习的劲头，继续扩大我的能力圈。

六、关于比亚迪

问：伯克希尔通常不会投资科技类的公司，这种情况下您是如何让查理·芒格投资比亚迪的呢？

我从不认为巴菲特和芒格在投资上是意识形态化的。我也不是。投资一家公司主要还是看你对公司了解的程度。比亚迪的故事很简单。公司的创建人是一个极其优秀的工程师，他创办这家公司只用了30万美元的贷款，一直到公司上市都没有其他外部投资人。他就这样创建起一家年收入80亿美元、拥有17万员工和数万名工程师的企业（注：2013年数据）。在此过程中，他克服了各种艰难险阻。

比亚迪的成就是令人钦佩的。当然了，他们也恰好拥有天时地利人和，处在对的行业和环境中，在恰当的时候得到了政府的支持。公司的工程师文化让比亚迪拥有解决重大难题的能力。投资比亚迪的时候，我们在价格上是有很大安全边际的。

他们在一个充满着可能的巨大领域里施展着才华，并有相当大的机会成功。如我所说，没有什么事情是绝对的，但是在我看来，在比亚迪所从事的行业里，它成功的概率是极高的。芒格先生和我一样也对这家公司印象深刻，因此最终决定投资。伯克希尔也并不是完全不投科技公司，他们只是不去投资他们不了解的公司。他们曾经花 110 亿美金投资了 IBM。但我敢保证，这和 IBM 是不是技术公司没半点关系，这不是伯克希尔考虑问题的依据。

问：您认为比亚迪在汽车质量上有所进步吗？

比亚迪就像一台不断学习的机器。你想想看，这个公司 10 年前才正式进入到（汽车制造）这个行业，8 年前才生产出第一辆车。身处一个要和全球所有品牌激烈竞争的市场之中，他们不得不全力以赴，因为这个市场实在太庞大了。而且他们从来没有什么所谓的本土竞争优势，因为中国汽车行业从开始就是对所有国际品牌开放的。

然而，就是这家曾经不起眼的汽车公司，用少得可怜的资本和不到 10 年的时间，做到了年销售 50 万台汽车的成绩，在市场中赢得一席之地。不得不说，这个成绩是很不错的，这家公司还是有两下子的。他们凭着工程师文化和事在人为的精神，持续证明着自己在解决复杂的工程技术难题上的能力，并总是能够比其他大多数人找出更高效、更省钱、更优化的解决方案。这点在制造业中是个优势。

七、对投资高科技公司的看法

问：比亚迪是一家面临着日新月异变化的高科技公司，您如何看待投资这类公司的回报和风险？您觉得自己能预测到它 10 年后的发展吗？

如果你投资的时间足够长，绝大多数公司都会发生变化。我从没听说过哪个生意是亘古不变的。这也正是生意的迷人之处。成功的生意（公司）具有一些特质，能让它们在变化发生时应对更为从容。但每个案例的情况又各自不同。

从某种意义上来讲，现今时代的每家公司都是科技公司，只不过有些公司用到的科技不是最前沿的科技，或者科技不是决定这个生意、这家公司成败的最关键因素。

成功的科技公司具有不断创新、自我演进和应对变化的能力。英特尔公司就是一个很好的例子。英特尔所处的这个行业每 18 个月就会发生变化，一旦跟不上变化的节奏就会处于严重劣势，但他们在不断的变化中建立起自己独特的文化。

再以三星为例，他们早期做的半导体内存芯片生意，价格每周降低 1%，然而他们却发展出了精准应对这种变化的文化。所以当他们把这种文化应用到其他行业比如手机时，他们很快就超过了别人，现在三星的手机销量已经超过了苹果。所以企业文化在变化迅速的商业环境里扮演着非常重要的角色，它让某些公司在竞争中脱颖而出。

问：要充分研究高科技公司的风险和回报，是否需要对技术了解到工程师那样的程度？

（研究科技公司时如果懂技术）当然是好事，但并不是必需的。如果你恰好是个熟悉这家公司产品的工程师，那当然是加分的，但对研究公司不是必需的。因为不管你在一方面有多擅长，总有其他的方面你没那么擅长。技术变化日新月异，现在你所专长的很快就会过时，但这并不影响你判断一个公司是否能建立起应对变化的文化。成功的公司总能通过各种方法来应对变化，比如招贤纳才，建设优秀的公司文化，比竞争对手先行一步等等。这些是让公司成功的因素，同时也是相对容易预测的方面。

在一个行业、一个生意里，总有些方面是无法预测的，也有些方面是可以预测的。两者都会存在。但总体来说，我觉得你（关于高科技公司）的说法是对的。对一个变化迅速的生意，要作出可靠的预测确实要困难一些，这是毫无疑问的。但这并不表示投资者无法做出一些胜算较大的预测。你应该在觉得自己预测正确率很高的时候才出手。很多时候，你要去找那些通常很稳定但某些方面忽然发生了变化的生意。

以柯达公司为例，它曾经是世界上最好的公司之一，发明了照相机。但是今天如何？再看看贝尔实验室和AT&T，他们曾经无比强大，垄断整个行业。而今天呢？也就只剩下了名称而已。这就是残酷的资本主义的本质，也是商业竞争的本质。那些看上去稳定、可预测的事情可能结果并非如此。相反看上去不稳定的最后却很成功。

和做一个大概正确的决定相比，我觉得同等重要、甚至更为重要的是避免做错误的决定。如果你能尽可能不犯错,那么长期来看应该不错。预测不容易,也不像科学那样精准。你只能希望自己随着时间不断提高。

问:许多聪明人认为可再生能源是下一个大革命。您已经在电池技术和比亚迪方面做了很多研究,除了电池之外您对这个领域还有什么见解?您认为能源革命会如何发展?

我关注宏观趋势,也只是想明白这些大势与我而言是顺势还是逆势。作为一个关心时事的公民,我关心宏观经济,可这不等于说我能预知未来如何发展变化,事实上我并不知道。可是自由市场里成千上万的参与者为了实现自身的最大利益,却总能找到自己的路。预测未来并不容易,好消息是你并不需要做到这点。

如果大环境和你是方向一致的,那最好不过了。但如果你是逆势而行,那你最好再多研究一下。我就是这样看待新能源的问题的。我知道到了一定时候,人类必须要找到石化燃料以外的其他能源,一方面我们并没有足够多的石化燃料,另一方面我们也需要为了农业发展和人类食物供给安全的原因储存它们。(因为到目前为止,还没有材料能替代以石化资源为基础的化肥。)而且如果气候像过去几十年一样继续恶化下去,我们承担不了那样的后果,迟早要付出代价。

所以有很多原因让我相信人类必须找到可替代石化燃料的能源,但基于这个判断我就可以做出有把握的投资决定了吗,恐怕也不一定。但如果这是大势所趋,我愿意全力一试。

八、关于投资基金的报酬机制

问：目前您的基金对新投资人开放吗？

我的基金对新投资人一般是关闭的。只有在我们看到的机会比我们手头的资金更多的情况下，我们才会对新投资人开放，但这样的机会非常罕见。我并不想要扩张规模。我从来没有野心要经营最大的基金，也从来没想从一个基金里赚到最多的钱。我只希望在职业生涯要结束之际，我的基金经风险调整后的业绩能成为业内最好的之一。

如果我能做到这点，那我就对自己很满意了。这是我的目标，所以我的基金的报酬制度也反映了这一点。我认为我们的报酬机制是合理的，也就是原汁原味的"巴菲特合伙人模式"。我们不收取任何管理费，累进复利年收益的6%也全部归投资者，我们从剩下的收益里提取25%。在我的基金之外我没有任何投资，我把自己和家人所有的投资资金都放在我的基金里。我们公司只经营一支基金。所以这是真正的合伙人关系，普通合伙人和有限合伙人之间几乎没有任何利益冲突。

这样我们就都在同一条船上了。我没有任何理由只为募资而募资，因为我没法通过增加资金规模来赚钱。只要有新的钱加入，我就要支付投资人每年6%的复利，所以我最好能够找到一些值得投资且回报更好的机会。这样当我挣钱的时候，我能感觉这是我辛勤工作赚来的；当我的投资者挣钱时，他们也感觉这是他们应得的。这种公司结构优于其他结构，因为每个人的成功都是应得的。正是这种精神让巴菲特和芒格与众不同，他们都信奉脚踏实地赢来的成功。这也是为什么他们获得了如此巨大的成功，却没什么人对他们有微词。如果你给投资人股东创造了数百亿、数千亿的财富，而自己 40 年如一日，每年只拿 10 万美元薪水，别人就没有什么理由来批评你了。

九、关于卖出的时机

问：您如何作出卖出股票的决定？

在三种情况下，你需要做卖出的决定。第一，如果你犯了个错误，那就尽快出手，哪怕这是一个正确的错误。那什么叫正确的错误？投资是一个概率游戏。我们假设情况是你有 90% 的把握，但是还有 10% 的其他可能性，结果那 10% 就是发生了，这就是正确的错误，此时你应该卖出。当然也可能你的思考分析完全错误了，你认为自己有 90% 的胜算，实际上刚好相反，一旦意识到是这种情况，你也应该马上卖出，最好这时还没有太大损失，但即便已经有了损失也不重要，因为你必须卖掉。

第二种情况是股票的估值突然波动到了另一个极端。如果估值一下子高到了疯狂的程度，我也会考虑卖掉。我并不会卖掉一个略微被高估的股票。如果你的判断是正确的，且持有一个公司的股票已有了相当长的时间，你已经积累了很大一部分非兑现的收益。这些收益的很大一部分就像是从政府合法拿到的无息贷款，所以如果在这种情况下卖出了，你把（政府给你提供的）杠杆取消了，再抽出一部分资本，那么你的股本回报率就会略微下降。（这是因为资本增值税的原因。）

第三种要卖出的情况是你发现了更好的机会。说到底，投资组合就是机会成本，我之前也有提到。作为一个投资经理，你的工作就是不断改进你的投资组合。你从很高的标准开始，并且不断继续提高这个标准。实现这个目标的方法就是不断发现更好的投资机会，不断优化机会成本。这就是我会卖出的三种可能性。

十、关于做空

问：喜马拉雅基金会做空股票吗？

我在 9 年前（2003 年）就放弃了这个做法。可以说做空是我所犯过的最大错误之一。

问：是因为你想对所投资的公司带来建设性的帮助吗？

是的。但还有一个原因是在做空的过程中，你即使是百分百正确，也可能把自己弄得破产，这一点是我最不喜欢的地方。

做空的三个特点决定了它会是一个很悲惨的生意。第一，如果做多，你下跌的空间是百分之百，而上涨的空间是无限的。如果做空的话，你上涨的空间只有百分之百，而下跌的空间是无限的。我很不喜欢这种算术。第二，那些最好的做空机会往往有着做假的元素在里面，作假很可能会长期存在。因为做空一定要通过借债（股票），这一点就足够把你拖垮。这就是为什么我说即使你在百分百正确的情况下也可能会破产。而且通常你在确定自己正确之前就已经破产了！最后一点，它会把你的思维都打乱。做空的想法会牢牢地占据你的大脑，分散你做多投资本该有的专注。所以，出于这三点原因，我就再也不去做空了。

做空是我曾犯过的一个错误。我是有过两年做空经历的。我并不鄙视做空做得很好的人，只不过我不是这样的人。如果要我再加上一点原因，那就是，近 200 到 300 年内，自现代科技时代开启以来，人类的经济总体一直在复利式地持续增长，所以经济的发展趋势自然更有利于做多而不是做空。

当然人在一生中不可能不犯错，我只是想能从所犯的错误中学到一些东西。

十一、关于金融危机

问：在管理喜马拉雅基金的 16 年内，您经历了三次重大的金融危机：1997 年亚洲金融危机，2000 年互联网泡沫破裂和 2008 年金融危机。您是如何掌舵基金度过这些危机？从这些经历中您学到了什么？

每一次金融危机都被说成是"百年一遇"，虽然我的职业生涯中好像每 5 年就会碰到一次。这些危机的有趣之处在于它们可以检验你对知识诚实的程度。

在我们这个行业里，最重要的就是对知识的诚实，所谓对知识的诚实包含四个方面：清楚你知道什么，清楚你不知道什么，清楚你不需要知道什么，意识到总有你不知道自己不知道的情况。

这四点不太一样，在经济危机来临时，投资者在这四个方面都会受到考验。

比如说，亚洲金融危机发生时，一夜之间所有人都在问："这些公司到底有多少负债？天哪，它们居然负债这么多！整个国家都要完蛋了！"每个人都持续处在危机模式中，那些你平时不太在意或并不关注的事情一下子全冒出来了。要是往常，你会觉得："这些问题和我投资的公司一点关系也没有。"身处危机之中，你会突然说："天哪，这简直和我投资的公司息息相关啊！"当然，你可能是对的，可能是错的，危机自会检验。

这就是为什么人们都会在危机中不知所措，因为他们之前对知识不够诚实。他们没有认真区分不同的问题，把它们放进合适的类别里。比方说，如果你要对美国经济的走势做一个整体的判断，你应该知道历史上有发生过更糟糕的情况，而且这些情况是可能再次发生的。这个可能性也许很小，但它一旦发生了，就势不可挡。到那时候真正的问题是："这种情况是我不知道的未知吗？"或者"你知道自己并不需要知道这些吗？"你一定会面对这些问题的。

是的，危机来临时，整个金融系统都可能遇到麻烦。是的，企业需要融资，但是我能确定的是只要日子还继续，我的生意就还在，危机总是会结束的。这时候要问的问题是："我需要搞清楚金融系统如何解决自身问题之后才能预测我的生意吗？"这才是真正的问题，是你在金融危机影响到你之前就需要回答的问题。

如果你能诚实并正确地回答这个问题，那么在危机到来之后你会有更多作为。克里斯托弗·戴维斯（Christopher Davis）的祖父曾经说过："在熊市的恐慌中能赚到最多的钱，只是你当时意识不到罢了。"事实总是如此。那些不够聪明的投资者就会被淘汰出局。而聪明的投资者是那些一直对知识保持诚实态度的投资者。他们清楚地认识到自己知道什么，不知道什么，不需要知道什么，和总有一些自己不知道的未知。只要你总能把问题正确地划分到这四类里，你就能通过考验。否则你就会陷入困境。

市场是一个发现人性弱点的机制，在金融危机到来时尤其如此。只有对知识完全诚实，才可能在市场中生存、发展、壮大。

十二、关于中国

问：您在 2010 年哥伦比亚商学院论坛中提到亚洲在全球金融系统中会扮演越来越重要的角色。可以再详述一下这个观点吗？

亚洲会成为重要的经济力量，这不只是在金融领域。金融的部分只是亚洲整体经济实力的一个衍生物。亚洲，尤其是中国，由于它的规模和目前发展的道路，正在成为全球市场中一支重要力量。

中国正走在发展现代化经济的历史道路上，前路还很长，但是它从起点出发也已经走了很远很远。考虑到中国庞大的规模，它必然会对亚洲和世界产生巨大的影响。中美两国会形成一个环太平洋经济中心，就像曾经联结美洲和欧洲的环大西洋经济中心。这里蕴含很多商机，但不会是条单行道，也不会一帆风顺。各种各样的情况都有可能发生，你也不是百分之百能赚到钱。但对于那些能够掌握这一发展的人来说，有很多的机会在等待他们。中国的重要性不容忽视。

问：您会担心中国的房地产泡沫吗？我们看到一段 60 分钟的有关中国"鬼城"的视频，非常触目惊心。

中国实在是太大了，所以存在各种极端的现象。是的，中国有一些"鬼城"，有人担心房地产泡沫，但中国也有一些城市人满为患，我说的是那种所有空间都被占满的拥挤。也有些曾经不为人知的城市，转眼就高楼云集，越来越多的人入住。我记得 20 年前，上海浦东也算是半个鬼城吧，但今天你不禁为它繁荣的经济所惊叹。

我们现在住在曼哈顿，曼哈顿恐怕是除了上海以外全世界高楼密度最大的地方。但是想想看，上海有 6000 多座超过 20 层的高楼，是曼哈顿高楼数量的好几倍。更可怕的是，中国还在继续发展中。所以我说中国是个矛盾体，一直都是，以后也会是。你想证明任何理论，都能在中国找到论据。

但是总体来说，中国经济还有很长的路要走。中国知道现在还是属于自己的时代，但这并不意味着它没有任何问题，它的问题也很多。美国也一样有一堆问题，200 年来，美国一直都是如此，有着很多问题。如果你了解美国内战的历史，就会知道当时美国在内战中损失了 2% 的人口。但是美国还是以惊人的速度得以重建。之后美国还经历了两次世界大战。同样地，如果你觉得二战之后的日本和德国会衰落，那你就大错特错了。

十三、给投资初学者的建议

问：您可以给那些想从事投资管理的学生一些建议吗？

一定要向最优秀的人学习：聆听、研究、阅读。但是理解投资最好的办法就是实践，没有比这更好的办法了。最好的实践方法是选一家公司，以要投资的心态把它彻头彻尾研究个透，虽然你可能并不会真放钱进去。但是从假设自己拥有公司 100% 股权的角度去彻底研究一家公司的过程是非常有价值的。

作为初学者，你可以选择一家容易理解的公司，可以是家很小的公司，比如街头便利店，一家餐厅，或者是一个小的上市公司，都无所谓。试着去理解一家公司，明白它是如何运转的：它如何盈利，如何组织财务结构，管理层如何作出决策，和同行业内竞争对手相比有何异同，如何根据大环境调整自身，如何投资盈余的现金，如何融资等等。

如果你拥有一家公司 100% 的股权，哪怕你不是经营者，你也会竭尽所能去了解这家公司的方方面面来保护你的投资。这样，你就知道怎样做好投资了。这样你才能真正看懂生意和投资。巴菲特常说，想成为好的投资人，你必须先成为一个好的生意人；想成为好的生意人，你也必须成为一个好的投资者来分配你的资本。

从选择一家自己能力圈内的公司并透彻地研究它做起，这对初学者来说是个非常好的起点。如果你能从这个基础开始，你就走上成为一名优秀的证券分析师的正确道路了。

投资、投机与股市

——2018 年 3 月在哈佛商学院投资会议上的主旨演讲

非常感谢会议组织者为今天这个活动所做的杰出工作。我今天上午从其他演讲嘉宾那里听到了很多有趣的东西，也听了一些奇怪的想法，很高兴能来到哈佛商学院校园。

这个场合让我回忆起了自己职业生涯早期的经历。大概 30 年前，我从中国来到美国，刚刚在哥伦比亚大学就读，几乎不会说英语，巨额的学生贷款令我目瞪口呆。所以，我开始向身边的同学请教在这个国家谋生的办法。有一天，一位同学递给我一张传单，说这个讲座是关于如何赚钱的，你应该去听听。这之前我去过其他的讲座，有的讲座会提供免费的食物。我看到传单上说这个讲座也会提供食物，所以就决定去听一下。

我去了之后发现，那个教室就和现在这个差不多，我当时很惊讶那个教室居然这么大，但是当我环顾四周时，根本没有食物！我问别人自助餐在哪里？后来发现原来是那个站在讲台上的人，他的名字叫巴菲特。你们看，那时的我还无法分辨出一个 T 和两个 T 的区别！

"既来之，则安之"，于是我就决定留下来听听看这个人会讲些什么比免费食物更好的东西。我留下了，沃伦·巴菲特讲了价值投资的基本理念。不知何故，他讲的那些东西令我有一种醍醐灌顶的感受。那次讲座改变了我的人生。在那之后，我研究了整整一年巴菲特、芒格和伯克希尔公司，之后用借来的钱买了我的第一只股票。在过去的二十五六年里，我再也没有想过改行。

因此，我想今天也许我也应该说一些对同学们有帮助的东西，特别是要回应上午某些演讲嘉宾，他们声称市场的未来就是量化交易，基本面投资没有存在的必要。

既然今天上午我们讨论了许多基本问题，我想我也应该花一点时间从最根本的角度来讨论市场。什么是股票市场？它是一种将小储户的资金集中起来投资企业的机制。市场的设计意味着它会慢慢成为一种美妙的、不断自我强化的双赢机制——如果企业盈利好，那么同时作为员工、股东和消费者的小储户就得益。作为员工，他们的工资增加，储蓄增加，随着储户越来越富裕，他们将消费更多企业生产的产品，同时将更多的资金投入到企业中，企业得到成长。如果这种现象大规模地发生，从根本上来说对社会是有益的。这就是股市的初衷。

当然，最大的问题在于绝大部分的小储户并不懂得如何给股票定价。股票会随着企业的失败而贬值，所以对小储户来说，投资股票市场天然有风险。从某种意义上说，需要到达一个"临界点"，这种自我强化的双赢机制才会发生。需要大多数储户（假设不是全部），并且大多数企业（假设不是全部）都参与到这个交换体系来，才能使这种机制有效。股票市场的发展历史正是如此。

这个过程具体是如何发生的呢？所有股票市场刚开始的时候，都有这样一个特征，就是它允许人们在购买股票（对企业的部分所有权合同）后可以随时卖出。这个特征直接迎合了人性中一个基本的天性。无论人类如何标榜自己，我们的天性中都有懒惰、贪婪和投机心理。如果有一种做法能让我们获得比所付价格更多的东西，我们一定会去这样做；如果有一种做法让我们能花更少的时间获得更多，我们一定会去这样做。股票市场的可交易的特征刚好契合人性中的懒惰、贪婪和投机心理。这就是市场机制形成的关键。越来越多的人受到吸引进入股票市场，随着越来越多的人进入市场，越来越多的企业进入市场，形成了一种正向反馈循环。

每个地方的股票市场刚开始都是充满了泡沫，充满了投机，充满了交易、博弈，充满了起伏。你不禁开始思考，为什么如此疯狂的东西最终却能经受住时间的考验？因为它有一个根本要素——有那么一些真正的储户想要投资给成长的企业；也有那么一些真正的好企业需要资金来发展。一旦这些储户和企业的数量达到临界点，市场整体就变得更有效了。这就是我们所看到的事实。从一开始，股市就有两种基本力量（要素）。一个要素是投资，是在合适的价格用资金支持合适的企业；另一个要素是投机赌博，通过短期交易，"轻松"地赚快钱，正是这个投机要素吸引越来越多的人来参与股市，所有人的买卖供需就决定了股票的交易价格。经过一段时间后，短期交易的力量就会变得越来越强大。那么市场上哪种人更多呢？你们猜对了，是投机的人。以至于有些人甚至声称市场根本不需要第一股力量（投资），只要让机器交易就行了！

真的是这样吗？我觉得不是。如果是这样的话，可以看看另一个类似的东西，那就是赌场。赌场之所以不能大规模存在的原因就是它没有为社会提供任何基本的功用。市场存在的首要任务是为社会提供非常有用的功能。如果你时刻谨记这一点，你就知道那些基本面投资者总会有他们的角色。只不过市场上这股基本的投资力量相对较小。据哥伦比亚大学法学院路易斯·洛温斯坦教授的研究估计，这部分投资人可能只占市场上所有投资人的5%。市场被那些喜欢交易的人所主导着。甚至有些声称自己是基本面投资者的人都也会说出他们的投资策略必须要适应市场这样的话。这种观念很快将他们转入另一阵营，在那里他们会极度关注市场上发生的事情。他们的判断受到市场起伏的影响，有时是按年度、季度、月度或每周表现，有时甚至到了分秒必究的程度。这就是我们今天看到的市场行为。当然，你也可以说这些行为是有诺贝尔获奖理论的支撑的，什么市场总是有效的，供求关系是由理性的人所驱动的，诸如此类。但想想你们今天早上听到的荒唐事——在最成功的量化交易对冲基金公司里，雇佣着上千名数学、物理博士，但竟然没有一个人能懂得怎么读财务报表！看吧，这就是所谓的市场有效理论。事实上，短期内股票价格与经典经济学中的商品价格规律通常刚好相反。比如，在经典经济学中，商品价格上升，大家买得就少些；商品大甩卖，买的人就会多些。但是在股市中，股价上涨，大家反而会去买，上涨越快买的人越多；股价下跌时，大家就会卖出，熊市越厉害，卖得也越厉害。

在我从事投资行业的 26 年中，我从未看到过市场在对那些我略知一二的企业股票定价方面是完全有效的。尽管历尽波澜，但我认为市场最终的进化方向还是由那股最初促使市场形成的基本力量所决定的。这是因为尽管从事基本面投资的人数和所管理的基金在市场上几乎永远是少数，但他们才是资产价格的最终决定者。股市长期来看是个称重机，而股市价格发现机制是通过基本面价值投资人实现的。只不过这个过程比较长。也只有通过基本面价值投资人，市场才会在长期内具有价格发现机制。

同时，也只有具有合理价格发现机制的市场才可能不断发展壮大。当市场大到一个临界点后，上市公司能够代表经济体内所有较具规模的公司时，指数基金投资才会成为可能。因为在现代经济中，经济可以实现长期数百年的复合增长，对于超过临界点的股票市场，指数基金的回报代表着经济体内平均股权投资的回报，长期来看也会和经济体一样出现复合增长的趋势。所以尽管指数基金看起来只是机器交易而已，它存在的前提却是基本面投资者的存在。没有他们的存在，市场就没有存在的经济理由，也不可能形成规模，这样指数投资长期就不会有效。

由此我们看到，基本面投资人尽管在市场上占比稀少，却起着重大的作用。那么我们称之为价值投资的基本面投资的要素是什么？它只有四个基本概念。前三个是本杰明·格雷厄姆在 100 多年前所阐述的，最后一个概念是巴菲特、芒格和伯克希尔·哈撒韦所阐述和例证的。首先，股票是一张纸，你可以交易它，但这张纸也表示你对公司的所有权；拥有一只股票就是拥有公司生意的一部分。再者，股票代表公司，因此公司的表现将决定股票的价值。然而未来很难预测，因此你需要有安全边际。正如塞思·卡拉曼（Seth Klarman）今天早上所讲的内容，他的一整套投资理念、方法和经验，比其他大多数人都能更好地说明安全边际的重要性。然后我们还需要一个描述市场上大多数参与者行为的理论。它被称为市场先生，你可以把整个市场想象成一个精力充沛的家伙，他每天早上一醒来就向你随口大声吆喝着价钱。大多数时候，你可以简单地忽略他。有时这个家伙变得非常疯狂，带着一种神经质的情绪波动，这时他会向你扔一个可以买也可以卖的荒谬价格，这就是你可以利用它的大好时机。

这是本杰明·格雷厄姆所阐述的价值投资的三个基本概念。那么问题来了，在现实世界中，你会发现市场先生是真实的人，也许就是坐在这个教室里的人，你的同学，甚至是今天的讨论嘉宾、演讲嘉宾。他们看起来可不像疯子，他们中还有数学博士呢，他们获得了这项那项殊荣，他们都是非常聪明的人。这时候大多数人都会怀疑自己，这些人真的是市场先生吗？难道99%的人都错了，只有我是对的？这有可能吗？

然后你又想到，这些人还有着获得诺贝尔奖的有效市场理论撑腰呢。更重要的是，人性的另一方面开始发挥作用，那就是我们的趋同心理。如果有足够多我们敬重的人、认识的人、其人格和道德准则受我们钦佩的人都在用同样的方式思考，都在担心供求关系的变化，突然间，我们会开始质疑自己。我真的懂吗？也许他们是正确的，每天的市场走势的确是很重要的。也许我们也应该加入这场猜测供需变化和价格走势的游戏。这可能才是我们的工作重心。这就是为什么，无论你一开始有多少好的想法，随着你工作的年数增加，你会丢掉一半的想法，加入到这股巨大的交易力量中去。你耗费所有的时间、金钱和精力来猜测供求关系和价格走势。你开始使用计算机、最前沿的技术、人工智能、大数据，穷尽所能地猜测价格将如何变动。以前可能还是猜测每年的变化，两年、三年的变化；现在要猜测每分钟、两分钟、三分钟，甚至还得研究天气变化对价格的影响！

这时候，价值投资的第四个概念就显得特别重要。这个概念是巴菲特和芒格阐述的，也就是能力圈。我们这个行业要做的事情是预测未来。而未来本身就是无法预测的。你只能得到一个概率。有些概率高，有些概率低一些。通过长时间的坚持和努力，你可以把一些事情研究得非常透彻，在预测某个公司未来最有可能发生的事情上，或者预测以某个价格买了某只股票后未来最可能发生的事情上，你会比其他所有人做得更好。这是你的优势。一旦你成为某个领域的专家，形成能力圈，你就可以充满自信地行动。这意味着，即使其他人都不同意你的观点，你也很可能是正确的，因为最终代表着公司所有权的基本面力量仍会牢牢扎根。这可以追溯到格雷厄姆的说法，在短期内股市是一场人气竞赛，但从长期来看，它是一台称重机。基本面的力量终将获胜。

能力圈概念中最重要的部分是如何定义它的边界。换句话说，没有边界就没有一个圈。这意味着你必须知道自己不知道什么。如果你不知道自己不知道什么，你必然对你所声称、所认为自己知道的东西其实毫无所知。再换句话说，如果你对一个问题有了个答案，你得有办法证明在什么情况下这个答案就不对了。当新的事实出现时，你的答案还要能经得住考验。这是一个持续学习的过程。是的，它很难，它一点儿也不简单。但通过长期的耐心和不懈的努力，你可以达到对一些事情的深刻了解。你的能力圈开始会很小，然后逐渐扩大。一个真正伟大的价值投资者，他的一生是一段学无止境的旅程。但好处是你学习到的知识不会被浪费。不同的知识会相互累积，产生复利效应，就像你的财富一样。事实上，知识产生复利的速度比财富更快。对我而言，这是一段精彩的旅程和有价值的人生。我可以保证，26 年后的今天，如果我现在还是只知道当初我知道的那些，我不可能会站在这里给大家演讲，你们也不可能想要听我演讲。

现在再回到重要的一点。要定义能力圈，你需要对知识的诚实。你需要知道自己不知道什么。这是最重要的事情。对知识的诚实也可以延伸到你如何看待自己的工作职责，以及从更广的角度如何看待自己的职业。

资产管理作为一种职业，最困难的地方之一就是它有太多似是而非的所谓可以赚钱的理论和方法。很抱歉，这里面很多是假货。资产管理是一个服务行业，就像餐馆或酒店一样。但不同的是，在大多数服务行业，顾客是服务质量的最佳判断者。如果你去住一家酒店，我保证你立刻可以判断优劣，或者如果酒店质量平平，你可以立刻对其收取的价格是合理还是离谱有个判断。如果你去一家餐馆吃饭，你甚至都不用动筷子，闻一下味道就知道食物是好还是坏。在大多数服务行业中，顾客是最好的判断者，服务对象是服务优劣的最佳判断者。

但资管行业不是这样的。对于大多数人而言，如果有人来向你推销帮你管钱的服务，判断此人是好还是坏是极其困难的事。推销者可以拿自己上个月的业绩、或者去年的业绩、5年的业绩来佐证。但你还是无法分辨，因为有很多东西会影响业绩。你永远无法确定好业绩的原因是运气还是能力。你需要看到一个足够长期的业绩，你还需要知道管理者是如何实现它的。如果此人是投资个股的（stock-picker），在你判断他是个好的投资者之前，你需要了解其中的几只股票才能真正理解他的投资过程。这点是很难做到的，而且不是什么人都适合。这为"含糊账目"创造了巨大的空间。这就是为什么如果你仔细思考绝大多数的所谓"理论"，其实都是"屁股决定脑袋"。这一切背后的逻辑非常简单——如果它对我有利的话，它必然是对客户有利的。这也是为什么这个职业收入很高。凡是和"含糊账目"相关的行业，薪水总是很高。

我总是说，如果你真的对自己诚实，那么就把你从客户那里得到的每一块钱，想象成是来自你的父母，他们是中产阶级，一生都在努力工作，为了把你送到哈佛读书，他们把几乎所有的钱都花在了你的教育上，只剩下仅有的这一点钱。现在你从哈佛商学院毕业了，他们把钱托付给你，觉得你能够帮助他们增长一些财富。那你会怎么做？我不认为你会把他们的钱通过交易亏掉。你会对受托人责任的概念有不同的理解。你会对你做的事情更加专注。

你会从根本上思考每一块钱花费在哪里，它是如何支持社会和经济生活的基本方面。你会去寻找一个双赢的局面。你会花很长时间去耐心地研究一些事情,直到你确定自己可以对一家公司很多年以后的状况进行高准确概率的预测,特别是在股票价格下跌的情况下。如果在股票价格下跌的情况下你不会出现永久性亏损,那股票价格上升赚钱便是自然而然的事。你不会抱怨市场太疯狂,抱怨市场先生和每个人的神经质。不会。你只会说我不懂。你可以放心地说我不懂。我只懂一小部分,其余都是在我的能力圈之外的。只要我真正了解自己能力圈内的东西,我对能力圈外的东西一无所知也没关系。

顺便说一句,想要获得成功,你的能力圈里并不需要那么多东西,真的不需要。正如沃伦和查理所说,在他们五六十年的职业生涯中,如果把他们最成功的15个主意剔除,他们的业绩就会变得稀松平常。伯克希尔·哈撒韦的市值从一两千万美元,没有发行任何真正意义上的新股,现在到达5000亿美元。这15个主意可真是赚得盆满钵满!

再看看我自己。我从负数净值开始,现在可以说做得还不错,可以衣食无忧。同样的,我的成功可能也就是来自26年里不超过10个主意。所以你真的不需要那么多主意。但是,你要产生投资行动的主意必须是你真正理解的。大多数时候你不需要去投资,这是对知识诚实的真谛。能做到这点的人天生有一种特质,可以安心处在主流之外,处在舆论之外,可以忽略大众的意见。这种忽略不是说他人太疯狂,而是说"我不懂"。

说你不懂是没关系的。实际上,说数据可以预测任何证券交易却是危险的。什么是数据？数据是对过去发生的事情的记录。量化交易、AI交易声称数据是万能的，相当于说过去发生的事情可以万无一失地预测未来。这样的事发生过吗？我不这么认为。但重要的是，如果你花了这么多时间来理解一些事情，专注地研究它们，那么随着时间的累积你对这些事情的预测准确率会更高。在有较高概率成功而下行风险最低的情况下投资，那无论市场如何变化，你都可以安全地获得不错的回报。这就是大多数成功的价值投资者，或基本面投资者——不管你怎么称呼——他们一直在做的事情。不幸的是，这些人是极少数的存在。但这些少数的人很重要，因为他们代表了市场最初存在的原因。如果市场不是因为这个原因而存在，那么市场就只是个放大的赌场了。我不认为我们的社会需要那么大的赌场。你们觉得呢？现实生活中，我们花了这么多交易成本，只是为了买进卖出。如果为了赢钱进行短线交易，那么你基本上是在玩一个零和游戏，在一群固定的人中赢或输。它对社会、对人类这样的先进文明有什么益处？我不知道。这是一个很好的问题。

但如果你是一个基本面投资者，你支持一家值得你支持的、你了解的公司，你可以安全地预测这家公司随着时间的推移会变得更好、成长得更大，它的价值会增加，你可以按你投资的份额得到回报。这简直太棒了！它会带给你成就感。你所做的事对社会有益，对父母有益，对自己有益。

这就是我今天对基本面投资（价值投资）的"布道"！谢谢！

从外国投资人角度
看中国经济的未来

——2019年1月在国际投资人会议上的主旨演讲

今天我想谈谈我们通常不谈论的话题。我们是自下而上的投资者，主要关注公司、估值、生意和行业。但在过去的几年里，特别是去年，很多人对中国宏观环境忧心忡忡，悲观情绪蔓延。我猜这也是在座有些人千里迢迢来到这儿的原因。所以我们今天就破例谈谈宏观环境。说到底，当我们投资一个国家的一家企业时，从某种意义而言，我们也是在投资这个国家。我们需要对这个国家有大致的了解。

另外需要说明的是，作为投资人，我们关注的是对未来大概率正确的预测。我们的分析尽量保持客观理性，摒弃任何意识形态及情感带来的偏见。我们要描述的是"真实"，而不是"理想"或"希望"。

下面是我今天演讲的提纲，分为五个部分：

一、中西方的历史文化差异；

二、中国的现代化历程及近40年的经济奇迹；

三、当前投资人尤其是海外投资人对中国的悲观情绪；

四、经济发展的三个不同阶段：今天中国与西方的位置；

五、中国经济的增长潜力。

首先我们会讨论中国和西方有何差异，各自有何独特之处，是什么原因导致了这些差异和独特之处。大多数西方人都是以西方眼光看中国，而大多数中国人都是以中国眼光看其他国家。这种差异性导致了许多迷茫和误解。如果你不了解中西方的历史差异和这些差异性的根源所在，你就无法真正深入理解并对它们的发展进行预测。第二部分，我们会简述中国的现代化历程，并解释近四十年中国经历的经济奇迹，即超长期的经济超高速增长。第三部分，我们会讨论今天投资人普遍关注的中国政治经济环境，当下这个时代到底有什么特征，意味着什么。第四部分，我们会讨论经济发展的三个不同阶段。最后，在这些讨论的基础之上，我们就可以估测未来5年、10年甚至20年中国经济的增长前景。

我知道这是一个很宏大的议程，涵盖了相当多领域。很抱歉因为时间关系我只能快速地过一遍，这种求快的方式与我们日常工作的方式可谓背道而驰。我的目的是给出一个大致的框架，帮助大家开始理解这些问题。今天讨论的大部分内容都是我过去40年思考的产物。我从少年时代就开始沉迷于思考其中的一些问题。如果想要更深入的讨论，我可以给大家提供更多参考资料。

一、中西方的历史文化差异

首先我们来讨论到底是什么原因导致了中国和西方的差异和独特之处。自古代社会直到近代,中国和西方,或者简单地说东西方,都被喜马拉雅山脉和广袤的蒙古草原分隔成两块,两者几乎没有什么交流。因此东西方文明各自独立地进行发展。一些偶然的历史事件让东西方分别在不同时期走上了不同的道路,因此他们也在对待事物的方式和建立的体系中体现出不同的倾向性。当然,中国人和西方人都是人类,都有人性共通之处。但他们产生了不同的发展走向,这是由于人性在不同的外界因素影响下展现出不同的方面所导致的。我会讲述一些导致了这些差异的基本事件,其中地理环境是最重要的原因。

先来看中国的地理环境。中国的西面是世界屋脊喜马拉雅山脉,一道人类几乎无法逾越的屏障,北面是辽阔、冰冷的蒙古大草原,东面和南面临海。非常有意思的是两条同样发源于喜马拉雅山的大河,长江和黄河,朝着同一个方向奔流入海。在人类发现美洲大陆以前,长江和黄河之间形成的这块冲积平原是地球上最肥沃、最广阔、最适合农耕的土地之一,可谓天赐之地。因此,农业很早就在这里萌芽。这两个大河道再加上一些支流,为平原上各个地区之间的交通提供了经济、便利的方式。所以只要某一个地方能聚集起足够大的力量,征服这一整片土地便不是难事。

农业文明的基础是光合作用,它把太阳能转化成农作物和可畜养动物,而动植物都依赖土地。这就意味着土地的大小决定了

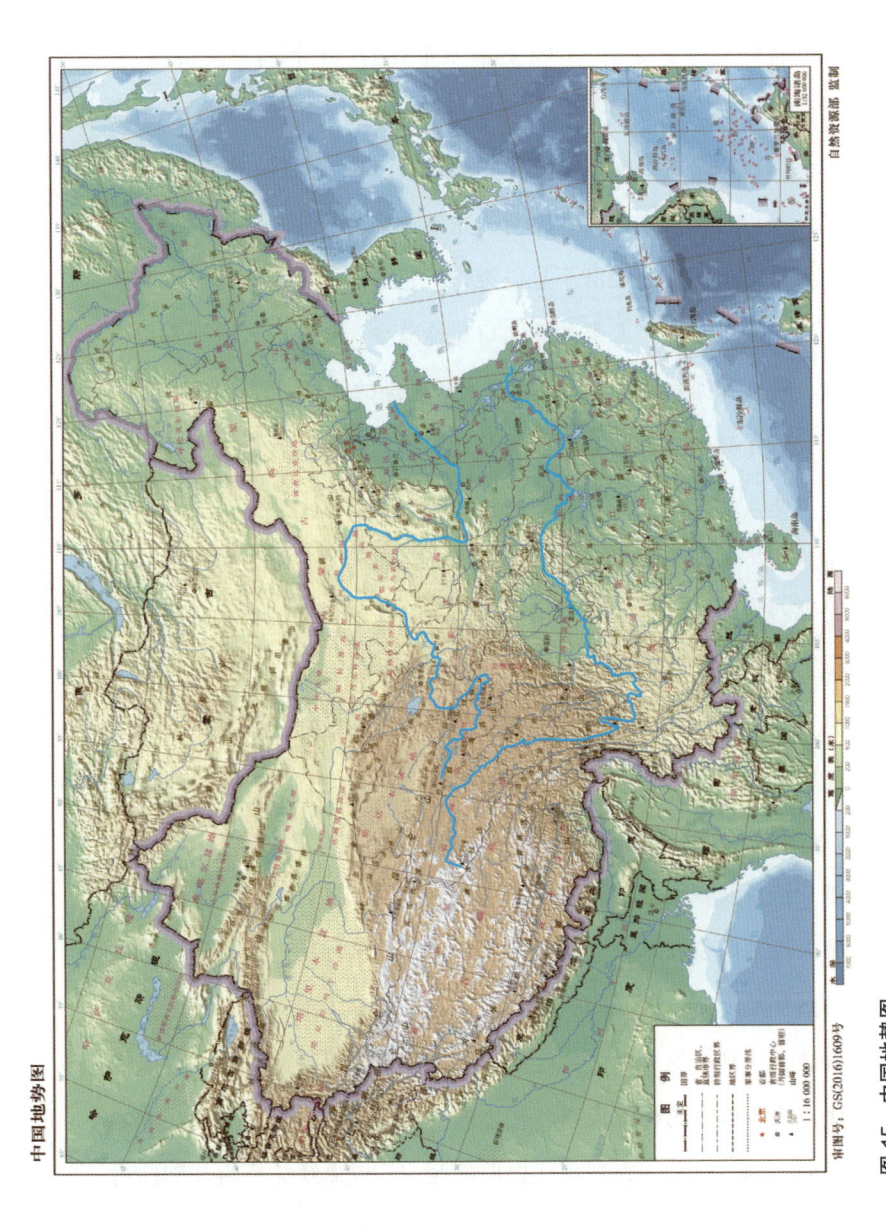

从外国投资人角度看中国经济的未来　　361

图 15　中国地势图
来源：中国地图出版社。

农业产出和所能负担的人口数量。在整个农业文明的历史中，土地的稀缺性是贯穿始终的主题。某个社会一旦拥有更多的土地，就会产生更多的人口，当人口多到一定程度，超过土地大小所能承载的极限，就会陷入马尔萨斯陷阱。战争、瘟疫、饥荒纷至沓来，人口急剧减少，又开始新一轮的循环。农业文明的经济是短缺经济，也即农业经济不足以维持人口的正常增长规模，在到达土地产出极限时，人类的总人口只能减少。减少的人口通常以民族、种族和国家划线。占据了最大片土地的族群通常能生存下来，而代价是其他族群的衰亡。农业文明中的战争通常是为了争夺更多土地。

中华文明5000年历史上，这样的争战数不胜数。最终的胜者是那些发明出一种大规模动员人民的方式的社会，也就是政治组织形式比较完善的社会。人类非常有趣，既有高度的个体性，又有高度的社会性。在这点上，人类在所有物种中可谓独一无二。而中国人最先探索出一种大规模动员社会的方法。

大约2400年前，地处中国西边的一个小国——秦国实行了商鞅变法。商鞅变法的重要意义在于它掀起了社会组织方式的一场翻天覆地的创新革命。在此之前，因为人从动物进化而来，所以自然都是以血缘关系为核心来向外延伸人和人的关系。秦国首次打破了这种血缘关系，规定财产可以传代，但政治权力不可以传代。政治权力的分配仅以一代之内的功绩和能力为依据。在此之前的中国，以及一直到现代以前的西方，以血缘关系为基础的封建制度一直是主体。如果上一代封爵，子孙数代都可以封爵。政治权力是以血缘关系来分配和传承的，社会高度固化，很少有上下自由浮动的机会。

秦国的商鞅变法开创了任人唯贤的制度，根据功绩、学识和能力进行人才选择和政治权力分配。而且这种选择和分配只限于一代人之内。秦国这个小国，因其为社会中的每一个人提供了不论出身、可以靠自身努力获得政治权力的上升通道，因而动员起所有人的力量，最终征服了整个中华领土，建立起一个庞大的帝国。此后的 2000 多年间，中国各朝各代都是以相似的方式组织社会，也因此在农业文明时代中国一直非常强大，其政治体系高度精密、完善。中国人在历史上首先发明了以贤能制为基础的官僚体制，在某种程度上这种传统今天仍在继续，吸引着最卓越、最聪明能干的人进入政府工作。西方在历史上则从未有过这样的传统。中国是最早发明政治贤能制的国家，从而得以释放出集体的巨大潜力。这一直也是中华文明的标识。

我们再来看西方，主要是欧洲，因为欧洲在现代史中的角色更为重要。欧洲的地理环境有一个重要的特征，就是布满了许多流向纷乱的小河流。欧洲整个区域并不大，却被山脉和复杂的河道分割成许多小块，易守难攻。再加上大部分历史时期内，欧洲仍被浓密的原始森林所覆盖。因此，在罗马帝国时期，欧洲几乎还处在荒蛮时代。直至西罗马帝国灭亡，原始森林被慢慢砍伐，农业才开始蓬勃发展。但因地理条件所限，欧洲的土地无法支撑一个统一的大帝国，以至于罗马帝国之后所有重新统一欧洲的努力皆以失败告终。要管理好所有这些小国，只需依靠以国王和贵族

图 16 欧洲地势图

来源：中国地图出版社。

为核心的血缘关系和国与国之间的血缘、地缘关系便足够了。所有政治权力都是可继承的。因此，在现代以前，西方的政治权力从未像中国那样向着平等主义、任人唯贤的方向发展。

然而，西方在地理上有一项决定性的优势，这一优势在近代500年的历史中被证明是非常关键的。为了理解这一优势，我们先看一下欧洲和中国与美洲之间的距离（图17）。图17中的上下两张图片不是完全比例一致的，但我们大致可以看出欧洲和中国与美洲之间的距离差异之大。欧洲和美洲之间的距离约为3000英里，中国和美洲之间的距离约为6000英里。再考虑到洋流的因素，中国和美洲之间的距离实际上远大于6000英里。因此，当欧洲的商人开始航海时，他们到达和发现美洲大陆的概率要远高于中国的商人。在现代科技文明出现以前，想从中国航海到达美洲简直是天方夜谭。郑和下的只能是"西洋"，而不是"东洋"。而从欧洲航海到达美洲却是完全有可能的。这就是为什么欧洲人"偶然"发现了美洲大陆，这一偶然之中蕴含了地理位置优势之必然。

这次地理大发现的意义非比寻常。首先，欧洲人借此暂时逃脱了马尔萨斯陷阱，因为北美洲的土地比长江和黄河之间的冲积平原更广阔、更肥沃。由于北美农业的自然禀赋（主要是指农业所需要的原生动植物物种）过于贫乏，而且在地理上与欧亚大陆自冰川纪后就一直处于隔绝状态，因此农业还未得到发展，所以这一区域人口稀少、文明极其落后。欧洲人踏上美洲大陆后，轻而易举就征服了本地的原住民，其中绝大部分原住民死于欧洲人带去的病菌。忽然之间，欧洲继承了一块巨大的、肥沃的土地，几

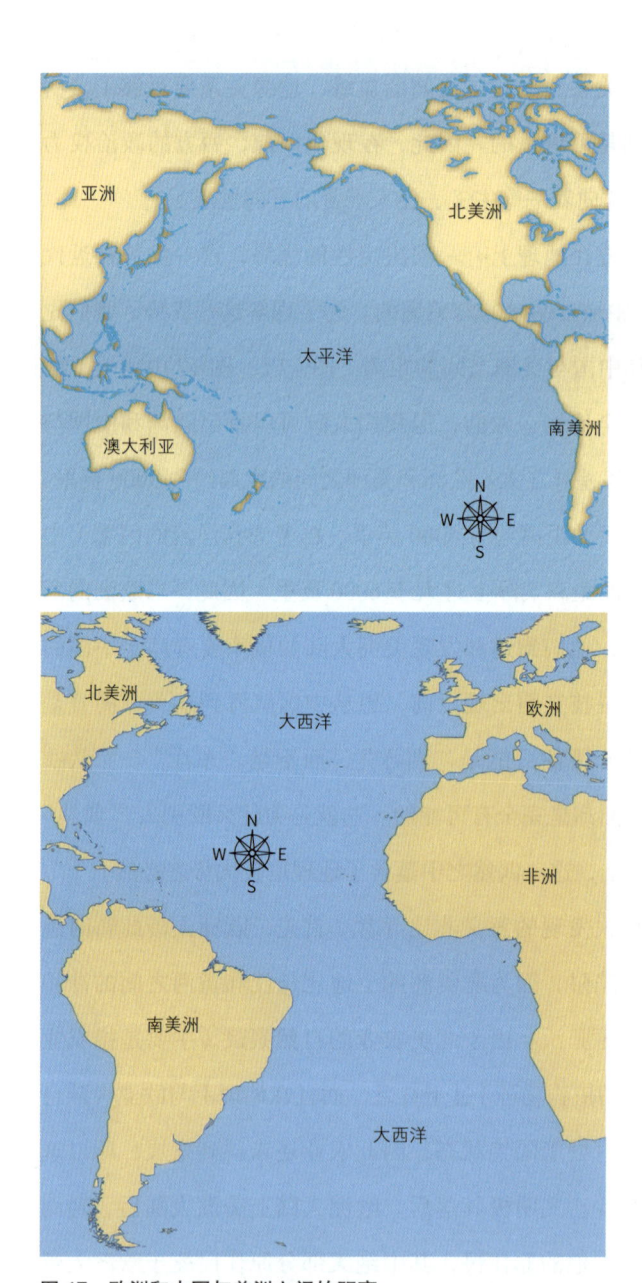

图 17　欧洲和中国与美洲之间的距离
来源：Encyclopaedia Britannica, Inc. 2012.

乎可以支持无限多的人口，由此得以在跨大西洋领域内形成了持续数百年的自由贸易与经济繁荣。当然，如果人口一直增长下去，土地最终也将无法支持，还是会陷入马尔萨斯陷阱。但在此之前，另一重大事件发生了。新一轮的持续经济增长同时引爆了社会思想和自然科学两个领域的剧变，最终导致了启蒙运动和伟大的科学革命。此后，自由市场经济与现代科技的结合引发了文明范式的转变，真正将人类文明带入了全新的阶段。这个时代的定义是持续的、复利式的、无限的经济增长。这种现象在人类历史上前所未有。

如前所述，农业文明是由光合作用原理决定的，光合作用对能量转换的极限受制于土地的大小。土地的大小有自然的上限，因此农业文明的经济是短缺经济。而以现代科学技术为基础的文明能够释放出持续的、复利式的经济增长的动力，将农业时代的短缺经济转变为富足经济。这种区别是划时代的。

这种新制度是经济贤能制的结果。在欧洲，人们忽然发现，无论你是谁，出身如何，你在经济层面上有了自由上升的通道，可以通过努力飞黄腾达。这种体系有助于释放个人和小集体（公司）的潜力，它吸引着人性的另一个方面，即个体性力量的释放。这是过去几百年间的现代史上才发生的现象，欧洲（西方）分裂的小诸侯国及美洲大陆上特别是北美的小殖民国，正是形成这种新文明的政治、地理土壤，而在西方个体和小集体的强大是现代文明的产物。

这就是为什么西方看中国、中国看西方时，都常常不得其法。

他们总是从自己的偏见和自身的成功经验出发。例如，西方是因为个体和小集体（公司）的力量而成功的，他们对政府的干预就不免总有深入骨髓的怀疑。所以我今天演讲的第一部分就是要给大家做好铺垫，讲述一下中西方之间这些有着长期历史渊源的、深刻的、根本性的差异。

二、中国的现代化历程及近四十年的经济奇迹

1840年，中国和现代的西方以鸦片战争的形式相遇了，中国被迫开放通商口岸，同时也不得不面对残酷的现实——当他们还沉浸在农业文明时期的辉煌中时，已经完全错过了工业革命和科技文明。西方已经在这个过程中先行了几百年。此后的100多年里，中国在半殖民地状态下跌跌撞撞、举步维艰。1949年，中国在共产党的领导下重新建立起统一的国家，在开始阶段走上了计划经济的道路，至少部分原因是计划经济的特点与中国人组织集体、释放集体潜力的本能恰好吻合。对中国政府来说，这也是很自然的选择。当一个国家选择自己的命运和发展道路时，会受到根深蒂固的历史偏见的影响。后来计划经济的结果如何，大家也都知道了。

1978年，邓小平成为中国领导层核心，那时他并不知道带领中国走向繁荣的具体路径是什么。但邓小平对西方发达国家有一个非常实际的观察。1978年邓小平第一次访美后，在吉米·卡特（Jimmy Carter）总统当政时中美建立了外交关系。从此，邓小平冲

破中国传统历史偏见的藩篱，转而学习美国的道路，开始倡导市场经济，开放国门，如饥似渴地向美国及西方学习现代科学技术及市场经济道路。

自此，我们见证了中国近40年的经济超高速增长。图15显示了中国1978年到2018年通货膨胀调整后的实际经济增长率。这40年的复合增长率平均约为9.4%。按实际价值计算，中国40年来国内生产总值翻了37倍。这个世界第一人口大国实现了超长时期内经济持续超高速的增长，这绝对是一个奇迹，是史无前例的。

现在我们来解释一下这40年超级增长的原因。首先是一些常规的解释。邓小平的改革开放政策让中国人真切地观察到美国的成功，也即西方成功的一个典范。在中国实行开放政策的时候，美国相对来说还非常自信、胸怀宽广，愿意帮助中国。美国愿意帮助中国，首先是因为两者同为反对苏联的盟友，其次美国还带有一种传教士般的热情，想引领中国走入现代化，这也是美国一贯以来的历史。另外，当时的世界大环境比较和平，美国的消费也为中国的经济增长助力，世界处于大规模全球化的进程中，中国加入了WTO等等。中国的经济增长离不开这些顺风车。另外因为中国曾经太落后，要奋起直追，所以通过借鉴他国成功经验，谨慎规划未来的道路，总体来说规划得更好。中国人还有努力工作、重视教育、富有创业精神等文化传统。之前几十年的经历促使他们更加珍惜改革开放政策带来的机会去努力工作。在人口方面，通过全球化、加入WTO，中国数亿年轻劳动力得以迅速融入全球经济。这些年轻人在很短的时间内就能创造出巨大的产出。而恰

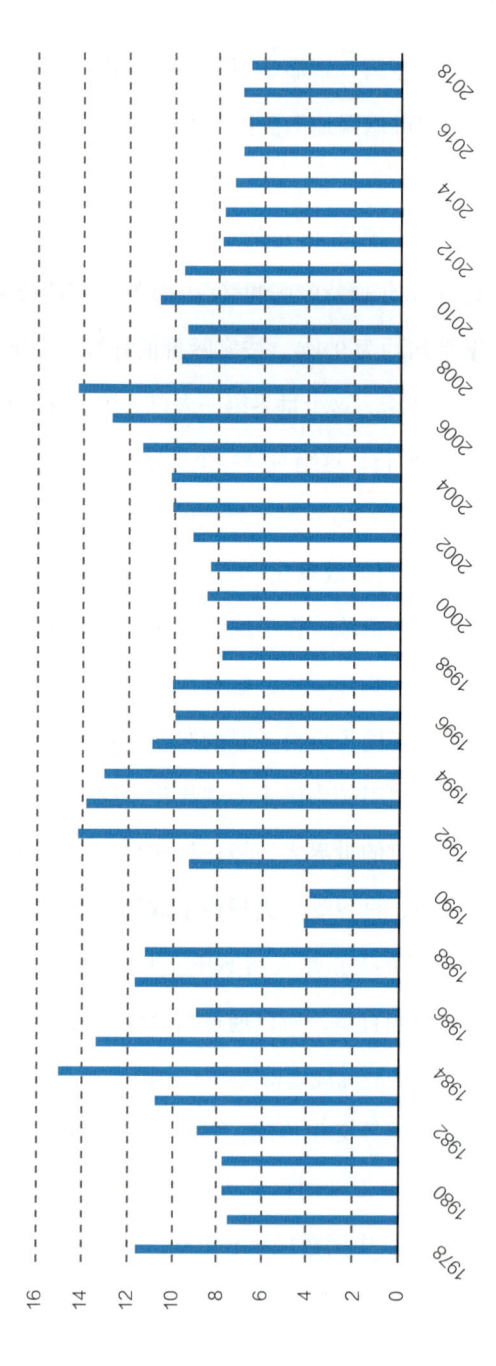

图 18 中国 1978 年到 2018 年通货膨胀调整后的实际经济增长率

来源：世界银行。

好这些产出还能被全世界吸收。所有这些因素都在一定程度上解释了中国几十年的高速增长，但它们还不是全部。

下面我来谈谈非常规的解释。首先，现代文明的本质并非政治制度，而是自由市场经济与现代科学技术的结合。中国人已经在各种不同的方向上跌跌撞撞地走了150多年，直到1978年他们才真正达到了这种结合。那时，中国已经存在一个潜在的统一市场，还有着统一、稳定的政治环境。一旦真正开始接受现代文明的精髓，中国就像其他现代国家一样开始蓬勃发展。历史上其他国家的经济起飞也是遵循相同的道路。国际上最流行的一种观念认为政治民主是实现现代化的必要条件，但中国的成功恰恰是一个反例。政治民主并不是现代化的先决条件。

另一个原因是中国的独特政治经济体系，也被一些学者称为"三合一市场机制"。我们在第一部分说过，中国人最早探索出通过政治贤能制来释放集体力量和潜力的方法。在过去的40年里，中国又通过组织市场经济的独特方式将这一历史传统发挥得淋漓尽致。所谓"三合一市场机制"，就是中央政府、地方政府和企业之间的密切合作。中央政府制定战略，提供资源支持，调节经济周期——这一点和美国联邦政府相似。中国的独特之处在于地方政府之间的竞争。中国地方政府的行为更像是企业行为，这些"公司式地方政府"为真正的商业公司提供总部式服务。如果公司去某地投资设厂，当地政府可以为它们提供土地，修路造桥，组织劳动力，改变税收制度，甚至可以购买公司生产出的第一批产品。地方政府竭尽所能帮助公司在当地落脚并取得成功。公司只需要牢牢抓住市场机遇。作为交换，公司大量雇佣本土劳工，贡献 GDP，并向地方政府支付税收，但从某种意义上说，这更像是支付租金，因为相当于租用了一个现成的公司总部。与此同时，不同的地方政府相互竞争，为商业公司提供更好的服务，和中央政府一起促成了经济的长期增长。从图 18 中可以看出，多年来中国经济增长率的起伏非常小。这种独特的模式在超长的时间内产生了超高的增长率，且周期性变化非常小。当然周期性变化很小也离不开温和的国际环境和开放的自由交易系统。

然而有一段时期，情况发生了变化。首先，当地方政府像企业一样提供商业服务时，它们会要求租金，有些官员甚至会以权谋私，要求企业直接把租金支付给个人。因此，这种模式在创造了超高速经济增长的同时，也催生了严重的贪腐、寻租、环境污染恶化、不同地区之间的恶性竞争、不可持续的贫富分化，和高度依赖债务的经济，因为债务是中央政府用来缓和经济周期起伏的主要方式之一。这些是三合一市场机制的缺点。

在此期间，国际环境也发生了变化。当中国成为世界第二大经济体、世界上最大的贸易国和最大的工业国时，其他国家和地区的经济没有达到 9% 的增速来适应这么多的产出。此外，全球化的结果之一是，那些原本发达的工业大国正在失去其工业上的优势基础。而全球化为发达国家带来的好处又集中地过度分配给了科技与金融领域中的精英们，贫富分化日益严重，中产阶级的生活水平停滞不前。于是反全球化运动和各种民粹主义政治运动开始聚集力量。

在中国经济持续增长了 40 年后，它的独特发展模式也遇到了困难。

三、当前投资人尤其是海外投资人对中国的悲观情绪

十八大以来，中国政府发起了一场可能是最全面、最持久的反腐运动，这场运动持续了整整 6 年多，至今还在进行。政府发布了一系列改革计划，同时推行两个并行的政策目标。一个目标是通过全面从严治党来加强对整个国家社会的领导；另一个目标是同时为中国继续创造中高速（相对于超高速）的、可持续的经济增长。

但大多数人都把问题的重点放在了第一个目标，因为它带来的变化很大，影响到了所有官僚机构，影响到了所有知识分子、商人，也影响到了每个公民。在过去一段时间内，很多人都感到难以适应。它导致了某些政府官员的不作为和乱作为，甚至使部分企业和消费者对未来失去了信心，金融市场大幅下跌。这就是 2018 年中国接二连三产生"黑天鹅事件"的背景。

中美贸易战在这个时期爆发无异于雪上加霜。国际上，新一轮"中国即将崩塌"的理论又开始流行。这句话最早出自章家敦（Gordon Chang）2001 年所写的《中国即将崩塌》（The Coming Collapse of China）。这句预言此后多次兴盛，每过几年都会被外国知名报刊杂志、企业家和政客一再重提。在中国国内，持这一观点的也不乏其人。最近我们又迎来了新一波的悲观情绪，出现

对中国即将崩塌的新一轮预测。持这一观点的人怀疑政府推动市场经济改革发展的决心，这是否预示着中国超高速增长的终结？

但是反过来想，加强党的领导也带来了更加稳定的政府、稳定的国家，和稳定、持续、共同、单一的大市场。反腐运动还有效地遏制了贪腐和寻租行为，将一些根深蒂固的利益集团连根拔除，从而使一些原本很难推行的经济改革成为可能。我们还看到中国对技术、教育、环境都在持续地加大投资，中国经济也在从出口和投资导向向最终消费导向转型。这几年，我们看到了社会的很多变化，在某些方面，舆论空间收窄，但在另一些方面，这些政策也卓有成效，比如扶贫、环保等，效果可以说立竿见影。这就是这几年中国国内环境发生的变化。

国际上，我们再谈谈贸易战，很多人问到这场贸易战是否预示着中国增长周期的终止。我们来看一下数据。图19显示的是中国商品及服务净出口占国内生产总值的百分比，它的计算公式是用商品及服务的出口值减去商品及服务的进口值，再除以国内生产总值。历史上的一些时期，中国的净出口曾经非常高，接近国内生产总值的9%。也曾经低到-4%。但在过去的5年里，中国的净出口平均值在2%左右。

再看下图20，你就会明白近些年来国际贸易对中国经济增长影响力的变化了。图20显示的是2003年以来最终消费、投资和商品及服务净出口对中国国内生产总值增长的贡献率。十几年前，净出口对中国GDP的贡献很大，2008年和2009年开始下降（当时中国是支撑全球其他经济体的主要进口国）。过去5年，最终消

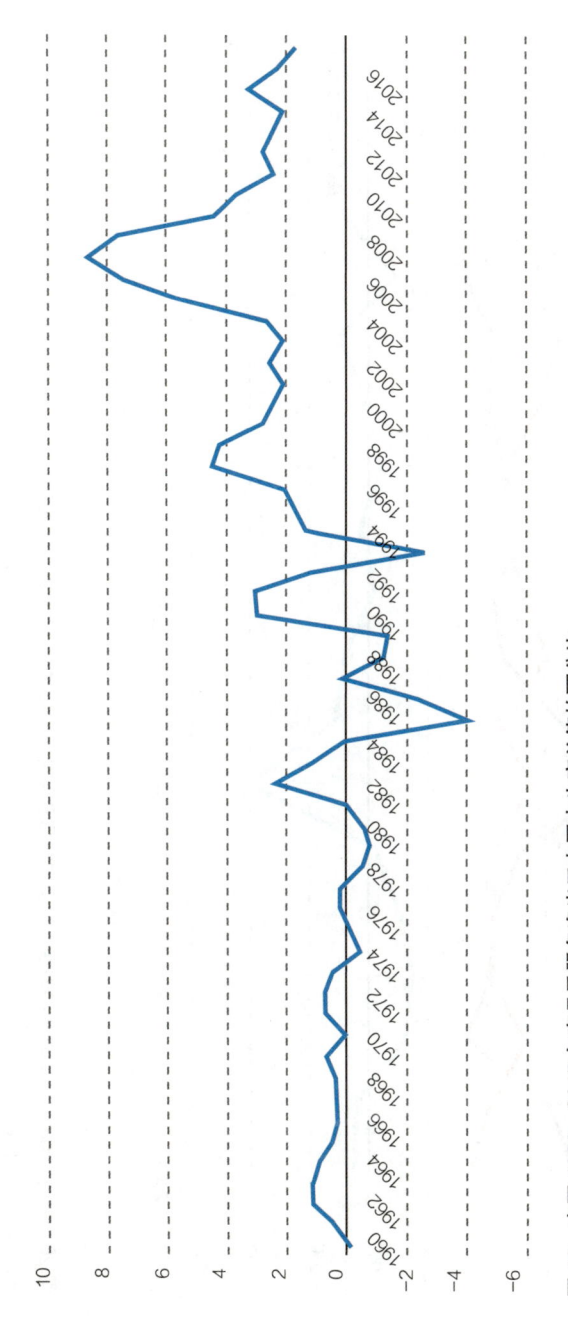

图 19 中国 1960—2017 年商品及服务净出口占国内生产总值的百分比

来源：世界银行（1960—2017 年数据）。

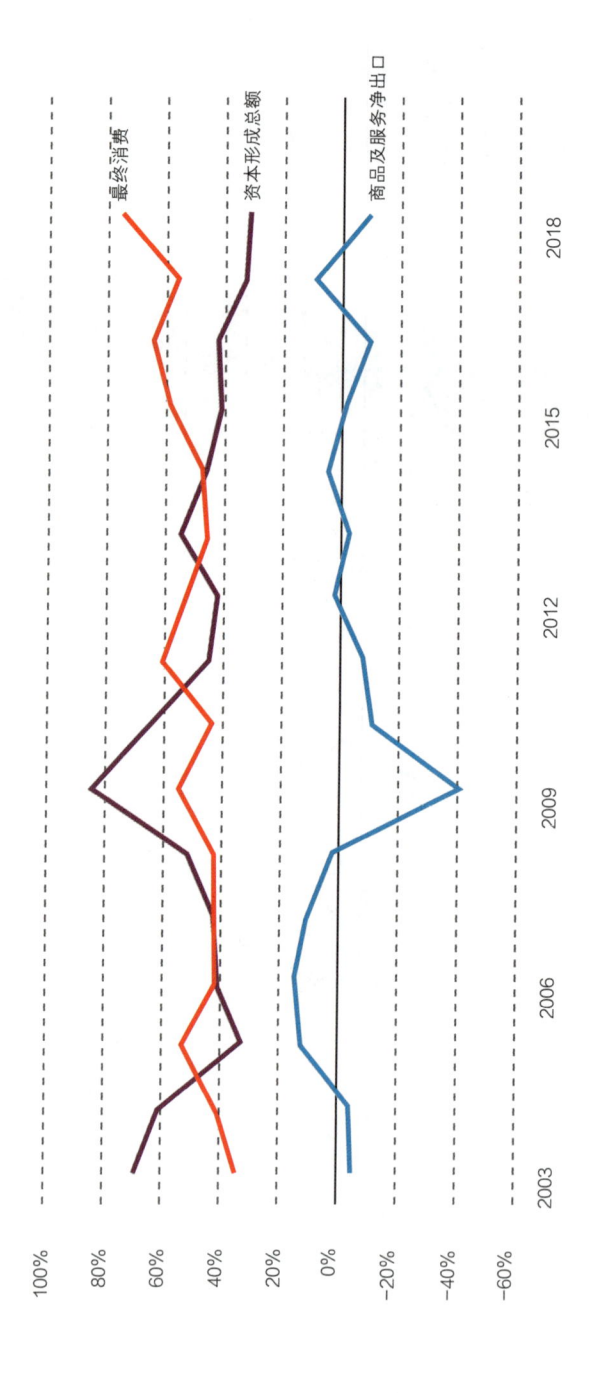

图 20　中国 2003—2018 年最终消费、投资和商品及服务净出口对 GDP 增长的贡献率
图表来源：CEIC Data.

费的贡献在持续增长，资本形成总额（即投资）相对降低，而净出口显著降低，换句话说，中国经济对国外市场的依赖性显著降低。中国供给侧的经济改革产生了实际的成效。笼罩在林林种种的担忧、恐惧、抱怨和预言中，中国经济实际上正在悄然发生变化，2018年最终消费对GDP增长的贡献率达到76.2%，资本形成总额贡献率32.4%，货物和服务净出口贡献率为-8.6%[*]。中美贸易冲突固然会对中国经济造成损害和诸多负面影响，但是已不足以阻止中国经济的持续增长。

四、经济发展的三个不同阶段：今天中国与西方的位置

在发展经济学中，刘易斯拐点是一个重要的概念。在工业化早期，农村的剩余劳动人口不断被吸引到城市工业中，但是随着工业发展到一定的规模之后，农村剩余劳动人口从过剩变到短缺——这个拐点就被称为刘易斯拐点。这一观察最早由英国经济学家威廉·阿瑟·刘易斯（W. Arthur Lewis）在20世纪50年代提出。

在刘易斯拐点到来之前，也即早期城镇工业化过程中，资本拥有绝对的掌控力，劳工一般很难有定价权和讨价还价的能力，但是因为农村里有很多剩余人口，找工作的人很多，企业自然就会剥削工人。

过了刘易斯拐点之后，进入到经济发展的成熟阶段，这时候

---

[*] 来源：国家统计局，2018年国民经济和社会发展统计公报。

企业需要通过提高对生产设备的投资以提高产出，同时迎合满足雇员的需求，增加工资，改善工作环境和生产设备等等。在这个时期，因为劳动人口已经开始短缺，经济发展会导致工资水平不断上升，工资上升又引起消费水平上升，储蓄水平和投资水平也会上升，这样公司的利润也会上升，形成了一个互相作用、向上的正向循环。这个阶段中，几乎社会中的每个人都能享受到经济发展的成果，同时会形成一个以中产阶级为主的消费社会，整个国家进入经济发展的黄金时期。所以这个阶段也被称为黄金时代。

今天的经济是一个全球化的经济。当黄金状态持续一段时间，工资增长到一定水平后，对企业来说，在海外其他新兴经济中生产会变得更有吸引力。此时企业开始慢慢将投资转移到发展中国家，这些发展中国家开始进入自己的工业化过程。如果这种情况在本国大规模发生，本国投资就会减少，本国的劳工，尤其是那些低技能劳工的工资水平会停止上升甚至下降。这一阶段，经济仍然在发展，但是经济发展的成果对社会中的各个阶层已经不再均衡。劳工需要靠自己生存。那些技术含量比较高的工作，比如科学技术、金融、国际市场类的工作回报会很高，资本的海外回报也会很高。但是社会的总体工资水平会停滞不前，国内投资机会大大减少。美籍经济学家辜朝明（Richard Koo）先生称这一阶段为后刘易斯拐点的被追赶阶段。

今天主要的西方国家大概都在 70 年代慢慢进入了上述的第三个阶段（被追赶阶段）。而作为曾经在追赶中的新兴国家，例如日本也在 90 年代以后开始进入了被追赶阶段。对中国来说，虽然不同观察者提出的具体时间不同，但大体上中国应该是在过去几年中已经越过了刘易斯拐点，开始进入到成熟的经济发展状态。如下面几张图所示，中国近些年的工资水平、消费水平、投资水平都开始呈现出加速增长的趋势。

在经济发展的不同阶段，政府的宏观政策会有不同的功用。在早期工业化过程中，政府的财政政策会发挥巨大的作用，投资基础设施、资源、出口相关服务等都有助于新兴国家迅速进入工业化状态。进入到后刘易斯拐点的成熟阶段以后，经济发展主要依靠国内消费，处在市场前沿的私人部门企业家更能把握市场瞬息万变的商机。此时依靠财政政策的进一步投资就开始和私营部门的投资互相冲突、互相竞争资源。这一时期，货币政策更能有效地调动私营部门的积极性，促进经济发展。到了被追赶阶段，因为国内投资环境恶化，投资机会减少，私营部门因海外投资收益更高，而不愿意投资国内。此时政府的财政政策又变得更为重要，它可以弥补国内的私营部门投资不足，居民储蓄过多而消费不足。反而货币政策在这一阶段会常常失灵。

但是因为政府的惯性比较强，所以常常当经济发展阶段发生变化时，政策的执行仍然停留在上一个发展阶段的成功经验中。比如说，在今天的西方，宏观政策还是主要依靠在黄金时代比较有效的货币政策，但从实际的结果来看，这些政策有效性很低，以至于到今天很多西方国家，尤其是欧洲和日本在货币超发、零利率甚至负利率的情况下，通货膨胀率还仍然很低，经济增长仍然极其缓慢。同样地，当中国经济已经开始进入到后刘易斯拐点的

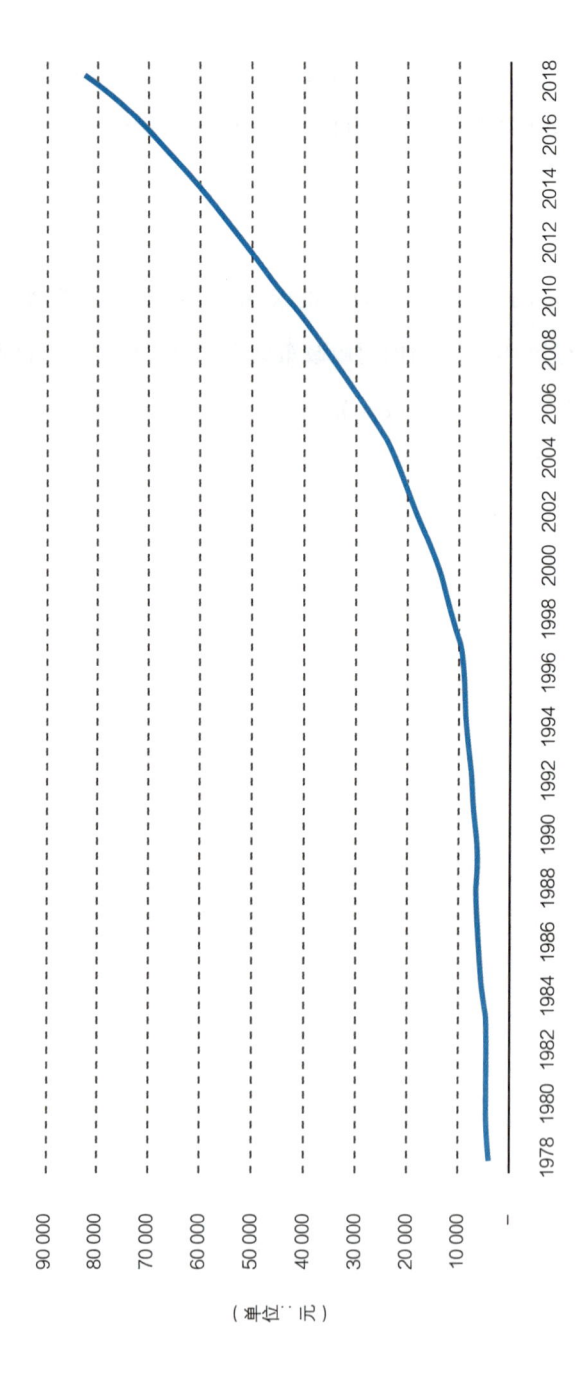

图 21 城镇单位就业人员平均工资
来源：国家统计局，人民银行（已调整价格因素）。

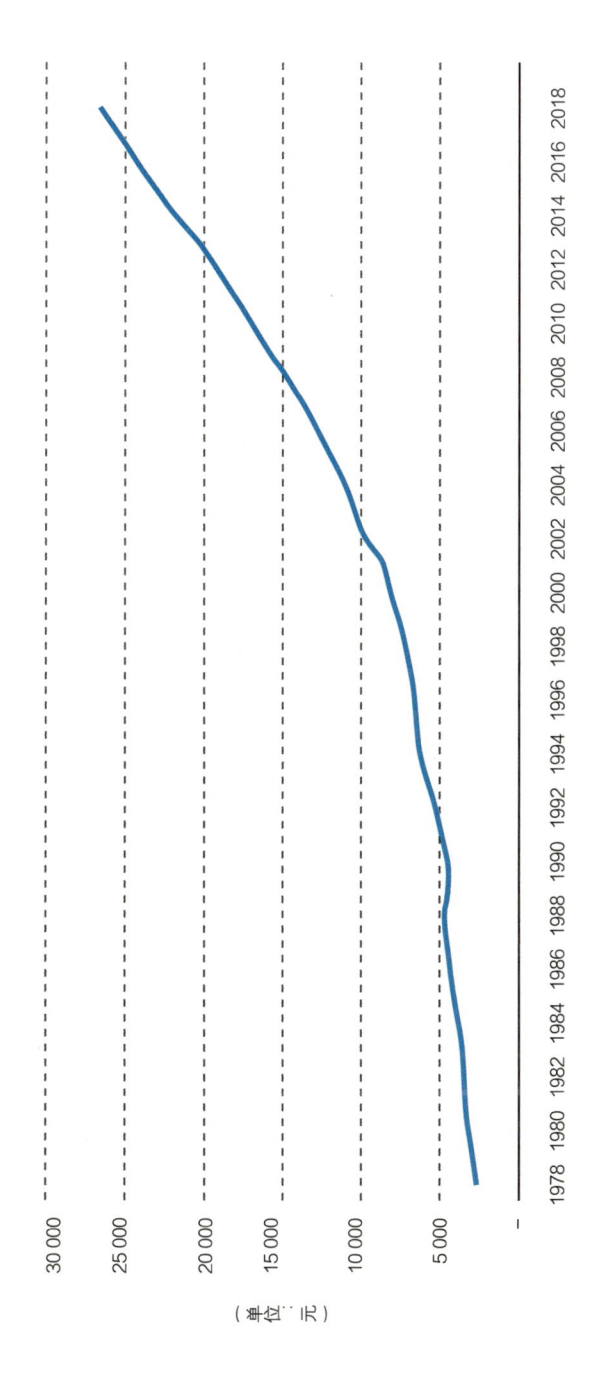

从外国投资人角度看中国经济的未来 　 381

图 22　城镇居民家庭人均消费支出
来源：国家统计局，人民银行（已调整价格因素）。

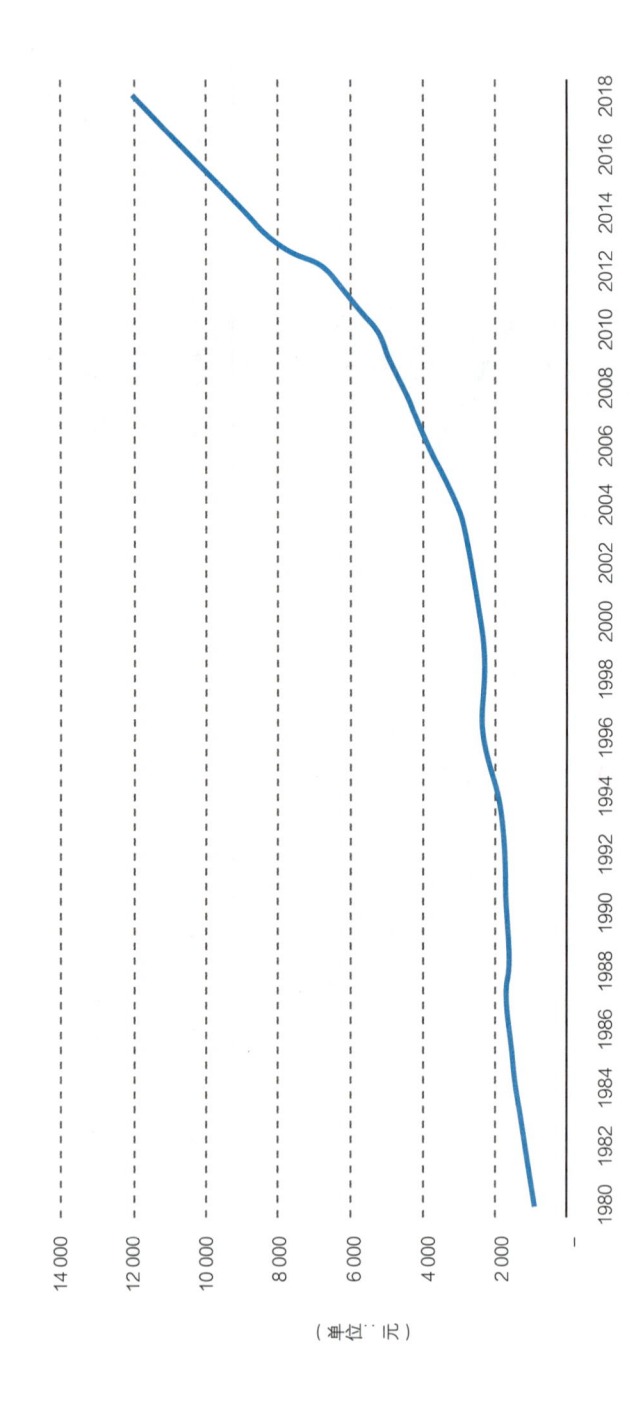

图 23 农村居民家庭人均消费支出

来源：国家统计局，人民银行（已调整价格因素）。

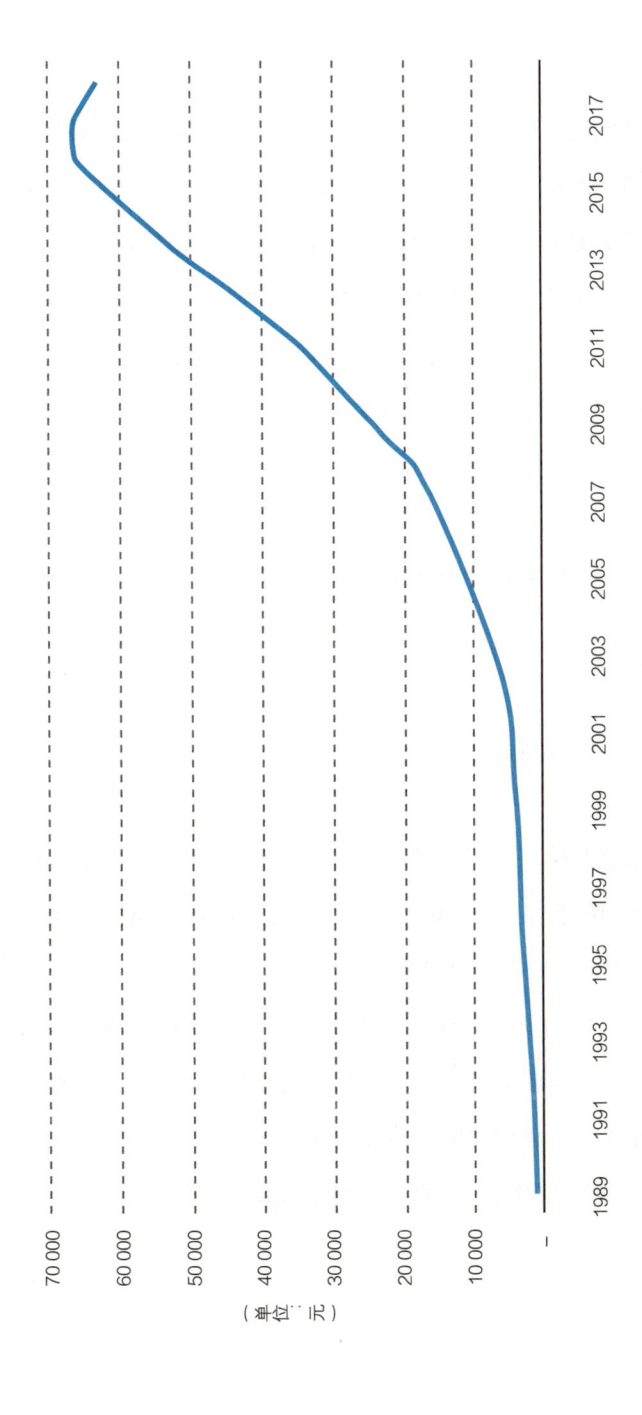

图 24 固定资产投资（不含农户）

来源：国家统计局，人民银行（已调整价格因素）。

成熟阶段后，政府的财政政策还是很强势，政府对货币政策的使用仍然相对较弱。过去几年，私营企业在一定程度上受到各种财政政策和国企的挤压，在某些领域空间有缩窄的趋势。这些宏观政策和经济发展阶段错位的现象在各个国家各个阶段都有发生。

然而不容否认，中国仍然处于经济发展的黄金时代，对西方发达国家仍然有成本优势，而后面的其他新兴发展中国家（如印度等）还没有形成系统性的竞争优势。今后若干年，中国的工资水平、储蓄水平、投资水平和消费水平还会呈现相互追赶的、螺旋上升的状态，处在一个互相促进的正向循环中，投资机会仍然非常丰富、优异。如果政府能在这一阶段中运用更多的宏观货币政策，支持私营企业，对于这一阶段的经济发展将会大有益处。

五、中国经济的增长潜力

有了以上基础，我们就可以尝试着回答这个问题：该如何估测未来 5 年、10 年、15 年、20 年甚至更长期的中国经济增长潜力？我想从五个方面来回答这个问题。

1. 首先，如前所述，现代文明的基础是现代科技和自由市场经济的结合，与政治组织方式关系不大。而技术密度却与经济增长直接相关。考虑到中国的高等教育现状，考虑到中国的人均 GDP 和人均研发费用时，你就会发现中国潜力很大。中国去年毕业了750万大学生，其中470万是STEM专业*。对比之下，美国大学STEM专业的毕业生人数，在大约50万左右，只有中国的十分之一，2年后，中国预计总共会有近2亿大学生，已经接近整个美国的工作人口。中国即将享受到巨大的工程师红利。类似的情况发生在1978年初，当时来自中国农村的数亿年轻人搬迁到大城市，不管工作难易，薪水高低，他们都愿意全力去打拼。中国这几十年的经济起飞正是得利于劳动力红利以及全球化带来的工作机会。

今天我们即将迎来工程师红利的时代，享受工程师红利带来的经济转型升级和富足社会。华为就是一个很好的例子，他们雇佣了约15万名工程师，这些工程师都至少拥有工程学学士学位，其中大多数还有硕士以上学位。华为支付给他们的工资报酬大概只相当于西雅图或旧金山硅谷同等职位的一小部分，但华为的工程师都以刻苦敬业闻名于行业。他们的聪明程度、所受的专业训练绝不亚于那些西雅图或旧金山硅谷的工程师。中国即将释放出的竞争潜力就在于此。

我们进一步讨论工程师红利的问题。图25中显示的是一些国家、地区人均GDP和研发支出占GDP的比例。2017年，中国人均GDP接近9000美元（2018年中国人均GDP已接近10000美元）。就人均GDP而言，中国与巴西、墨西哥和泰国相当。但中国的研发支出所占GDP的比例要远高于这些国家，达到2.13%。相比之下，巴西为1.27%，泰国为0.78%，而墨西哥只有0.49%。中国研

---

* STEM是科学（Science）、技术（Technology）、工程（Engineering）及数学（Math）四个学科的首字母缩略字。

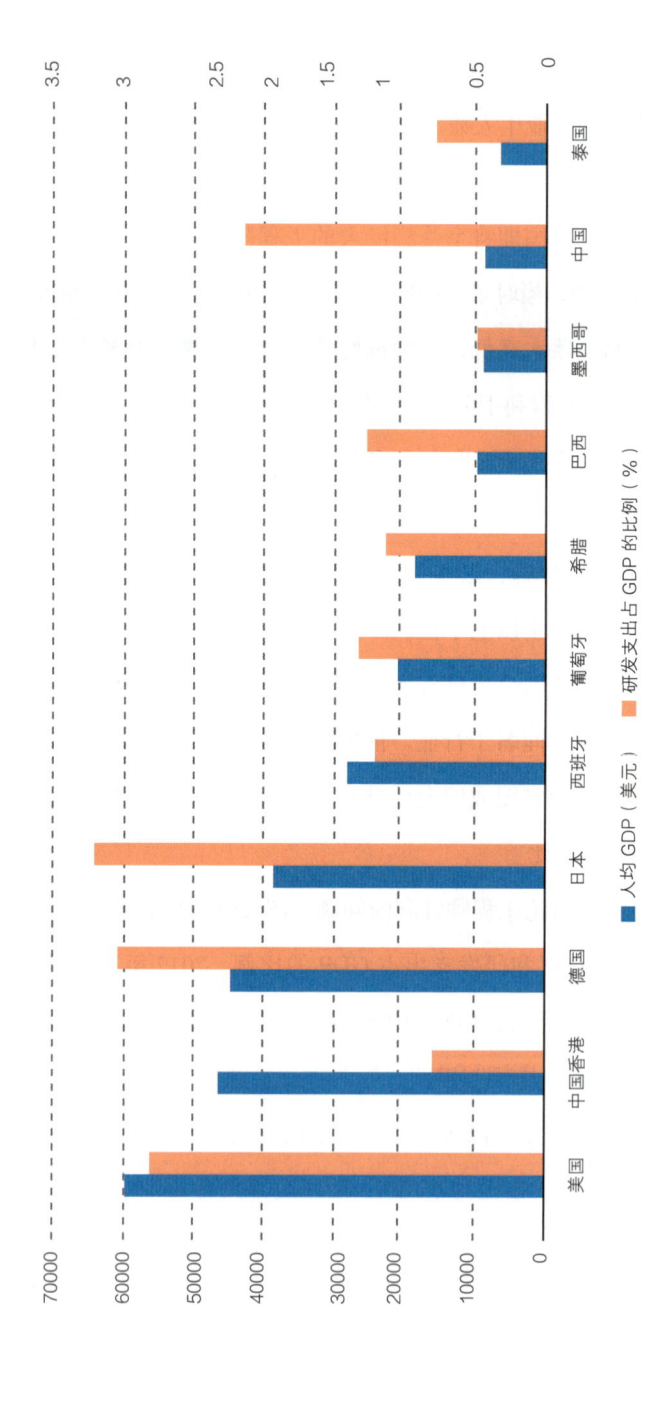

图 25 不同国家（地区）人均 GDP 和人均研发支出对比

来源：世界银行。人均 GDP 为 2017 年名义美元数据。研发支出占比数据除巴西、墨西哥、泰国为 2016 年数据以外，其他国家和地区为 2017 年数据。

发支出占 GDP 的比例甚至比西班牙、葡萄牙这些国家都高。西班牙的人均 GDP 是中国的 3 倍，葡萄牙的人均 GDP 是中国的 2 倍。也就是说，中国的研发支出占 GDP 的比例高出了那些人均 GDP 是其 2 倍、3 倍的国家，而且远远高出那些和中国拥有同等水平人均 GDP 的国家。

2. 那么如何释放中国人均 GDP 的潜能呢？城市化率是另一个重要因素。所有那些人均 GDP 较高且研发支出较高的国家的城市化率都在 70% 左右，而今天中国的城市化率仅有 55%。而且这个数字还有些夸大了，因为其中包括了 1.8 亿农民工，这些农民工虽然在城市生活，但没有城市户口。只有那些有户口的人才有权享受一系列社会福利，包括教育、退休和医疗福利。有了这些保障后，减少了后顾之忧，人们才会更愿意去消费。因此，这 1.8 亿农民工并不是城市生活的完全参与者。更不用提那些完全生活在城市之外的 45% 农村人口了。

然而，中国政府计划在未来 20 年内将以每年 1% 的速度开展城市化进程，这意味着在未来 20 年内，大约有 3 亿人成为新的消费者。这正是参与城市化进程的全部意义所在——成为消费者。一旦你真正加入城市生活，有了基本的社会保障，你就会像身边的所有公民一样开始消费，开始赚钱，开始进入到经济循环中去。结果就是可持续的经济增长。

3. 另一个问题是：中国是否有足够资金来支持城市化、支持建设、支持制造业升级？恰巧中国还有另一个特征可以为此助力。如图 26 所示，这是中国从 1952 年到 2017 年的国民储蓄率。即使在改革开放前，中国的储蓄率也一直居高不下。非常有趣的是近年来消费水平大幅上涨的同时，储蓄率也在升高。去年，中国作为世界第二大经济体，其储蓄率仍高达45%。高储蓄率就是支持进一步消费和投资的资源。

高储蓄率还能解决让许多人担忧的一件事——高债务水平。中国的债务水平自2008年以来一直不断升高，当时中国为应对美国次贷危机引发的全球经济大衰退开始持续大量投资，主要通过发行货币，依靠债务融资。传统上，中国社会融资主要来自银行债务，比例有时可高达80-90%。股票市场及股权融资占整体融资比例很低。但无论是债务还是股票，它们的来源都是一样的，它们不是从美国或任何其他国家来的，而是直接来自于本国储户。几乎所有中国债务的债主都是中国人自己，并以本币发行。所以尽管债务占比较高，但是因此引发金融危机的可能性至少目前并不高。

下一步中国政府想做的就是通过资本市场改革从根本上改变中国的融资结构，大大增加股权的权重，减少债务所占比例。就在昨天，我们看到了中国将在沪市推出"科创板"的新闻。"科创板"会采用与美国相同的模式，即以信息披露为基础的注册制资本发行，而非以前的审批制。这意味着任何想要上市的公司，都可以在较短的时间内，以较为自由的方式进入资本市场，以自由竞争方式获取资本。当然政府会在事后对其进行监控。这一模式和美国是相同的。从注册制改革开始，中国会慢慢调整社会融资结构，将银行债务从80-90%的高比例逐步调低。一个复杂成熟的

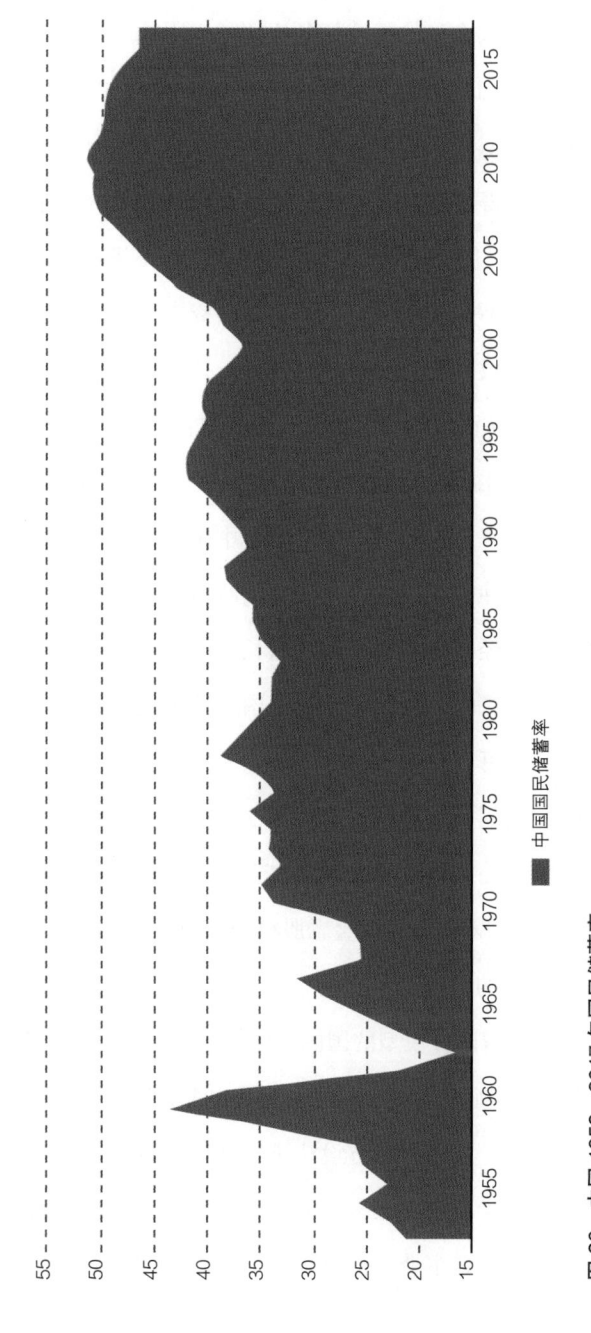

图 26 中国 1952—2017 年国民储蓄率

来源：CEIC DATA.

经济体是不应该有这么高的银行债务比例的。因此，资本市场改革将成为解锁高债务比问题和提高融资效率的关键。

但中国可以不依赖于外国资本。资本可以直接取自本国的储蓄。在中国家庭变得富裕时，储蓄率还一直保持在较高水平，这是中国文化的产物。图26明确地显示出中国人还不满足，他们想要投资更多，他们不想坐吃山空。如果中国资本市场改革能够将这种欲求转化成有效的投资，通过对教育、技术的持续投资实现经济的转型升级，从而实现经济增长、个人财富增长、消费升级、投资增加的持续正向循环，就能实现中国经济的长期可持续增长。

4. 理解中国经济未来的另一个维度是中国政府在处理重大问题、危机时的灵活性和实用性。今天中国政府的两个目标，即加强党的领导与保持经济中高速可持续增长之间既统一又有一定矛盾。但是在应对危机时，我们也看到中国政府表现出足够的弹性和实用主义精神，可以在两大目标中调整轻重缓急。比如中国政府在中美贸易冲突问题上调整了与美国谈判的策略，也改变了之前对民营企业家的一些处理方式和对民营企业的借贷政策，尤其是在证券市场暴跌中对民营企业金融股权的处理等等。

另外，加强党的领导的结果可能是政治愈发稳定而非相反，这一点可能会让同情西方模型的国内、国外观察家感到难以理解、难以接受。但是现实确实如此，过去和当代也都有很多案例可以佐证。在这种情况下，人们会想方设法进行适应性调整。无论人们对今天的局面有多少不满，大多数人并不愿意离开中国。他们既带不走财富，更带不走事业。随着政策改善，时间推移，一切又回归常态。商人会继续经营生意。这些财富不会从中国流走，生产性资产不会丢失。社会上的大多数人，甚至包括中国政府，都会学着去调整。如果中国政府都具有灵活性和适应性，我想整个中国社会必然也是灵活的、具有适应性的。当矛盾爆发时，我们会看到两个目标之间的优先顺序不断地切换。只要政府不改变经济改革发展目标，中国经济就会在一个稳定单一的大市场中持续发展下去。

5. 那么在现有的政治经济模式下，中国经济还能走多远呢？当然没有人能够对此作出确切的回答。所以，要预测中国经济的未来，最好参考一下以类似政治、文化组织起来的国家和地区的发展经验。

东亚同样受儒教影响的国家、地区，比如日本、韩国、新加坡、中国香港、中国台湾，尽管无论是政府管控程度还是人口数量上都与中国大陆有很大不同，他们的发展历程仍对预测中国经济前景具有启发意义。

日本在 1962 年首次达到 10000 美元人均 GDP 水平（2010 年不变价美元）。随后的 24 年里，其 GDP 平均复合增长率约为 6.1%，一直持续到 30000 美元人均 GDP 水平（图 27）。然后增长率开始放缓。韩国在 1993 年突破了 10000 美元大关。随后 24 年，GDP 平均复合增长率为 4.7%，直至达到 25000 美元以上（图 28）。新加坡的复合增长率高达 8.2%，并在较短的时间内从人均 10000 美元一直增长到 30000 美元（图 29）。中国香港也是类似，有 28 年 10% 的增长率（图 30）。当然，新加坡和香港都是很小的经济体，

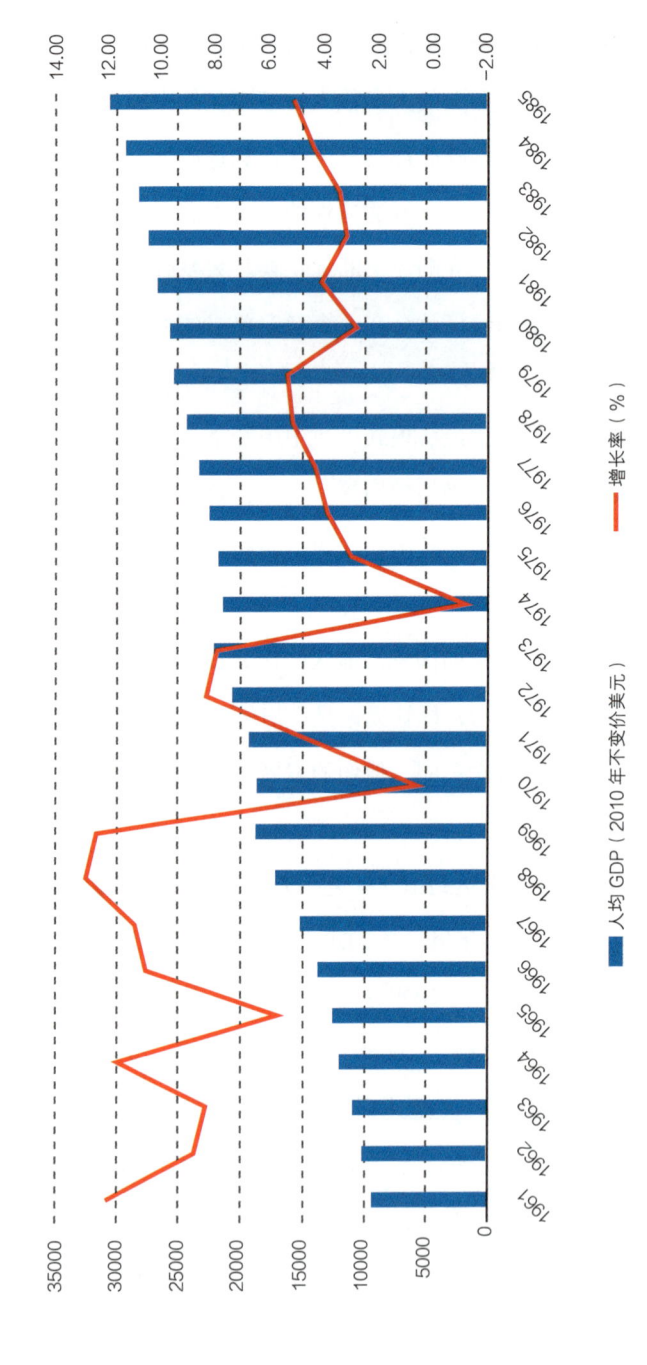

392　文明、现代化、价值投资与中国

图 27　日本 1961—1985 年经济增长率及人均 GDP（2010 年不变价美元）
来源：世界银行。

因此不太具有可比性。韩国和日本的数据更具预测性。他们在政治上的组织方式和中国类似，也和中国一样重视教育、技术、产业升级并且强调国内消费，日本尤其如此。韩国的经济仍然非常依赖外国。但他们都多多少少转移了一些重心到消费上。

这些东亚儒教国家和地区的经历可以帮助我们估测中国的增长潜力很有帮助。大家都相信贤能制的文化，都有很高的储蓄率，重视教育、科技，在到达 10000 美元人均 GDP 时还表现出强烈的企图心，而且他们大多数在社会组织方式上也和中国有类似之处，在经济上政府都扮演着比西方国家更重要的角色。中国社会很有可能会走出类似的轨迹。

但我们是自下而上的投资者。我们的投资一般不受整体宏观环境的影响。今天我们之所以要讨论这些问题，是因为我们所投资的公司在某种程度上与它们所在国家的命运也是息息相关的。所以我们要对这个国家有一个粗略的认知。这种认知不一定要非常精确，也不需要时时正确。我们只需要对所投注的国家未来 20 年或 30 年的情况有个大致的推测。这就是为什么我们要做这些分析，为什么我们要思考这些问题。

我们已经讨论了许多不同的方面，来帮助你更加公允、客观地了解大局。所以下次你们看到美国的知名报刊谈论到中国时，别忘了他们的固有偏见。这些偏见来自于他们自己的经历和成功经验。他们倾向于由此去评判那些和自己不同的东西。当你看到中国对某个问题做出回应时，通常也是源于他们自己的经历、自己的成功经验和自己的偏见。你要有拨云见日的能力。

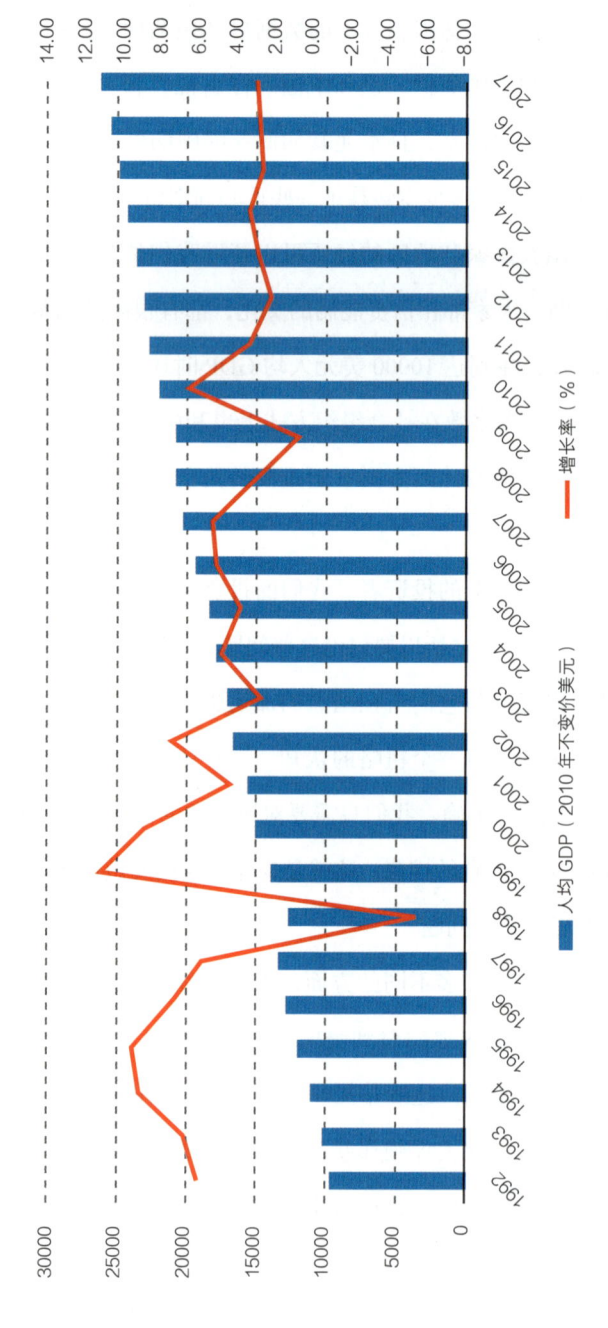

图 28 韩国 1992—2017 年经济增长率及人均 GDP（2010 年不变价美元）
来源：世界银行。

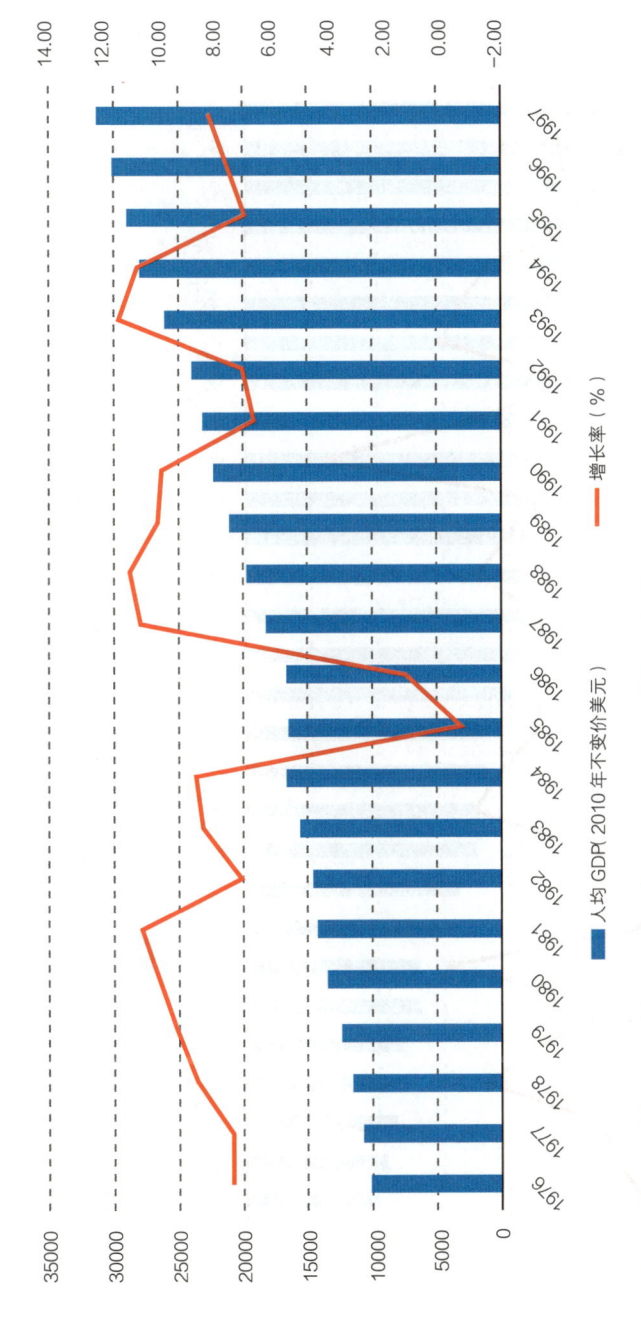

从外国投资人角度看中国经济的未来 395

图 29 新加坡 1976—1997 年经济增长率及人均 GDP（2010 年不变价美元）
来源：世界银行。

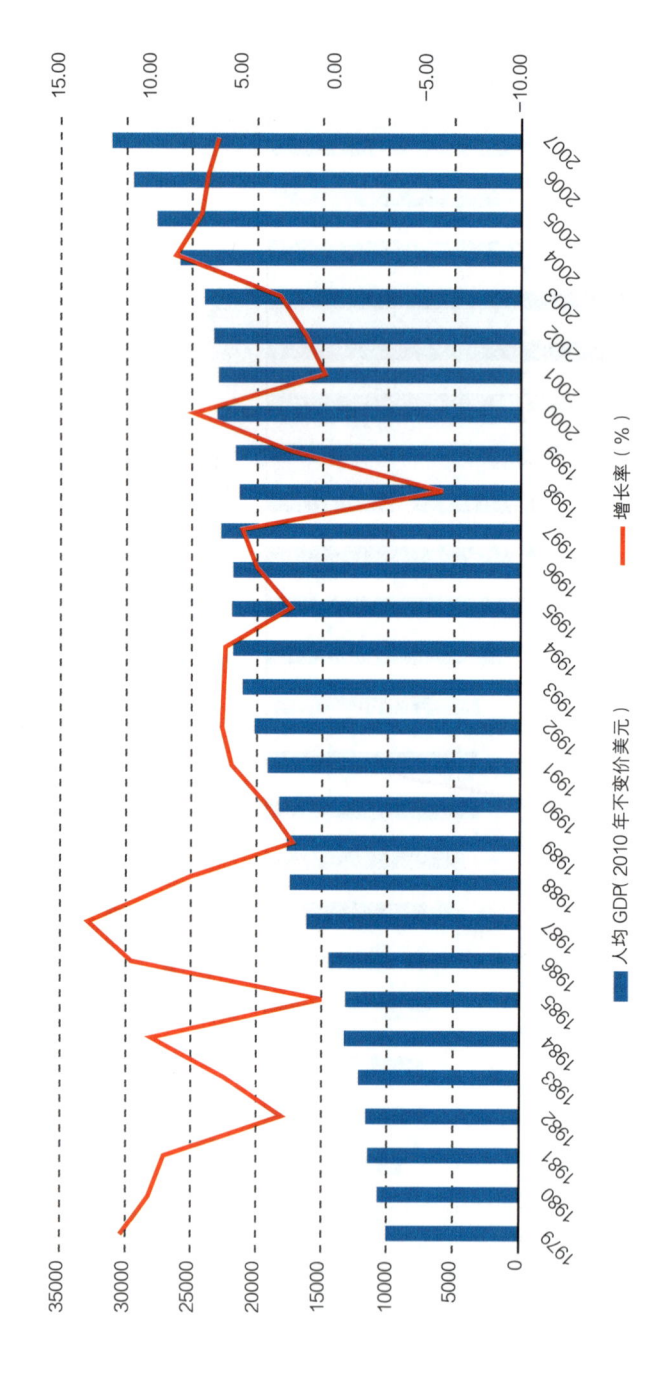

图30 中国香港1979—2007年经济增长率及人均GDP（2010年不变价美元）

来源：世界银行。

最后总结一下，地理位置的不同决定了中国和西方的发展走出了不同的道路，政府在两种文化中扮演了非常不同的角色。中国在历史上发明了政治上的贤能制，使得中国在农业文明时期的绝大部分时间领先于欧洲。同样，也是地理因素帮助欧洲最先发现了新大陆，并促使西方发明了经济上的贤能制，从而把人类带入了新的现代文明。

经过了100多年的挫折，中国终于在过去40年里发现了现代文明的精髓，也即现代科技和市场经济的结合，从而在40年中创造出超长期的、高速的经济增长奇迹，而这其中中国独特的文化和社会治理优势也不可或缺。在今天的环境下，执政党和政府对于社会的管控更加严格，但是社会治理的根本目标并未发生变化，就是要在未来几十年里继续为中国创造一个可持续的中高速经济增长。尽管和美国的贸易冲突加大了国际经济的不确定性，但是今天中国已经不再是一个完全依赖出口的国家，而正在迅速成长为世界上增长速度最快的进口大国。中国和美国出于对各自自身利益的考虑，极有可能会在贸易和经济的一系列问题上形成妥协。今天的中国已经通过了刘易斯拐点，进入到了经济发展成熟的黄金期，工资水平、消费水平、储蓄和投资水平，都进入了互相追赶式的螺旋增长，为创造中产阶级消费社会提供了良好的环境。中国的文化和国策使它有可能避免中等收入陷阱，而进入到高度发达国家的行列，这其中有各种因素的作用。这些因素包括在科研上持续的高投入，受过高等教育的劳动力人口数量，尤其是工程师群体的迅速扩大，日益推进的城市化进程，居民的高储蓄和高投资，稳定的政治环境和巨大的国内市场等等。我们也看到和中国具有同样儒教传统的其他一些东亚国家，都在达到中等收入水平之后又持续了很长时间的经济增长，最终成为了高收入国家。

最后，作为基本面投资人，我们为什么现在投资中国呢？因为在那里我们仍然能够发现一些优秀龙头企业，它们比西方的同类公司更便宜，而且增长速度更快。这就是我们在中国投资的逻辑。

谢谢大家！

"他让价值投资在全球实践成为可能"

——2024年11月28日芒格去世一周年之际接受专访

一、你真正爱的人永远不会离去

问：您能给我们聊聊您这一年来的思考和感受吗？

今天是一个很特殊的日子，查理逝世一周年，又是美国的感恩节。我第一次和查理的长时间交流也是在2003年的感恩节当天，我们聊了四五个小时，之后就正式成为合伙人，直到他去世，这一晃就20年了。

查理去世的那个感恩节周末，他跟家人在一起，吃晚饭的时候仍然和往常一样谈笑风生。但是到了吃甜点的时候，他感觉有点不舒服，第二天一早就被送到医院里，大概一天之后，他离开了。查理一辈子都生活在自己的时钟里，没有变过，坚持工作和陪伴家人，一直到最后一刻。我们在一起整整20年，他去世后的这一年里，我还会常常想起和他在一起时的对话。

我最大的女儿在查理之后几个月去世了，是一次意外的悲剧。所以在两三个月的时间里，我失去了像父亲一样的查理，失去了我最大的女儿，真切地感受到了人生中失去的痛苦。这也让我对人生有了进一步的体悟。其中一点就是，你真正爱的人其实永远都不会离去。我还是能感受到无论是查理还是 Julia，随时随刻都和我们在一起，这就是我们中国人讲的：精神是永在的。在今天这个特殊的日子，这个把感激当作一个节日来庆祝的日子，我愈发地怀念他们。

二、查理从未让人失望过

问：您从芒格身上学到的最大的人生智慧是什么？

我们以前在一起早餐是约在 7 点钟，查理总是会提前半个多小时或一个小时到。他太太去世之后，我们改成了每星期二一起吃晚餐。有本书叫《相约星期二》(Tuesdays with Morrie)，写的就是一个年轻人和一个老者相约每个星期二见面，于是我们就选择了星期二。这样持续了十几年，无话不谈，留下了很多温馨的回忆，我也学习到很多。

查理对我来说最重要的意义是，他是一个真实的榜样。我们每个人都需要人生榜样，我从小就从古今中外找到了很多。但在生活中以一个真人为榜样是一件很困难的事情，因为真实的人总有各种各样的问题。我们讲盖棺定论，定论以后就可以把过去美好的部分保留下来，而在现实中我们必须要忍受真实的复杂性。我和查理在一起真真实实地生活了二十几年，要么一起早餐，要么每个星期二晚餐，几乎每过几天都会交谈，但是我从来没有发现他做的哪件事情让我失望过，反而是他的思考和行为不断在更加激励我。这是我人生独一份的经验。查理是一个永远表里如一、前后一致、知行合一的人物。

查理既出世，又入世。他和我们中国人理解的孔夫子一样，都非常深爱自己的家庭，深爱自己的亲人，有友谊深厚的朋友；他一生中都在追求知识、追求智慧、追求精神上的满足；并通过内在的修为致力于在真实的生活中改善世界。也就是说，他用学习去获取智慧，用智慧去获得世俗的成功，然后用成功来帮助社会，用自己的榜样给世界、给后人留下一份精神遗产。

全世界无数查理的粉丝、追随者，还有立志继承他的人，其实他们都持有共同的看法：查理是一个可以学习、可以模仿的真实的榜样。他研究的普世智慧源于当代，也适用于当代；查理用一生去追寻普世智慧，并借此取得了伟大的成就——伯克希尔的成功就像一座丰碑。他还借用同样的智慧在社会中行善，通过宣扬一种特殊的行为方式，尤其是双赢的商业行为方式，成为无数人的榜样；通过传播一种精神理念，为我们留下了一份了不起的精神遗产。查理说："我的剑要留给能够挥舞他的人。"在我看来这就是他留下来的那把剑。

这也是我个人追求的境界，随着年龄的增加，我从事越来越多的社会公益，过去几年尤其如此。2021年我们创建了美国亚裔基金会，成为几千万亚裔在美国最重要的保护伞式的组织。我们计划通过五年的时间募集11亿美金的援助。过了三年，我们经审计的援助已经达到28亿美金，相信五年结束后，这个数字将远超过当初的预计。当然这只是一部分，我们会继续做下去，为社会服务。

三、查理是设计师，沃伦是工程总包

问：请以您的视角帮我们梳理一下芒格的投资哲学。

首先，查理接受格雷厄姆先生对于价值投资的原始阐述。即：第一，股票是公司所有权的一部分，不仅仅是一张纸；第二，市场的存在是帮助真正的价值投资者，而不是指引你怎么做，也就是所谓市场先生的概念；第三，投资要有足够的安全边际。

查理非常尊崇这三个基本原则。但因为生活的时代不同，他在格雷厄姆的基础上又发展出了自己独到的贡献，体现在两个方面。

一是在能力圈内以合理价格买伟大公司。

格雷厄姆所处的时代，实际上是在大萧条前后，包括两次世界大战。这个时期整个经济受到各种各样的创伤，所以对他来说保持自己的购买力是第一重要的。

在查理跟沃伦的时代，整个美国经济和世界经济都在高速发展，价值不断被创造。所以查理敏锐地感受到：真正有效的投资是在你能力圈能够理解的范围内，以合理的价格去购买少数真正优秀和伟大的公司，长期持有，从而随着公司内生价值的增长而增加你的财富。伯克希尔正是按照这样的原则建立起来的，这是查理真正了不起、像丰碑一样的成就。

二是去有鱼的地方钓鱼。

查理另外一个独特的贡献是他把价值投资的适用范围扩大得更广泛了。他有一个很著名的说法，投资跟钓鱼一样，钓鱼有两条重要原则：第一条是你要去有鱼的地方钓鱼，第二条是永远不要忘记第一条。对应到投资也是一样，到哪里去寻找你的能力圈？怎么建立能力圈呢？我们的时间都非常有限，他说你要去那些真正有鱼的地方，去比较容易建立能力圈的地方，建立起来之后有更广泛选择的地方。遵从这样的理念，查理把价值投资从最早的专注于美国被严重低估的公司拓展到了美国高速增长的伟大公司，并进一步拓展到了美国之外的、仍有很多伟大公司且处在增长期的地方。这就使得价值投资到全球的实践变成了可能。

我们在过去 30 年所做的就是价值投资理念在全球范围内的实践和推广，这一点至少和查理的第二个理念是非常契合的。这也就是为什么芒格家族交由喜马拉雅帮助打理一部分财产，也是因为这个原因，我们结成了二十几年既是合伙人，也是朋友、学生，在某种意义上甚至于父子的亲密关系，我们的关系有很多层次。沃伦在讲到他跟查理的关系的时候，也讲了很多层次，他把查理比作设计师，而他则是工程总包。他把查理当作合伙人，当作最好的朋友，同时查理比他大 6 岁，在某种意义上也有点像父子的关系。查理就是有这样一种能力和倾向。我和他最小的儿子年龄也很相似，这是一个非常独特的关系。

四、99 岁的芒格，依然在做投资

问：比亚迪是一个特别有代表性的投资案例，还有哪些具体的例子可以帮助我们更好地理解芒格的投资理念？

比亚迪我们大概持有了 22 年，还不是持仓最久的公司。在这个过程中它至少有六七次，股价跌了 50% 以上，甚至有一次跌了 80%，但是我们并没有觉得非常有压力，因为我们知道它每年都在创造新的价值。理解价值是极其重要的，在任何时候都要能估算公司本身的价值，当价格和价值偏离的时候，也可以选择性地增加持股。我们在过去 30 年里投的东西还是蛮多的，无论是在美国、中国还是亚洲其他地区，都有这样的机会。

但我觉得我从查理身上学到最多的，就是他一辈子持续地学习，这是他身上最了不起的地方。查理很少出手，但他会持续阅读。比如《巴伦周刊》，他每个礼拜都读，读了 50 年，只做了一个投资。他对好多东西都是这样。有一个人人都很嫌弃的股票，可能也不是特别的政治正确，查理研究了这家公司很长时间，然后在 99 岁的时候投资了它。在他去世的前一周，这个股票从他开始投资到那时居然翻倍了。所以他一直到 99 岁时仍然没有消退对于投资的热情，仍然可以逆市场的共识，而且活着看到这个股票翻倍。今天这个股票仍然在芒格家族的组合里面，仍然表现非常好，公司也表现得非常好。这是一个很有趣的例子，查理一辈子都在学习，一直到去世前一天仍然跟家人在一起。他的生活几乎没有什么变化，这是他一直坚持的理性原则的一部分。

五、价值投资是为最困难的时刻准备的

问：价值投资理念在竞争更为激烈的新常态下是否适用？

价值投资最早被提出、被提倡、被实践的时候，其实恰恰是美国和世界处在非常态的时期。格雷厄姆提出和践行价值投资的背景是美国长期的大萧条，美国股市在1929年达到顶峰之后，一直到1954年，大概25年以后才重新回到那个位置。中间有世界大战，有大萧条，美国的失业率一度高达25%。当时整个世界都处在战争状态，还不仅仅是对立的状态。所以相较于那个时代，今天我们所处的时代相对来说还蛮不错的。

反倒是伯克希尔高歌猛进的时代，是过去200多年历史里相对特殊的时期。所以查理跟沃伦在谈到伯克希尔的成功时，永远都强调运气的重要性，永远都强调在他们所有的想象中，也没能预料到伯克希尔能取得如此的成果。他们知道自己所采取的方式几乎不可能失败，也一定会有某种程度的成功，但取得如此伟大的成功在所有人眼里都是始料不及的。

价值投资是在最困难的时刻诞生的，也是为最困难的时刻准备的，当情况变得好一些的时候，它的表现会更好。我当然相信在现在的背景下，价值投资更可以实践，而且更应该实践。因为其他的投资风格会遇到更多的风险，我们讲的风险指的并不是短期的波动，而是资本的永久性损失。

六、价值投资和人的品性极其相关

问：判断投资成功的关键因素是什么？怎样才算是真正的价值投资者？

价值投资在国内是一个被广泛接受的方法，在某种意义上是因为伯克希尔的超凡成功，以及巴菲特和芒格对价值投资理念的传播，可能也因为官方的提倡。但是嘴上讲的价值投资和实践的价值投资有很大的区别，一个被提倡的东西通常是被放在嘴边的，这很自然。判断是否是真价值投资要看最后的结果。但看结果的时候，往往又回到原来的习惯看法，仍然认为股票主要是一张可以买卖的纸，投资是否成功主要是看买卖之后的结果，这就回到了时间、业绩、短期、中期和长期。所以其实大家除了用了价值投资这个词之外，其他方面的思维并没有改变，只是讲了一套术语。这也不一定是知行不合一，可能就是不知。

在30年的实践中，我遇到了全球各地很多的投资人，我的感觉是价值投资者永远都是很少的小众群体。越来越多的人喜欢用这个词，但是实践的人就比较少了。沃伦自己也讲，价值投资就跟打疫苗一样，对有些人有用，对有些人没用，打完就知道了。要么一下子他就真的接受，和他的理念一致；要么他一辈子都不会实践，无论嘴上说还是不说。这和人基本的品性是极其相关的，和一个人真正做什么高度相关，和短期的业绩没什么相关性。

价值投资并不是买了之后永远都不卖。有些比较好的公司你可以长期跟它一起成长；有些时候你也会犯错误，犯错误的时候得马上去纠正错误；有些时候你会发现更优秀的公司，你也会去卖。也有的时候你作为一个资产管理人，遇到投资人要赎回，也没办法，在国内国外都有这个问题。我们早期的时候，像在第一年，1998年，账面损失19%，因为有人要退出，没有办法，我只能卖出一部分。但是留下来的在后面1999年、2000年都涨了百分之五十几、百分之一百多。所以按照三年也好，五年也好，最终是要用一个比较长期的成绩来说明情况，短期的业绩很难有参考意义。但是时间足够长，比如一个人做了十几年，践行同样的价值投资方法，他的长期成绩大体是能说明问题的。所以判断一个人是不是真正的价值投资者，主要看他长期做什么以及长期的结果。比较短期的时候，人人都可以是巴菲特，人人都可以是芒格，甚至于可能远远超过巴菲特和芒格。但是长期能和他们相比肩、乃至超过他们的，到现在一个都没有。当然他们的时间很长，已经有60年了。实际上能够长久坚持的人也是凤毛麟角，某种意义上说明这件事确实很难。但如果你坚持做价值投资，至少你会有一个长期的记录，因为绝大多数其他的方法很难有长期的业绩。而没有长期的业绩，往往在某一时刻也就停下来了。

七、查理推崇的理性有四个层次

问：如何理解查理·芒格说的理性，怎么划分它的边界？

查理讲的理性和我们绝大部分人理解的一个人是不是冷静，是不是理智不太一样，它至少包含四个层次。

一是源于真实世界的普世智慧。

查理花了一生的时间去研究普世智慧,去研究各种各样的成功跟失败。这些普世的智慧是在真实的生活、真实的历史中总结出来的,包含了企业家在关键时刻的决策等等,它不仅仅是数学逻辑。

查理提出的普世智慧跟第一性原理讲的其实是同一个东西。如果我来讲的话,我会说它是一种科学思维方式,也就是物理学思维方式。它是在物理学基础之上发展出来的,后来在西方慢慢演变成一种普世思维、现代性思维。物理学从最早的亚里士多德开始,对所有东西总要去发掘第一个推动力,所以叫第一性原理,就是要从事实、公理出发来推导出合乎逻辑的结论。所以你的结论是否正确,实际上取决于基本的事实、基本的假设和推理的过程,这就是物理学、数学以及所有现代科学的基础思维。但是绝大部分人并不把这种思维运用到科学之外的其他方面,唯有真正纯粹理性的人会把这种思维方式推广到生活的所有方面,然后用它来检验我们做的很多事情,包括决策。

马斯克的成功让大家变得更能够接受第一性原理这个概念。比如马斯克讲火箭最大的成本,百分之九十几是火箭制造本身,但是每一枚火箭发射完之后,基本上就都爆掉了。它升空之后,自动就消失在宇宙之中,剩下的载体继续向前,可能变成卫星或是把人放到空间站,所以这百分之九十几就只能用一次。但是实际上能够把它发射出去,就也能把它回收回来。而且因为重力的原因,其实回收反而会更容易一些。这是一个很简单的科学思维方式，但在他之前这种思维方式没有被应用在实践中，很大程度上是因为做火箭的都不是搞企业的，没有成本的概念。所以马斯克说我要把它当作一个生意来做，要考虑成本。他第一次讲相关的设计概念是在 TED 上，我记得很清楚，我就坐在第一排。那个时候他就断言：如果我成功了，我会把整个发射成本降低 99%，将来可能用不到 50 万美金，每个人都可以到月球上去转一圈。现场观众里边很多人都举手表示愿意参加，这已经是好多年前的事了。查理的思维方式也是一模一样的，这就是理性思维的第一个层次。

二是运用多元思维解决实际问题。

查理讲的第二个层次就是研究普世智慧，要从人类所有的学科里面去总结、去学习，也即所谓栅栏式的思维。他把人类各个领域最重要的研究成果都学习一遍，然后把它们混合在一起，应用在自己所面临的问题上。现实世界其实是非常复杂的，包含了各方各面的本源性问题。我们在做研究的时候要把各学科的知识分开来一点点学习，但是到应用的时候，你必须把这些知识串在一起，就像编织成一张栅栏式的网一样。千万不要有学科区隔的狭隘之见，或者自己给自己设置这样的障碍。

三是要避免系统性的非理性。

理性的第三个重要部分是我们在思考问题的时候，要搞清楚哪些是非理性的。为此查理花了很长时间，一个一个地总结人类系统性的非理性倾向。我们应该要怎么去理性思考，做正确的决策呢？首先要反过来想一想什么时候人会不理性，做错误的决策？这个错误的决策都是什么原因造成的？哪些原因是系统性的？能不能把它列出清单？考虑清楚以后，我们就能够有意地去避免它们。最后查理总结出了一套人类误判心理学，列出了人类不断在犯的25种系统性错误倾向。

这就是后来得了诺贝尔经济学奖的行为经济学，其实是芒格最早提出、而且是在实践中提出来的思想。他研究了人类在非理性的情况下合理化自己行为时所犯的一系列错误，所以他的理性意味着避免所有人类思维上的系统性陷阱。这个陷阱我们人人都会堕入，因为我们是从动物进化来的，我们的大脑常常反映的是生存需求。生存的需求常常都是在第一层次思维里的，比如在膝盖上敲一下，脚自然就会弹起来的膝跳反射。我们的思维很多都是条件反射、是非理性的，它很适合动物的生存。但是不太适于人类进化到智人后，在现代生活中做出正确决策。这些反射在几百万年的进化里，根深蒂固到人的DNA中。所以要想真正理性地思维，你需要系统地去检测这些已经印画在遗传基因里面的思维定式，然后用清查列表的方式去清查它，这样在决策的时候才能真正做到理性。我强烈建议大家去认真阅读《穷查理宝典》的第十一讲"人类误判心理学"，里边列出了25种人类试图合理化现实、看似理性实则极其非理性的错误倾向。它们全都是从实践中总结出来的。你读的时候会感觉到这些误判其实人人都会有，它们存在于我们的DNA中，是与生俱来的。

企业家需要有激情，也需要有企图心。但如果他做事时不断地陷入系统性错误，也不太会成为成功的企业家，甚至不可能成为企业家。所以创业的人很多，想创业的人更多，但是成功的没有多少。有些看起来很疯狂的事，其实是非常合乎情理的，有些看起来合乎情理的，其实反而是极端错误的。查理总结出来的人类误判心理学，是他对这个世界的原创性贡献。

四是基于常识、尊重常识。

查理的理性基于常识，而且尊重常识。常识在查理看来其实是最稀缺的认知，它是由实践总结出来的，当你违背常识的时候，你会付出代价，这些代价会反证这些常识。所以他一个最重要的关于理性的看法就是"重复行得通的，避免行不通的"（repeat what works, avoid what doesn't），去重复那些已经被时间证明正确的方式，去避免被时间证明错误的方式，这点非常非常重要。

在实践中，查理在更广泛的意义上非常推崇李光耀，在某种程度上也很推崇邓小平。他们两个人都是能够站在意识形态之上去 repeat what works, avoid what doesn't，而且他们使用的常识其实在当时被主流看作是很危险的事。比如李光耀在建国的时候，全国有 70% 的华人，那么国家的语言应该是什么呢？理论上应该用华语，但是他选择了英语，之后用华语为辅语，这后来被证明是极其重要的一个决定。但是这个确实并不是那么符合直觉，并不是那么直接。邓小平一辈子追求的都是计划经济，但是这些被证明是错误的时候，他果断地选择了去尝试市场经济中那些真正可以在中国体制下运用的东西，所以走出了"摸着石头过河""用实践来检验真理"的一套方法，让中国走出了一条全新的道路。这些都是很难做到的。所以查理所讲的常识，所讲的理性，确实不像常人所理解的那么简单，不仅仅意味着有逻辑。很多人用逻辑来讨论问题，听起来很理性（rational），但很多时候他其实是在合理化（rationalization）。rationalization 指的是自我的一种辩护（justify），这个就不叫理性了，他只是在用理性的语言来维护自己预定的立场。所以理性和合理化是完全不同的。

查理讲的理性其实包含了很多很多的内容，博大精深，是一份很大的遗产。我觉得至少是包含以上四个不同的方面，他的普世智慧理论、他对多学科的最重要研究成果的交叉使用、他避免系统性非理性的人类误判心理学、他的常识，他倡导的 repeat what works but avoid what doesn't。这些听起来都很简单，但是生活中人们违背常识的情况古今中外比比皆是，而且确实是每一次发生，人们都会付出很大的代价。

八、价值投资和风险投资都是概率思维

问：芒格和马斯克的思维方式在本质上是相通的吗？

查理、马斯克、我还有另外一个人曾经有过一次很长的午餐，当时马斯克劝查理去投资他。他们一起讨论了电池，一起讨论了各种各样的科学问题，两个人在很多事情上是同频的，但是在商业判断上对风险的看法不太一样。马斯克对风险的容忍度很高，他认为即使只有 5% 的成功几率，也应该去做，因为它们的回报率很高。这和 VC 的想法是一样的，5% 的成功几率，做 100 家公司，中间有一些能成功就可以了。对于查理来说，他可能需要 80% 以上的成功几率才会去做，这样一来只需要投 5 家公司就可以。是

用 VC 的方式，还是用查理的方式去投资，这是每个人的选择，它实际上是一个几率问题。

是去做那种有 80% 可能性的公司，还是有 5% 的可能性就去做呢？这是创业者应该考虑的问题。如果有 80% 的可能性成功，那大家都去创业，这种可能性就会消失。所以创业的人面临失败的可能性往往都很高，成功的可能性都很低。比如马斯克和王传福去做电动车之前，美国和全球都已经差不多有将近 100 年没有大型汽车公司成功的案例了。上一次的成功还是韩国汽车的崛起。韩国汽车崛起是在二战之后，但是实际上韩国这几家车厂后来都破产了。破产以后现代收购了起亚及其他失败的企业，最终形成了今天的现代。这是最后一个例子，而且还是在破产重组的情况下产生的。其他的成功几乎已经七八十年没有了。所以这时候美国的特斯拉和中国的比亚迪决定要去重新挑战，当然它们的成功几率不高。他们两人采用的方式也不太一样，王传福采用的方式是用他已经成功的公司的现金流去养这间成功几率不高、但是成功之后回报非常高的企业。马斯克采取的办法是用美国成熟的金融市场的支持，通过 VC、公开市场，当然最后也通过政府关于电动车的特殊支持才度过了几次可能失败的危机。中间中国政府的支持、中国对上海工厂的支持也是重要的原因，让他尽管几度面临失败，最终反转成功。他们体现出来的就是企业家精神，能够在一个小概率成功的情况下，动用所有的资源，让这个概率在自己的掌控之下增加。

所以基本的思维方式都是一样的，都是用概率的思维。马斯克自己也会很清楚地告诉你，说他在做这件事情的时候成功的概率极低，但是这件事情值得做，而且成功之后的回报很高，这也是 VC 投资的基本逻辑。

九、我们开启了全球性价值投资时代

问：怎么理解每一代价值投资大师之间的传承，包括您个人的贡献？

格雷厄姆是在一个社会动荡的艰难时代开启的投资。他从 20 世纪 20 年代狂飙式增长的时代开始，很快就经历了大萧条，又经历了二战，然后战后重建，这一系列的过程。他面对的是整个世界还有美国最动荡的几十年，他的价值投资理念就诞生在这样一个状态下。所以他强调三个理念：股票实际上是所有权，而不仅仅是一张可以去买卖的纸；市场存在是为了服务你，而不是来指挥你；投资一定要有足够的安全边际，一定要明白它的价值在哪里，一定要在价格远远低于价值的时候去投入。这是他最重要的基础性的理念。

巴菲特和芒格他们从事投资的时候，是从战后一直到今天，差不多六七十年，也是美国最黄金的增长时期。当然中间也经过了冷战、核威胁等各种各样的挑战和变化，还有今天很难想象的 20 世纪 70 年代的长期滞胀，通货膨胀率一直到百分之十几，无风险利率到百分之二十几。另外还有几次石油危机等等，这些他们都经历过。但是总的来说他们是处在美国的增长趋势中，所以芒格和巴菲特对于价值投资最大的发展就是，用合理的价格去购买在能力圈范围之内的、伟大的、具有增长性的企业，并长期持有。真正伟大的、具有长期竞争力的企业开始进入到长期的可持续增长，能够为公司、为股东创造非凡的价值，那就是复利的力量。这是芒格、巴菲特，还有伯克希尔给价值投资最大的榜样性的拓展。在此之上，芒格更独特的一点是，他指出了建立能力圈，可能因人而异。对于不同的人，去建立能力圈最好是在那些他们能够理解的范围之内，到有鱼的地方去钓鱼。所以，寻找伟大公司和到有鱼的地方去钓鱼，是芒格非常独特的贡献。

到了我们这一代，如果说想努力地做一点贡献的话，我觉得就是在过去30年将价值投资在全球范围内付诸实践，即所谓全球性的价值投资。我们不仅在中国，在东南亚、在南美、在北美这些国家都在践行。我们经历了各个不同的阶段，比如在中国有过高速增长的时代，也有过比较缓慢的时代，到今天疑虑跟增长同时存在的时代。从国际环境来说，我们曾经经历过中美的蜜月期，整个全球一体化，到今天面临着一些矛盾和整合的过程。此外在南美、东南亚和其他的地方，也都经历了现代化过程的不同阶段。所以过去100年里，价值投资在不同的环境、不同的国家、不同的状态下都被很成功地应用过，也有一些值得总结的教训，这构成了我们对这种理念能够持续应用下去的最重要的信心来源。

所以如果说我们有什么贡献的话，就是希望为价值投资在全球范围内的适用做一些努力，因为毕竟百分之八九十的人都是生活在发达国家之外的，他们仍然在进行现代化的过程中。整个现代化不仅仅是一场持续了两三百年的强大运动，在我看来它实际上是一种文明范式的转移，这是不可阻挡、也没办法回调的。这条路会一直持续下去，一直到全球七八十亿人都进入到现代生活中。就像农业文明的转换一样，人类从狩猎、采集进入到农业文明，中间持续了大概几千年，整个方向是没有办法改变的。农业、畜牧业的生活方式就是一种文明范式的转移，今天的现代化进程也是如此。市场经济的根基是私有企业、股份制经营、金融市场等基本元素，只要这样的元素存在，基本文明范式的转移持续地进行，价值投资就有可以适用的巨大空间，这样的地方也就是有鱼的地方。

十、AI可能是人类共同面临的最大生存风险

问：如何理解AI，在AI时代如何理解新的投资？

AI是今天最重要的技术，但它的具体影响仍未可知。

与过去相较，它是像iPhone出现那般重要，还是像互联网那般重要呢？再或是像蒸汽机的发明、农业的发明那般重要？还是像再之前发现了火那般重要呢？看起来火比农业更重要，农业又比后面的蒸汽机重要，因为它开创了一整个农业文明。互联网或者电的发明又比iPhone更加重要，历史的发展一步一步，每一项发明的重要性及其对全球的持续影响都不太一样。

在人类历史上，曾经有过数次里程碑式的发现：火、轮子、农业、蒸汽机、电、互联网，所有这些技术最后都全方位地改变

了人类的文明。如今的 AI 至少是一个全方位的技术，它会影响到人类生活、商业的各个方面，但是它怎么影响的？影响到什么程度？今天没有一个人能够真正说得清。我们有很多对未来的预测，按照这样的预测可以做很多事情，但是其实没有人能够确切地知道这项新技术最终会对人类社会和文明产生怎样的影响，它仍处在进行时过程中。

AI 带来了巨大的希望，同时也带来巨大的风险，两者同时存在。

以前的技术都是在增强我们身体各个器官的能力，其中最重要的是肌肉的力量。从蒸汽机开始，发明的是一种动力，这个动力可以用在所有方面。从数字革命开始，一直在拓展的是人脑的功能，包括电脑、半导体技术带来的一系列通信技术的进步。但是 AI 是通用型的，是对于智能的全方位拓展。我们谈了芒格之理性的四个不同层面，人类的理性并不仅仅是指逻辑思维，实际上是人类这一物种相对于其他物种所具备的优势。如今的 AI 至少是要扩大人类这一物种在头脑上的优势，这种拓展带来了巨大的机遇，也是巨大的挑战。其机遇在于人类现在因为知识和智能所受到的各种限制都有可能被突破，从治疗癌症、延长寿命到无所不知，这是一个了不起的伟大希望。

但是另一方面它有可能威胁到人类作为最智能的物种在地球上的存在，而这正是人类文明的根基。人类大概是最后一个大物种，我们的存在只有二十几万年的历史，所以我们是集整个 15 亿年进化历史之大成者，我们的头脑具备了超过一切物种的最高智能。但是如果 AI 的发展哪一天让人失去了对它的控制，AI 的智能就可能超过人的智能，这样就使得人类不再是地球上最聪明的物种。这对于人类而言是生存性的危险，因为我们作为地球上最具决定性的物种的地位也就随之消失。这种可能性是大还是小？会发生在什么时候？我们都不知道，只知道可能性是存在的。只要 AI 的自学习、自决定能力一旦形成，它就可能在不受人监控的情况下自我进化，进化到一定程度的时候就会超过人类，而且会远超过人类。今天 AI 浪潮的发展方向其实都是让它在数字和实际的空间范围之内逐渐增强自学习能力，逐渐去具备人类已有的知识和能力。所以这种风险是真实存在的，当这种风险一旦成为现实的时候，人类的命运就会随之被彻底改变。

这个生存危机并不是说 AI 一旦全方位超过人类之后，它马上就把人类都消灭。但 AI 把人类当作自己的工具，是完全有可能的。我们人类就把地球上其他的物种几乎都当作了工具，或者食物、景观、繁殖的对象、能量的来源。最高级别大概是宠物。这不是因为我们对其他物种有着与生俱来的憎恨，而是因为我们的智能远远超过它们，差别太大，所以我们不具备同理心。AI 将来如果远远超过人类的所有方面，那么同样，让它具备对人类的同理心就会很难。

所以我第三个观点就是 AI 的技术一定要在可控制的方向上去发展。

这要求政府和私营部门全方位合作，从而能够及时地形成一个合理、可行、有效的治理构架，而且这个构架能把全人类所有的政府和私营部门都团结在一起。因为 AI 的问题是整个人类的问题，就跟外星人、刚刚经过的疫情、20 世纪的核威胁是一类的。

问：人能否造出一个比自己更复杂的、更有智慧的东西出来？

人本身也是自然进化出来的。当人类从大猩猩进化过来的时候，大概只有 2-3% 的基因变化，这就是我们和大猩猩之间的区别，而且进化很多都是意外。此外，我们如果用科学思维来理解这个世界的话，其实整个宇宙绝大部分是不相关的、完全随机的。有一部分高相关性，我们叫物理定律、数学定律，但是这些定律在一定的条件下也会发生改变，所以它实际上涉及一个更高的相关性。AI 之所以这么有用，是因为它主要采取的办法就是对所有的因素建立相关性。

到目前为止，绝大部分一般的相关性人类是没有办法去理解的，因为它的函数太大。随着计算能力的不断提升，在过去这 11 年里计算能力提升了 100 万倍，下面可能还有几百万倍的提升，我们可以把所有的数据、人类所有产生的东西都拿来计算，最后建立起相关性的科学。这个科学在这之前是不存在的，所以 AI 最终产生的智能未必和人类的智能相同，但可以包含人类的智能。就像从大猩猩转化到智人时产生的 2-3% 的区别，就让我们包含了大猩猩所有的智能，但是超过它的智能。

在无穷尽的可能性之下，我们今天可以在几兆亿的因素中建立科学的相关性。比如我们今天的对话，根据排列组合可以以几亿种不同的方式进行，但最终发生了过去的两个小时对话。是什么因素导致了这种情况？为什么现在我们能够做这样的提问与回答？这其中都是相关性。你我是很难预测的，但AI通过对你、我和其他在线上的几位近期思考的问题做高度的相关处理，它能够在几亿种可能性中判断出最有可能进入到我们今天提问环节的一种。这样的科学在之前是不存在的，因为我们没有这种计算能力，也没有办法获取这么多的信息，但是AI现有的技术就可以做到这一点，所以大规模的公司都能够去做高级的推送。

新出现的智能，并不会和人类智能一模一样。它可以是和人类智能不一样的，它包含了各种可能性。它可以没有人类的灵魂，但它可以比人类更加智能；它可以跟人类的考量不一样，就像猩猩对问题的考量和道德判断就和人类不一样。我们并不关心大猩猩的道德标准，因为我们的智能远远超过它，所以可以用我们的标准去完全压倒它的标准。当出现了全方位超过且永远不可能追上的智能的时候，当我们不再是地球上最智能的物种的时候，我们面临的是丢掉控制的风险，这是人类共同面临的最大的、真实的生存风险。这是我们不希望看到的。至于它发展出什么物种，其实并不重要，我们也不太能理解，就像今天的大猩猩也不太能理解我们为什么要讨论这些问题。何况我们对世界的理解本来就非常狭隘。这个世界95%都是暗物质和暗能量，我们对此毫无所知，所以叫它dark matter，dark energy。这个世界到底是不是平行的我们也不知道。

所以尽管存在着中美之间的竞争，尽管存在着中东问题、乌克兰和俄国的冲突，其实人类面临更多的是共同的挑战。这个时候我们更需要芒格谈到的人类共同的精神。芒格先生一辈子都非常推崇和尊重中国文化、中国传统，非常希望中美之间能够长期合作，这是我想最后谈的一点，也是芒格先生留给我们的很大的遗产。其实在中国和美国，都有同样敬重他的人，相信他的理念的人。他永远持有的看法就是中美之间应该永久性地合作，我希望有一天它会发生。

阅读、思考与感悟

书中自有黄金屋

——《穷查理宝典：查理·芒格智慧箴言录》中文版序

20多年前，作为一名年轻的中国学生只身来到美国，我怎么也没有想到后来竟然从事了投资行业，更没有想到由于种种机缘巧合有幸结识了当代投资大师查理·芒格先生。2004年，芒格先生成为我的投资合伙人，自此就成为我终生的良师益友。这样的机遇恐怕是过去做梦也不敢想的。

像全世界成千上万的巴菲特/芒格崇拜者一样，两位老师的教导，伯克希尔·哈撒韦公司的神奇业绩，对我个人的投资事业起了塑造式的影响。这些年受益于芒格恩师的近距离言传身教，又让我更为深刻地体会到他思想的博大精深。一直以来，我都希望将这些学习的心得与更多的同道分享。彼得·考夫曼的这本书是这方面最好的努力。彼得是查理多年的朋友，他本人又是极其优秀的企业家、"职业书虫"。由他编辑的《穷查理宝典》最为全面地囊括了查理的思想精华。彼得既是我的好友，又是我的投资合伙人，所以我一直都很关注这本书的整个出版过程。2005年第一版问世时，我如获至宝，反复研读，每读一次都有新的收获。那时我就想把这本书认真地翻译介绍给中国的读者。不想这个愿望又过了五年才得以实现。2009 年，查理 85 岁。经一位朋友提醒，我意识到把这本书翻译成中文应该是对恩师最好的报答，同时也完成我多年希望与同胞分享芒格智慧的心愿。

现在这本书出版了，我也想在此奉献我个人学习、实践芒格思想与人格的心路历程、心得体会，希望能对读者们更好地领会本书所包含的智慧有所裨益。

一

第一次接触巴菲特／芒格的价值投资体系可以追溯到 20 年前。那时候我刚到美国，举目无亲，文化不熟，语言不通。侥幸进入哥伦比亚大学就读本科，立刻便面临学费、生活费昂贵的问题。虽然有些奖学金以及贷款，然而对一个身无分文的学生而言，那笔贷款是天文数字的债务，不知何时可以还清，对前途一片迷茫焦虑。相信很多来美国读书的中国学生，尤其是要靠借债和打工支付学费和生活费的学生都有过这种经历。

由于在上世纪七八十年代的中国长大，我那时对经商几乎没有概念。在那个年代，商业在中国还不是很要紧的事。一天，一位同学告诉我："你要是想了解在美国怎么能赚钱，商学院有个演讲一定要去听。"那个演讲人的名字有点怪，叫巴菲特，听上去很像"自助餐"。我一听这个名字满有趣，就去了。那时巴菲特还不像今天这么出名，去的人不多，但那次演讲于我而言却是一次醍醐灌顶的经历。

　　巴菲特讲的是如何在股市投资。在此之前，股市在我脑子里的印象还停留在曹禺的话剧《日出》里所描绘的 20 世纪 30 年代上海的十里洋场，充满了狡诈、运气与血腥。然而这位据说在股市上赚了很多钱的美国成功商人看上去却显然是一个好人，友善而聪明，颇有些学究气，完全同我想象中的那些冷酷无情、投机钻营的商人南辕北辙。

　　巴菲特的演讲措辞简洁、条理清晰、内容可信。一个多钟头的演讲把股票市场的道理说得清晰明了。巴菲特说股票本质上是公司的部分所有权，股票的价格就是由股票的价值，也就是公司的价值所决定的。而公司的价值又是由公司的盈利情况及净资产决定的。虽然股票价格上上下下的波动在短期内很难预测，但长期而言一定是由公司的价值决定的。而聪明的投资者只要在股票的价格远低于公司实际价值的时候买进，又在价格接近或者高于价值时卖出，就能够在风险很小的情况下赚很多钱。

　　听完这番演讲，我觉得好像捞到了一根救命稻草。难道一个聪明、正直、博学的人，不需要家庭的支持，也不需要精熟公司管理，或者发明、创造新产品，创立新公司，在美国就可以白手起家地成功致富吗？我眼前就有这么一位活生生的榜样！那时我自认为不适合做管理，因为对美国的社会和文化不了解，创业也没有把握。但是如果说去研究公司的价值，去研究一些比较复杂的商业数据、财务报告，却是我的专长。果真如此的话，像我这样一个不名一文、举目无亲、毫无社会根基和经验的外国人不也可以在股票投资领域有一番作为了吗？这实在太诱人了。

听完演讲后，我回去立刻找来了有关巴菲特的所有图书，包括他致伯克希尔股东的年信及各种关于他的研究，也了解到芒格先生是巴菲特先生几十年来形影不离的合伙人，然后整整花了一两年的时间来彻底地研究他们，所有的研究都印证了我当时听演讲时的印象。完成了这个调研过程，我便真正自信这个行业是可为的。

一两年后，我买了有生以来的第一只股票。那时虽然我个人的净资产仍然是负数，但积蓄了一些现金可以用来投资。当时正逢1990年代初全球化的过程刚刚开始，美国各行业的公司都处于一个长期上升的状态，市场上有很多被低估的股票。到1996年我从哥大毕业的时候，已经从股市投资上获取了相当可观的回报。

毕业后我一边在投资银行工作，一边继续自己在股票上投资。一年后辞职离开投行，开始了职业投资生涯。当时家人和朋友都颇为不解和担心，我自己对前途也没有十分的把握。坦白说，创业的勇气也是来自巴菲特和芒格的影响。

1998年1月，我创立了自己的公司，支持者寡，几个老朋友友情客串投资人凑了一小笔钱，我自己身兼数职，既是董事长、基金经理，又是秘书、分析员。全部的家当就是一部手机和一台笔记本电脑。其时适逢1997年的亚洲金融危机，石油的价格跌破了每桶10美元。我于是开始大量地买进一些亚洲优秀企业的股票，同时也买入了大量美国及加拿大的石油公司股票。但随后的股票波动令当年就产生了19%的账面损失。这使得有些投资者开始担心以后的运作情况，不敢再投钱了。其中一个最大的投资者第二年就撤资了。再加上昂贵的前期营运成本，公司一度面临生存的危机。

出师不利让我倍受压力，觉得辜负了投资人的信任。而这些心理负担又的确会影响到投资决策，比如在碰到好的机会时也不敢行动。而那时恰恰又是最好的投资时机。这时，巴菲特和芒格的理念和榜样对我起了很大的支持作用，在1973—1974年美国经济衰退中，他们两位都有过类似的经历。在我最失落的时候，我就以巴菲特和芒格为榜样勉励自己，始终坚持凡事看长远。

随后，在1998年的下半年里，我顶住压力、鼓起勇气，连续做出了当时我最重要的三四个投资决定。恰恰是这几个投资在以后的两年里给我和我的投资者带来了丰厚的回报。现在回过头来想，在时间上我是幸运的，但巴菲特和芒格的榜样以及他们的书籍和思想，对我的确起了至关重要的影响。

但是，当时乃至现在华尔街上绝大多数个人投资者，尤其是机构投资者，在投资理念上所遵从的理论与巴菲特/芒格的价值投资理念是格格不入的。比如他们相信市场完全有效理论，因而相信股价的波动就等同真实的风险，判断你的表现最看重你业绩的波动性如何。在价值投资者看来，投资股市最大的风险其实并不是价格的上下起伏，而是你的投资未来会不会出现永久性的亏损。单纯的股价下跌不仅不是风险，其实还是机会。不然哪里去找便宜的股票呢？就像如果你最喜欢的餐馆里牛排的价格下跌了一半，你会吃得更香才对。买进下跌的股票时是卖家难受，作为买家你应该高兴才对。然而,虽然巴菲特和芒格很成功,大多数个人投资者和机构投资者的实际做法却与巴菲特/芒格的投资理念完全相反。表面上华尔街那些成名的基金经理对他们表现出极大的尊重,但在实际操作上却根本是南辕北辙,因为他们的客户也是南辕北辙。他们接受的还是一套"波动性就是风险"、"市场总是对的"这样的理论。而这在我看来完全是误人子弟的谬论。

但为了留住并吸引到更多投资者,我也不得不作了一段时间的妥协。有两三年的时间,我也不得不通过做长短仓(long-short)对冲,去管理旗下基金的波动性。和做多相比,做空交易就很难被用于长期投资。原因有三。第一,做空的利润上限只有100%,但损失空间几乎是无穷的,这正好是同做多相反的。第二,做空要通过借债完成,所以即使做空的决定完全正确,但如果时机不对,操作者也会面临损失,甚至破产。第三,最好的做空投资机会一般是各种各样的舞弊情况,但舞弊作假往往被掩盖得很好,需要很长时间才会败露。例如麦道夫的骗局持续几十年才被发现。基于这三点原因,做空需要随时关注市场的起落,不断交易。

这样做了几年,投资组合的波动性倒是小了许多,在2001—2002年由互联网泡沫引发的金融危机中我们并没有账面损失,并小有斩获,管理的基金也增加了许多。表面上看起来还蛮不错,但其实我内心很痛苦。如果同时去做空和做多,要控制做空的风险,就必须要不停地交易。但若是不停地交易的话,就根本没有时间真正去研究一些长期的投资机会。这段时期的回报从波动性上而言比过去好,结果却乏善可陈。但实际上,那段时间出现了许多一流的投资机会。坦白地说,我职业生涯中最大的失败并不是由我错误决定造成的损失(当然我的这类错误也绝不在少数),而是在这一段时间里不能够大量买进我喜欢的几只最优秀的股票。

这段时间是我职业生涯的一个低潮。我甚至一度萌生了退意,花大量的时间在本不是我主业的风险投资基金上。

在前行道路的十字交叉路口,一个偶然的契机,我遇到了终生的良师益友查理·芒格先生。

初识查理是我大学刚毕业在洛杉矶投行工作的时候,在一位共同朋友的家里第一次见到查理。记得他给人的第一印象总是拒人于千里之外,他对谈话者常常心不在焉,非常专注于自己的话题。但这位老先生说话言简意赅,话语中充满了让你回味无穷的智慧。初次见面,查理对我而言是高不可及的前辈,他大概对我也没什么印象。

之后陆续见过几次,有过一些交谈,直到我们认识的第七年,在2003年一个感恩节的聚会中,我们进行了一次长时间推心置腹的交谈。我将我投资的所有公司、我研究过的公司以及引起我兴趣的公司一一介绍给查理,他则逐一点评。我也向他请教我遇到的烦恼。谈到最后,他告诉我,我所遇到的问题几乎就是华尔街的全部问题。整个华尔街的思维方式都有问题,虽然伯克希尔已经取得了这么大的成功,但在华尔街上却找不到任何一家真正模仿它的公司。如果我继续这样走下去的话,我的那些烦恼永远也不会消除。但我如果愿意放弃现在的路子,想走出与华尔街不同的道路,他愿意给我投资。这真让我受宠若惊。

在查理的帮助下，我把公司进行了彻底的改组。在结构上完全改变成早期巴菲特的合伙人公司和芒格的合伙人公司（注：巴菲特和芒格早期各自有一个合伙人公司来管理他们自己的投资组合）那样的结构，同时也除去了典型对冲基金的所有弊端。愿意留下的投资者作出了长期投资的保证。而我们也不再吸收新的投资人。作为基金经理，我无需再受华尔街那些投资者各式各样的限制，而完成机构改造之后的投资结果本身也证实了这一决定的正确性。不仅公司的业绩表现良好，而且这些年来我的工作也顺畅了许多。我无须纠缠于股市沉浮，不断交易，不断做空。相反，我可以把所有的时间都花在对公司的研究和了解上。我的投资经历已经清楚地证明：按照巴菲特／芒格的体系来投资必定会受益各方。但因为投资机构本身的限制，绝大部分的机构投资者不采用这种方式，因此，它给了那些用这种方式的投资者一个绝好的竞争优势。而这个优势在未来很长的一段时间内都不会消失。

二

　　巴菲特说他一生遇人无数，从来没有遇到过像查理这样的人。在我同查理交往的这些年里，我有幸能近距离了解查理，也对这一点深信不疑。甚至我在所阅读过的古今中外人物传记中也没有发现类似的人。查理就是如此独特的人，他的独特性既表现在他的思想上，也表现在他的人格上。

　　比如说，查理思考问题总是从逆向开始。如果要明白人生如何得到幸福，查理首先是研究人生如何才能变得痛苦；要研究企业如何做强做大，查理首先研究企业是如何衰败的；大部分人更关心如何在股市投资上成功，查理最关心的是为什么在股市投资上大部分人都失败了。他的这种思考方法来源于下面这句农夫谚语中所蕴含的哲理：我只想知道将来我会死在什么地方，这样我就不去那儿了。

查理在他漫长的一生中，持续不断地研究收集关于各种各样的人物、各行各业的企业以及政府管治、学术研究等各领域中的人类失败之著名案例，并把那些失败的原因排列成正确决策的检查清单，使他在人生、事业的决策上几乎从不犯重大错误。这点对巴菲特及伯克希尔 50 年业绩的重要性是再强调也不为过的。

查理的头脑是原创性的，从来不受任何条条框框的束缚，也没有任何教条。他有儿童一样的好奇心，又有第一流的科学家所具备的研究素质和科学研究方法，一生都有强烈的求知欲和好奇心，几乎对所有的问题都感兴趣。任何一个问题在他看来都可以使用正确的方法通过自学完全掌握，并可以在前人的基础上创新。这点上他和富兰克林非常相似，类似于一位 18、19 世纪百科全书式的人物。

近代很多第一流的专家学者能够在自己狭小的研究领域内做到相对客观，一旦离开自己的领域不远，就开始变得主观、教条、僵化，或者干脆就失去了自我学习的能力，所以大都免不了瞎子摸象的局限。查理的脑子就从来没有任何学科的条条框框。他的思想辐射到事业、人生、知识的每一个角落。在他看来，世间宇宙万物都是一个相互作用的整体，人类所有的知识都是对这一整体研究的部分尝试，只有把这些知识结合起来，并贯穿在一个思想框架中，才能对正确的认知和决策起到帮助作用。所以他提倡要学习在所有学科中真正重要的理论，并在此基础上形成所谓的"普世智慧"，以此为利器去研究商业投资领域的重要问题。查理在本书中详细地阐述了如何才能获得这样的"普世智慧"。

查理这种思维方式的基础是基于对知识的诚实。他认为，这个世界复杂多变，人类的认知永远存在着限制，所以你必须要使用所有的工具，同时要注重收集各种新的可以证否的证据，并随时修正，即所谓"知之为知之，不知为不知"。事实上，所有的人都存在思想上的盲点。我们对于自己的专业、旁人或是某一件事情或许能够做到客观，但是对于天下万事万物都秉持客观的态度却是很难的，甚至可以说是有违人之本性的。但是查理却可以做到凡事客观。在这本书里，查理也讲到了通过后天的训练是可以培养客观的精神的。而这种思维方式的养成将使你看到别人看不到的东西，预测到别人预测不到的未来，从而过上更幸福、自由和成功的生活。

但即使这样，一个人在一生中可以真正得到的真见卓识仍然非常有限，所以正确的决策必须局限在自己的"能力圈"以内。一种不能够界定其边界的能力当然不能称为真正的能力。怎么才能界定自己的能力圈呢？查理说，如果我要拥有一种观点，如果我不能够比全世界最聪明、最有能力、最有资格反驳这个观点的人更能够证否自己，我就不配拥有这个观点。所以当查理真正地持有某个观点时,他的想法既原创、独特又几乎从不犯错。

一次,查理邻座一位漂亮的女士坚持让查理用一个词来总结他的成功,查理说是"理性"。然而查理讲的"理性"却不是我们一般人理解的理性。查理对理性有更苛刻的定义。正是这样的"理性",让查理具有敏锐独到的眼光和洞察力,即使对于完全陌生的领域,他也能一眼看到事物的本质。巴菲特就把查理的这个特点称作"两分钟效应"——他说查理比世界上任何人更能在最短时间之内把一个复杂商业的本质说清楚。伯克希尔投资比亚迪的经过就是一个例证。记得2003年我第一次同查理谈到比亚迪时,他虽然从来没有见过王传福本人,也从未参观过比亚迪的工厂,甚至对中国的市场和文化也相对陌生,可是他当时对比亚迪提出的问题和评论,今天看来仍然是投资比亚迪最实质的问题。

人人都有盲点,再优秀的人也不例外。巴菲特说:"本杰明·格雷厄姆曾经教我只买便宜的股票,查理让我改变了这种想法。这是查理对我真正的影响。要让我从格雷厄姆的局限理论中走出来,需要一股强大的力量。查理的思想就是那股力量,他扩大了我的视野。"对此,我自己也有深切的体会。至少在两个重大问题上,查理帮我指出了我思维上的盲点,如果不是他的帮助,我现在还在从猿到人的进化过程中慢慢爬行。巴菲特50年来在不同的场合反复强调,查理对他本人和伯克希尔的影响完全无人可以取代。

查理一辈子研究人类灾难性的错误,对于由于人类心理倾向引起的灾难性错误尤其情有独钟。最具贡献的是他预测金融衍生产品的泛滥和会计审计制度的漏洞即将给人类带来的灾难。早在20世纪90年代末期,他和巴菲特先生已经提出了金融衍生产品可能造成灾难性的影响,随着金融衍生产品的泛滥愈演愈烈,他们的警告也不断升级,甚至指出金融衍生产品是金融式的大规模杀伤武器,如果不能得到及时有效的制止,将会给现代文明社会带来灾难性的影响。2008年和2009年的金融海啸及全球经济大萧条不幸验证了查理的远见。从另一方面讲,他对这些问题的研究也为防范类似灾难的出现提供了宝贵的经验和知识,特别值得政府、金融界、企业界和学术界的重视。

与巴菲特相比,查理的兴趣更为广泛。比如他对科学和软科学几乎所有的领域都有强烈的兴趣和广泛的研究,通过融会贯通,形成了原创性的、独特的芒格思想体系。相对于任何来自象牙塔内的思想体系,芒格主义完全为解决实际问题而生。比如说,据我所知,查理最早提出并系统研究人类心理倾向在投资和商业决策中的巨大影响。十几年后的今天,行为金融学已经成为经济学中最热门的研究领域,行为经济学也获得了诺贝尔经济学奖的认可。而查理在本书最后一讲"人类误判心理学"中所展现出的理论框架,在未来也很可能得到人们更广泛的理解和应用。

查理的兴趣不仅限于思考,凡事也喜欢亲力亲为,并注重细节。他有一艘世界上最大的私人双体游艇,而这艘游艇就是他自己设计的。他还是个出色的建筑师。他按自己的喜好建造房子,从最初的图纸设计到之后的每一个细节,他都全程参与。比如他捐助的所有建筑物都是他自己亲自设计的,这包括了斯坦福大学研究生院宿舍楼、哈佛高中科学馆以及亨廷顿图书馆与园林的稀有图书研究馆。

查理天生精力充沛。我认识查理是在 1996 年，那时他 72 岁。到今年查理 87 岁，已经过了十几年了。在这十几年里，查理的精力完全没有变化。他永远是精力旺盛，很早起身。早餐会议永远是七点半开始。同时由于某些晚宴应酬的缘故，他的睡眠时间可能要比常人少，但这些都不妨碍他旺盛的精力。而且他记忆力惊人，我很多年前跟他讲的比亚迪的营运数字，我都已经记忆模糊了，他还记得。87 岁的他记忆比我这个年轻人还好。这些都是他天生的优势，但使他异常成功的特质却都是他后天努力获得的。

查理对我而言，不仅是合伙人，是长辈，是老师，是朋友，是事业成功的典范，也是人生的楷模。我从他的身上不仅学到了价值投资的道理，也学到了很多做人的道理。他让我明白，一个人的成功并不是偶然的，时机固然重要，但人的内在品质更重要。

查理喜欢与人早餐约会，时间通常是七点半。记得第一次与查理吃早餐时，我准时赶到，发现查理已经坐在那里把当天的报纸都看完了。虽然离七点半还差几分钟，让一位德高望重的老人等我令我心里很不好受。第二次约会，我大约提前了一刻钟到达，发现查理还是已经坐在那里看报纸了。到第三次约会，我提前半小时到达，结果查理还是在那里看报纸，仿佛他从未离开过那个座位，终年守候。直到第四次，我狠狠心提前一个钟头到达，六点半坐那里等候，到六点四十五的时候，查理悠悠地走进来了，手里拿着一摞报纸，头也不抬地坐下，完全没有注意到我的存在。

以后我逐渐了解，查理与人约会一定早到。到了以后也不浪费时间，会拿出准备好的报纸翻阅。自从知道查理的这个习惯后，以后我俩再约会，我都会提前到场，也拿一份报纸看，互不打扰，等七点半之后再一起吃早饭聊天。

偶尔查理也会迟到。有一次我带一位来自中国的青年创业者去见查理。查理因为从一个午餐会上赶来而迟到了半个小时。一到之后，查理先向我们两个年轻人郑重道歉，并详细解释他迟到的原因，甚至提出午餐会的代客泊车（valet park）应如何改进才不会耽误客人45分钟的等候时间。那位中国青年既惊讶又感动，因为在全世界恐怕也找不到一位地位如查理一般的长者会因迟到向小辈反复道歉。

跟查理交往中，还有另一件事对我影响很大。有一年查理和我共同参加了一个外地的聚会。活动结束后，我要赶回纽约，没想到却在机场的候机厅遇见查理。他庞大的身体在过安检检测器的时候，不知什么原因不断鸣叫示警。而查理就一次又一次地折返接受安检，如此折腾半天，好不容易过了安检，他的飞机已经起飞了。

可查理也不着急，他抽出随身携带的书籍坐下来阅读，静等下一班飞机。那天正好我的飞机也误点了，我就陪他一起等。

我问查理："你有自己的私人飞机，伯克希尔也有专机，你为什么要到商用客机机场去经受这么多的麻烦呢？"

查理答："第一，我一个人坐专机太浪费油了。第二，我觉得坐商用飞机更安全。"但查理想说的真正理由是第三条："我一辈子想要的就是融入生活（engage life），而不希望自己被孤立（isolate）。"

查理最受不了的就是因为拥有了钱财而失去与世界的联系，把自己隔绝在一个单间，占地一层的巨型办公室里，见面要层层通报，过五关斩六将，谁都不能轻易接触到。这样就与现实生活脱节了。

"我手里只要有一本书，就不会觉得浪费时间。"查理任何时候都随身携带一本书，即使坐在经济舱的中间座位上，他只要拿着书，就安之若素。有一次他去西雅图参加一个董事会，依旧按惯例坐经济舱，他身边坐着一位中国小女孩，飞行途中一直在做微积分的功课。他对这个中国小女孩印象深刻，因为他很难想象同龄的美国女孩能有这样的定力，在飞机的嘈杂声中专心学习。如果他乘坐私人飞机，他就永远不会有机会近距离接触这些普通人的故事。

而查理虽然严于律己，却非常宽厚地对待他真正关心和爱的人，不吝金钱，总希望他人多受益。他一个人的旅行，无论公务私务都搭乘经济舱，但与太太和家人一起旅行时，查理便会乘搭自己的私人飞机。他解释说：太太一辈子为我抚育这么多孩子，付出甚多，身体又不好，我一定要照顾好她。

查理虽不是斯坦福大学毕业的，但因他太太是斯坦福校友，又是大学董事会成员，查理便向斯坦福大学捐款6000万美金。

查理一旦确定了做一件事情，他可以去做一辈子。比如说他在哈佛高中及洛杉矶一间慈善医院的董事会任职长达40年之久。

对于他所参与的慈善机构而言，查理是非常慷慨的赞助人。但查理投入的不只是钱，他还投入了大量的时间和精力，以确保这些机构的成功运行。

查理一生研究人类失败的原因，所以对人性的弱点有着深刻的理解。基于此，他认为人对自己要严格要求，一生不断提高修养，以克服人性本身的弱点。这种生活方式对查理而言是一种道德要求。在外人看来，查理可能像个苦行僧，但在查理看来，这个过程却是既理性又愉快，能够让人过上成功、幸福的人生。

查理就是这么独特。但是想想看，如果芒格和巴菲特不是如此独特的话，他们也不可能一起在50年间为伯克希尔创造了在人类投资史上前无古人、或许也后无来者的业绩。近20年来，全世界范围内对巴菲特、芒格研究的兴趣愈发地强烈，将来可能还会愈演愈烈，中英文的书籍汗牛充栋，其中也不乏很多独到的见解。说实话，由我目前的能力来评价芒格的思想其实为时尚早，因为直到今天，我每次和查理谈话，每次重读他的演讲，都会有新的收获。这另一方面也说明，我对他的思想的理解还是不够。但这些年来查理对我的言传身教，使我有幸对查理的思想和人格有更直观的了解，我这里只想跟读者分享我自己近距离的观察和亲身体会。我衷心希望读者在仔细地研读了本书之后，能够比我更深地领会芒格主义的精要，从而对自己的事业和人生有更大的帮助。

我知道查理本人很喜欢这本书，认为它收集了他一生的思想精华和人生体验。其中不仅包含了他对于商业世界的深刻洞见，也汇集了他对于人生智慧的终身思考，并用幽默、有趣的方式表达出来，对于几乎任何读者都会有益处。比如，有人问查理如何才能找到一个优秀的配偶。查理说最好的方式就是让自己配得上她/他，因为优秀配偶都不是傻瓜。晚年的查理时常引用下面这句出自《天路历程》中真理剑客的话来结束他的演讲："我的剑留给能够挥舞它的人。"通过这本书的出版，我希望更多的读者能有机会学习和了解芒格的智慧和人格，我相信每位读者都有可能通过学习实践成为幸运的剑客。

三

与查理交往的这些年，我常常会忘记他是一个美国人。他更接近于我理解的中国传统士大夫。旅美的20年期间，作为一个华人，我常常自问：中国文化的灵魂和精华到底是什么？客观地讲，作为"五四"之后成长的中国人，我们对于中国的传统基本上是持否定的态度的。到了美国之后，我有幸在哥大求学期间系统地学习了对西方文明史起到塑造性作用的100多部原典著作，其中涵盖文学、哲学、科学、宗教与艺术等各个领域，以希腊文明为起点，延伸到欧洲，直至现代文明。后来又得益于哥大同时提供的一些关于儒教文化和伊斯兰文明的课程，对于中国的儒教文化有了崭新的了解和认识。只是当时的阅读课本都是英文的，由于古文修养不够，很多索求原典的路途只能由阅读英文的翻译来达成，这也是颇为无奈的一件事。

在整个阅读与思考的过程中，我自己愈发地觉得，中国文明的灵魂其实就是士大夫文明，士大夫的价值观所体现的就是一个如何提高自我修养，自我超越的过程。《大学》曰：正心，修身，齐家，治国，平天下。这套价值系统在之后的儒家各派中都得到了广泛的阐述。这应该说是中国文明最核心的灵魂价值所在。士大夫文明的载体是科举制度。科举制度不仅帮助儒家的追随者塑造自身的人格，而且还提供了他们发挥才能的平台，使得他们能够通过科举考试进入到政府为官，乃至社会的最上层，从而学有所用，实现自我价值。

而科举制度结束后，在过去的上百年里，士大夫精神失去了具体的现实依托，变得无所适从，尤其到了今天商业高度发展的社会，具有士大夫情怀的中国读书人，对于自身的存在及其价值理想往往更加困惑。在一个传统尽失的商业社会，士大夫的精神是否仍然适用呢？

从工业革命开始，市场经济和科学技术逐渐成为政府之外影响人类生活最重要的两股力量。近几十年来，借由全球化的浪潮，市场与科技已经突破国家和地域的限制，在全世界范围同步塑造人类共同的命运。对于当代的儒家，"国"与"天下"的概念必然有了全新的含义。而市场经济本身内在的竞争机制，也如古老的科举考试制度一般为优秀人才提供了广阔的空间。然而，真正的儒者对于自身的道德追求，对于社会的责任感，以及对人类命运的终极关怀，却随着千年的沉淀而愈加厚重。

晚明时期，资本主义开始在中国萌芽，当时的商人曾经提出过"商才士魂"以彰显其理想。在全球化的今天，"治国"与"平天下"的当代解读早已远远超出政府的范畴,市场与科技已经成为社会的主导,为怀有士大夫情怀的读书人提供了前所未有的舞台。

查理可以说是一个"商才士魂"的最好典范。首先,查理在商业领域极为成功,他和巴菲特所取得的成就可以说是前无古人,后无来者。然而在与查理的深度接触中,我却发现查理的灵魂本质是一个道德哲学家,一个学者。他阅读广泛,知识渊博,真正关注的是自身道德的修养与社会的终极关怀。与孔子一样,查理的价值系统是内渗而外,倡导通过自身的修行以达到圣人的境界,从而帮助他人。

正如前面所提到的,查理对自身要求很严。他虽然十分富有,过的却是苦行僧般的生活。他现在居住的房子还是几十年前买的一套普通房子,外出旅行时永远只坐经济舱,而约会总是早到45分钟,还会为了偶尔的迟到而专门致歉。在取得事业与财富的巨大成功之后,查理又致力于慈善事业,造福天下人。

查理是一个完全凭借智慧取得成功的人,这对于中国的读书人来讲无疑是一个令人振奋的例子。他的成功完全靠投资,而投资的成功又完全靠自我修养和学习,这与我们在当今社会上所看到的权钱交易、潜规则、商业欺诈、造假等毫无关系。作为一个正直善良的人,他用最干净的方法,充分运用自己的智慧,取得了这个商业社会中的巨大成功。在市场经济下的今天,满怀士大夫情怀的中国读书人是否也可以通过学习与自身修养的锻炼同样取得世俗社会的成功并实现自身的价值及帮助他人的理想呢?

我衷心地希望中国的读者能够对查理感兴趣，对这本书感兴趣。查理很欣赏孔子，尤其是孔子授业解惑的为师精神。查理本人很乐于也很善于教导别人，诲人不倦。而这本书则汇集了查理的一生所学与智慧，将它毫无保留地与大家分享。查理对中国的未来充满信心，对中国的文化也很钦佩。近几十年来儒教文明在亚洲取得的巨大商业成就也让多的人对中国文明的复兴更具信心。在"五四"近百年之后，今天我们也许不必再纠缠于"中学""西学"的"体用"之争，只需要一方面坦然地学习和接受全世界所有有用的知识，另一方面心平气和地将吾心归属于中国人数千年来共敬共守、安身立命的道德价值体系之内。

我有时会想，若孔子重生在今天的美国，查理大概会是其最好的化身。若孔子返回到2000年后今天的商业中国，他倡导的大概会是：正心、修身、齐家、治业、助天下吧！

四

本书第一至三章介绍查理的生平、著名的语录并总结了他关于生活、事业和学习的主要思想，第四章收录了查理最有代表性的十一篇演讲。其中大多数读者最感兴趣的演讲可能包含下面四篇：第一篇演讲用幽默的方式概述了人生如何避免过上痛苦的生活。第二、三篇演讲阐述了如何获得普世智慧，如何将这些普世智慧应用到成功的投资实践中。第十一篇演讲，记录了查理最具有原创性的心理学体系，详细阐述了造成人类误判的23个最重要的心理学成因。《贝西克兰兴衰记》和《"贪无厌""高财技""黑心肠"和"脑残"国的悲剧》是查理分别于 2010 年 2 月 11 日和 2011 年 7 月 6 日在《石板》杂志（Slate）上发表的文章，文章用寓言的方式记录了赌博性的金融衍生品交易如何使一个国家陷入经济崩溃的过程。查理和巴菲特先生早在 1990 年代就提出的金融衍生产品可能对经济造成灾难性影响的预言不幸在 2008 至 2009 年的全球金融危机中得到验证。

在本书大陆版付诸出版的一年之内，又发生了很多的事情，使我更加深了对查理的敬意。2010 年年初，与查理相濡以沫五十年的太太南希不幸病逝。几个月之后，一次意外事故又导致查理仅存的右眼丧失了 90% 的视力，致使他几乎一度双目失明。对于一位 86 岁视读书思考胜于生命的老人而言，两件事情的连番打击可想而知。然而我所看到的查理却依然是那样理性、客观、积极与睿智。他既不怨天尤人，也不消极放弃，在平静中积极地寻求应对方法。他尝试过几种阅读机器，甚至一度考虑过学习盲文。后来奇迹般的，他的右眼又恢复了 70% 的视力。我们大家都为之雀跃！然而我同时也坚信：即使查理丧失了全部的视力，他依然会找到方法让自己的生活既有意义又充满效率。

无论顺境、逆境，都保持客观积极的心态——这就是查理。

2010 年 3 月原稿
2011 年 11 月修改于美国帕萨迪纳市

获取智慧是人类的道德责任

——2017 年年度书评及感悟

一、《为什么佛学是真实的》

2017 年，中英文都出了一批好书，选出罗伯特·赖特（Robert Wright）的《为什么佛学是真实的》（*Why Buddhism is True*）推荐给大家。这本书的副标题是"关于冥修和觉悟的科学与哲学"（*The Science and Philosophy of Meditation and Enlightenment*）。罗伯特·赖特是普林斯顿大学的进化心理学教授。我之前看过罗伯特·赖特的其他著作，其中最有名的是《道德动物》（*The Moral Animal*），另外还有《神的演化》（*The Evolution of God*）和《非零年代》（*Nonzero*）。他是我很喜欢的一位作者，在我看来他还是一位哲学家，更具体来说是一位道德哲学家。他的《道德动物》一书对我影响非常大，这也是我今年很重视他这本《为什么佛学是真实的》的原因之一。

先给大家介绍一下这本书的由来。作者是一位进化心理学教授，进化心理学研究的是自然选择如何设计人类大脑。我们的大脑是几亿年自然选择的结果,而这种自然选择的设计常常会误导、甚至会奴役我们,让我们看不清世界和自我,限于桎梏之中——也是很多人类痛苦的来源。但我们对此大多无能为力,因为自然的选择和进化,不是我们人类的自主选择,先天的"动物性"深刻地影响着人类。即使明白这些问题,也不能立即给我们带来解决方案。

2003 年,罗伯特·赖特第一次参加了静默正念冥修之旅（Silent Mindful Meditation Retreat）。这种冥修的实践在过去二三十年的美国及西方世界越来越流行。这次旅行开启了随后十几年作者对佛教（佛学）全部经义的系统性研究、对冥修的不断实践和修行,并在此过程中与现代心理学、进化心理学、现代脑科学之间相互印证。本书正是作者这十几年研讨实践的成果。这本书的书名是什么意思呢？"佛学是真实的"这一陈述并不包括佛学中宗教性的内容,它指的是释迦摩尼最早对于人类状况最基础的洞见和理解。在 2500 年前几乎没有现代科学知识的背景下,释迦摩尼通过冥修对人性根本状况进行了深刻洞察,而在此洞察基础上提出的一系列主张,和现代科学对人脑的认识、对进化心理学的理解竟是完全可以印证的。因此,佛学几千年前提出的道德主张、精神追求不是凭空而来,而是基于和现代科学一致的对人性的洞察,它没有过时,对现代人同样意义深远。这就是此书的主旨。

这本书的前半部分主要阐述佛学对人脑基本状况的观察、理解、洞见,指明人痛苦的来源以及解脱方式,把这些与现代科学对人脑的基本认知互相印证。后半部分则着重于讲述这些洞见对人的道德主张、精神追求的意义。

首先，本书谈到关于人的认知。人类的大脑是经过几十亿年生物进化、达尔文式自然选择设计的结果。这种设计的目的不是让人"更幸福"，而是为了让人"更多产"，更能生存繁衍。但是到了现代，人的需求发生变化后，和大脑的这种设计产生了冲突。

我们来回顾一下生命发展的极简历史：大约40亿年前，有一些最原始的、可以复制信息的物质产生，这些物质慢慢地被一个细胞包围起来而形成了简单的单细胞生物，后来又逐渐演化出有多个细胞组成的更复杂的生物组织。这些生物组织进一步发展出拥有很强计算能力的大脑，一些有大脑的物种发展出高度社会性的物种。其中最聪明、最具社会性的一个物种就是20万年前诞生的"智人"（也就是我们自己）。在此之前的进化几乎都是以自然选择的方式进行，智人诞生后开启了进化中的第二场革命性的进化方式，也就是文化的进化。文化进化和生物进化的不同之处在于其不仅通过个人基因来进行，更重要的是在群体范围内通过文化的传承来进行，这是一种"非自然选择"。所以在智人出现后，进化的速度大大提高，发展迅猛，以至于在20万年后的今天，当初作为"第三只大猩猩"的一个灵长类分支的我们居然掌控了整个地球。如今，全球60、70亿人通过经济、科技联系成了一个全球化的整体。如果从今天的维度再向前看，因为互联网和人工智能的出现，我们这个物种仿佛正在形成一个集体的大脑，每一个个体正在演变成这个集体大脑中的一个神经元。这就是过去40亿年生命在地球上发展的极简史。这部极简史中最有意思的就是在智人出现后,我们在自然选择之外又出现了另一种进化方式——也即通过个体、集体共同传承的文化进化过程。然而,人类的文化进化也是通过人的大脑来进行的,而这个大脑正是达尔文自然选择设计的产物,所以这两者带有先天性的矛盾。

我想象 2500 年前,释迦摩尼也可能是在极其偶然的情况下发现了冥修,发现通过冥修这种实践可以让人的文化意识去观察、理解、从而最终征服人的生物意识。换句话说,冥修可以使作为人的一部分的大脑,超越人自身的动物性限制,去了解人的全部,了解与人相关的社会和宇宙。这一发现无论是在当时还是现在都堪称伟大。书中,赖特教授用大量现代、当代的脑科学、进化心理学的实验和知识为这一发现提供科学印证。这里面最重要的一点就是自我认知。

自然选择设计的大脑让我们永远处于一种不满足的状态,只有不满足,才能让我们更多产。但这种不满足的状态很难和人在文化进化上的追求相容,比如说对"幸福感"和"意义"的追求。这就是人永久性的不满足、痛苦的来源,人身上"动物性"、"人性"和"神性"三者矛盾的来源。

与此相关的另一个重要问题是人的自我意识和自我控制。理性的人总是希望能完全控制自己,自己做自己的 CEO,但是现代科学告诉我们这其实是一种错觉。当我们用理性思考的时候,我们实际上是在"理性化"。合理性实际上是合理化作用。依据现代科学对大脑的认识,大脑其实是一个模块化运行的系统,应对不同的环境有一套不同的方案，启动这些不同模块的方式是通过感情。所以当我们认为自己在理性思考时，实际上是通过感情在思考，也就是说人从根本上来说是感情动物。启动这些感情的是不同的生存状态、不同的环境。这些感情的核心是"以自我为核心、以自身利益为核心来衡量其他一切"。这种思维必然会化分敌我、零合，在文化进化的过程中有时会给自己和他人带来无穷的痛苦。这些在佛学中都有很具体的阐述，现代科学也进一步印证了为什么人的思维是这样设计的，核心在于大脑是自然选择设计的机器。作为自然设计的大物种——人，我们的大脑有几亿年进化历史，非常发达。而同时人的社会属性也非常发达，智人出现以后，我们开启了文化进化，慢慢开始和我们自身与生俱来的生物进化发生了根本性的矛盾。我们的追求不再止于欲望、享乐、传代，而是更渴望一种持久的和平、持久的幸福，开始追求对他人、集体的责任，对道德、意义有了更多追求，和纯生物的自我发生了根本性的矛盾。

关于人类的文化进化，我在本书上篇中作了系统的梳理。我把文明进化的历史划分为三个主要阶段：第一个阶段是人类在5万年前出走非洲，遍布全球；第二个阶段是约一万年前农业文明的出现；第三个阶段是几百年前出现的以现代科技为主导的科技文明。这三次文明的大飞跃让我们与动物祖先的生存方式拉开了巨大距离，让我们实实在在地成为了地球和其他动物的主宰者。

为适应文明的跃升，从精神层面来说，人类的认知也有两次大的飞跃。第一次飞跃发生在 2500 年前左右，也就是"轴心时代"，从希腊的哲学家到中东的希伯来先知、中国的诸子百家、印度的释迦摩尼，这些先哲们不约而同地对人本身的人性和神性、人生存的意义、道德的规范开始了一次集体性的大反思，反思个体和群体的生存状态；反思人和自然的关系；反思社会的结构、生存的意义、道德的规范，提出了一系列细节不同然而大方向又相似的答案。这些反思无论在当时还是现今都对全人类产生了深远的影响。

第二次飞跃发生在 500 年前左右，现代科学出现后，人们用比较可靠的、实证的方法积累起客观世界和人自身的许多可靠的、可被反复证明的、也可用来预测的知识。这次革命及随后的技术革命将人类认知提升到一种前所未有的阶段。而这次认知革命也对第一次轴心时代中的许多结论和权威提出了根本性的挑战和质疑，比如对一元宗教的破坏尤为显著。一元宗教中关于上帝的基本假说不仅没有得到科学的印证，而且教会的许多具体教义甚至已被科学证伪。与此相反，佛学中的很多洞见却不断被现代科学所印证。所以越来越多的现代人，在佛学中看到了重新塑造人的道德体系和意义的可能性。

人类集体进化的成果非常璀璨，但由于文化无法通过基因遗传，所以个体在这种集体进化的过程中，一直很难和整体文明的成就建立起直接联系，而要通过漫长的教育等方式来实现。但即使是漫长的教育到最后也仅能使人知其一二，所以现代人常常有一种被巨大的历史洪流裹挟着向前走的感觉，像一颗不能自己控制自己的小小螺丝钉。马克思把这种感觉定义为人的"异化"。轴心时代所建立起来的"安身立命"的哲学在现代科学中逐渐被摧毁，所以我们在现代社会中对"意义"的追求一直没有着落。如今全球化的过程中，随着人工智能的出现和发展，我们建设文明的"硬"能力越来越强大，但是对文明的内涵、意义的"软"理解却不匹配。这就是为什么佛学的科学化对现代人尤其有意义，也是为什么我认为赖特教授的这本书特别有意义。这本书用科学的方法印证了佛学中一些基本的洞见，某种程度上来说开启了佛学的科学化和现代化。

那么科学化的佛学如何帮助"异化"中的现代人呢？书中也提到一个很有意思的例子，就是人的自我控制。人的大脑是各种模块组成的，这些模块是在数亿年漫长的进化过程中一点一点建立起来的。人的大脑对不同状况和环境有着不同的反应。启动这些模块反应的是人的感情。这些感情就和人的肌肉一样，可以不断被强化，也可以被弱化。这种强化和弱化主要是通过一种赏罚机制来进行的。绝大部分时间，人的大脑是处于一种"自动驾驶"状态，我们对事物的反应其实和条件反射没有太大差别——自然选择设计的大脑就是这么有意思。所谓的思想，其实就是思想自己在想自己，我们的行为归根到底是通过感情来控制的，并不以自己真正的意志为转移。人到底如何才能成为自己真正的主人？佛学中提供了一种重要的实践方法，就是冥修。在冥修的过程中，人可以通过强化或弱化赏罚机制，有意识地切断一些从"感觉"到"思维模块"再到"行动"的传导机制，也就是说将自然选择所设计的大脑重新设计一遍，这就是文化进化和自然进化真正不同之处。文化进化一方面通过学习的方式，另一方面也可以通过冥修，在一代人中就能够实现进化方式的改变。今天在实践中，纠正各类成瘾行为（酒、毒品、性等）的机构大量采用冥修及依照冥修原则设计的心理辅导方法，被证明卓有成效。

过去的几十年中，西方越来越多的学者、知识分子开始信奉佛学，这些人中大多数之前是一元宗教的信奉者，罗伯特·赖特本人也曾是基督教信徒，其他还有一些犹太教信徒等。因此，佛学今天在西方拥有崇高的地位。正因为得到了科学的印证，佛学更有可能为现代文明塑造道德的基础。第一次和第二次人类认知的大跃进都指向了一些永恒的理念，即真、善和美。被现代科学所印证的佛学最早期的洞见指出了人基本生存状况的真相，在这个真相基础之上提出来的道德主张就更有可能形成现代社会可靠的道德基础，也即善。有了真和善之后，我们对世界的美就会有全新的认识。

广义来说，人是自然进化和文化进化的产物。我猜想人身上有大约七八分的动物性，两分的人性，再加半分神性。文化进化的意义在于让人凸显人性、扩大神性和限制动物性。据我观察，人类文化进化史上最伟大的制度创新都是把这三种特性统一、调和的结果。比如说中国的科举制，以及现代自由市场经济制度都是如此。以现代市场经济为例，它就是利用了人的动物性中永不满足的特点，结合了科技的不断发展，从而提供了经济无限增长的可能性，最大限度发挥了自然选择中人类"多产"的一面。而我们在对这一机制洞察的基础上，所创造的分配制就带有更多道德、也即人性的色彩。科举制度也是如此，利用了人对权力追求的永不满足，给大家创造了机会的平等，以学识能力公平分配权力，尽可能满足社会中所有人的共同利益。

此外我还想提一下与本书相关的另两本书，虽然没有进入我的"年度书评"名单，但也是今年非常不错的两本书，且和佛学多少有些联系。其一是尤瓦尔·赫拉利（Yuval N. Harari）今年的新作《未来简史》（*Homo Deus: A Brief History of Tomorrow*）。尤瓦尔本人是一位虔诚的冥修实践者。我在和他的交谈过程中注意到他的随行人员中有一位是他的冥修导师，而且是他身边的固定核心成员之一。他有很长的冥修实践历史，而且每次冥修是长达一个月的静修。他告诉我这种冥修的实践对他的思考和写作帮助极大。他的《未来简史》和《人类简史》（*Sapiens: A Brief History of Humankind*）都是从人类作为一个物种的角度来阐述文化进化的历史，从这一全新角度出发，这两本书读来都饶有趣味。佛学，尤其是科学化的佛学在他的思考中起到了非常重要的作用。

第二本书是桥水基金创建人瑞·达利欧（Ray Dalio）的《原则》（*Principles*）。这本书主要是将他在过去40年建立桥水基金过程中形成的一些行之有效的基本准则记录下来，与读者分享。瑞·达利欧本人也有40多年的冥修实践历史，并在采访中把冥修看作是他商业成功的最大推手。这本书基本可以看作是科学化的佛学应用于宏观投资、资产管理公司创建的一个实例。他的原则中充满了科学化佛学对于人性根本的洞见。

二、2017 年的感悟

再和大家分享一些 2017 年的感悟，正好也与书中所谈问题相关。我从事投资到今年正好是第 25 年，我创立和管理的喜马拉雅投资基金到 2017 年也刚好走完了第一个 20 周年。投资行业是对于不确定的未来的预测，对真实的理解和追求，理性的思维和决策正是我工作中最核心的内涵。也正因此，我在二十几年的投资实践中能更加深刻体会到人类认知的先天缺陷与自然选择所设计的大脑本身，对于理解文化进化存在障碍和局限。我们认知上的很多问题，绝大部分是因为大脑是自然选择设计出来的机器，而我们要理解的现实却是文化进化的产物。这两者的根本矛盾，造成了我们对世界认识的不清晰和看问题的模糊，进而导致我们一系列错误的决策。在投资领域内，错误的决策常常会导致灾难性的后果。出于这个原因，我对理性思维的重要性以及获得智慧的困难程度都有感同身受的体验。

以对中国的看法为例，中国正在发生的事情是一场宏大的历史运动，它既是近代 500 年历史尤其是西方近代工业革命历史的延续，又和其自身 5000 年的历史契合。其中的复杂性绝不是任何个人以一己之力能够轻易理解的。置身其中，我们每个人实际上都如同瞎子摸象。而且，因为我们每个人都是感情体验动物，所以摸的部位不同，触摸得出的结论，和对这些结论的确信程度又有不同。加之中国近百年来一直在动荡的大历史中跌宕起伏，自然会给每一个观察者都留下强烈的感情倾向。把我们每一个个体的"瞎子"所得出的触摸印象汇总到一起，应该能得出对大象更为客观的看法。但因为我们每个人都因情感强烈地坚持自己的局部印象，往往不能跳出个人经验而观全局。以我为例，我一直能够感觉到我早年和青年时代的经历强烈地影响着我对中国的观察和理解，拒绝他人视角，有时甚至到了画地为牢的境地。在现实中，我观察到只有很少人能够冲破个人经验的藩篱而进行客观理性的思考。

中国之于西方观察者也同样如此，对不了解的复杂事物，人们倾向套用意识形态和历史经验来解读，而恰好西方的意识形态和历史经验都和中国不同，因此也很难真正客观看待中国的现实。

自然选择设计出的大脑，虽然在绝大多数情况下不能适应文化进化的成果，但是自然选择也给我们留下了改进的空间。2500年前，释迦摩尼发现了冥修，孔子发现了理性思维，这些伟大的发现，无论在过去还是现在，都让我们对未来充满信心。芒格先生认为获取智慧是人类的道德责任，对此，我深以为然。以我个人经验为例，如果不能不断修正自己的错误，不断学习进步，绝不会走到今天。过去25年，我的投资从"捡烟屁股"的方法到投资伟大的公司，从投资北美到专注亚洲、中国，这中间的每一步都是不断纠错的结果。我管理基金的资产从最初的几百万到现在已近100亿美元，收益增长50多倍，这其中真正驱动投资回报复合增长的正是知识和思考力的复合增长。只有思考力的增长速度超过资金增长速度，投资才会安全有效。希望我个人在这方面的经验和努力，对那些致力于提升思考力的朋友，尤其是年轻朋友能有所借鉴。如是，我会深感欣慰。

2017 年 12 月

中国经济未来可期

——2019年年度书评及感悟

今年我想给大家推荐的书是辜朝明先生所写的《大衰退年代：宏观经济学的另一半与全球化的宿命》。

这本书讨论的全都是当今世界最大的问题。第一：货币政策。基本上今天所有的主要经济体，如日本、美国、欧洲、中国都在大规模地超发货币。基础货币的超发现在已经达到了天文数字，造成了全世界范围内的低利率、零利率甚至在欧元区出现的负利率，这些现象在历史上从未发生过。同时，货币增发对经济增长的贡献又微乎其微，除了美国之外，主要发达国家的经济基本都是微增长或是零增长。这种局面造成的另一个结果就是各国的债务水平相对于GDP的倍数越来越高，同时所有的资产价格，从股票到债券，甚至房地产，都处在历史的高点。这种非正常的货币现象到底会持续多久？会以何种方式结束？结束时对全球的资产价格又意味着什么？没有人能够回答这些问题，但是几乎每个人的财富都与此密切相关。

第二：全球化。过去几十年的全球化，让处在不同发展阶段的国家的命运紧密地联系在一起,但是全球贸易和全球资本流动又和各国自己独立行使的货币政策、财政政策是互相分离的。所以全球化和全球资本流动与各国自己的经济政策和国内政策形成了相当大的冲突,也让国家之间的关系日益紧张。比如现在我们看到的日益加剧的中美贸易冲突,比如全球许多国家、地区内部的不稳定,从香港到巴黎,再到智利,各个地方的街头政治日益激烈。同时在这些国家内部,极左和极右的政治势力逐渐取代了中间力量,让整个世界都变得更加不确定。在这种情况下,未来全球的贸易和资本流动会是何种状况,也没有人能预知。

第三:在这样的国际环境下,各个国家的宏观经济政策、财政政策应该如何应对?处在不同发展阶段的不同国家的政策应该有什么样的不同?

三个问题涉及的都是当今世界的头等大事。能回答其中任何一个问题的理论,大概都是值得尊重的学术成就,而同时回答三个问题几乎是个不可能完成的任务。辜朝明在这本书中,确实提供了一个比较令人信服的视角,提出了一些基本的概念和内部逻辑完整的理论框架,在这三个问题上虽然不能说给出了答案,但都至少给了我们非常重要的启发。无论他的理论你同意与否,都值得深思。

现在说说作者辜朝明。他是野村证券研究院首席经济学家,在过去 30 年对日本政府有广泛影响。我第一次听到他大概是十几年前,在日本的一次 YPO 国际会议上。他在会上做了一个主旨演讲,解释当时日本所谓的"失去的十年"(当然现在已经是"失去的二十年",甚至是"失去的三十年"了)。辜朝明解释了日本泡沫破裂之后的现象,也就是经济的零增长、货币超发、零利率、大规模政府赤字、债务高砌等经济现象。对于这些现象,西方有着不同的解读,但基本上都认为是日本宏观经济政策的失败所导致的。但是辜朝明第一次给出了另一个完全相反但又比较令人信服的解读。他提出了一个独特的经济学上的新概念——资产负债表衰退。他把当时日本的经济衰退,归结为在资产泡沫破裂后,由于私人部门(企业与家庭)资产负债表从急剧膨胀到急剧衰落所引起的经济大衰退。在资产负债表引起的经济大衰退中,他提出的最独特的看法,就是整个私人部门的目标已经发生了根本性变化,不再是为了追求利润的最大化,而是追求负债的最小化。所以这个时候,无论货币的发行量有多大,私人部门和个人拿到了钱第一件事不是去投资和扩张,而是去偿付债务。因为当时资产价格的急剧下降,让整个私人部门和家庭其实都处在一个技术性破产的状态下,所以他们修补资产负债表的方式,就是不断地去储蓄、去还债。这种情况下,经济必然会出现大规模的萎缩。这种萎缩就像20世纪30年代美国的经济危机一样,因为经济一旦开始萎缩,它就会有一种自发性螺旋式加速进行的机制。在30年代大萧条时期,短短的几年内,整个美国经济萎缩了将近46%。

日本政府采取的办法就是大规模地发行货币,然后通过政府大规模的借债,直接投资基础设施来消化居民大规模的储蓄。通过这种方法,日本在十几年里让经济维持在同一水平。经济虽然是零增长,但也没有发生衰退。在辜朝明看来,这是唯一正确的宏观经济政策选择。日本经济也因此没有经历像美国30年代那样大规模的缩减，同时又给了私营部门足够的时间去慢慢修补资产负债表。所以到了今天，私营部门和家庭开始恢复到正常，当然代价就是政府的资产负债表的严重受伤，今天日本政府的债务是全球最高的。但是相对于其他，它仍然是一个最好的政策选择。这是当时我听到的关于日本的最与众不同的一种解读。此后对日本经济的观察在某种程度上也印证了他的想法。

西方对于日本的政策一直持批评态度，直到2008—2009年这次西方经济大衰退之后，才对日本的态度发生了变化。因为2008—2009年之后，整个西方一下子进入到和日本在80年代末遇到的大泡沫破裂之后非常相近的情况。西方主要的资产也开始急剧贬值，整个私营部门陷入了技术性破产，所以后来的情况也都非常相似。主要西方国家不约而同采取的政策都是大规模地超发货币。这时影响西方央行的主要经验是大萧条。在总结20世纪30年代对待大萧条政策的时候，经济学界主要的结论是以弗里德曼（Milton Friedman）的观点为主，认为货币政策发生了根本性的错误。2008年时的美联储主席伯南克（Ben Bernanke）是这一观点的坚决支持者。他甚至认为在极端情况下，可以从直升机上直接撒钞票。所以在应对2008年危机时，西方国家开始了大规模的货币超发。但是与预期不同的是，货币超发并没有带来经济增长的迅速恢复。这些大量超发的货币其实被私营部门重新储蓄下来，用于偿还债务了，所以经济增长依旧乏力。除了美国有部分少量的经济增长之外，欧元区经济基本上仍处在零增长的边缘。

对此，政府的第一反应仍然是加大货币的增发，为此各国央行甚至发明了从未被使用过的量化宽松（QE）。传统上央行通过调节准备金（基础货币最重要的部分）来调节货币供给。在实行QE 后，美联储创造的超额准备金达到了法定准备金的 12.5 倍。西方主要央行纷纷跟随使用 QE 之后，相应的倍数分别达到了欧元区9.6 倍，英国 15.3 倍，瑞士 30.5 倍，日本 32.5 倍！也就是说，在正常经济情况下，如果私人部门可以有效使用这些新增货币，通货膨胀可以达到同样的倍数（比如美国 1250%）。或者说如果这些货币进入资产投资，可以让资产价格急剧上升数倍至泡沫水平，亦或是强烈刺激 GDP 增长。

但是实际的情况是经济仍然只是微弱增长，部分资产价格逐渐上升，这一政策造成的最大后果是接近零利率，甚至在欧元区造成了今天大概 15 万亿美元的负利率。这让整个资本主义市场机制的根本性假设发生了动摇，而与此同时，却没有带来所预想的经济增长。此时，整个欧洲的现象就开始和当初的日本越来越像。大家开始重新思考日本的经验。辜朝明对于日本的总结、日本在财政政策上的做法重新引起了西方主要国家的兴趣。

辜朝明用了一个比较简单的框架来解释这些现象。他说依据经济中的储蓄与投资行为，一个经济总会处在下述四种情况中的一种，如表 7 所示。

表7 经济中的储蓄与投资行为分析

	借款人/投资人	储蓄者
第一种情况（经济正常增长）	有	有
第二种情况（一般的经济危机）	有	无
第三种情况（日本90年代）	无	有
第四种情况（2008—2009年，及1929年的美国）	无	无

正常情况下，一个经济体中应该既有人储蓄，也有人借款投资。这样经济会处在一个比较正向的增长状态。当一般的经济危机到来的时候，储蓄者没钱了，但是还有借款人（投资人），还有投资机会，这种情况下，央行作为最后的货币提供者就非常重要。这就是大萧条的重要结论，央行作为最后的出借人，是最后的资金提供者，由它来提供资金，然后贷给私人部门。

但是，大家没有想到的是以前没有出现过的第三种、第四种情况，也就是当借款人（投资人）缺失的情况下经济会是什么情况？比如说在日本，有储蓄者，但是在过去这几十年里，私营部门没有动力去借款投资，这种情况应该怎么办？到了2008—2009年，整个西方的情况是既没有储蓄者，也没有借款人，储蓄者本身在危机发生时就没有了。在美国基本没有储蓄，资产又大规模地下降，所以私人部门基本都处在技术性破产的情况下。同时，在欧洲基本上也没有投资机会，做了几轮 QE 之后，基础货币大规模超发，仍然没有人愿意去投资。人们拿到钱之后又以负利率的形式反交给银行。这种情况以前从未发生过。

辜朝明的基本研究框架的主要贡献是第三种和第四种情况，也即借款人缺失情况下的一些现象。比如说日本属于第三种情况，有人储蓄，但是没有人借款。这种情况下，他认为政府必须要承担最终借款人的责任，通过财政政策，由政府直接投资。因为如果不这么做，私营部门不愿意去做借款人，经济就会开始萎缩，而一旦经济开始萎缩，本身会有一种螺旋、加速的机制。这种加速甚至能导致经济减半，大规模失业，引起的社会后果不堪设想。我们知道 20 世纪 30 年代希特勒上台、日本军国主义复活都和当时的经济大萧条直接相关。

第四种情况就是 2008—2009 年发生的情况，既没有储蓄者，也没有借款人。此时，政府应该既充当最后的资金提供者的角色，同时也要充当最终借款人的角色。对美国来说，2008—2009 年时一方面央行超发货币，一方面财政部通过问题资产救助计划，给所有系统性重要商业及投资银行直接注资，这样同时解决了储蓄及投资人双缺失的问题，稳住了经济。而西欧直到今天可能还处于第三种甚至是第四种情况，既没有储蓄者也没有借款人，又因为欧元区本身的限制，欧洲只可以使用货币政策。欧元合约限制了欧洲尤其是南欧国家使用财政政策扩大内需，这种限制将来可能会造成灾难性的后果。

辜朝明用以上框架分析了今天世界面临的独特经济现象，对于目前发达国家的经济政策也提出了自己的一些看法。

接下来他还分析了这个问题：为什么西欧和美国都出现了资产泡沫？而且在资产泡沫破裂后都没有找到增长的途径（除了美国还有比较微弱的增长）？为了回答这个问题，他在书中提出了我认为是第二个比较独特的视角。这个视角对于今天的中国尤为有意义。他提出了经济发展在全球化贸易的背景下有三个不同的阶段。

我们先介绍发展经济学中的一个重要概念——刘易斯拐点。在城镇工业化早期，农村的剩余劳动人口不断被吸引到城市工业中，但是随着工业发展到一定的规模之后，农村剩余劳动人口从过剩变为短缺，经济进入全员就业的状态。这个拐点就被称为刘易斯拐点。这一观察最早由英国经济学家威廉·阿瑟·刘易斯在20世纪50年代提出。第一个阶段是刘易斯拐点到来之前的早期城镇工业化过程。第二个阶段是经济过了刘易斯拐点之后，社会进入到一个储蓄、投资、消费交互增长的状态，又被称为黄金时代。第三个阶段，也就是辜朝明提出的一个独特阶段，是在全球化背景下，经济体经过成熟发展期达到发达经济阶段后，会进入到被追赶阶段。为什么会出现这种情况呢？因为在这个时期，国内的生产成本增加到一定水平后，海外的其他发展中国家投资就变得更有优势。早期时，在海外投资的优势因为各种文化、制度上的障碍显得不是很清晰，但当国内生产成本高到一定程度，且在其他国家建立起海外投资的一些基本能力之后，海外投资就变得比国内投资更有益处。这时，资本就会停止在国内投资，国内工资也将开始停滞不前。

第一个阶段中,也即刘易斯拐点到来之前的早期城镇工业化过程中,资本拥有绝对的掌控力,劳工一般很难有定价权和讨价还价的能力,因为农村里有很多剩余人口,找工作的人很多,企业自然就会剥削工人。

第二个阶段,也就是过了刘易斯拐点后进入到经济发展的成熟阶段,这时候企业需要通过提高对生产设备的投资以提高产出,同时满足雇员的需求,增加工资,改善工作环境和生产设备等等。在这个时期,因为劳动人口已经开始短缺,经济发展会导致工资水平不断上升,工资上升又引起消费水平上升,储蓄水平和投资水平也会上升,这样公司的利润也会上升,形成了一个互相作用的正向循环。这个阶段中,几乎社会中的每个人都能享受到经济发展的成果,同时会形成一个以中产阶级为主的消费社会,即使是教育程度不高的人,工资也在增长,社会各个阶层的生活水平都在提高。所以这个阶段也被称为黄金时代。

到了第三个阶段,社会开始出现分化。对于劳动力来说,只有那些技术含量比较高的工作,比如科学技术、金融、贸易、国际市场类会继续得到很好的工作回报,那些教育程度比较低的传统制造业工作的工资会逐渐下降。社会的贫富差距进一步扩大。国内的经济、投资机会逐渐衰竭,投资机会被转移到了海外。这时GDP增长主要依靠持续的科技创新。如果这方面能力比较强(如美国),GDP仍会低速增长;如果创新能力不强,创新速度不快(如欧洲、日本),则本国经济增长乏力,投资转移到海外或非营利性领域。

辜朝明认为西方社会大概在20世纪70年代进入到第三个阶段，当时主要被日本和亚洲四小龙追赶。到了十几年之后的80年代，中国开始进入到国际经济循环中，日本也开始进入到被追赶阶段。处在被追赶阶段后，国内经济增长机会急剧减少，经济增长就比较容易进入到那些易形成泡沫的领域中，无论日本、美国还是西欧都是如此，资金先后进入到房地产、股市、债市及衍生证券中，造成了巨大的泡沫和之后的泡沫破裂。泡沫破裂之后，因为本身国内经济增长机会仍然有限，增长的潜力仍然很少，所以私营部门一方面为了修补自己的资产负债表，另一方面也缺少投资机会，其经济行为不再是以追求利润最大化为主要目标，而是转变为以追求债务最小化为主要目标。这样，基于传统经济学理论的一些预测基本上都失灵了。

辜朝明指出，在经济发展的不同阶段，政府的宏观政策会有不同的功用，因而需要使用不同的政策工具。这一看法对中国当前是最有启发意义的。在早期工业化过程中，经济增长主要是靠资本形成、制造业、出口等等。此时，政府的财政政策会发挥巨大的作用，政府能把有限的资源集中起来，投资到基础设施、资源、出口相关服务等，这些都有助于新兴国家迅速进入工业化状态。几乎所有国家在这一阶段都采取了积极的政府扶持政策。进入到第二阶段，经济增长的主要动力是工资和消费的双增长，因为这个时候社会已经全员就业，所以基本上任何一个部门、领域只要增加工资，其他部门和领域的工资必然也会发生刚性的增加。

工资增加引发消费和储蓄增加，而企业为增加产出会使用这些储蓄增加设备投资，从而实现利润增长，因而更加有能力以增加工资的方式吸引更多员工，如此反复循环，呈现出一种正向、互相追赶式的增长。这种增长主要来自国内经济的自发增长，此时起到决定意义的主要是处在市场前沿的企业家及个人、家庭的投资和消费行为，因为他们更能把握市场瞬息万变的商机。所以这时最有效的是货币政策而非财政政策，因为财政政策和私人投资都来自于有限的储蓄，而且财政政策用得不好还会造成与私营部门投资互相冲突、互相竞争资源和机会。到了第三阶段，也就是被追赶阶段，财政政策又变得很重要。因为国内投资环境恶化，投资机会减少，私营部门因海外投资收益更高而不愿意投资国内，但国内仍然有很多储蓄。此时由政府出面，例如像日本这种方式，大规模进行社会投资，投资于基础设施、基础教育、基础科研等等。虽然利润不高，它可以弥补国内的私营部门投资不足，居民储蓄过多而消费不足。这样可以保障社会就业，维持 GDP 水平不进入螺旋式下跌，更加适合这一阶段的经济发展。反而货币政策在这一阶段会常常失灵。

对宏观政策使用方面的讨论对中国现在的发展非常有意义。虽然不同观察者提出的观点不同，但大体上中国应该是在过去一些年中已经越过了刘易斯拐点，开始进入到成熟的经济发展状态。我们看到过去 10 年里工资水平、消费水平、储蓄水平、投资水平都呈现出加速增长的趋势。但是通常因为政府的惯性比较强，所以当经济发展阶段发生变化时，政策的制定和执行会有一个滞后效应，常常仍然停留在上一个发展阶段的成功经验中。这些宏观政策和经济发展阶段错位的现象在各个国家各个阶段都有发生。比如说，在今天的西方，宏观政策还是停留在黄金时代比较有效的货币政策。但从实际的结果来看，这些政策有效性很低，以至于到今天很多西方国家，尤其是欧洲国家和日本在货币超发、零利率甚至负利率的情况下，通货膨胀率仍然很低，经济增长仍然极其缓慢，债务剧增。同样地，当中国经济已经开始进入到后刘易斯拐点的成熟阶段后，政府还是比较侧重于第一阶段中的财政政策。我们在过去几年中看到的关于经济改革的一系列举措，虽然说初衷是好的，是为了调整前一阶段经济工业化、制造业大发展带来的存量问题，但在实际执行结果上造成了民营企业大规模的加速倒闭，客观上形成了一定程度的国进民退现象。最重要的是伤害了民营企业家的信心，因此也引起了一定程度上的动荡和消费者信心不足，减低了这一时期潜在的经济增长水平。

今天中国的净出口对 GDP 增长的贡献已为负数，而消费贡献了 70-80%，其中私人消费尤为重要，是今后中国经济增长最根本的动力。在黄金时代中，最重要的是企业家和消费者个人。所有的政策的侧重点、出发点都应该聚焦在如何增强企业家的信心，如何建立比较清廉、公正、规范的市场规则，如何减少政府对于经济运行的权力，简政放权，减轻税务，减少负担。从其他发达国家在黄金时代的经验上看，货币政策在这一时期更为重要。

在第一阶段中，中国主要的货币政策是间接金融的模式，几乎是强制性的大规模储蓄，然后由政府控制的银行体系把资本大规模、低成本地导入到制造业、基础设施、出口等国家战略产业中，这一政策对于中国快速的工业化是成功的。第二阶段中，一个主要的方向应该是如何让整个社会的融资方向、方式能逐渐从上述体系中解放出来，从间接金融转向直接金融，让民营企业家、个人消费者能有机会成为主要的最终借款人。我们看到过去几年中，已经开始出现这方面的松动，比如说借助于金融科技，我们看到消费信贷已经有了初步的发展。当然长期来说，能不能把房地产抵押贷款做得更好，释放二次再抵押贷款的潜能，都是很值得研究的问题。在金融中如何扩大直接金融的比例，加快注册制，增强股市对民营企业融资的能力，债券市场、股权市场的建立等等，都是这一阶段宏观政策中最重要的工具。另外，政府的职能是否能从指导经济转到辅助、服务经济，权力上进一步削减，也都是这一阶段宏观政策上最大的考验。

过去这几年，虽然一些宏观政策的初衷都很好，但因其是行政手段，最终的实际结果不尽如人意。在很大意义上，这也提供了研究观察这一阶段经济特征的另一个视角和教训。在第二个阶段黄金发展期，有一些政策如果通过市场自发来调节，可能效果会更好。相反，人为的做法可能会揠苗助长。这都是中国目前最重要的课题。

现在日本、西欧、美国等国家处于第三阶段，而中国仍然处在第二阶段，中国未来的增长潜力还是很大的。中国人均一万美元的 GDP 水平，对于西方发达国家仍然具有成本优势，而后面的其他新兴发展中国家（如印度等）还没有形成系统性的竞争优势。中国可能在相当长一段时间内都会处在黄金发展的机遇期。今天中国人均 GDP 在一万美元左右，但人均 GDP 达到两万美元的人口已经超过一亿，主要分布在东南沿海城市。其实中国从人均 GDP 一万美元向两万美元的跃进，并不需要最先进的科技，只需要将东南沿海城市的生活水平、生活方式大规模向内陆传播。这就是消费增长的动力，最主要的动力就是"邻居效应"。别人的东西、别家的东西我也想要有，再加上电视、网络等媒体传播，把东南沿海一亿人口的生活方式传播到其他的十几亿人，就达到了人均 GDP 两万美元。今后若干年，中国的工资水平、储蓄水平、投资水平和消费水平还会呈现相互追赶的、螺旋上升的状态，处在一个互相促进的正向循环中，投资机会仍然非常丰富、优异。如果中国能够学习西方国家在黄金时代的货币政策，对政府和市场的关系做一些调整，对释放其经济增长潜力将会大有益处。另一方面，西方尤其是西欧如果能学习日本（包括中国）的一些财政政策上的有益经验，让政府承担更多最终借款人的角色，更大规模进入基础设施、基础教育、基础科研的投资，则对西方发达国家在第三阶段被追赶时期维系经济增长也会有好处。

在经济发展的不同的阶段采用不同的政策方式和工具，这对经济学也是一个很大的贡献。经济学不是物理学，不存在一成不变的公式和定理，它必须要研究现实中不断变化的经济现象，提出适合这个时期的最重要的政策。所以从这个意义上来说，这本书中的理论框架对于经济学研究本身是一个突破，一个有益的尝试。

当然这本书要回答的这三个问题都是现今世界上最困难、也最重要的问题，不太可能有完美的解答。作者对日本的经验了解比较深，书中的很多观点也都以此为出发点，但日本的经验是否真的适用于欧洲国家和美国，也有待商榷。量化宽松、货币超发、零利率及负利率、高资产价格、社会贫富不均、民粹政治崛起——这些主要由发达国家引发的国际现象仍会在相当长的时间里困扰所有国家的政策制定者及普通民众。对于中国而言，因为目前仍处于后刘易斯拐点的黄金发展期，已经过了这一阶段的西方及日本等发达国家在这一阶段的经济政策尤其是货币政策，是丰富的参照经验。只要政策制定者能够认清目前自身所处的阶段，做出适当的调整，就有可能充分释放黄金发展期巨大的经济增长潜力。中国未来前途依然可期。

2019 年 11 月

见证 TED 17 年

——写在 TED 30 岁之际

2014 年是 TED 30 周年纪念，是我连续第 17 年参加 TED 会议，也是互联网诞生 25 周年，和我来到美国的第 25 个年头。在此时对过去做一点回顾，也算是顺理成章。

先来说说 TED2014，近些年的会议每年都会有几个杰出的演示。过去 TED 只是一个周末活动，我可以说几乎每个演讲都是精品。现在会议延长到一周，难免就会有一些不那么符合 TED 水准的演讲，但每年总还是会有几个亮点可以体现会议真正的价值。

今年亮点之一是谷歌创始人拉里·佩奇（Larry Page）的演讲。他有一个核心观点：特别成功的公司，是那些敢于想象未来，并付出行动创造未来的公司。这听上去是老生常谈，但又确实是个真理。他实际上想说预测未来的最好方式就是创造它，这就是硅谷一直以来在做的事情。在佩奇提到的众多谷歌"未来项目"中，安卓就是其中一例。这个项目最初看上去和它挣钱的主业没有关系，但恰恰体现了谷歌公司的真正风格。谷歌从来就没想把自己局限于搜索引擎，它的口号是"组织全球信息"。谷歌的眼光远远不限于当下，而是投向未来，它们想成为定义未来的公司，并为创造未来作出贡献。当触屏技术出现时，安卓这个项目的重要性就显示出来了，今天安卓系统占据了80%的智能手机端，而且比重还会继续增加，绝非偶然。这个项目仍然一分钱不挣，事实上谷歌成立头10年都没挣什么钱，挣钱不是他们考虑问题的唯一方式。佩奇还演示了他们正在做的其他几个项目，比如一个让偏远贫穷地区有网络覆盖的慈善项目。用成本很低的热气球组成空中多通交叉网络，再和卫星信号连接，以此就能在本来没有任何通讯连接的地方覆盖互联网。每个热气球几乎不花什么钱，卫星信号已经在那里了，这个项目是以很低的成本让原本没有通讯网络的地区也和世界联结了起来。我很佩服佩奇。

另外一个亮点是由麻省理工学院媒体实验室的休·赫尔（Hugh Herr）教授展示的一项仿生学技术。赫尔教授本人做过双腿截肢手术，演讲时戴着义肢在台上走来走去，但是我觉得看上去非常自然，原来他的假肢使用的是现在最先进的仿生学技术，这些机器可以直接从肌肉和血液中收取同步信号，并通过高速计算机把它们传感到义肢中，以确保它们几乎和自生腿一样的功能。展示过程中，教授还邀请到了一个去年在波士顿恐怖爆炸案中不幸失去一条腿的女孩，她曾经是一位芭蕾舞演员。爆炸案后赫尔教授告诉她说："我们能让你继续跳舞。"之后整个团队花了200多天的时间找到了解决方法，用她另一条腿里跳舞时的肌肉和血液信号，同步传感给义肢。女孩在TED的舞台上当场翩翩起舞。如果不是她穿的Tata暴露了那条假肢，现场观众根本看不出她和杰出的芭蕾舞演员有任何区别。一支舞毕，掌声雷动，全场为之动容。这样的时刻实在让人惊叹技术可以给人类带来的变化。

同样的技术也可以应用在其他的人体支持设备里。比如把这个肌肉信号的技术和支持设备用在健康的人体肢体上，那么士兵们就可以行军万里毫不费力了。这是项前所未有的技术，所需的就是电池和同步仿生信号，而且可以和真的肢体配合得很好，我们完全可以想象用这样的技术创造出超级士兵和超级运动员。我认为这项技术的未来趋势是把人脑和机器结合在一起，这样我们就能够制造出真正的超人了。

还有一个演讲也非常有意思。这是一家两年前在车库里创建的太空技术公司，开始时只有不到10个员工，他们的想法是要造出很多非常便宜的卫星。要知道卫星的造价是很高的，它们体积巨大，而且需要火箭发射，火箭还不能够被再次利用，所以发射卫星成本非常之高。所以创始人就设想，能不能造出鞋盒大小的卫星，把它们装载在一个飞船里直接带入到太空站，再从太空站中直接释放到太空中，并通过自我导航进入到既定轨道。这个想法听上去很不现实，但是两年以后，他们居然真的发射了28个鞋盒大小的卫星，这些卫星的主要任务之一是每分钟给地球拍出清晰的照片。演示结束后我问创始人："你的卫星有没有拍到失踪的马航飞机？"他回答我说："我们的卫星是在事故发生3天后发射出去的。"所以如果他们发射的时间哪怕早一个礼拜，应该就会拍摄到很清晰的飞机照片了。28个卫星覆盖了整个地球，以分钟为单位拍摄照片，所以他们实际上是拍出了动态照片流，记录天气模式、水流变化等等一切人类的活动和极端事件。除了隐私方面的问题之外，这真是一项了不起的技术。值得一提的是，这个公司的风险投资人是我的好朋友，他同时也是特斯拉和Space X项目的投资者，是埃隆·马斯克的坚定支持者。

另外一个值得一提的是布兰·费伦（Bran Ferren）的"五个奇迹"演讲，他讲到了位于罗马中心的一个万神殿，该殿中间是一个巨型的平滑穹顶，顶部有一个开放的孔，完全由石头筑成，没有任何金属支撑材料，2000年前能建造出这样的神殿，实在是一项工程技术上的奇迹。实际上他是用这个作类比说明，所有颠覆性的技术都需要至少连续五个工程技术奇迹才能实现。比如说无人自动驾驶，费伦认为这项颠覆性的变化所需要的五个奇迹都已经具备了，所以在不远的将来这个技术就会带来历史性的变化。试想一下，如果所有车辆都可以无人驾驶，通过感应器和中控云端数据互相沟通，那交通问题就可以彻底得以解决，因为在任何时候，车都了解路况和速度等，交通信号灯也不再是固定的时长，只有三种颜色，而会变成更灵活的交通管控。托感应器的福，也不会再有交通事故，这可以大幅改善大城市里人们的生活质量，尤其是像洛杉矶、北京、上海这样交通拥挤的城市。费伦相信所有创造无人自动驾驶的必要工程元素都已经具备了：一个超级云计算中心，非常灵敏的感应器，实时高速无线通讯，以及车的电力控制和发动，制造能力就更不用提了。谷歌的自动驾驶车已经无故障行驶了数十万公里，如果自动无人驾驶车在美国获得成功，我相信会很快风靡全世界。

今年刚好是TED成立30周年，回顾这30年，我很感慨世界发生的巨大变化，而科技在这些变化中起到了核心作用。TED总是在第一时间见证那些最主要的变化。仅仅是我参会的这17年，在TED上见证过的变化就是如此令人难以置信。1997年，我第一次来TED是作为演讲嘉宾，就在我演讲的前一天，邓小平去世了。TED的规则之一就是每一个演讲都是主题演讲，每个演讲不超过20分钟，我那天的演讲持续了一个小时，可是TED的创建人理查德·索尔·乌尔曼（Richard Saul Wurmen）并没有打断我。那个演讲得到了好评，观众们甚至起立鼓掌。但我对其他人的演讲更有兴趣，当时我感觉到，这是个值得再来的会议，所以在接下来的17年里，我几乎一年不落，每年都来了。这些年来，我清楚地记得有那么一些瞬间，深刻地改变了我的思维方式。至今我还记得我第一年来TED的时候和一个叫马文·明斯基（Marvin Minsky）的人聊天，此人是麻省理工学院的教授，非常直率，特立独行。他当时直言不讳地探讨了大脑进化，并且大胆预言人工智能有一天会赶上人类的自然智能，并最终和人类的自然智能合二为一。我问他如何看待灵魂，他说"灵魂"就是一堆细胞，我们人体身体上没有一处不是生物的。我成长在中国，且一直自认为是个很注重精神世界的人，这个概念让我深深震惊，之后花了很多年才能真正消化。我费了很多脑筋思考他的答案，后来也花了很多时间研究生物进化学，最终相信他说的是对的。还有另一个让我记忆深刻的瞬间，2006年纽约大学的韩裔教授韩杰夫（Jeff Han）展示了一种技术，只要用手控制，就可以移动显示屏上的图片和任何东西。神奇极了。每个人都被震撼到了，包括我在内的在场的每个人都认为这个技术将会在很大程度上改变我们的生活。一年后，第一代 iPhone 上市了，我们都说"这不就是韩杰夫吗"？紧接着又出现了 iPad 及安卓类似的产品，可是我们在韩杰夫那里早就看到了。这以后移动互联网时代真正到来了，而这个改变的开始就发生在 TED 舞台上。

这些年来 TED 有很多这样的瞬间。乔布斯在 TED 舞台上第一次展示他的苹果（Macintosh）电脑，Sun-System 最先介绍了 Java 系统，韩杰夫展示的触屏技术直接导致了苹果的 I 系列产品，谷歌、亚马逊、推特的创始人都曾在 TED 舞台上首次介绍自己的产品，并且每年都来参会。还有比尔·盖茨（Bill Gates）、克莱格·文特尔（Craig Venter）、埃隆·马斯克等很多高科技的风云人物也一样。就我参会的 17 年而言，几乎每年都有这样一些瞬间，让你不得不屏住呼吸，赞叹人类非凡的创造力和想象力。你必须要来到 TED 来感受科技的前沿，触摸到发展的脉搏，才能够亲眼目睹这些了不起的技术、超乎寻常的想法、强大的野心和驱动力，在如何塑造着我们所生活的世界。去年在 TED 舞台上，埃隆·马斯克宣布通过火箭重复利用的办法，他可以让太空旅行的成本减少 90%，每个人大概只需要 50 万美金就可以去月球旅行。他甚至预言他可以在 5 年之内完成这项技术。他如此急迫的原因是因为他还有一项更宏大的计划，就是希望在 20 年以内，在火星上创造一个能够自给自足，能够提供循环能量，适宜人居的殖民地。

这些年来，我在 TED 舞台上见证了太多大胆的预言最终成为现实，这让人感觉到似乎一切皆有可能。我确信我需要每年都到这里来感受和目睹科技发展的最前沿，甚至可以说去触摸人类进化的脉搏，因为人类进化不仅存在，而且还在进行。我第一次有这样的想法，源于克莱格·文特尔第一次在TED的演讲，那次他宣布他的团队已经首次完成人类基因图谱排序。若干年以后，他又来到了TED，宣布通过计算机算法，他成功创造了世界上第一个由人类制造并能自我繁殖的新物种。这是两个开启新时代的瞬间，给人类带来了无穷的想象空间。比如说从人类出现至今，我们以人类文明的名义毁灭了很多物种。而现在我们已经进化到了可以创造新的物种，甚至可以仅仅通过使用博物馆里的基因标本，加上近亲繁殖的技术，让已经灭绝的物种重回自然。仅仅是在过去几年，人类对生物工程技术的掌握就已经到了相当高的水平。我想在不久的将来，我们就可以重新塑造人体器官，甚至造出聪明的机器来延伸大脑的功能。这时你会感受到人类进化还远没有结束，任何生命的进化都是个持续的过程，现在我们有能力参与，甚至在某种程度上操控这个过程。这种灵光一现般的启迪性瞬间，就好像我在大学时第一次接触到海森堡的测不准原理，以此为界，物理学从经典物理学进入到现代物理学；也像是1972年人类第一次通过卫星照片看见茫茫宇宙中的地球家园，那么美丽而脆弱。你永远不会忘怀这些动人的瞬间。

自从200多年前蒸汽机开启了工业革命，几乎所有的人类发明都是用来延伸人体肌肉的力量。过去10年左右，发明创造则转向了延展人类大脑的力量。我想到了一定时候，我们不仅能治愈一切精神疾病，更重要的是可以重组知识和智能。麻省理工大学媒体实验室的创始人尼古拉斯·尼葛洛庞帝（Nicholas Negroponte）在过去30年在TED舞台上的预测比绝大多数人都准确。今年在TED他又一次语出惊人，预测30年以后，人类就可以研制出一种饮料，只要喝下去就可以把所有人类知识都注入自己的大脑。在你嘲笑他的异想天开之前，你需要知道，30年之前当他第一次预言互联网的时候，还压根不存在这件事，而到了今天，互联网在我们的生活里已无处不在了。

2014年也是我来到美国第25周年，仅仅25年，世界发生了巨变。在我看来，主要有两种动力驱动这个变化——全球化和互联网带来的科技加速发展。

伴随1989年苏东解体，东欧、苏联国家都接受了市场经济，在1992年邓小平南方视察后，中国也被彻底纳入了全球市场。至此历史上第一次所有重要的国家都采用了市场经济，现在我们已经有一个覆盖了世界每个角落的全球市场。这是史无前例的。也是在1989年，英国工程师蒂姆·伯纳斯-李（Tim Berners-Lee）发明了一个很聪明的方式在同事间传输数据，让彼此更好地交流，他把这个方法命名为万维网（World Wide Web）。就是这个小小的发明释放出了震惊世界的力量，把全世界连结在一起。今天，互联网已经连结起世界40%的人口。我想不用多久，这个数字就会接近100%。伯纳斯-李今年也来到了TED会议，很奇特地和爱德华·斯诺顿（Edward Snowden）的机器人"替身"同台交流。他提议在互联网25岁之际，我们需要一个"互联网大宪章"保护它不受政府过多干涉。他希望能通过云端众包，收集到写入宪章的最佳想法，并最终让所有主要政府都能遵守。

我感到无比幸运，能在过去 25 年里，亲身见证伟大的人类发展进程，首先是作为一个爱国学生，然后是作为风险投资人在最前线见证互联网的诞生及发展。我和很多引领变化的人结为好友，近距离地观察每一次里程碑式的变化，亲身感受它发生之快，对生活改变之深远。

驱动人类发展的两大动力就是人类的智能和进取心，那些在最前沿推动人类发展的通常是这样的人——聪明过人，雄心勃勃，且具有人类学家爱德华·威尔逊所说的利他主义基因。正是这样的力量，让我们从笨拙的猴子，进化成地球的统治者。在 TED 的舞台上，你会见到很多这样的人，他们像磁铁一样吸引着彼此，激发着彼此的灵感。马文·明斯基是对的，灵魂只是一堆细胞，但组成这些人灵魂的细胞绝非寻常。他们在一起发明出了能极大延伸人类肌肉力量的机器，现在又在前线研究如何延伸人脑的力量。通过生物工程，他们还能让已经灭绝的物种起死回生。他们甚至还在认真考虑去其他星球建立人类殖民地。我们在 TED 上见证到的一切，正是不断进行中的人类进化过程的现在时，如今我们不仅可以直接参与，甚至在某种程度上可以掌控它的方向。

最后，作为一个 TED 的资深参与者，我在这里也获得了新的身份认同。25 年前来到美国以后，我曾挣扎过很久，不知自己到底是中国人还是美国人。在几年前，我已经开始明白我既是彻头彻尾 100% 的中国人，也是纯正的 100% 美国人，而且 1+1>2。在全球化的今天，我们都是世界公民，同属人类大家庭，现在开始觉醒对其他物种命运的关怀，及对地球母亲的责任，然而依然渴望在遥远太空之外的其他星球上，再建人类家园。这就是今天我们所在的历史坐标点。如果你今天还不认同这个观点，技术发展本身就会在未来某天说服你。

2014 年 3 月

人性与金融危机

——2016年新年感言

2016年新年伊始,观看了电影《大空头》(*The Big Short*)。影片改编自迈克尔·刘易斯(Michael Lewis)的同名小说,讲述了最早发现2007—2008年次贷危机以及美国整个金融系统的漏洞、并着手做空来获利的几位投资人的传奇故事。影片中涉及的许多事件,我都亲身经历过;影片中的各色人物,我都或多或少有过交集,所以观看起来,更多了一些身临其境的现实感,由此也引发了一些感想。

从2005、2006年开始,我个人也因为偶然的原因发现了信用违约掉期(CDS)这个产品,做了一些研究,也一度准备大规模进入,通过CDS做空。后来在和查理·芒格的几次谈话之后,逐渐打消了这个念头。查理反对的原因也很简单:如果我的分析是正确的,那就意味着最终要么承接这些产品的交易对方,那些大的金融公司可能因为破产而不能兑现;要么这些大的金融机构被政府通过纳税人的钱救活了,这时你赚的钱其实也是纳税人、政府的钱,于心并不踏实。后来结果果然证实了查理的这个判断,那些从这次历史上最大空头中赚的钱其实最终都是直接或间接从全球纳税人手中拿到的。因此我也从来没有因为没有赚到纳税人的钱而后悔过。

投资本身就是对未来的预测，虽然预测得对，多多少少会带来一些愉悦感，但是不同的赚钱方式导致的结果还是不一样。后来在迈克尔·刘易斯的这本书出版之后，我又和查理有过几次交流，谈到当时的这个决策，他说当时如果你因为做CDS赚了很多钱，可能你直到今天还在寻找下一个大空头的机会。人的本性就是这样。对冲基金投资人鲍尔森（John Paulson）是这次大空头最大的赢家。这几年，我观察鲍尔森自2008年以后的业绩，倒是又一次验证了查理的这个判断。君子爱财，取之有道，指的不仅是赚钱的方式、方法，在查理看来，所赚之钱的来源也同样重要。在这一点上，我也深以为然。这些大空头赚的钱，其实最终还是由广大的纳税人填补上来的。普通纳税人既是这次全球金融危机最大的受害者，又是这次金融危机最终买单的人。在这样的危机里赚钱实在是于心不忍。但这次刻骨铭心的经历，让我对于金融行业的危险更加胆战心惊。

更重要的是，影片以做空人的经历为引子，揭示了由美国引发的2008年全球金融危机中的种种人事，以及酿成这次危机的深刻的人性原因。

这次金融危机在很大意义上是由金融行业的特点酿成的。因为与其他任何服务行业不同，金融产品在绝大多数时间里对绝大部分人来说，都很难判断优劣。这为金融行业腐败缔造了天然的土壤。2008年从美国引发的全球金融危机仅仅是近年来最极端的一个例子。从事金融工作的朋友，无论国内有没有引进这部电影，大家都应该想办法找来看一看。

英国人阿克顿（John Emerich Edward Dalberg-Acton）有一句名言：权力导致腐化，绝对权力导致绝对腐化。二十几年从事金融行业的经历，常常让我觉得，由信息不对称引起的权力倾斜，加之巨大的金融利润诱惑，对整个金融业的腐化更甚，更能引发系统性的金融危机。

然而至少在2008年以前，西方监管机构的主流观念倾向认为，自由市场经济在金融行业内同样普适，所以以少干预、不干预为优。这一观念最为前联邦储备银行行长格林斯潘（Alan Greenspan）所推崇。

自由市场经济当然是人类历史上最伟大的制度创新，不过确确实实也存在例外。这些例外被定义为市场失灵。但到目前为止，市场失灵被认为最主要存在于公共服务、自然垄断及外部性领域，对金融领域内的市场失灵则讨论较少。然而据我本人的经验和观察，市场失灵实际上广泛存在于金融市场。所以在金融领域里，负面清单式的自由比起正面清单自由，常常更具破坏力。2008、2009年全球金融危机就是一次极端性的教训。

我们刚刚经历过的2015年，中国场外融资极端杠杆的使用也让国人经历了一次惊险。如果政府当时没有及时采取有力措施，后果实在不堪设想。

最近一段时间，由于一桩众所周知的收购风波，我有机会阅读了一些保险公司的所谓万能险产品合同，读后让我后背阵阵发寒。如果今天我处在监管部门的位置上，这样的产品大行其道，一定会让我夜不能寐。

金融市场就是一个暴露人性弱点的机制，这一点从现代金融市场诞生的那一刻起，就没有变过。今天中国的金融混业看来已是势在必行，直接金融也会成为今后实体经济发展最重要的推手之一。在这样的大背景下，从金融监管到金融从业人员应该更加警醒金融行业本身对人性的挑战。因为人性的特点，金融自由化一定会引发腐败；绝对的金融自由化常常会导致巨大的金融危机。

我也并非主张绝对金融管制，更不是主张自由市场在金融业里不发挥重要作用，但是所有的历史经验都表明，对金融行业的天然风险保持高度警惕，永远是个明智的策略。2016年是中国十三五开局之年，市场直接融资将变得更加重要，混业经营也成为趋势。在这样的背景下，作此感想一篇，以为2016年开年自省。

2016 年 1 月

思索我们的时代

在过去的一两周,有一系列大事件迅速发生。表面看起来,这些事件似乎是随机的。但当把它们联系到一起时,我却不得不要停下来驻足思考我们所处的时代。

2月22日,美国航空航天局(NASA)发现了一个新的太阳系。这个太阳系距离我们只有40光年,其中有7个类地行星,因此这些行星上可能有生命存在。几天后的2月27日,埃隆·马斯克宣布,SpaceX将于2018年将携带有两名付费客户的Dragon II飞船发送到月球轨道上。这将是1972年阿波罗计划结束之后载人飞船首次重返月球。

几天后的3月1日,世界气象组织(WMO)确认,南极气温创下了新高纪录:63.5华氏度(17.5摄氏度)!地球上90%的淡水以冰川的形式存在于北极,如果这些冰川融化,可能将海平面升高200英尺。就在同一天,科学家在加拿大古代岩石中发现了微型化石。这一发现将地球生命的起源推到更久远的37.7亿到42.8亿年前,也就是说地球在45亿年前形成后没过多久,就在地狱般的条件下产生了生命！

我们再回到地球上，3月3日中国开始一年一度的两会。期间，中国政府再次承诺，要在2017年让1000万人民摆脱贫困，并在2020年彻底消除贫困。如果这个目标实现了，将会是中国5000年历史上的首次创举——要知道中国这块土地上生活了将近五分之一的地球人口。同一天，美国国家医学科学院发起了一项针对人类衰老和长寿的大挑战，以2500万美元奖金来催化有利于人类健康长寿的科学研究。

仿佛是冥冥中的安排，让我更好地理解这些事件。上周二我应邀参加了由伯格鲁恩研究所（Berggruen Institute）主办的一场晚餐会，席间我与尤瓦尔·赫拉利教授讨论了他的新作《未来简史》。周四晚上，我和一位老友胡安·恩里克斯（Juan Enriquez）在晚餐上的交谈又给了我很多启示。胡安是我们时代最重要的思想者之一，著有《自我进化：非自然选择如何影响地球上的生命》。紧接着，周五晚上，我很荣幸地出席了美国国家医学科学院"人类长寿大挑战"的项目启动晚宴。晚宴在95岁高寿的好莱坞传奇人物诺曼·利尔（Norman Lear）的宅邸举办（还有比这更合适的举办场所吗？）。在场的客人包括来自全国各地的企业家领袖、风险投资人、诺贝尔奖获得者、音乐家、思想家和艺术家。所有这些际遇都在帮助我更好地思索和理解我们这个时代。

自1900年以来，全球平均寿命已增加了一倍多，达到70岁左右（发达国家的平均寿命约再长10年）。换句话说，在100多年的时间里，人类寿命的延长幅度比之前10万多年里人类在全部历史中的增长幅度还要大。这是现代文明取得的惊人成就！然而在后工业化时代的今天，全世界仍有约 9% 的人口生活在贫困线之下。绝大多数人生活在发展中国家，还无法充分享受到现代化生活的福祉。这种情况的存在不是因为人类作为一个整体，所创造的食物不够养活所有人，也不是因为人类创造的财富不够让所有人来分享。原因是不均匀的财富分配。

在过去的 40 年中，中国经济高速发展，使数亿人民从贫困线脱离。同样重要的是，中国的实践为其他国家，尤其是非洲国家和印度，展示了一条新的经济发展道路。

然而，世界各地的快速工业化也导致了意想不到的后果，其中一项就是可能会让地球变暖到不再适宜人类生存的程度。一直以来，人们都认为地球变暖的罪魁祸首是二氧化碳排放。然而最新研究表明，沼气（甲烷）比二氧化碳在臭氧层里隔挡太阳光反射的能力可能要高上 10 倍。地球上大部分甲烷以冻结沼气状态储存在西伯利亚的冰雪大地上。地球的持续升温最终可能导致甲烷被释放到臭氧层中，进一步加速全球变暖。据一些业内领先的气候科学家的最新估算，海平面迅速上升的局面很可能是几十年内的事情，而不是之前所估计的几个世纪。

在美国，人工智能和生物工程的发展让人类全新的未来世界不再是幻想：在这个未来世界中，人类不再愿意把"进化"这一头等大事交给随机选择。相反，我们有意将自己进化为一种更高等的智慧生物，将我们的生命不断延长直至不朽，再配置上一个能够适应不同星球乃至星际间生存的躯体。在之前提到的美国国家医学科学院"人类长寿大挑战"项目启动晚宴上,一位知名企业家宣称:"死亡只是一种选择!"听起来好像是科幻小说?其实不然。鉴于人工智能和生物工程技术的迅速发展,我们必将很快到达并且超越"奇点"。我们中的一部分人将从智人中分裂出一个全新的物种,我在这里姑且命名为"XYZ人"(或赫拉利教授命名的 Human Deus)——这样的世界不再是难以想象的。但是这种进化机会是否对所有人类都公平呢?当地球不再适合于人类生存,而星际旅行也变为可能,我们这些生命有限的肉身凡胎会有足够时间飞行到其他星球吗?"XYZ人"会善待那些进化程度不及他们的智人吗?

纵观历史,不禁让我们心生忧虑。智人从未善待过尼安德特人(Neanderthal)、直立人(Homo Erectus)或任何其他物种。自从智人出现以来,大多数其他物种都不得安生,除非是那些被人类选为宠物共同进化的猫和狗。

智人之间彼此对待的过往记录同样令人发指。在人类悠久的历史中,我们留下了剥削、奴役、谋杀、屠杀,甚至种族清洗的斑斑劣迹。所有"反人类罪"实际上都是由人类自己犯下的。毋庸置疑,现在的情况有所改善,尤其是在第二次世界大战以后。但我们现在的进步还远远不足以使所有人摆脱贫困,或者让所有人都享受到现代生活的果实。赫拉利教授认为,智人为了应对各种挑战,发展出一种创造"故事"的独特能力。所谓"故事",就是那些真实生活中并不存在、但会强烈影响我们思维的概念。在我看来,至今为止至少有四个重要的"故事"塑造了我们的文明:

政府（其中又包括民族、种族的概念），宗教（包括文化、信仰），科学与技术，以及自由市场经济。前两者是农业文明的产物，后两者是现代化开始后产生的。

这四个"故事"能帮助应对当今世界我们所面临的挑战吗？

的确，有效的全球政府对于消除贫困、应对气候变化，促进经济发展以及应对新技术给人类带来的诸多新的挑战是非常有用的。要想形成全球政府，我们必须从现有的民族国家政府中吸取经验教训。其中，中国和美国的经验尤为宝贵。在历史上大部分时期，中国人口都占全世界五分之一左右，在长达2000多年的实践里，中国政府积累了无数针对大量人口的治理经验和教训。而美国代表了人类另一种最成功的实践：如何将来自不同文化、不同宗教信仰、不同种族背景和历史的人民聚集在同一种政府形式之下。

在文化方面，今天的欧洲人正在尝试用新的概念（"故事"）来生活。这些概念并不注重如何去实现更多、获取更多，而注重于如何对我们已取得的成就感到幸福，并对其他人的痛苦更加同情。如果实现你的欲求就是"成功"，那么对你已经实现的东西产生欲求，不就是"幸福"吗？现在我们处于富足经济时代，已经和过去农业文明时代的短缺经济大为不同，亟需一种新的身份认同。欧洲人引领的这些实践对于如何铸造所有人类都认同的身份认同至关重要。

自由市场经济是人类历史上实现繁荣和进步最伟大的发明。从欧洲到美洲，再到亚洲、非洲，任何地方只要采用了自由市场经济体系，就会以前所未有的方式释放人类潜能。我坚信未来很多年后，这仍然会是消除贫困和实现人类共荣的最重要的引擎。

结合了自由市场经济制度，现代科学和技术造就了我们现在所生活的富足社会，实现了从以短缺经济为特征的农业文明的大飞跃。

科学技术在过去创造了无数奇迹，今天仍然以加速度向前发展。以今天我们用的iPhone里的处理芯片为例，仅在30年前，制造具有同等处理能力的芯片，竟要花费7500万美元！今天，摩尔定律仍然有效，而且在可预见的将来还会持续下去。它为人工智能的发展，甚至为最终创造出一种全新的以硅为基础的生命提供了无限的可能。然而，我们其实对于自己这种古老的碳基生命还所知甚少。我们只知道它是近40亿年进化的结果。一切关于人类身体和大脑的新发现都只令我们更敬畏于自然选择的力量。相比而言，我们成功操控硅晶片的历史只有区区40年。难道我们真的对以自我选择方式进化出来的未来更有信心？要知道我们今天的肉身可是大自然经过40亿年不间断修补调整得到的结果。

技术引发的焦虑从来不是什么新鲜事。但是在过去，技术进步从未威胁到人类在食物链顶端的位置。相反，技术一直在帮助人类稳固这一地位。纵观历史，这些技术进步一开始总是先让少数人受益，但最终会惠及到所有人。然而"XYZ人"的出现将完全不同，特别是当这些技术被掌握在那些对变化程度之剧烈浑然不觉的少数人手中时。真正的危险总是存在于未知的未知数。

今天，技术发展的速度似乎已经远远超越人类应对的能力。

在技术和市场经济已经全球化的今天，政治还未全球化。因此，还没有出现真正能够监管人类"自我创世"的力量。似乎我们唯一能做的仅仅是期盼那些将要掌握这些"自我进化"关键技术的少数人，在进入"XYZ 人"初期时所表现出的自我约束与控制。同时，我们也期盼社会文化更快发展，为某种形式的全球政府早日出现酝酿土壤。而另一种可能的情况是，某种致命威胁逼迫一种全人类联盟的形成，这种威胁可能来自加速的气候变化、核恐怖主义、或者我们自己创造出的危险的新物种。此时形成的联盟可能还算及时，也可能已经来不及了。

昨天，当我正陷入这些沉思时，家里发生了一起小小的里程碑事件：我 13 个月大的女儿贝拉（Bella）在后院学会独自走路了！在我喜不自胜地欢呼时，贝拉妈妈的反应是当天就在游泳池周围架起了高高的围栏。是啊，在这个希望和危机并存、焦虑和惊奇共生的时代，我们有什么理由不去买一份保险呢？

从广义上来说，美国自第二次世界大战以来一直自愿履行着"世界警察"的角色，成为世界和平的主要承保人。当未来世界的图卷慢慢展开，今天的我们尤其需要这样的和平环境。

当然，没有任何保险能应对未知的未知数。我们对人类的未来，正如我对贝拉的未来一样，都所知无几。但即使人类会在遥远的将来消亡，我们还是有权利感叹一句："多么精彩的旅程！"

同时，我们可以安全地预测一件事，那就是 21 世纪注定不会沉闷，之后的几个世纪也不会。

2017 年 3 月 5 日

五十述怀*

1966年4月，风雨飘摇的"文革"前夜，我出生在河北唐山。知识分子的出身，使我父母、爷爷、奶奶很快失去了人身自由，所以我的童年在一个个寄养家庭——从农民、到矿工，甚至是长托的托儿所里流离。现在想来，从这样一个起点，一路上跌跌撞撞，数次与死神擦肩而过，我居然走到了今天，真是感叹生命无常之有常。

生命之幻妙在于其未可知性。走过无数多的桥，看过无数多的云，翻越过各种险滩峻岭，激发过各种潜能。今天回望征途，一路上遇到了这么多善良的好人，发愿者、导师、合作伙伴、朋友……我生命的知遇们，你们就是我的路、桥、汽车和飞机。没有你们一路上无私的搭载、鼓励和友情，我是断然不可能走这么远直到今天。值五十岁之际，无论你们在天边还是在眼前，借得大江千斛水，研为翰墨颂亲恩。谢谢！谢谢！谢谢！

---

* 本文是我在生日晚会上的英文演讲，由我的好友作家六六翻译成中文，在此感谢！

如果说这一路坎途，我个人有什么贡献的话，那就是这条人生之路确实是我一步步走下来的。伍迪·艾伦（Woody Ellen）的笑话说："百分之九十的成功要归功于从不缺席。"这句话是对的。在人生的很多关隘上，我都可能停滞不前，或者随遇而安。但我心里的声音一直告诉我"这不是终点"。有一半的行程我"超悯悯而遂行"，而另一半则在试错。

前行的道路上，如履薄冰，战战兢兢。怨恨恼怒烦，贪嗔痴慢疑，所有的这些人生而自带的缺陷，我皆未能免。事实上，源自童年的硬伤使得我必须付出更大的努力才能与之抗衡。每当我为负面情绪所困或误入歧途的时候，我很幸运地能迷途知返。苏格拉底是对的，"不自省的人生不足以度"，至少活得不够好。"吾日三省吾身"，时不时的，我都会停下步伐审视一下这段时间我又犯了哪些错误。法无定法，势无恒势，时势之变常有，过去是正确的观点，到今天就错误了，因此，多年来，我形成一种习惯，每过五到十年，都要花一段时间克己反躬相去之岁月，有时需要作的变化之大犹如重塑。理性的修为帮助我形成了这样一种"时时勤拂拭"的习惯，更加幸运的是，吾有诤友数人，幸至身不离于令名。如果没有这些帮助，我可能早就迷失在人生各种各样的迷宫之中了。

尽管生命的小船穿越艰难险阻，我还坚持坐在驾驶位上，因为这趟人生的旅途毕竟是我自己的，旁人无法替代。现已行程过半，又到了承上启下检视未来的时刻。

子曰："五十而知天命。"不知命，无以为君子也。与死神数度擦肩而过让我相信死生有命，知天命不可违。我唯一能做的是逝者如斯，不舍昼夜。生命的前半段我努力增益我所不能，而后半段我当尝试化繁为简，返朴归真，尊天命而为之。

在绝大多数职业上我可能都是失败者。比方说，我肯定是个蹩脚的芭蕾舞演员，也绝无可能成为篮球明星。但我的天性和经历却让我可以成为一名合格的投资人。感谢我前行路上的启蒙老师巴菲特先生。25年前在我就读于哥伦比亚大学期间，是他的一场不期而遇的演讲让我误打误撞地进入投资领域。而更加不可思议的是，13年前，我遇到人生的导师查理·芒格先生，他不仅成为了我的投资伙伴，更是我终生的良师益友。我常叹自己何德何能才领受生命如此丰厚的馈赠，即使是莎翁再世也构画不出这样戏剧的篇章。

时至今日，我已拥有了属于自己的二十几年的投资记录，从业那么久了，依旧发愤忘食乐以忘忧。偶尔我会好奇，我到底能沿着沃伦和查理指引的道路上走多远，他们到目前为止拥有无与伦比的50多年持续增长的记录，我能追赶多久呢？用最干净的方法仅凭智慧投资赚应得之钱在中国行得通吗？我不追求资产规模或是投资管理费，我只想留下一份属于我的干净的投资记录。就好像高尔夫运动员手里的计分卡一样，记下每一轮的比分直到终身。我清晰地知道，价值投资在全球包括中国的实践是值得我倾尽毕生心力从事的事业。

过去50年，我在中美各有半壁生涯。两段不同的履历让我时常审度中美两国，它们不同的文化和我自己的变化。相当长一段时间里，我有身份认知障碍——我到底是中国人还是美国人？两种文化的冲突宛如两股真气在我体内奔涌，一争高下。为得解脱我更加深入地研究体验两种文化的精髓。直至不惑之年，我才慢慢将两种真气合二为一和平共处，以至豁然开朗——我成了既是纯粹的中国人，又是百分百的美国人，并且1+1>2。通过两种文化的视界，我能够解读两种文明的各自风华，我可以于希声处闻大音，于无形处观有形。这样的特质让我在中美文化之间无界游走。我现在更相信1+1=11。因此，我将视中美两国和两国人民之间的交流与沟通为己任，为彼此解读对方的故事，未来这项工作也将是我后半生的主要职责之一。

感谢上天！我有三个千金。她们活泼可爱聪慧善良。我以她们为傲。因为爱之深切，我不想因太多遗产羁绊她们的人生自由。我会鼓励她们与我和妻子Eva一起，通过我们的家庭慈善基金，致力于创造更加美好的世界。凭借她们天生的跨文化优势，我希望她们与我一起，致力于增进中美两国之间，尤其是民间的相互理解。此外，在中国及哥伦比亚大学接受的优质教育是成就我今天最重要的原因。我和我的同事们会继续推广价值投资的教育实践。我更希望能有机会努力推进让更多的年轻人像我一样有机会接受无疆界的高水准教育。这是未来我和家人同事共同努力的方向。

五十岁于我是一个分水岭。从这一天起，我离终点可能比起点还要更近些。在年龄的见解上，我喜欢诺曼·利尔的通达。诺曼今年94岁了，依旧在诸多领域逍遥。在美国，崇拜他的粉丝上至八九十岁下到二三十岁都有。有一次我问诺曼："你感觉自己多大年龄？"他答："我永远和与我对话者同龄。"这是我听到的关于年龄的最酷答案！从那以后我就特别关注与我交流的人。今天起，我就正式年过半百。我亟需且诚招年轻朋友与我比肩同行，你们会让我与时俱进，青春永驻。

我亲爱的朋友们！祝我们一起天增岁月人增慧，春满乾坤喜盈门！

2016 年 4 月

论常识

芒格先生曾说过，常识是最稀缺的认知。违背常识会付出代价。所谓的常识通常也是由这些代价反证出来的。所以对常识的讨论总还是有价值的。这里我来谈谈几条常识，也听听大家的意见。

1. 现代化是市场经济和现代科技结合的产物。但这其中有一个因果关系。市场经济是因，现代科技是果。没有现代市场经济，不会产生现代科技。在非市场经济的制度中，技术不能有效地转化成生产力，也因此不能产生持久、领先的科技。但是发达的市场经济一定会产生领先的科技。

2. 除国防外，当今所有先进技术最先都是由私营企业在市场经济环境下创造出来的。美国、西方、中国都如此。政府主导先进科技创新，如果破坏了市场机制，没有成功案例。

3. 人的本性都是自私的。人的道德其实是对于更广泛私利、长远私利的描述。制度设计和政策措施如果不能激发人的私利，形成不了正向的激励机制，也就不可持续。无论在经济或是政治活动中都是一样。

4. 关于腐败。腐败本质上是一种权力寻租。只要有权力就永远有腐败。在整个人类历史进程中、在所有制度下，腐败一直存在，将来也会永远存在。腐败只能控制，不可能完全消除。过度腐败对社会伤害，过度反腐也会对社会伤害。公正的制度性控制比人为的控制更可持续，而且负面后果更少。

5. 权力是一组人对另一组人行为的影响力。它的总量一定，和人口数量相关。权力从本质上是一个零和的游戏。政府权力过大，必然导致民间的权力过小，官不聊生必然导致民不聊生，古今中外都如此。

6. 市场经济本质上是政府在经济上让权给民间。在市场经济中所有重要的决定都只能由私人来做出。政府的作用在于服务和维持规则，不是指挥。由政府指挥市场经济没有成功案例。民间经济、市场经济是否有活力，常常取决于政府在经济活动中的权力是否足够小。

7. 市场经济对人才的选择由自由竞争决定，不拘一格也无法预测。一个社会越能够容忍不同人格、不同价值观的人才，越能在市场经济中成功。反之亦然。

8. 人从本性上都追求平等。追求结果平等的机制会造成最大的不平等，追求机会平等的机制会形成对结果平等的最大近似。

9. 人对安全的需求远远大于对财富的追求。在已经温饱的前提下，没有人身安全保障，对财富的追求会大大降低。

10. 市场经济行为和预期相关。当一个市场经济中，绝大多数人无论因何种原因开始持负面预期时，经济活动会衰退，衰退本身会加固负面预期，从而加速衰退。反之亦然。

11. 市场经济是由自发的需求、自主的供给，通过自由竞争而形成的。其中需求是主因，供给是手段和结果。市场经济的真实总量实际上是由真实需求总量决定的，而不是由供给决定的。真实需求增加可以提振供给。真实需求降低，提振供给不仅不能解决问题，还会造成更多连带问题。

2024 年 9 月 16 日

后记

本书得以付梓，要感谢的人实在太多，但毫无疑问，首先要感谢我的太太 Eva。她不仅在最早期参与了大量文稿的相关工作，是我很多文稿的第一读者，提出了许多宝贵的建议，而且在我不分昼夜写作书稿的这段时间，给予我最宽厚的理解和温暖的支持，为家庭付出了太多太多。有这样一位爱人、伴侣、朋友和知音，我何其幸运。

非常感谢我的挚友常劲先生和六六女士，若非他们多年来一再坚持，不断"骚扰"，我根本不会有意愿把自己这些想法付诸文字。从帕萨迪纳市政府花园的散步、谈心，到朋友聚会沙龙上的分享，到录音笔记录下的声波，再到纸上的文字。总之，将想法整理成文章，再将文章整理成文集，这个过程中常劲、六六、施宏俊等诸位好友都是我要感谢的人。毫不夸张地说，没有他们就不会有这本书。另外，我还要感谢虎嗅网的创办人李岷女士，最早在虎嗅网上发表了我的现代化系列文章，感谢中信出版社的施宏俊总这些年来一直盛情鼓励、邀请我出版此书，以及这个过程中过稼阳编辑为此书所做的大量具体工作。

现代化系列文章自2014年发布后，我得到了很多朋友的热烈反响和宝贵建议，其中许多对我都有启发和帮助，在此表示感谢。喜马拉雅资本的同事们是我很多文章的第一批读者，他们提出了很有见地的反馈和建议，我深深地感谢，同时也为这些才华横溢的同事感到骄傲。尤其我要特别感谢我的助理郑菁女士，她为了本书文稿付出了大量的心血，并以其缜密的思维和高超的文字水平为本书增色不少。在最早期的文字整理工作中，刘爽女士也投入了许多精力和时间，在此一并感谢。

自少年时起，阅读就是我最享受的事。阅读让我可以在不同的时间、空间中穿梭畅游，与历史长河中各个时代的圣贤智者们对话、神交。本书中的很多想法都是在和先贤圣哲，以及当代智者的思想碰撞中产生。尽管我们素未谋面，但在我心中早已将他们视为挚友同道，我感激他们这些年来对我的启发和带给我的灵感。在我看来，这是读书最大的快乐和裨益所在。

在现实生活中，芒格先生早已被世人视为与这些先贤圣哲、当代智者们同列，广受敬仰。而命运对我何其眷顾，让我能在过去十几年中和他成为真正的忘年交，发展出亦师亦友的深厚情谊。在和芒格先生无数次的交流中，我得到过很多启发。本书中关于文明、现代化、价值投资的很多想法都离不开我和他的广泛交流，彼此思想的相互渗透。往往一个人最大的局限是看不清自己的盲点。通过持续努力，人可以做到对很多问题客观理性，但唯独对自己最难做到。真正的挚友、导师是能够指出你身上盲点的人。芒格先生对我最大的帮助就是帮我认清了自身最大的盲点。如果不是他,我可能还在作茧自缚、画地为牢。这一点我对他感激不尽。

最后我想说的是,本书所涉猎的领域广泛,其中很多并非我的专业,本书也不是学术专著。若以学术专著的标准来要求,严谨准确方面尚有欠缺,引述、论证所用资料也远不够详尽丰富,希望各位专家、学者和读者们谅解。我的原意是想为有兴趣的读者提供一些不同的视角,如果能对大家有所启发,我就很欣慰和满足了。

2019 年 11 月 22 日

附录

推荐阅读书单[*]

一、科学、哲学、进化、人类文明史、人类历史

1. [美]贾雷德·戴蒙德,《枪炮、病菌与钢铁:人类社会的命运》,中信出版集团,2022。
   Jared M. Diamond. *Guns, Germs, and Steel: The Fates of Human Societies.* New York, NY, US: W.W. Norton & Co, 1999.
2. [美]伊恩·莫里斯,《西方将主宰多久:从历史的发展模式看世界的未来》,中信出版集团,2011。
   Ian Morris. *Why the West Rules—for Now: The Patterns of History, and What They Reveal About the Future.* Picador. 2011.
3. [美]伊恩·莫里斯,《文明的度量:社会发展如何决定国家命运》,中信出版集团,2014。
   Ian Morris. *The Measure of Civilization: How Social Development Decides the Fate of Nations.* Princeton, NJ, US: Princeton University Press, 2013.
4. [美]爱德华·奥斯本·威尔逊,《社会性征服地球》,浙江教育出版社,2023。
   E. O. Wilson. *The Social Conquest of Earth.* New York, NY, US: W. W. Norton & Co, 2012.
5. [英]戴维·多伊奇,《无穷的开始:世界进步的本源》,人民邮电出版社,2019。

---

[*] 所列书目均根据笔者个人喜好推荐,不以书的外在社会影响为依据。英语原著中有中译本的,也附上中译本供参考,但不代表笔者阅读过中译本,所以也不确保中译本翻译的质量。有能力的读者可阅读英语原版。另外,推荐原则是同一位作者的作品尽量不超过两本。如果读者喜欢该作者,可以阅读他(她)的更多作品。

David Deutsch. *The Beginning of Infinity: Explanations that Transform the World.* London, UK: Allen Lane. 2011.
6. [英]戴维·多伊奇,《真实世界的脉络:平行宇宙及其寓意》,人民邮电出版社,2016。
David Deutsch. *The Fabric of Reality: The Science of Parallel Universes -- And Its Implications.* New York, NY, US: Allen Lane, 1997.
7. [英]马特·里德利,《理性乐观派:一部人类经济进步史》,机械工业出版社,2021。
Matt Ridley. *The Rational Optimist: How Prosperity Evolves.* Harper. 2010.
8. [英]卡尔·波普尔,《科学发现的逻辑》,中国美术学院出版社,2008。
Karl Popper. *The Logic of Scientific Discovery.* Routledge. 2002.
9. [英]卡尔·波普尔,《开放社会及其敌人》,中国社会科学出版社,1999。
Karl Popper. *The Open Society and its Enemies.* Princeton University Press. 2013.
10. [英]理查德·道金斯,《自私的基因》,中信出版集团,2019。
Richard Dawkins. *The Selfish Gene.* Oxford University Press. 1990.
11. [以色列]尤瓦尔·赫拉利,《人类简史:从动物到上帝》,中信出版集团,2017。
Yuval N. Harari. *Sapiens: A Brief History of Humankind.* New York, NY, US: Harper, 2015.
12. [英]尼尔·弗格森,《文明》,中信出版集团,2012。
Niall Ferguson. *Civilization: The West and the Rest.* Penguin Books, 2012.
13. [美]史蒂芬·平克,《当下的启蒙:为理性、科学、人文主义和进步辩护》,浙江人民出版社,2018。
Steven Pinker. *Enlightenment Now: The Case for Reason, Science, Humanism, and Progress.* Viking, 2018.
14. [美]史蒂芬·平克,《心智探奇:人类心智的起源与进化》,浙江人民出版社,2016。
Steven Pinker. *How the Mind Works.* W. W. Norton & Co Inc, 1997.
15. [美]查尔斯·范·多伦,《知识的历史》,重庆大学出版社,2023。
Charles Van Doren. *A History of Knowledge: Past, Present, and Future.* Ballantine Books. 1992.
16. [美]凯伦·阿姆斯特朗,《神的历史》,海南出版社,2013。
Karen Armstrong. *A History of God: The 4000-Year Quest of Judaism, Christianity and Islam.* Ballantine Books, 1994.
17. [美]罗伯特·赖特,《洞见:从科学到哲学,打开人类的认知真相》,北京联合出版公司,2020。
Robert Wright. *Why Buddhism is True: The Science and Philosophy of Meditation and Enlightenment.* Simon & Schuster, 2017.
18. [美]丹尼尔·卡尼曼,《思考,快与慢》,中信出版集团,2012。

Daniel Kahneman. *Thinking, Fast and Slow.* Farrar, Straus and Giroux. 2011.
19. Vaclav Smil. *Creating the Twentieth Century: Technical Innovations of 1867-1914 and Their Lasting Impact.* Oxford University Press, 2005.
20. Vaclav Smil. *Transforming the Twentieth Century: Technical Innovations and Their Consequences.* Oxford University Press, 2006.

二、中国文明、历史、文化

1. 钱穆，《先秦诸子系年》，九州出版社，2011。
2. 钱穆，《中华文化十二讲》，书海出版社，2024。
3. [汉]司马迁，《史记（文白对照本）》，商务印书馆，2019。
4. 李解民等，《白话二十五史精选》，新世界出版社，2009。
5. [宋]朱熹（编），《四书章句集注》，上海古籍出版社，2021。
6. William Theodore de Bary. *Waiting for the dawn.* Columbia University Press, 1993.
7. 狄百瑞，《中国的自由传统》，贵州人民出版社，2009。
8. William Theodore de Bary and Irene Bloom. Editors. *Approaches to the Asian Classics.* Columbia University Press, 1990.
9. Wing-Tsit Chan. *A Source Book in Chinese Philosophy.* Princeton University Press, 1969.
10. 许倬云，《万古江河——中国历史文化的转折与开展》，北京日报出版社，2023。
11. 《黄宗羲全集》，浙江古籍出版社，2012。
12. 《余英时文集》，广西师范大学出版社，2014。
13. 林毓生，《思想与人物》，联经出版事业公司，1983。
14. 《曾国藩全集》，中华书局，2018。
15. 黄仁宇，《万历十五年》，三联书店，2023。
16. 史景迁，《天安门：知识分子与中国革命》，中央编译出版社，1998。
17. Jonathan D. Spence（史景迁）. *The Search for Modern China.* W. W. Norton & Co, 1991.
18. 王亚南，《中国官僚政治研究》，湖南文艺出版社，2024。
19. 辜鸿铭，《中国人的精神》，中国人民大学出版社，2023。
20. 孙皓晖，《中国原生文明启示录》，中信出版集团，2020。

三、中国当代经济改革开放

1. 黄仁宇，《资本主义与二十一世纪》，九州出版社，2019。
2. 钱穆，《中国经济史》，北京联合出版公司，2016。
3. [美]傅高义，《邓小平时代》，三联书店，2013。

4. 吴敬琏，《中国经济改革进程》，中国大百科全书出版社，2023。
5. 林毅夫，《解读中国经济（增订版）》，北京大学出版社，2014。
6. 杨小凯，《杨小凯学术文库》，社会科学文献出版社，2018。
7. 史正富，《超常增长：1979—2049 年的中国经济》，上海人民出版社，2016。
8. 文一，《伟大的中国工业革命》，清华大学出版社，2016。
9. [新加坡] 李光耀，《李光耀回忆录：我一生的挑战——新加坡双语之路》，译林出版社，2013。
10. [新加坡] 韩福光等，《李光耀：新加坡赖以生存的硬道理》，外文出版社，2015。
11. [新加坡] 李光耀，《李光耀回忆录 1923—1965》，外文出版社，1998。
12. [新加坡] 李光耀，《李光耀回忆录 1965—2000》，外文出版社，2001。
13. 吴晓波，《浩荡两千年：中国企业公元前 7 世纪—1869 年》，中信出版集团，2017。
14. 王小波，《沉默的大多数》，北京十月文艺出版社，2021。

四、价值投资、金融和资本主义

1. [美] 本杰明·格雷厄姆，《聪明的投资者》，人民邮电出版社，2016。
Benjamin Graham. *The Intelligent Investor*. Collins Business, 1994.
2. [美] 本杰明·格雷厄姆、戴维·多德，《证券分析》，中国人民大学出版社，2013。
Benjamin Graham and David Dodd. *Security Analysis*. McGraw-Hill Education, 1996.
3. [美] 罗杰·洛温斯坦，《巴菲特传：一个美国资本家的成长》，中信出版集团，2013。
Roger Lowenstein. *Buffett: The Making of an American Capitalist*. Random House, 1995.
4. [美] 彼得·考夫曼（编），《穷查理宝典：查理·芒格的智慧箴言录》，中信出版集团，2021。
Peter D. Kaufman. *Poor Charlie's Almanack: The Wit and Wisdom of Charles T. Munger*. Walworth Publishing Company. 2005.
5. Peter Bevelin. *Seeking Wisdom: From Darwin to Munger*. PCA Publications. 2007.
6. [美] 珍妮特·洛尔，《查理·芒格传》，中国人民大学出版社，2016。
Janet Lowe. *Damn Right! Behind the Scenes with Berkshire Hathaway Billionaire Charlie Munger*. Wiley, 2000.
7. [美] 劳伦斯·坎宁安（编），《巴菲特致股东的信：投资者和公司高管教程》，机械工业出版社，2018。
Lawrence A. Cunningham. *Essays of Warren Buffett: Lessons for Investors and*

Managers. John Wiley & Sons Ltd, 2009.
8. Warren E. Buffett. *The Essays of Warren Buffett: Lessons for Corporate America*. The Cunningham Group, 2001.
9. [美]安德鲁·基尔帕特里克,《永恒的价值:投资天才沃伦·巴菲特传》,上海远东出版社,1998。
Andrew Kilpatrick. *Of Permanent Value: The Story of Warren Buffett*. Andy Kilpatrick Pub Empire, 1998.
10. [美]艾丽斯·施罗德,《滚雪球:巴菲特和他的财富人生》,中信出版集团,2009。
Alice Schroeder. *The Snowball: Warren Buffett and the Business of Life*. Bantam Books, 2008.
11. [美]罗伯特·哈格斯特朗,《巴菲特的投资组合:集中投资策略》,机械业出版社,2021。
Robert G. Hagstrom. *The Warren Buffett Portfolio: Mastering the Power of the Focus Investment Strategy*. John Wiley & Sons, 1999.
12. [美]菲利普·费舍,《怎样选择成长股》,地震出版社,2017。
Philip A. Fisher. *Common Stocks and Uncommon Profits and Other Writings*. Wiley, 1996.
13. [美]本杰明·格雷厄姆,《格雷厄姆:华尔街教父回忆录》,四川人民出版社,2021。
Benjamin Graham. *Benjamin Graham: The Memoirs of the Dean of Wall Street*. McGraw-Hill. 1996.
14. [美]约翰·特雷恩,《投资大师》,中国人民大学出版社,2024。
John Train. *Money Masters of Our Time*. HarperBusiness, 1994.
15. James R. Vertin and Charles D. Ellis. *Classics: An Investor's Anthology*. Business One Irwin, 1988.
16. James R. Vertin and Charles D. Ellis. *Classics II: Another Investor's Anthology*. Irwin Professional Pub, 1991.
17. [美]乔尔·格林布拉特,《股市天才:发现股市利润的秘密隐藏之地》,中国青年出版社,2011。
Joel Greenblatt. *You Can Be a Stock Market Genius: Uncover the Secret Hiding Places of Stock Market Profits*. Touchstone, 1999.
18. Howard Marks. *Memo to Oaktree Clients*. Wave Publishing, 2005.
19. [美]乔治·索罗斯,《金融炼金术》,海南出版社,2016。
George Soros. *The Alchemy of Finance*. Wiley, 2007.
20. [美]乔治·索罗斯,《我是索罗斯》,海南出版社,2011。
George Soros. *Soros on Soros*. Wiley, 1995.
21. [美]里昂·利维/尤金·林登,《股价为什么会上涨:超越时代的股市传奇里昂·利维自述》,群言出版社,2016。

Leon Levy and Eugene Linden. *The Mind of Wall Street: A Legendary Financier on the Perils of Greed and the Mysteries of the Market.* PublicAffairs, 2002.

22. [美]大卫·史文森,《非凡的成功：个人投资的制胜之道》, 中国人民大学出版社, 2020 年。
David F. Swensen. *Unconventional Success: A Fundamental Approach to Personal Investment.* Free Press, 2005.

23. [英]查尔斯·麦基,《大癫狂：非同寻常的大众幻想与群众性癫狂》, 企业管理出版社, 2019。
Charles Mackay. *Extraordinary Popular Delusions and the Madness of Crowds.* Barnes & Noble Inc, 1994.

24. [美]查尔斯·P. 金德尔伯,《疯狂、惊恐和崩溃：金融危机史》, 中国金融出版社, 2017。
Charles P. Kindleberger. *Manias, Panics, and Crashes: A History of Financial Crises.* Wiley, 2005.

25. [美]巴顿·毕格斯,《财富、战争与智慧：二战股市风云录》, 中国人民大学出版社, 2025。
Barton Biggs. *Wealth, War and Wisdom.* Wiley, 2008.

26. [美]瑞·达利欧,《原则》, 中信出版集团, 2018。
Ray Dalio. *Principles: Life and Work.* Simon & Schuster, 2017.

27. [英]约翰·罗斯查得,《戴维斯王朝：五十年华尔街成功投资历程》, 东方出版社, 2005。
John Rothchild. *The Davis Dynasty: 50 Years of Successful Investing on Wall Street.* Wiley, 2001.

28. [美]沃尔特·艾萨克森,《创新者：一群技术狂人和鬼才程序员如何改变世界》, 中信出版集团, 2017。
Walter Isaacson. *Innovators: How a Group of Hackers, Geniuses, and Geeks Created the Digital Revolution.* Simon & Schuster, 2014.

29. [美]埃德温·勒菲弗,《股票大作手回忆录》, 人民邮电出版社, 2022。
Edwin Lefèvre. *Reminiscences of a Stock Operator.* Wiley, 2004.

30. [美]小弗雷德·施韦德,《客户的游艇在哪里：华尔街奇谈》, 机械工业出版社, 2018。
Fred Schwed Jr. *Where Are the Customers' Yachts? Or, A Good Hard Look at Wall Street.* Wiley, 1995.

31. Seth Klarman. *Margin of Safety: Risk-Averse Value Investing Strategies for the Thoughtful Investor.* HarperCollins, 1991.

32. [美]布鲁斯·格林沃尔德/贾德·卡恩,《竞争优势：透视企业护城河》, 机械工业出版社, 2024。
Bruce Greenwald and Judd Kahn. *Competition Demystified: A Radically Simplified Approach to Business Strategy.* Portfolio, 2007.

33. S. Jay Levy and David A. Levy. *Profits and The Future of American Society*. Happer & Row, 1983.
34. [美] 马丁·惠特曼，《马丁·惠特曼的价值投资方法》，机械工业出版社，2013。
 Martin J. Whitman. *Value Investing: A Balanced Approach*. Wiley, 1999.
35. [美] 戴维·S. 兰德斯，《国富国穷》，新华出版社，2010。
 David. S. Landes. *The Wealth and Poverty of Nations: Why Some Are So Rich and Some So Poor.* W. W. Norton & Company, 1999.
36. [英] 弗里德利希·哈耶克，《通往奴役之路》，中国社会科学出版社，2022。
 F. A. Hayek. *The Road to Serfdom*. University of Chicago Press, 1994.
37. [美] 肯尼斯·R. 胡佛，《凯恩斯、拉斯基、哈耶克：经济思想如何影响世界》，中国人民大学出版社，2024。
 Kenneth R. Hoover. *Economics as Ideology: Keynes, Laski, Hayek, and the Creation of Contemporary Politics*. Rowman & Littlefield Publishers, 2003.
38. [美] 艾伦·格林斯潘，《繁荣与衰退：一部美国经济发展史》，中信出版集团，2019。
 Alan Greenspan and Adrian Wooldridge. *Capitalism in America: A History*. Penguin Press, 2018.
39. [美] 约瑟夫·熊彼特，《资本主义、社会主义与民主》，商务印书馆，2021。
 Joseph A. Schumpeter. *Capitalism, Socialism and Democracy*. Routledge, 1994.
40. Charles R. Geisst. *Wall Street: A History*. Oxford University Press. 2018.
41. [美] 迈克尔·波特，《竞争优势》，中信出版集团，2014。
 Michael E. Porter. *Competitive Advantage: Creating and Sustaining Superior Performance*. Free Press, 1998.
42. [美] 杰里米·西格尔，《股市长线法宝》，中信出版集团，2024。
 Jeremy J. Siegel. *Stocks for the Long Run: The Definitive Guide to Financial Market Returns and Long-Term Investment Strategies*. McGraw-Hill, 2002.
43. [美] 辜朝明，《大衰退年代：宏观经济学的另一半与全球化的宿命》，上海财经大学出版社，2019。
 Richard C. Koo. *The Other Half of Macroeconomics and the Fate of Globalization*. Wiley, 2018.

五、西方文明史

1. [古希腊] 柏拉图，《柏拉图对话集》，商务印书馆，2019。
2. [古希腊] 柏拉图，《理想国》，商务印书馆，2020。
3. [古希腊] 荷马，《荷马史诗·伊利亚特》，人民文学出版社，2015。
4. [古希腊] 荷马，《荷马史诗·奥德赛》，人民文学出版社，2020。
5. [古希腊] 亚里士多德，《尼各马可伦理学》，商务印书馆，2017。

6. ［古希腊］亚里士多德，《政治学》，商务印书馆，2023。
7. ［古希腊］修昔底德，《伯罗奔尼撒战争史》，中国社会科学出版社，2024。
8. ［古罗马］奥古斯丁，《忏悔录》，商务印书馆，2015。
9. 《圣经》。
10. ［德］歌德，《浮士德》，上海译文出版社，2013。
11. ［英］霍布斯，《利维坦》，商务印书馆，2017。
12. ［法］卢梭，《社会契约论》，商务印书馆，2017。
13. ［意］尼科洛·马基雅维里，《君主论》，商务印书馆，2017。
14. ［英］约翰·洛克，《政府论》，商务印书馆，2022。
    John Locke. *Two Treatise of Government.* Hackett Publishing Company, Inc, 1980.
15. ［英］约翰·穆勒，《论自由》，上海三联书店，2019。
    John Stuart Mill. *On Liberty.* Simon & Brown, 2016.
16. ［法］笛卡尔，《笛卡尔哲学原理》，商务印书馆，2019。
17. ［英］牛顿，《自然哲学的数学原理》，商务印书馆，2006。
18. ［英］达尔文，《物种起源》，新星出版社，2020。
19. ［英］亚当·斯密，《国富论》，商务印书馆，2015。
20. ［法］托克维尔，《论美国的民主》，商务印书馆，2017。
21. ［美］汉密尔顿等，《联邦党人文集》(*The Federalist Papers*)，商务印书馆，2022。
22. 《美国宪法》(*The Constitution of the United States*)、《独立宣言》(*United States Declaration of Independence*)、《美国权利法案》(*United States Bill of Rights*)。
23. ［奥地利］西格蒙德·弗洛伊德，《梦的解析》，商务印书馆，2020。
24. John Arthur Garraty and Peter Gay. *The Columbia History of the World.* Harper & Row, 1987.
25. Contemporary Civilization Staff of Columbia College. *Introduction to Contemporary Civilization in the West.* Columbia University Press.
26. ［美］L.S. 斯塔夫里阿诺斯，《全球通史：从史前到 21 世纪》，北京大学出版社，2024。
27. ［英］保罗·肯尼迪，《大国的兴衰：1500—2000 年的经济变革与军事冲突》，中信出版集团，2013。
    Paul Kennedy. *The Rise and Fall of the Great Powers: Economic Change and Military Conflict from 1500 to 2000.* Random House, 1987.

六、传记类及其他

1. ［美］本杰明·富兰克林，《穷理查年鉴——财富之路》，上海远东出版社，2003。

1. Benjamin Franklin. *Poor Richard's Almanack*. Peter Pauper Press, 1980.
2. Gordon S. Wood. *The Americanization of Benjamin Franklin*. Penguin Books, 2005.
3. [美]沃尔特·艾萨克森,《富兰克林传》,中信出版集团,2016。
   Walter Isaacson. *Benjamin Franklin: An American Life*. Simon & Schuster, 2003.
4. [美]沃尔特·艾萨克森,《列奥纳多·达·芬奇传:从凡人到天才的创造力密码》,中信出版集团,2018。
   Walter Isaacson. *Leonardo da Vinci*. Simon & Schuster, 2017.
5. [美]沃尔特·艾萨克森,《爱因斯坦传》,湖南科学技术出版社,2019。
   Walter Isaacson. *Einstein: His Life and Universe*. Simon & Schuster, 2008.
6. [英]大卫·坎纳丁,《梅隆:一个美国金融政治家的人生》,上海远东出版社,2010。
   David Cannadine. *Mellon: An American Life*. Knopf, 2006.
7. [美]罗恩·彻诺,《沃伯格家族:一个犹太金融家族的传奇》,上海远东出版社,2011。
   Ron Chernow. *The Warburgs: The Twentieth-Century Odyssey of a Remarkable Jewish Family*. Random House, 1993.
8. [美]罗恩·彻诺,《摩根财团:美国一代银行王朝和现代金融业的崛起》,江苏文艺出版社,2014。
   Ron Chernow. *The House of Morgan: An American Banking Dynasty and the Rise of Modern Finance*. Atlantic Monthly Press, 1990.
9. [美]罗恩·彻诺,《洛克菲勒传:全球首富的创富秘诀》,华东师范大学出版社,2013。
   Ron Chernow. *Titan: The Life of John D. Rockfeller Sr*. Vintage, 2004.
10. Joseph Frazier Wall. *Andrew Carnegie*. University of Pittsburgh Press, 1989.
11. [美]安·兰德,《源泉》,重庆出版社,2019。
    Ayn Rand. *The Fountainhead*. Plume, 1994.
12. [英]乔治·奥威尔,《1984》,北京十月文艺出版社,2010。
    George Orwell. *1984*. Houghton Mifflin Harcourt, 2017.
13. [美]扎卡里亚,《自由的未来》,上海译文出版社,2014。
    Fareed Zakaria. *The Future of Freedom: Illiberal Democracy at Home and Abroad*. W. W. Norton & Company, 2003.
14. Fareed Zakaria. *The Post-American World*. W. W. Norton & Company, 2008.
15. [美]格雷厄姆·艾利森,《注定一战:中美能避免修昔底德陷阱吗?》,上海人民出版社,2019。
    Graham Allison. *Destined for War: Can America and China Escape Thucydides's Trap?* Houghton Mifflin Harcourt, 2017.